U0864337

中国现代文学社团史研究书系

陈思和　丁　帆／主编

因缘际会

——七月社、希望社及相关现代文学社团研究

周燕芬／著

武汉出版社
WUHAN PUBLISHING HOUSE

(鄂)新登字 08 号
图书在版编目(CIP)数据
因缘际会:七月社、希望社及相关现代文学社团研究/周燕芬著. —武汉:武汉出版社,2010.11
(中国现代文学社团史研究丛书/陈思和,丁帆主编)
ISBN 978-7-5430-4445-6
Ⅰ.①因…　Ⅱ.①周…　Ⅲ.①文学-社会团体-研究-中国-现代　Ⅳ.①I209.6
中国版本图书馆 CIP 数据核字(2009)第 147588 号

主　　编:陈思和　丁　帆
著　　者:周燕芬
责任编辑:李杏华
装帧设计:刘福珊
出　版:武汉出版社
社　址:武汉市江汉区新华下路 103 号　　邮　编:430015
电　话:(027)85606403　85600625
http://www.whcbs.com　　E-mail:zbs@whcbs.com
印　刷:武汉精一印刷有限公司　　经　销:新华书店
开　本:880mm×1240mm　1/32
印　张:14.25　　字　数:285 千字　　插　页:3
版　次:2011 年 1 月第 1 版　　2011 年 1 月第 1 次印刷
定　价:42.00 元

版权所有·翻印必究
如有质量问题,由承印厂负责调换。

目录
Contents

目录
Contents

总 序

陈思和

《中国现代文学社团史研究书系》是南京大学中国现代文学研究基地承担的教育部哲学社会科学研究重大项目,共两辑。第一辑七种,分别是《新青年》为核心的文学团体、文学研究会、创造社、语丝社、南社、台湾栎社以及施蛰存、刘呐鸥等文人为核心的文学团体。由我和丁帆教授联袂主编。2006 年完成。最初计划远不止七种,因为教育部要在规定期限内检查成果,于是将已经定稿的著作编成第一辑,由上海东方出版中心出版。第二辑八种著述基本延续了第一辑包罗万象的风格,既有新月社、狂飙社、以《七月》《希望》为中心的胡风派文艺社团、延安地区的文艺社团、台湾创世纪社,也有台湾—厦门的菽庄诗社、以《东方杂志》为中心的宋诗派诗人群体等等,还有当代文学史上的"探索者"冤案。其实,即使新加了这八种研究成果,中国现代文学社团史的课题还远远没有穷尽,因此我们仍须努力,脚踏实地,一步一步走下去。

在现代文学研究领域里,有关文学社团的研究成果积累并不多。据范泉教授主编的《中国现代文学社团流派辞典》一书所收辞目,有关文学社团的 1035 条,文学流派的 47 条(其中不少流派也是有影响的"文人群体",应属社团之类)。而在 20 世纪 80 年代中国社科院文学所领衔编撰的大型资料丛书《中国现代文学运动·论争·社团资料丛书》里，真正成书的只有文学研究会、创造社等十来种，连语丝、新月、南国这样一些重大社团的资料也付之阙如；20世纪90年代，上海华东师范大学出版社也曾推出一套颇有规模的现代文学社团流派研究丛书，分研究、资料两个系列，但最后也只出版了《新青年》和《新潮》、文学研究会、新月社、弥洒社、浅草社和沉钟社等几种资料汇编（包括作品集和评论集），研究方面似乎只有一本浅草社和沉钟社的论著，其他都似不了了之。有关文学社团的整体性研究，除了陈万雄先生的《“五四”新文化的源流》、朱寿桐先生的《中国现代社团文学史》、王晓明先生的论文《一份杂志和一个“社团”——重评“五四”文学传统》等少数论著，以及关于创造社、浅草社等少数研究成果外，大多数文学社团都缺少专门的研究。倒是在相关作家传记研究中有一些涉及社团的资料积累，也有不少真知灼见，但这些研究成果与现代文学学科建设和发展的需要相比，显然是不相称的。

而且，中国现代文学社团的内涵也在不断扩大。“中国现代文学社团”准确的理解应该是“中国——现代——文学社团”，既然是“中国”，就不能仅以大陆地区为限，近代史上割让为日本殖民地的台湾，作为英国殖民地的香港，都产生过许多文学社团。尤其是日据时期的台湾，出现了大小古典诗社多达三百余个，可说是每一个村落就有一个诗社，这样一种壮观的诗社现象，如果不进入我们的研究视野，真是谈不上研究中国的现代文学社团史；而且，既然“现代”指的是一种时间概念，“现代文学”还包括了新文学运动以外的各种文学现象，如南社——清末民初的重要社团，由于它不属于新文学，便被摒弃在现代文学视野以外，这都是不合理的现象。

所以，现在要真正做一部《中国现代文学社团史》还没有具备成熟的条件。为此，我们对这个项目重新做了课题论证，从实际出发，完成力所能及的研究工作。作为第一步，就是逐个地对文学史上的重要文学社团给以资料搜集梳理，总结前人的研究成果，并在此基础上完成一系列个案研究。或者说，整体上的现代文学社团史暂时无法完成，但我们可以通过对一些重要文学社团的“史”的梳理和书写，综合成一套内容多样、各自独立的现代文学社团的个案史。这就是目前这套研究书系的大概面貌。在已经完成的十五个子项目中，文学社团的表现形式不一样：第一种是传统文人社团的形式，如南社、宋诗派诗人群体、台湾栎社等，其成员主要是接受传统教育的知识分子，在民族危亡之际，以诗会雅集的形式来抒发情怀，交流心声。诗文创作似乎是他们从事社会活动之余高雅消遣的文学活动。第二种形式是依托现代知识分子的公共活动空间，如文学研究会、创造社、新月社等，他们利用结社活动来聚集力量，向社会发出抗议或改革的声音。在他们看来，文学创作与社会活动是一体的两面，文学如同生活。第三种社团形式，是以同人刊物为核心聚集起一批作者队伍，因为是“同人”，作者队伍也就是另一种形式的文学社团。如新青年社与语丝社，这个“社”本身意指“单位”、杂志社，但也可以转喻为社团。它的标志是刊物，刊物存在社团也就存在，刊物停办，社团也就不存在了。第四种模式是文人的小团体，虽无明确的结社意识，但因为经常性聚集在一起而含有了社团意义。如施蛰存、杜衡、刘呐鸥等人，他们之间的交往聚集经历了多种形式，但始终代表了某种倾向性的审美意向，因此也可以算作某种特殊形式的文学社团。现代文学社团的模式远不止以上四种，如有以政党意识为核心的知识分子组织，还有纯粹的演剧组织等等，暂时都不在本系列研究之中。

以往的研究，往往将文学社团与文学流派混为一谈，其实两者所反映的文人群体面貌是不一样的。前者研究的是文学社团的兴衰聚散，重点在人事，后者研究的是作家艺术风格的流变，重点在创作，两者混在一起研究，往往是流派因素压倒社团因素，理论概括压倒作家活动。这套书系偏重在人事，这是事先就规定好的，强调社团是如何形成、各个成员之间的关系又是如何相处、社团与社团之间的冲突又是如何展开，等等，人物的行状、言论、个性都作为描述的对象，这样，以便把研究的关注点集中到现代文学最原初的起点——个人的文学活动。朱寿桐教授在审读本丛书中的一本“创造社研究”时指出：这本著作“坚持‘以人为本’的原则寻绎创造社这一风格独异的文学社团的发生机制和运作历史，体现出一种精彩而务实的社团研究学术自觉。文学社团是由人构成的，其所体现出来的各种特质和各种复杂性都与人员构成密切相关。以前的创造社研究，主要从大致的理念和情感取向着手，对于创造社的内部人员结构、权力结构常常取模糊姿态，致使许多问题只能流于语焉不详，如创造社的方向转换到底是一个怎样的过程，创造社小伙计与元老派的实际关系到底如何。这本著作从创造社人员构成及其权力构成的角度很好地解决了这些问题”。这段话虽然是针对创造社研究而言的，但也说出了每一个社团研究所希求的努力方向。

二十年前，前辈学者曾华鹏教授和范伯群教授曾经协助贾植芳先生主编了一部《中国现当代文学社团流派》的论著，编撰了关于文学研究会、创造社等二十几个文学社团流派的研究论文。曾、范两位前辈是贾植芳先生在 1950 年代的学生，我是贾先生在 1980 年代的学生，我们同门两代，也可以说，我现在做的工作，正是在前辈学者所奠定的学术基础上的努力推进。记得有一次我向两位前辈汇报了这套书系的编写情况后，范教授听了哈哈大笑，说：“我们当年要求每个社团流派研究是一篇论文，你们现在要求每个文学社团研究是一部专著，这就是进步了。”是啊，应该说是学科发展的进步，但是，这个进步前后竟相隔二十年，实在也是太久了一些。我感慨。

第一章
缘起——左联与七月社关系之研究

一、左联及其内部斗争的缘起

1933 年 6 月 15 日，日本客船“长崎丸”号抵达黄浦江上海码头。随船到达的有一批被日方遣送回国的中国留学生，其中就有之后成为左联新任负责人的胡风。此次回国，标志着胡风正式参加了国内左联文艺运动。

胡风(1902—1985，原名张光人)的文艺活动开始于 20 世纪 20 年代，1921 年新文艺作品出现的时候，胡风“狂热地像发现了奇迹似地接受了它们”，和当时大批进步青年一样，胡风在革命的环境中写着忧郁的诗，激情中透着焦灼与迷惘。1929 年 9 月赴日留学是胡风人生的第一次大转折，他被正在蓬勃开展的日本普罗文学运动所吸引，醉心于阅读苏联文学作品，开始接受马列主义和左翼文化运动的影响。胡风自己说，他逐步“解除了社会观与文艺观的矛盾，从忧郁的情网里面跳了出来，”思想走向激进。他“参加了中国左翼作家联盟的东京支部，开始用评论参加了国内的思想斗争”，[①]并成为一名日共党员。1933

① 胡风：《〈胡风评论集〉后记》，《胡风全集》第 3 卷，湖北人民出版社 1999 年版，第 579 页。

年3月，因组织“新兴文化研究会”和宣传抗日等罪名，胡风在东京被捕，拘留三个月后，与聂绀弩、周颖等十多个人一起，被驱逐回国。

其实，在这次回国的前一年冬天，因向文总[1]汇报日本反战同盟计划召开反战会议以及新兴文化研究会的事情，胡风曾短期回上海一次，第一次见到了冯雪峰、周扬、丁玲、穆木天等左翼核心人物。也正是在这第一次的交往当中，胡风敏锐地感觉到“鲁迅和创造社在思想上的对立有很深的根源和社会基础，那明显地反映在冯雪峰和周扬、穆木天的对立上面”[2]。于是，当与冯雪峰的交谈中涉及让胡风做文总的组织工作或者左联的宣传工作时，胡风感到很惶惑，提出“回东京看看再说”。胡风觉得，在左联内部矛盾复杂纠缠的情况下，以自己的资历和学历，“都没有条件在左联这种革命团体做领导工作”。他“决定还是回东京去住一两年，弄一弄基本理论问题，免得陷进宗派纠纷里面”[3]。但是，胡风自认为明智的选择也只不过维持了半年多时间。此次被驱逐回国，意味着他必须再一次面对选择。实际上他也别无选择，他只能在大批新文学家汇聚的上海，在有着巨大影响力的左联这个团体中，发挥自己的才干，开拓自己的事业。

成立于1930年3月2日的“中国左翼作家联盟”，是在1928年1月以来郭沫若领导的创造社和蒋光慈、阿英领导的太阳社正式倡导无产阶级文学运动，并随之掀起革命文学论争的背景下产生的。而1928年崛起的革命文学论争，一方面是由于大革命失败这一政治形势的突变所推动，另一方面也是革命派作家们激进的左倾思想所导致，同时也有革命派内部宗派情绪的原因。论争中重点围攻清算的鲁迅、茅

---

① 即1930年4月成立的“中国左翼文化界总同盟”。

② 胡风:《回忆录》,《胡风全集》第7卷,第286页。

③ 胡风:《回忆录》,《胡风全集》第7卷,第287页。

盾、叶圣陶、郁达夫等，都是五四以来的知名作家，[①]他们以自己的创作实力和成就，形成各自相当成熟、卓越的文学风格，成为文坛上极具号召力的作家。批判这些作家，无疑是对五四新文学传统的全盘否定，同时也看出批判者们“替他们打包，打发他们去”[②]，破坏他们在文坛的主力声誉从而取而代之的个人野心。革命文学论争引起国共两党的关注。国民政府很快解散了创造社，并清理和扼杀文坛上的无产阶级文学；共产党看到这场论战中所谓革命文学对“同路人”的围攻，反而削弱了无产阶级文学自身的力量，感觉到有必要“采取比较温和与有弹性的文学路线”[③]，以便团结更多的作家一起对抗国民党的文化围剿。于是，1929 年秋，李富春代表中共指示创造社、太阳社的成员和鲁迅、茅盾等作家联合起来，成立革命作家的统一组织。[④] 中共中央宣传部干事兼文委书记潘汉年，向创造社和太阳社方面传达中共停止文艺界“内战”的主张，组织大家进行自我批评，取得一致意见，决定：“创造社、太阳社所有的刊物一律停止对鲁迅的批评，即使鲁迅还批评我们，也不要反驳，对鲁迅要尊重。”[⑤]另外，准备派冯雪峰、冯乃超和夏衍去和鲁迅进行沟通。

1929 年 10 月的一天，冯雪峰作为党和鲁迅之间的联系人，受潘汉年的委托，同鲁迅商谈成立左联事宜，取得了鲁迅的谅解和支持。当

---

① 冯乃超在 1928 年 1 月出版的《文化批判》中，发表《艺术与社会生活》，称这些作家为“既成作家”。

② 成仿吾：《打发他们去》，《文化批判》1928 年第 2 号。

③ [美]夏志清：《中国现代小说史》(刘绍铭编译)，台湾传记文学出版社 1979 年版，第 147 页。

④ 关于最先提出筹建左联有另一种说法，即开完“六大”回国的周恩来从鲁迅的学生任国桢处看到鲁迅的一封信，“谈到创造社的‘理论’和对这次论争的不满，恩来同志回到上海后，就要党组织干预这方面的工作”。夏衍：《懒寻旧梦录》，三联书店 1985 年版，第 143 页。

⑤ 阳翰笙：《中国左翼作家联盟成立的经过》，《左联回忆录》(上)，中国社会科学出版社 1982 年版，第 64 页。

征询是否可用“左翼”旗号时，“鲁迅态度却很明朗，说‘左翼’两字旗帜鲜明[①]”。冯乃超和夏衍与鲁迅的商谈也很顺利，“鲁迅对于年轻人的做法，是谅解的，表示愿意团结起来。”[②]1930 年 2 月，鲁迅、冯雪峰、冯乃超、沈端先（夏衍）、阳翰笙、柔石等人集会，协商筹备左联的成立工作，共同检讨革命文学运动的经验教训和论战中的偏颇错误，“以清算过去和确定目前文艺运动的任务”。

左联的正式发起人（也称为“筹备委员会”或“基本构成员”）有鲁迅、沈端先（夏衍）、冯雪峰、阳翰笙、冯乃超、钱杏邨、柔石、洪灵菲、蒋光慈、郑伯奇等十二人，[③]约有五十多位作家署名加盟，后来茅盾、周起应（周扬）相继从日本回国，也参加了左联。左联成立之后影响渐大，人数不断增加，并由上海发展到北平、天津、南京、武汉、广州，以致日本东京，胡风和聂绀弩最早就是参加了东京的左联活动。左联同时也加入国际革命作家联盟，成为它在中国的支部。左联第一任党团书记是冯乃超，1931 年由冯雪峰接任，周扬则在 1933 年到 1935 年间担任左联党团书记，其他担任过左联书记的还有阳翰笙、钱杏邨、丁玲、任白戈和徐懋庸等。[④]

左联到底是一个什么性质的组织？从左联成立到今天，对左联组

① 《冯雪峰同志关于鲁迅、“左联”等问题的谈话》（1973 年 8 月 3 日访问冯雪峰记录），《鲁迅研究资料》(2)，文物出版社 1977 内部发行，第 167 页。

② 阳翰笙：《中国左翼作家联盟成立的经过》，《左联回忆录》（上），第 64 页。

③ 在冯雪峰、夏衍、阳翰笙、钱杏邨几位当事人的回忆中，对十二人的名单说法不一。参见周国伟：《左联史料考述》，《鲁迅研究月刊》1990 年第 3 期。王宏志：《“左联”的组织与结构》，见《鲁迅与“左联”》，新星出版社 2006 年版。发起人中有太阳社、创造社的成员，体现了左联谋求团结的意愿。郁达夫因鲁迅提名也列为发起人之一，但因故没有出席成立大会。

④ 在冯雪峰、阳翰笙、夏衍、冯乃超、钱杏邨、丁玲几位当事人的回忆中，对左联历任党团书记的名单和任职时间也有不同说法，参见周国伟：《左联史料考述》，《鲁迅研究月刊》1990 年第 3 期。王宏志：《“左联”的组织与结构》，见《鲁迅与“左联”》，新星出版社 2006 年版。

织性质的认识一直存有争议，这是我们研究左联及其内部矛盾的一个关键问题。有两条线索或者说两种思路牵制着左联的成立、发展乃至解散的全过程。一个是共产党直接领导的革命团体，另一个是以鲁迅为凝聚力量的进步群众文学团体，总的来讲二者是一致和统一的。但也时有芥蒂和冲突，这其中还交织着浓厚的文人小集团主义和宗派情绪，共同构成左联内部错综复杂的矛盾纠葛状况。从左联成立的前期背景以及左联的人员构成和影响范围来看，应该是一个结构较为松散的群众性文学组织。为了更广泛地团结全社会的文学力量，左联“用反封建、反帝和反国民党的路线去吸引作家。事实证明这是一个‘明智’的抉择，由于‘左联’的成立，共产党实现了它在文坛称尊的地位”①。左联的成立，是共产党和左翼文学队伍合力促成，其目的是要达成革命的和进步文学力量的广泛团结，扩大其影响力；但另一方面，左联又在不断强调自身的“为解放无产阶级而斗争”的立场，强调左联的共产主义性质，并且在团体组织上，忽视了它的群众性特点，把它看成是共产党一样的政治组织，听命于国际组织和国内共产党的领导，受严格的纪律约束，忽视文学创作实绩，热衷于飞行集会、游行示威等政治活动，致使如蒋光赤（慈）、郁达夫等实力作家或者被开除，或者消极隐退，非但不能发挥预计的广泛性影响，反而导致了严重的关门主义错误。冯雪峰在《回忆鲁迅》中说道：

> 那时候在上海的党中央和我们这些年轻的党员，主要的是把“左联”当作了直接政治斗争的一般群众的革命团体，而差不多忽视了它的应该特别发挥的特殊的战斗性能与作

---

① [美]夏志清：《中国现代小说史》（刘绍铭编译），台湾传记文学出版社 1979 年版，第 147 页。

用——文学斗争与思想斗争，并经过文学斗争与思想斗争去完成政治斗争的任务。……我们简直把“左联”当作“半政党”的团体，而在组织上就自自然然地走上了关门主义的错误。[①]

茅盾也清醒地看到了这一问题，他干脆说：“左联说它是文学团体，不如说更像个政党。”[②]后来周扬也认同这个说法：“我们自己也感到确实是有关门主义，我们感到当时的‘左联’成了个第二党。为什么叫第二党呢？就是说它实际上跟党是一样的。它本来是个作家团体，可以更广泛一些，更公开一些，更多谈文学，但是后来专门谈政治，甚至游行、示威，这样搞起来，人家就怕了。”[③]左联成员金丁回忆当时参加左联的动机时也说：“有出于自认为文学是终身可以从事的事业的原因，而更重要的是因为‘左联’实际上和党的组织差不多。当时‘左联’有‘第二党’之称的。从这样的看法出发，参加‘左联’后，确实也有愈‘左’愈好的情绪。”[④]

名义上的“作家团体”和实际上的“政党”或“第二党”构成一种矛盾或悖论，是左联内部矛盾的发生和关门主义、宗派主义逐渐盛行的必然原因。

何况，论争中积淀起来的集团间的恩怨隔阂，也不可能瞬间消除。之前的太阳社、创造社成员，今日的左联作家、评论家乃至领导人，他们曾以完全彻底的无产阶级文学的倡导者自居，岂能轻易屈人之下？刚刚过去的革命文学的论争其实余音未了，虽然论战双方照顾大局走

---

① 冯雪峰：《回忆鲁迅》，《雪峰文集》（四），人民文学出版社 1985 年版，第 165 页。

② 茅盾：《“左联”前期》，《新文学史料》1981 年第 3 期。

③ 赵浩生：《周扬笑谈历史功过》（访问记），《新文学史料》1979 年第 2 期。

④ 金丁：《有关左联的一些回忆》，《新文学史料》1980 年第 1 期。

进左联的同一营垒，但心底里彼此并未真正妥协。阳翰笙回忆当初潘汉年组织太阳社和创造社成员进行自我批评时，“也有个别的同志不表态，说鲁迅是个激进的民主主义者，不是马列主义者，为什么不可以批评呢？实际上心中不以为然，但话讲得比较委婉，因为有李富春同志明确的指示”①。冯雪峰曾经回忆自己当年整理发表鲁迅在左联成立大会上的讲话，认为：“当时创造社、太阳社一班子人对鲁迅的讲话并不重视，而且很不以为然，说：‘鲁迅还是老样子。’”②迫于大的形势，左联初期基本上是团结的，但潜伏的成见和矛盾也随着时间的推移不可抑止地暴露出来，太阳社和创造社的成员在左联的人事关系中，看重的依然是“老关系”和“小团体”。以鲁迅的战斗个性，他也不会轻易忘却与革命文学家们的这次激烈战事。他曾经在左联成立大会上的讲话中秉持同样的批判态度，在后来的“两个口号”的论争中也曾旧事重提，可以说至死都没有卸除对此种极端“革命文学家”的防备之心。事实上，许多五四时期的个性主义者，“到了30年代左倾化之后，放弃了个性解放精神。像鲁迅这样申张个性的思想家，也是在那时候说自己属于遵命文学的。”③虽然鲁迅声称做“遵命文学”的同时并没有完全失去自我，但他面对民族危难需要寻求战斗伙伴、需要借助集体力量的时候，他还是有所妥协的，这是鲁迅对左翼倾向认同的一个原因。但鲁迅的妥协是有限度的，一旦违背了个体原则，压抑了自由精神，他就要奋力反抗。这也是鲁迅后期愈来愈疏离左翼的一个原因。

在胡风回国之前，围绕鲁迅所发生的左联内部矛盾已经显露出来。鲁迅的放弃论争认同左联，首先源于鲁迅自己的政治意识。鲁迅

---

① 阳翰笙：《中国左翼作家联盟成立的经过》，《左联回忆录》（上），第64页。

② 《冯雪峰同志关于鲁迅“左联”等问题的谈话》，《鲁迅研究资料》（2），文物出版社1977年内部发行，第173页。

③ 王元化：《对于五四的再认识答客问》，《文汇读书周报》1999年5月1日。

并不是坚定和纯粹的马克思主义者，鲁迅坚守启蒙姿态，但他也不同于胡适的将启蒙限定于“文艺复兴”式的“纯粹”状态，完全排斥政治革命的方式，鲁迅坚定、彻底乃至极端的启蒙态度，使他时有认同政治革命的意向。此外，冯雪峰是影响鲁迅的一个重要人物。

当太阳社、创造社和鲁迅、茅盾正在进行着关于无产阶级革命文学的论争时，已经加入了中国共产党的冯雪峰（1903—1976），正在上海从事地下工作。他对文坛的这场论争十分关注，对一些革命者盲目地参与对鲁迅的批判表示不满。1928 年 5 月，他以画室的笔名写下了《革命与知识阶级》（发表于《无轨列车》第 2 期）一文，表示了对鲁迅的支持态度。他认为：“实际上，鲁迅看见革命是比一般的知识阶级早一二年，不过他也常以‘不胜辽远’似的眼光对无产阶级的，但无论如何，我们找不出空隙，可以断言鲁迅是诋谤过革命的。”“在艺术上鲁迅抓着了攻击国民性与人间的普遍的‘黑暗方面’，在文化批评方面，鲁迅不遗余力地攻击传统的思想——在‘五四’‘五卅’期间，知识阶级中，以个人论，做工做得最好是鲁迅。”因此，他认为，创造社对鲁迅的攻击是由于“向来的狭小的团体主义的精神”，“这却是十分要不得的”。冯雪峰进而指出：“对于鲁迅的攻击，在革命的现阶段的态度上既是可不必，而创造社诸人及其他等的攻击方法，还含有别的危险性。革命现在对于知识阶级的要求，是至少使知识阶级承认革命。”[①]创造社和太阳社如此打杀鲁迅以及团结在鲁迅周围的进步文学力量，对革命正是有百害而无一益的。可见当时冯雪峰的思路是比较清晰的，此篇文章被认为是左翼文学运动图谋联合的最早呼声。

鲁迅自然注意到了这篇文章，有意思的是，这篇批评创造社、声援

---

① 冯雪峰：《革命与知识阶级》，《雪峰论文集》（上），人民文学出版社 1981 年版，第 6—7 页。

鲁迅的文章并没有给鲁迅带来好感。年少气盛的冯雪峰在批评创造社的同时，对鲁迅也有“不讲分寸”的“荒唐”的批评。按照冯雪峰的理解，“鲁迅先生的反感完全不是由于他的私心，而恰恰是他看穿了我的肤浅和轻浮；”即语气上的“煞有介事”的“轻浮态度”和理解问题的“浅薄”而且“武断”。[①] 无论如何，以这篇文章为契机，冯雪峰的朋友、与鲁迅关系很好的左翼作家柔石便把他引荐给了鲁迅，第一次见面是在1928年12月的一个晚上，冯雪峰回忆道：

> 的确，鲁迅先生的习惯，对于初见面的人，话是极少的。我记得，柔石把我带去以后，他自己有事就先走了，鲁迅先生除了回答我的问题之外，就简直不说什么话，我觉得很局促，也很快就告辞了。[②]

随着见面的增多，鲁迅和冯雪峰熟悉起来，“谈话就一次比一次多了”。当时两人都在翻译马克思主义文艺理论，雪峰向鲁迅请教一些疑难问题，这就成为他们谈话的热点。为了谈话和求教的方便，雪峰也搬到了景云里11号甲，与鲁迅做了邻居，并开始合作翻译和编辑工作，二人的友谊，也在这样愉快的合作中加深了。仅1929年的《鲁迅日记》有关冯雪峰的直接记载，就有34条之多。当时雪峰还在从事地下党工作，经济十分拮据，常靠朋友接济，鲁迅就用预支稿费等办法资助他。他们常作深夜长谈，从上半夜直谈到下半夜两三点钟。

谈话中，雪峰甚至可以“强迫命令”先生，常常“出好指定，非做不可的”，许广平把这种谈话比喻为“韧的比赛”。她回忆说：

---

① 冯雪峰：《回忆鲁迅》，《雪峰文集》(四)，第131页。

② 冯雪峰：《回忆鲁迅》，《雪峰文集》(四)，第135页。

有时听听他们的谈话，觉得真有趣，F(指冯雪峰)说：“先生，你可以这样这样的做。”先生说：“不行，这样我办不到。”F又说：“先生你可以做那样。”先生说：“似乎也不大好。”F说：“先生，你就试试看吧。”先生说：“姑且试试也可以。”于是韧的比赛，F的目的达到了。①

鲁迅对这种“强迫命令”是感觉到了的，但因二人脾性相投却并无反感，而且还赞许地说：“有什么办法呢，人手又少，无可推诿。至于他，人很质直，是浙东人的老脾气，没有法子。他对我的态度，站在政治立场上，他是对的。”② 对于雪峰来说，鲁迅既是他的导师，也是一位“很要好，意气相投的挚友”。除了政治的因素，冯雪峰还以他的性格的力量影响着鲁迅。陈望道先生曾经很有见地地说：“今天许多青年受鲁迅的影响，但他(指冯雪峰)不但受了鲁迅的影响，也时时刻刻企图影响鲁迅的。”③

从此，冯雪峰与鲁迅建立了非比寻常的亲密关系，两人不仅是师生之谊，更有战友之情。于是，共产党组织就委派冯雪峰——一个能够影响鲁迅的人，作为党与鲁迅之间的联系人了。因为冯雪峰的出现，鲁迅密切了与中共领导和左翼文艺界的关系，从而放弃前嫌，与创造社、太阳社等成员一起，成立了左联。而冯雪峰则因与鲁迅的亲密关系，在左联处于一个特殊的位置，这个位置显然是很惹眼的。

对于创造社和太阳社的革命文学家们来讲，既然当初对鲁迅的围攻不得结果，而现今大家都已经团结在左联的旗帜之下，那么他们一定要改变思路，将作为左联的领袖和盟主的鲁迅“据为私有”，而当鲁

---

①② 许广平：《鲁迅和青年们》，《许广平文集》第2卷，江苏文艺出版社1998年版，第36页。

③ 楼适夷：《怀雪峰》，《奔流新集之一：直入》，1941年11月19日出版。

迅不予配合，无法“据为私有”时，索性将他束之高阁，仅止于尊重而已，左联后期，有时连起码的尊重也渐渐忽略。以鲁迅的个性，一方面甘于做“人梯”，甘于被意气相投的青年人所“利用”，如对冯雪峰的支持和宽让；而另一方面，鲁迅又并不是对所有结盟的青年都表示信任，他依据自己对人的观察和认识，明白地表露出与左联成员不同的亲疏关系。所以，在另一些人看来，鲁迅是被冯雪峰“收买了”，“周起应一直把鲁迅不听指挥的原因归之于雪峰。”①左联的内部斗争，常常是“为了达到把鲁迅‘据为私有’而竭力和他们的‘我们青年’一道向鲁迅(们)战斗了的。”②这样，左翼盟员们与鲁迅的亲疏关系，也是导致左联内部矛盾的渐起的一个原因。

在人事关系上，左联初期内部矛盾，集中体现在冯雪峰和周扬两位领导人身上。

周扬(1908—1989，原名运宜，字起应)是在1931年底进入左联和冯雪峰相识的，周扬不止一次回忆这段经历。这时候，担任左联党团书记的冯雪峰对周扬还是很重用的，“三十年代初周扬才二十几岁，冯雪峰让他主编《文学月报》。1927年周扬参加了共产党，因白色恐怖，他与党内联系人失去了联系，他到日本去找党的关系也没有找到，回上海加入“左联”，在1932年，冯雪峰又恢复了周扬的党的关系。”③但就在1932年底，周扬在《文学月报》上发表了署名芸生的长诗《汉奸的供状》，批判第三种人胡秋原，而此时的冯雪峰已经接受党内领导人张闻天的指示精神，④改变了以往对第三种人的敌对态度，试图纠正这种

① 梅志：《胡风传》，北京十月文艺出版社1998年版，第268页。

② 胡风：《鲁迅先生》，《胡风全集》第7卷，第75页。

③ 露菲：《文坛风雨路——回忆周扬同志片断》，《新文学史料》1993年第2期。

④ 1932年11月3日出版的上海临时中央的机关报《斗争》上，发表了署名歌特的文章《文艺战线上的关门主义》，批评革命作家与胡秋原、苏汶等的论战中存在“左倾关门主义”的错误。经程中原考证，此文作者歌特是张闻天的化名。

“辱骂和恐吓”的不良风气，因此他严厉批评了主编周扬。周扬不服气，冯雪峰将长诗拿给鲁迅看，和鲁迅取得一致的看法，并请鲁迅写文章。鲁迅于是写了《辱骂和恐吓决不是战斗》寄给周扬，周扬不得已发表了鲁迅的文章，但却对冯雪峰的做法非常不满。据周扬回忆，他因此与冯雪峰发生争吵。自此之后，“我和冯雪峰之间就不大好了”。①

1933年5月，周扬担任了左联党团书记，冯雪峰则调任中共江苏省委宣传部长，周扬进入左联的核心位置，冯雪峰则相对疏离了左联，基本上不管左联的工作了。这样，冯雪峰借助鲁迅所形成的力量和影响，成为周扬掌控左联工作的主要阻力，于是出现了关于“雪峰派”的流言。这是左联成立以后影响其内部稳定团结的一个重要因素。

胡风恰恰是在“雪峰派”渐渐浮出水面、左联和文总的领导层出现大的变动的时候，从日本回到上海文坛的。

二、雪峰派·胡风派·鲁迅派

大概也是因为性情相投，胡风和冯雪峰一见如故。

胡风和冯雪峰的第一次见面是胡风短期被东京支部派回上海的1932年冬天。胡风回忆道：“在东京时，通过韩起我和冯雪峰开始了通信来往。现在，第一次见面就好像久别重逢的老朋友。他谈话非常亲切，没有一点领导者的官气，赢得了我的信任。”②当时冯雪峰是文总的负责人，他提出让胡风回国做文总和左联的组织或宣传工作，被胡风惶惑地推掉了。此次回上海，胡风还被引荐参加了左联的一次日常性会议。当时丁玲是左联书记，胡风“和丁玲也是一见如故。我和丁、冯

① 周扬：《关于三十年代“两个口号”争论的问题》，转引自徐庆全：《周扬与冯雪峰》，湖北人民出版社2005年版，第13页。

② 胡风：《回忆录》，《胡风全集》第7卷，第285—286页。

等有过几次欢聚。也见到了只要可能就非来缠住丁玲不可的冯达。”

这次短期回国，是胡风与左联领导层以及重要成员接触的开始。胡风回忆道：

> 周起应（周扬）来会面，也像是熟人一样。他在编《文学月报》。当时正在进行对第三种人的论争，冯、周二人意见不同，都多次向我解释，为自己辩护。我在政治原则上觉得冯对，但在文艺看法上却偏向于周扬的过左倾向。我就第三种人刊物《现代》上的一些作品写了《粉饰、歪曲、铁一般的事实》一文，在《文学月报》上发表了。
>
> ……
>
> 我还认识了穆木天等人。他因为鲁迅《三闲集》的序言向我大肆攻击冯雪峰，说他不该让鲁迅发表这篇文章，实际上也就是攻击鲁迅。我只好闭口无言了。但他对我出奇地友好，愿意和我谈诗。有一次，我的脚在黄包车上刮去了一块皮，穆木天引他的一个熟人医生来为我医治。[①]

可见，胡风对左联人事关系的敏感，并不是没有缘由。围绕与鲁迅的关系所形成的“雪峰派”的说法也不是空穴来风。这次与左联几位重要人物的会面与交谈，可以看出，第一，从政治原则和私人感情上，胡风与冯雪峰是亲近的；第二，胡风与周扬的关系开始时也很正常，并且在文艺观上还倾向于周扬的思想；第三，周扬与穆木天有意无意中在争取胡风的力量，来与“雪峰派”进行较量。此时的胡风并不愿搅进宗派纠纷里面，他“闭口无言”，并很快回到东京。

---

① 胡风：《回忆录》，《胡风全集》第 7 卷，第 286 页。

胡风被驱逐回国正式参加上海左联的文艺运动后，他与冯雪峰并没有多少工作上的合作机会。由于丁玲、潘梓年的被捕，左联和文总有了大的变动，冯雪峰被调离了工作。胡风回上海见到周扬时，周扬的第一句话是："冯雪峰调去做江苏省委宣传部长了"，言时面有得色，接着又加了一句"雪峰现在不管文化了"①。紧接着，周扬陪着鲁迅先生来与胡风见面，下来，依然是由周扬来通知他，要他担任左联宣传部长的职务。此时周扬是组织部长兼党团书记，茅盾任行政书记。后来，茅盾提出辞职，周扬又要胡风接任茅盾的书记职务，自己改任宣传部长。从这段时间周扬与胡风主动频繁的接触和安排工作职务方面的态度看，周扬与胡风是相当友好的。因为冯雪峰已经不管左联的文化工作了，所以胡风不好找雪峰商讨如何开展工作，加之胡风对茅盾的为人与创作均有看法，也不愿与之商量。所以，胡风除了尽可能地与鲁迅取得联系之外，工作上与周扬接触较多，甚至周扬还领胡风去跳舞厅玩，也给胡风介绍了不少新朋友。显然，周扬以为冯雪峰的离开，使得"雪峰派"的力量自行削弱，此时他与胡风也是彼此欣赏并引为同道的，周扬自然表现得放松而自如。正如吴奚如后来所言："在1933年—1934年间，他（胡风）和'左联'党团书记周扬的关系是协调的，'左联'内部是团结的。"②

但是，周扬对胡风态度发生了变化，二人之间逐渐产生芥蒂，也依然与雪峰相关。虽然少有工作上的直接合作，胡风回上海后与雪峰的私人交往还是十分密切的，因为他们与鲁迅共同的友好关系，因为他们彼此性情的相似相投，两人的见面总是非常愉快，谈得也非常亲切。胡风回忆道：

① 梅志：《胡风传》，第252页。

② 吴奚如：《我所认识的胡风》，晓风主编：《我与胡风》，宁夏人民出版社1993年版，第16页。

冯雪峰几乎隔一两天晚上就到我这儿来，谈些文艺问题，党的和左联的某些人事情况，例如对《自由谈》上发表的鲁迅杂文的感想，他和瞿秋白的共同工作情况等。那时，我从日本带回来一些日本新出的理论书刊，我向他介绍后，有些被他借去，并用日本式的绸包皮替他包了带回去。①

胡风和冯雪峰的密切往来终于引起周扬的警觉。梅志先生在她的《胡风传》中讲道：

谷非（胡风）和雪峰谈起小说时，就自然而然地提出了沙汀的一些看法。雪峰发生了兴趣，要他去约沙汀，三人一起随便谈谈。事后，沙汀告诉了周起应（应该说是向周汇报），周大为吃惊，"怎么，他还没有走?!"（见《沙汀传》）。这也可能是周后来对谷非提高警惕的缘故吧。

一次，雪峰告诉他，他要到苏区去了，现在正等人来，并黯然地补说了一句："他们不喜欢我在外面。"②

雪峰终于离开上海了。雪峰走后，胡风发现自己的处境起了大的变化。一次，胡风在《文学》专辑上发表一篇《理想主义者时代的回忆》，其中提到自己的成长曾受到冯雪峰等湖畔诗人的影响。周扬看到后很不以为然，并以"作品主义"为由当面指责胡风，胡风渐渐地被划入了"雪峰派"。而更主要的原因，是胡风与鲁迅愈走愈近。这种类

① 胡风：《回忆录》，《胡风全集》第7卷，第303页。
② 梅志：《胡风传》，第261页。

似于雪峰和鲁迅的亲密关系和相互之间的理解信任，是胡风长久以来所渴望的，却也是周扬所不能接受和容忍的。

事实上，雪峰离开之后，胡风确实一步步取代雪峰在左联的位置，包括雪峰作为党与鲁迅之间的联系人的工作，一度也曾由胡风来充任。曾经出任中共特科机要人员的左联成员吴奚如后来回忆说：

> 根据种种客观事实，我当时判断胡风在政治上是可信任的，虽则他的文艺理论常引起争议，做人上有缺点和偏激，一如鲁迅先生在答徐懋庸的公开信中所指出的那样。因此，我在转入党中央特科工作之后，就奉命委托他为党中央特科（它代表党中央在上海执行任务，在艰险的隐蔽斗争中从未中断）和鲁迅之间长期的“机要通讯员”，为党做了许多有益的工作，我只有在紧急事情时才去见鲁迅先生。直到 1936 年 4 月下旬，冯雪峰由陕北苏区到达上海后，才结束这一委托，因雪峰可直接和鲁迅先生联系，不须再经中间人传递信件了。①

胡风晚年否认吴奚如曾明确委托自己做“党和鲁迅之间的联系人”，胡风并不刻意使自己成为一个职业革命家。他曾经婉言拒绝了吴奚如让他进中央特科系统工作的建议，他更愿意以笔以文学投入人生的战斗。所以，胡风一直以来都处于政治的边缘位置。但事实上，胡风又确实在党组织和鲁迅之间，起过联络和传递信件的作用。例如，方志敏被捕后曾将狱中写给党中央的一封密信转到鲁迅手里，鲁迅交给了胡风。胡风猜想是秘密文件，就转给吴奚如。类似这样的机

① 吴奚如：《我所认识的胡风》，《我与胡风》，第 20 页。

密性文件传达和经费转交等工作，胡风不只做过一次。这至少说明鲁迅对胡风的信任和二人的私密关系。

从青少年时代，胡风就在精神上崇拜和追慕鲁迅。20年代他在北大读书时，曾听过先生的课，并在书店多次遇到先生，年轻的胡风一直没有鼓起勇气与先生攀谈。胡风早年的诗歌创作和仅有的一篇短篇小说《三年》，都明显受鲁迅的影响。在日本留学期间，凡是对先生态度不大恭敬的日本文化人，胡风都坚决不与其交往。从日本回到上海后，鲁迅先生由周扬陪同亲自来访，[①]令胡风惶恐不安而又肃然起敬。先生提议要胡风在左联做些工作，谈话平易而坦率，似出意外又在意中。可以说，先生的鼓励是胡风在复杂的人事关系当中接受左联工作的主要动力。胡风曾说："因为不愿给那些乡下小女人似的文士们添加嘁嘁喳喳的材料，无论在他（鲁迅）的生前或死后，我总竭力避免提到我和先生之间的交游关系，立意了几年的一篇回忆记终于还没有着笔，一半也是因为这一点顾虑。"[②]胡风早期言论中不提鲁迅对自己的影响，"原因之一是，为了避免国民党审查官的注意，他们见到鲁迅的名字就更会警惕起来。另一个原因是，想减少左翼内部无原则的误会。"[③]后来胡风也明白了："这种息事宁人的做法也是徒劳的。"[④]总有人说胡风是鲁迅的"弟子"或"大弟子"，无论出于夸赞还是攻击的目的，毕竟道出了一个事实，即胡风与鲁迅非同一般的承续关系。胡风说："事实上，我是二十年代初进中学时就受到新文艺的影响的，而且是以鲁迅的影响为主。"[⑤]鲁迅的影响贯穿胡风的一生，成为他人生经历和文艺思想中重大的、决定性的影响。

---

① 胡风在《回忆录》中记载他与鲁迅的第一次相见是1933年7月的某一天。

② 胡风：《死人复活的时候》，《胡风全集》第3卷，第124页。

③ 胡风：《〈胡风评论集〉后记》，《胡风全集》第3卷，第583—584页。

④⑤ 胡风：《〈胡风评论集〉后记》，《胡风全集》第3卷，第584页。

任白戈回忆道：

> 1934年初，“左联”举行了秘密选举，选出执行委员，再由执行委员选出常务委员会，负责领导“左联”的日常工作。……常委会负责人是鲁迅、胡风、何谷天和我。鲁迅作书记，胡风作秘书长，何谷天作组织部长，我作宣传部长。鲁迅先生由于被国民党监视不便参加常委会，经常开会的只有胡风、何谷天和我三个人。周扬同志经常出席我们的常委会，但他是代表“左联”的上级组织“文总”出席指导的。以后我才知道他是“左联”的党团书记。开始周扬同志到会发表一些意见，我们几个都是尊重执行的。逐渐情况发生了变化。胡风经常表示不同意周扬同志的意见。但由于何谷天同志是党员，在组织原则上他应该同意周扬同志的意见。常常是我和何谷天同志两人对胡风一人。周扬同志的意见在“左联”常委会上还是得到了贯彻执行。但是胡风担任秘书长的职务，我们常委会的工作由他负责向鲁迅先生报告请示，他常常在传达鲁迅先生指示的时候带进一些他自己的意见，有些就显然与周扬同志的意见不同[①]。

左联接受鲁迅和党的双重领导，“这两方面的领导要做到一致而不发生矛盾，主要靠党的组织如何与鲁迅先生通气和协商，而且善于听取和尊重鲁迅先生的意见，同时也依靠‘左联’向鲁迅先生汇报请示工作的人能够如实地反映情况，并善于领会和疏通双方面的意见。”[②]

---

① 任白戈：《我在“左联”工作的时候》，《左联回忆录》(上)，第371—372页。

② 任白戈：《我在“左联”工作的时候》，《左联回忆录》(上)，第372页。

显然，胡风不是一个理想的“疏通者”的角色，在周扬等人看来，胡风的一面之词大大影响了鲁迅对左联人事问题的判断。

周扬一直把鲁迅不听指挥的原因归罪于冯雪峰。现在，胡风与鲁迅往来如此密切，而自己在鲁迅心目中愈来愈没有位置，周扬不得不将其原因又归之于胡风，胡风与周扬等左翼成员的分歧和对立由此开端。胡风刚刚回国时曾经向周扬提到自己的组织关系问题，周扬起先很热心解决，但后来就冷淡下来，再也不提此事。到后来，周扬搬家后不愿告诉胡风新地址，胡风随即也搬出旧居，也同样不让周扬知道自己的地址。这样，两人联系渐少，隔阂愈深了。

左联其他盟员也明显地感觉到这种派别对立。沙汀说：“在一段时间里，胡风同我的来往还是频繁的，后来却逐渐不对劲了。而且，好多同志之间的关系也逐渐不够正常了。最后，因为听到某种说法，来往也断绝了，只是有时在欧阳山家里见见面。”[①]所谓“某种说法”，大概就是“胡风派”、“周扬派”等等，或者是谣传的胡风是“内奸”的说法。总之，胡风是愈来愈处于被孤立的境地。

胡风与周扬矛盾的激化是在胡风辞去左联职务之后。曾经对胡风表示过非常亲密关系的穆木天在 1934 年被捕，他被释放以后向左联报告说胡风是南京派来的内奸，而胡风为了生计在中山文化教育馆《时事类编》杂志充任翻译的事情，周扬和茅盾都是知情的，但周扬得知穆木天的“告密”，并没有为胡风开脱，而是漠然处之，[②]胡风只好两边辞职，既丢了饭碗，也离开了左联的领导位置。胡风辞职后，周扬等人让任白戈接替做左联的秘书长。任白戈回忆道：“1934 年秋天，有一天林伯修同志和田汉同志找我谈话，说胡风和南京有关系，不能再担

① 沙汀：《一个“左联”盟员的回忆琐记》，《中国现代文学研究丛刊》1980 年第 2 期。

② 另有一说是：“文委诬胡风是内奸，有可能是传达上级决定。”（于光远：《有关周扬的两个问题》，《湘潮》2001 年第 2 期）。这样，周扬就不会轻易否决穆木天的反映。

任‘左联’的秘书长，要我做‘左联’的秘书长。并告诉我这是‘文委’决定的。”[①]可见，周扬们始终认为胡风的“内奸”罪名是成立的，即使胡风不主动离职，他也不可能继续居于左联的领导位置。但任白戈还没有开展与鲁迅的联络工作，鲁迅就表示不愿意再管左联的事情，左联常务委员会书记一职由田汉代理，秘书长任白戈不用再找鲁迅，而是向田汉请示汇报左联的工作情况。

据胡风回忆，他在左联的任职时间是 1933 年 8 月至 1934 年 10 月上下，约占左联存在期间的五分之一。鲁迅得知胡风辞职后沉默了好一会儿，然后平静地对胡风说：“只好不管他，做自己本分的事，多用用笔……”[②]从此胡风成为左联的一名普通盟员，开始做专业作家，他一方面加深与鲁迅的友谊和工作关系，一方面与左联的几个同道伙友往来更为频繁，如周文、宋乐天、彭柏山、刘雪苇、欧阳山和草明、聂绀弩、吴奚如、萧红、萧军等。离职后不需要再照顾和平衡周围的关系，胡风此时当然更为随性自由，他与周扬的分歧也走向公开化，各自周围围拢着自己的支持者。而且就在这一时期，胡风和周扬之间展开了那场关于现实主义典型问题的论争，这是胡风与周扬理论分歧的发端。虽然论争的是文学理论问题，但也加剧了两人之间的情绪对立。据吴奚如回忆，1935 年“两个口号”论战尚未掀起之际，党中央特科为了消除左联内部矛盾，曾派人分别与周扬胡风谈话，要他们一起开个谈心会，希望他们开诚布公，消除隔阂，团结对敌，但非常遗憾，这一目的没有达到。从此，周扬和胡风的矛盾，发展到不堪收拾的地步。胡风说周扬用党的权力压他，而周扬则声言胡风搞宗派活动，破坏左联团结，双方已由文人相轻，转化为相互对抗，不久就演成了“两个口号”

---

① 任白戈：《我在“左联”工作的时候》，《左联回忆录》(上)，第 375 页。

② 胡风：《回忆录》，《胡风全集》第 7 卷，第 308 页。

的“大内战”。[1]

胡风离职后，徐懋庸接任左联宣传部长和书记，胡风渐渐和左联及文总断了来往，他只有在鲁迅那里感受组织的温暖，先生的言行成为他的精神支柱。但胡风没有想到自己离职后，左联也几乎和鲁迅断了联系，鲁迅也终止了每月给左联的捐款。应该说鲁迅与左联的疏离有多方面的原因，但实际结果却是坐实了周扬等人的“鲁迅受了胡风的蒙蔽”的说法。

由于胡风和鲁迅、冯雪峰的亲近关系，左联内部将胡风划入“雪峰派”，并说胡风“自称鲁迅门人”。冯雪峰离开后，“雪峰派”的说法渐渐被“胡风派”所取代，胡风成为周扬为代表的左联另一宗派力量的主要对手，文坛的派别对立表现为“胡风派”和“周扬派”之争。其实，左联时期的灵魂人物从始至终都是鲁迅，所谓的“雪峰派”或“胡风派”，实质上就是“鲁迅派”，也就是其后“两个口号”论争中的“民族革命战争的大众文学派”。只不过周扬及其追随者们始终不愿面对这一真相，虽然在不少左联活动的决策中，他们并不主动积极地与鲁迅联系，听取鲁迅的意见，乃至在左联解散问题上，明显表现出对先生意见的熟视无睹，鲁迅对此非常不满。但迫于鲁迅在文坛的威望和党中央对鲁迅的尊重，他们并不敢明火执仗地将鲁迅当做自己的对立面。[2] 据吴奚如回忆：“在两个口号论战达到白热化的时候，在一次左联主要成员的会议上，雪峰说：‘民族革命战争的大众文学，是我提出来的’，周扬立即挺身而出，大声疾呼：‘我还以为是鲁迅提出来的，反对时有所顾

---

① 吴奚如：《我所认识的胡风》，《我与胡风》，第 21 页。

② 茅盾在回忆录中说，即使在左联前期，因为鲁迅：“毕竟不是党员，是‘统战对象’，所以‘左联’盟员中的党员同志多数对他是尊敬有余，服从则不足。”茅盾：《“左联”前期》，《新文学史料》1981 年第 3 期。

忌，现在既知是你提出来的，那我就要大反而特反！！'"[①]周扬以后笑谈历史功过时同样表示："我们当时确实不知道这篇文章是鲁迅让他（胡风）写的"，"因为是胡风提的，所以就要跟他争论。"[②]夏衍也认为："假如知道是鲁迅提的，就不会有这场风波。"[③]可见面对鲁迅，还是有所顾忌的。但无论如何，我们从很多资料中可以看出，鲁迅与胡风相当亲密和默契，鲁迅对胡风也是充分信任的。胡风撰文提出"民族革命战争的大众文学"口号，至少应该看做是鲁迅、冯雪峰、胡风三人合力而为。胡风确实代表了鲁迅在"口号"问题上的意见，这是人所共知的。以胡风的个性，面对"国防文学"派的攻势，胡风一定是要强力反击的，但他听从了鲁迅和雪峰的安排，口号既出，再无还手，采取沉默观望的态度。可见，全心全意尊崇鲁迅和维护鲁迅的胡风，在很多时候，也是代鲁迅受"过"，承担了"鲁迅派"在这场内部斗争中的责任。

左联时期，追随鲁迅身边的胡风渐渐为世人所关注，但胡风并非左联中心人物，也不可能形成自己的文学盟派。比较准确地说，后来的胡风文学盟派根植于左联内部的分裂当中。这种宗派性的分裂，对左联来讲是个不小的损失，削弱了左联这个战斗集体的力量。而另一方面，分裂的同时也使新的文学社团的萌芽成为可能。

---

① 吴奚如：《我所认识的胡风》，《我与胡风》，第 21 页。

② 赵浩生：《周扬笑谈历史功过》，《新文学史料》1979 年第 2 期。

③ 《夏衍谈"左联"后期》，《新文学史料》1991 年第 4 期。

三、胡风——左联阵营中的另类

1. 个性

胡风是左联阵营中的一个另类，这首先指的是胡风独立不羁的个性。正如研究者所发现的："和鲁迅关系密切的冯雪峰、胡风、萧军等人，在性情上有不少相似之处。耿直爽快而无遮拦，急躁执拗而欠冷静，朴实无华而拙于心计。许多时候，他们似乎并不考虑环境和对象的不同，也不顾忌性情的挥洒所可能带来的对自己不利的后果。不可更移的个性，注定让他们以自己的方式成为文化史上几个特殊的人物，并且在特殊的环境中饮下苦酒。"①

胡风天生性格倔强，他的争强好胜和反抗权威的秉性在少年时期就有突出的表现。读私塾时，因家贫体单而受同学奚落，一句侮辱性的话气得他满脸通红，愤然出手给了同学一拳，从此赢得了同学的尊敬。作文方面，总是用自己的头脑思索，发挥自己的见解。先生对别人说，他写的这种文章，如果进京赶考，是不会被考官选中的，太不讲规矩了。1920 年在蕲州官立高等小学堂读书时参加爱国游行活动，胡风听到校方要惩罚他的消息，一怒之下离开学校。② 在启黄中学时，胡风在北京的《晨报副刊》上发表了第一篇文章《改进湖北教育的讨论》，"一个初中二年级的中学生，竟然能在全国著名的大报上发表文章，探讨的又是如此宏深的大问题，这在启黄中学，恐怕是破天荒的。""胡风

① 李辉：《风雨中的雕像》，山东画报出版社 1997 年版，第 138 页。
② 参见梅志：《胡风传》，北京十月文艺出版社 1998 年版。

在公开发表的第一篇文章中，就鲜明地表现出好辩和勇于发表个人见解的独特个性。这只羽毛尚未丰满的鸟一鸣惊人，刚出道就摸老虎屁股，抨击中国社会上最臭最狠的军阀和老朽；而且，文笔锋芒毕露，无所顾忌，敢于点名批判，善于揭示要害。毫无疑问，在他漫长的笔墨生涯中，这是一个良好的开端。他成名之后的文风，在这里已见端倪。”①

胡风的独立个性使他早早就有了开拓自己的文学和言论阵地的自觉意识。当他踏上左翼文坛，逐渐成为知名诗人和文艺理论家后，倔强个性一如既往。这种个性带给他独树一帜的艺术和理论创造，造就了现代文学史上极富影响的《七月》和《希望》。这些刊物“正如胡风的性格一样，是固执的、耿介的、有深度的。”②当然，个性也带给他人生道路上巨大的障碍。鲁迅非常理解胡风的性格。他说：“胡风鲠直，易于招怨，”③他的独特个性和思想同时也得到一批文坛同道伙友的赏识，并吸引一大批文学青年的追随。中国的传统知识分子，最崇尚独立人格和狷傲气质。坚持独立人格与文学个性者，往往能够得到同类的拥护和知音的共鸣。这些同类和知音当然会有相同或相近的气质秉性。如罗洛评价他的挚友阿垅：“他真诚得痛苦，严肃得固执，热情得偏激。”④七月社很多人性格如胡风、阿垅一样单纯、直迂以至偏颇得可爱。但是，在中国，坚定不移的个性执守，也最易于招来对立面，于是也最易于导致集团意识和宗派意识。七月社和希望社成员们能不约而同走在一起，与他们相近的个性有关，他们也为此付出了惨痛的代价。

---

① 戴光中：《胡风传》，宁夏人民出版社 1994 年版，第 14—15 页。

② 陈纪滢：《三十年代作家记》，台湾成文出版社 1980 年版，第 84 页。

③ 鲁迅：《答徐懋庸并关于抗日统一战线问题》，《鲁迅全集》第 6 卷，人民文学出版社 1991 年版，第 535 页。

④ 罗洛：《阿垅片论》，《新文学论丛》1983 年第 3 期。

侯唯动老人曾满含激情地写道："我在75岁的高龄，回头看身后的脚印，庆幸自己在青年时代有了一个天大的机遇，遇到了胡风这位老师。"[①]这应该是社团成员的共同心声。胡风像磁铁一样吸引了众多的文学青年，而这些追随者既自觉被胡风影响和培养，又在遭受了半个世纪的人生磨难后万劫不悔，可见胡风个性的巨大魅力。胡风的人生悲剧某种程度上也是一种性格悲剧，胡风研究者李辉说："文坛上很少有人能够像他这样如此执著如此顽固如此执迷不悟地充满着自信，很少有人能够像他这样虽九死而无悔地不移初衷，也很少有人能够像他这样天真而单纯，对思想之外的世界懵懂不知，径自按照自己的方式面对整个世界。""也许他有太多受人非议的性格特点，譬如偏激，譬如不宽容，但他做人的根本原则是正直、真诚。他从来不愿意掩饰自己，他把虚伪视为人格的天敌。他的性格使他招致厄运，但他的性格也使他成为一个真正的人。"[②]同样如孙钿在上海精神病院与胡风最后一晤后所感慨："世上事，太错综复杂了，胡风如果能像太史公所说的：'姑且从俗浮沉，与时俯仰，以通其狂惑。'那么，已不是胡风了。"[③]胡风无法更改他的个性气质。这种福祸相依的个性，对于他的文艺思想的形成，对于社团流派的形成，甚至对于后来的政治悲剧的形成，都是一个不可忽略的因素。一个人的个性原本属于自己，但如果是胡风这样的文学家、思想家、文坛领袖，他的个性就不仅仅属于他自己了。透过胡风的特殊个性，我们可以看到凝聚社团流派的人格力量和精神特质。

以胡风的个性，既然做了左联的负责人，就一定要按照自己的想法干一点实际工作。胡风曾给远在日本东京的同学朱企霞写信，说到

① 侯唯动：《从读者中走向胡风》，《我与胡风》，第343页。
② 李辉：《风雨中的雕像》，山东画报出版社1997年版，第159、164页。
③ 孙钿：《与胡风同命运》，《我与胡风》，第314页。

自己回国后在左联繁忙的工作状况：

忙些什么呢？你大概知道，我有一个家庭，而且是一个人数不少的大家庭。家事一切是乱的，从去年起就要我回来料理，一直弄到现在。而现在，一个管家的姐姐不久又劳苦去世。人多嘴众，满目惨伤。忙的就是这。古话说："休为儿孙做马牛"，但对我不能应用，我是，从此要每天挥着臭汗替这些老老小小的做一点事，来安慰我的心。①

胡风在宣传部下面设了三个研究会：理论研究会、诗歌研究会和小说研究会，出版了刊物《新诗歌》和《小说》以及内部油印刊物《文学生活》，定期与鲁迅联络，送去刊物，汇报工作，并取回每月20元的必要费用。胡风坚持从文学活动切入推动左联文艺运动的思路，却引起内部左派势力的反对。胡风回忆道：

当时还有一种思想，说，许多盟员热心在报刊上发表文章，这是一种作品主义；热心想当作家，这只能是作家主义；这会走向右倾道路。实际情况是，左联青年盟员能写文章的人太少，在报刊上发表文章做思想工作的人太少。如果反对发表文章，一写文章就会右倾，那左联就等于放下武器，等于不存在，连右倾不右倾都说不上了，还能做什么工作呢？②

左联是文学团体，如果仅仅是结合"五一"、"五卅"来搞罢工和飞

① 胡风：《书信·致朱企霞》(1933年8月8日自上海)，《胡风全集》第9卷，第692页。
② 胡风：《回忆录》，《胡风全集》第7卷，第306页。

行集会，而不抓创作和理论，就离开了左联的本分，也会失掉文学青年的拥戴。胡风顶住压力，鼓励有生活经验的盟员多去写作，自己也抽时间写文章发表文章。虽然被周扬指责为“作品主义”，也没有压服胡风的特立独行，他以自己的另类行为，为左联文艺运动做出了重要贡献。

2.思想

人的个性气质是一种偏于感性的流露，它往往会影响人一生的命运。像胡风这样的文艺家，他的文艺观，他的思想理论，当然也是融合了他的人格气质而显得与众不同。胡风的独立个性与独特理论见解，使他踏上文坛之时，就成为一个异数，引起关注，也招致反对，从此论争不断。伴随一生的笔墨官司，成就了胡风，也伤害了胡风。胡风在与对立面的论争中，从独立走向孤立，随着自己理论特色的愈加突出，其另类性也更加明显。他对待别人的观点和见解，从来是认同则大肆称赞宣扬，反对则直截了当地提出批评。他的批评常常很激烈甚至苛刻，不会考虑别人能否接受，不会拐弯抹角圆滑变通，更不会趋炎附势见风使舵。胡风在营构自己的文艺理论体系时，也曾经有过大的思想转折，一旦意识到自己的问题，一定全力纠正，而一旦认定真理在握，一定坚持到底，九牛拉不回头。左联时期胡风与周扬和茅盾的芥蒂的产生，并不完全是出于宗派意识或个人好恶，应该说也是他们不同的文艺观和思想分歧所导致的。

胡风和茅盾（1896—1981，原名沈德鸿，字雁冰）在左联期间虽然有过工作上的合作，但他们的关系并不密切。可以说胡风对茅盾有先入为主的不良印象，这是因为在日本期间，茅盾女友秦德君曾是胡风中学老师的夫人，当秦德君给茅盾介绍胡风时，胡风表现得比较冷淡。茅盾曾通过秦德君邀请住在东京的胡风，希望他到京都来玩，顺便交换有关文艺运动的意见，胡风也没有接受茅盾的邀请。后来秦德君与茅盾分手了，胡风更对茅盾的为人有了看法。在这一方面，胡风表现得很执拗，以致到老年，对茅盾的态度一直没有改变。另一方面，胡风与茅盾在文艺观上有明显的分歧，无论茅盾名气多大，或者已经公认为是左联著名的小说家，但胡风对茅盾的作品一直不予认可，他认为："茅盾的作品有具体描写，但那形象是冷淡的，或者加点刺激性的色情，也没有普通人民的真情实感的生活。"[①]茅盾作品的风格和感情完全不能打动胡风，甚至无法读下去。因为他们都是围绕在鲁迅身边的左联领导，所以一度也是客气相待。如茅盾所言："我与胡风只有泛泛之交，而且是由于鲁迅的关系。"[②]后来胡风和茅盾的关系有所恶化，则主要因为胡风坚持自己的审美观点，持续否定茅盾的创作。胡风到左联工作后，曾奉命向国际革命作家联盟写了一份概况报告，当提到茅盾时，胡风如此说道："他已被当作左翼头面作家，但他对反动阶级敌人和民族敌人的仇恨，对人民的爱心，不能和鲁迅相比，对穷苦人民的生活和革命实际的了解，又不及一些从生活中成长起来的青年作家。"茅盾得知大为不满，对鲁迅说胡风将他看成了投机分子。茅盾《子夜》出版英文版时，鲁迅来信委托胡风写一篇有关茅盾小说的介绍，胡风不好推辞，只是如实按自己的看法写了，没有写出多少恭维的话。胡风认为，外国读者是有一定批判能力的，如果评价不符合实际，是要发生反效果的。[③] 可以想象，胡风的鲠直态度，是如何激怒了茅盾。茅盾坚决辞去左联书记不干，与胡风的态度是有关系的。至于 40 年代，胡风将茅盾、沙汀的创作当做"客观主义"的典型偏向加以激烈的批判，称茅盾是"抬头的市侩"，显然呈现出两种现实主义文学观的对立冲

---

① 胡风：《回忆录》，《胡风全集》第 7 卷，第 276 页。

② 茅盾：《我走过的道路》（中册），人民文学出版社 1984 年版，第 314 页。

③ 胡风：《鲁迅先生》，《胡风全集》第 7 卷，第 90—91 页。

突。在胡风看来，茅盾的“客观主义”是与自己的“主观战斗精神”格格不入的，胡风的鲠直和偏执的个性，决定了他在理论思维上“绝对的排他性”，而不会考虑到理论的兼容共存性。

关于周扬，我们知道他与胡风在1932年相识以后的一段时间里，是彼此欣赏并引为同道的。胡风因受“拉普”思想的影响，在关于“第三种人”的论争中，写了《粉饰、歪曲、铁一般的事实》一文声援周扬，对巴金、靳以、郁达夫等进步作家进行了教条主义批评，多少使得这些进步青年作家疏远了左联，表现了胡风的左倾思想偏向。胡风与周扬的对立和左联内部矛盾的发生，一方面来源于个性意识及亲疏关系造成的宗派情结，另一方面原因却在于各自文艺思想的变化发展中逐渐有了差异和分歧。也就是说，曾经“左得离奇”、“左得可爱”的胡风意识到自己文艺思想中的问题，即“拉普”思想的左倾弊端，他开始了剥离和纠正不良影响的理论努力。1935年那场关于现实主义典型问题的论争，是胡风与周扬理论分歧的发端，是胡风和周扬现实主义论战的开始，也是胡风参与现代文艺论争的开始。当时胡风的文艺思想还处于突破前的困惑和探寻阶段，文艺界发生了关于“典型”问题的论争。胡风带着寻找理论答案的愿望热情上阵。当时胡风为答文学社问，发表了《什么是“典型”和“类型”》一文，周扬以长篇论文《现实主义试论》，批评胡风的典型观，胡风回敬《现实主义的一“修正”》进行反批评，周扬又写了《典型与个性》，胡风再以《典型论的混乱》一文进行反驳。抗战爆发后，论战逐渐消歇。这场论战无疑磨砺了胡风的思想锋芒，促进了胡风思想的蜕变。今天看来，关于文学“典型”的争论多是语词之争，争论中倒是相互补正了彼此在“典型”问题上的偏颇认识。可以说，正是在他们的争议性探讨中，奠定了“典型论”在中国现代文论中的重要位置，极大地影响了其后的文学理论和批评建设。但争论中二人互为误解，宗派意识渐浓，为其后“两个口号”之争中“周扬派”

与“胡风派”关系的僵化种下恶因。无论如何总可以看出，同是30年代成名、影响很大的左翼文艺理论家，胡风与周扬的文艺理论批评在30年代就有了分歧，并逐渐在40年代分流成为现实主义理论的两大支脉。

从胡风早期的一些文艺批评中，可以看出他的文艺思想的萌芽。显然，胡风是在苏联“拉普”思想的引导下步入文学评论园地的。如果说胡风在登上文坛之际就受到苏联文学思想的直接影响，奠定了胡风认同“社会主义现实主义”的理论雏形，那么，早期得到鲁迅文学创作的熏陶和从日本回国后与鲁迅的直接合作，对胡风文艺思想的发生同样起到了非同一般的决定作用。胡风的所谓“社会主义现实主义”，从一开始就自觉等同于鲁迅所开辟的新文学现实主义。这种等同，从对鲁迅和新文学自身的认识来说，是有简单化的弊端，但从“社会主义现实主义”理论在中国的形成来看，无疑又有积极的建设意义。正因为如此，胡风所认可的，已经融入了鲁迅及新文学现实主义精神的“社会主义现实主义”，就与当时流行的并没有从根本上剔除“拉普”影响的苏联“社会主义现实主义”有了很大的不同。胡风说：“我在开始写评论的时候，是多少受到了这一理论（指“拉普”理论——笔者注）的影响的，没有收进《文艺笔谈》的，在那时以前几年的若干篇，就打上了这种烙印。到读到了清算这种理论的文章时，我热忱地接受了。由于鲁迅的实践（他是凭着创作实际与庸俗社会学对立的），我接受社会主义现实主义的理论是凭着实感的。”[①]这种“实感”，为胡风现实主义理性框架注入了鲜活的内容。胡风对“拉普”较为彻底地清算，无不与鲁迅文学实践的冲击有关，而且，将鲁迅的现实主义实践经验当做接受一切外来影响的中轴线，就使得胡风的理论探索避免了很多弯路和误区，

① 胡风：《〈胡风评论集〉后记》，《胡风全集》第3卷，第586—587页。

他的主体性现实主义理论的形成也有了根本的生发点。这一前提的不同，导致其后胡风与其他理论家截然不同的理论走向。于是我们不难理解胡风和周扬在看似一致的“社会主义现实主义”框架中，为何却存在那么大的认识上的歧义。

胡风的主体性现实主义文艺理论是马克思主义与中国左翼文艺运动相结合的产物。中国左翼文坛服膺于马克思主义与胡风接受马克思主义都是时代和社会的必然要求，是顺理成章的。从胡风早期文艺思想的演变，可以看到左翼文学自身内部生成的历史，其文艺思想中的一些局限与当时的时代风气有关，胡风也难以避免时代性弊端的影响。他在自传中曾经说过，他是花了两三年的时间才逐渐摆脱“拉普”的辩证唯物主义创作方法和机械论的影响，虽然这种最初的往往是根深蒂固的影响，却难以最终剔除干净。在清算“拉普”的过程中，左翼成员程度不同地做出了努力，相比之下，胡风表现得最为真诚、最为彻底，也最为成功。在时代潮流的驱动和胡风的自觉信奉中，胡风对“拉普”错误的清算，从根本上无意于也不可能离开马克思主义，相反，他正是逐步地趋近和呈现着马克思主义文艺思想的真正面目，虽然在这一努力过程中，胡风自己也难以最终摆脱时代的局限。

正如钱理群所指出的：“所有这一切，都显示出一个理论家的成熟：胡风正逐渐地艰难地从机械论的束缚下解放出来（这种‘解放’不可能彻底，机械论的影响即使在胡风思想的成熟期也时有反映），并且结合中国文艺运动实际，开始有了自己的独立创造。这表明，胡风是生活在中国这块土地上的马克思主义文艺理论家，他就不可避免地背负着中国马克思主义理论家所特有的历史包袱（民粹主义、机械论等等）；但他努力从中挣扎出来，反戈一击，就显示出特殊的理论力量。也正因为如此，在那些仍然坚持民粹主义、机械论……并以此为‘正宗’的理论家看来，胡风就是‘叛徒’，成了‘修正主义’；而如鲁迅所说，本营垒、本阶级的‘叛徒’，‘比异阶级的奴隶造反还可恶，所以一定要除掉他’。这就是胡风始终为一些人所不容的原因；而在我们看来，正是胡风的特殊价值所在。”①胡风的文艺理论根植于唯物主义决定论，限定在特定历史与时代背景允许之下，但胡风自觉坚持以鲁迅为代表的五四文化传统，自觉和努力地摆脱自身历史包袱，在自我克服、否定过程中营构独特的思想理论体系。这种自我克服、自我否定的“反戈一击”，使他在左翼阵营以及40年代以来的文艺运动中始终处于另类地位。

胡风的另类性格和独树一帜的文艺理论，常常使他和他的同道伙友得不到广泛的支持，甚至陷于孤立的境地。胡风在人事关系的处理上不懂得变通，不善于衡情推理，多方包容，而总是坚持自己的看法并以此判断他人，所以说胡风有时是偏激的，也是得罪人最多的。早在日本留学期间，凡是对鲁迅态度不恭敬者，胡风一定不愿与之往来，进入左翼文艺界后，一旦听到对鲁迅的批评，胡风的反应总是很强烈。同时，凡是鲁迅不喜欢的人或者偶有批评的人，胡风也从此种下不好的印象。实际上，鲁迅的交游是很广泛的，他的友人、学生、追随者甚至反对者，都以不同方式与鲁迅保持着不同程度的亲密或友好关系，这种关系随着时间的推移和形势的变迁也会有所变化。鲁迅经常是以人说事，但也常常对事不对人。鲁迅是非常深刻地影响了胡风，但胡风始终没有学到先生那种对社会人生复杂性的清醒认识。诗人气质的胡风是热情的执著的，但也常常难免简单化，难免因少于世故而意气用事。胡风在《鲁迅先生》中谈到冯雪峰在“口号论争”中曾帮鲁迅起草《答托洛斯基派的信》和《论现在我们的文学运动》，他感到冯雪

① 钱理群：《胡风与五四文学传统》，《文学评论》1988年第5期。

峰对病中的鲁迅“略略现出了一点不耐烦的神色[1]”，而大为意外和不满。他是不能容忍任何人对鲁迅的任何不恭的态度，哪怕是自己的挚友，哪怕是如自己一样毕生捍卫先生形象的冯雪峰。胡风确实是不留余地地推崇鲁迅，在认定鲁迅为文坛领袖时，带有绝对的唯一性和排他性。左联时期，他反对将茅盾和鲁迅并列。抗战后，党中央“决定以郭沫若继承鲁迅为全国左翼文化界的领袖”。当吴奚如“把这一决定向胡风等人传达时，几个《七月》社非党同人有抵触情绪，沉默不语”。可见胡风是多么的“不识时务”[2]。胡风始终坚持：“中国革命文学，社会主义现实主义的传统是由鲁迅开创的，他的影响是超过一切作家的。郭沫若、茅盾在对历史实际的认识上，在和劳苦人民命运的联系上，是远远不能和鲁迅相比的。”[3]由此导致对郭沫若和茅盾的全盘否定，则也是不可取的偏激。

甚至是对自己的同道伙友，胡风也决不随声附和，而是坚持自己的立场和见解。鲁迅离世后，冯雪峰、胡风、萧军等鲁迅的忠实弟子们编辑出版了四辑《工作与学习丛刊》和一本《鲁迅先生纪念集》，以刊登鲁迅遗著和纪念学习的文章，弘扬鲁迅精神。胡风深受鲁迅编辑思想的影响，在《丛刊》的编辑中提携后进，注重刊载无名青年的文章而不迷信权威，选稿时与冯雪峰意见相左，但他不愿让步，坚持自己的用稿原则；编辑《鲁迅先生纪念集》时，又与萧军发生分歧，胡风宁可退出工作也不改初衷。胡风的倔强和固执令他的战友们很无奈，而得罪其他所谓权威名流，更是不在话下。

而胡风的这种独特个性与反抗权威的做法，恰恰深得青年人的心仪，他们纷纷聚集在胡风的周围，期望胡风像鲁迅一样引导他们走上

---

① 胡风：《鲁迅先生》，《胡风全集》第7卷，第106页。

② 吴奚如：《我所认识的胡风》，《我与胡风》，第26页。

③ 胡风：《若干更正和说明》，《胡风全集》第7卷，第43页。

文学道路。当胡风在既成的文坛圈子里越来越孤立的时候，却受到越来越多的文学青年的注目和拥戴，这就为新的文学社团的形成，打下了最初的坚实的基础。

四、"两个口号"论争与盟派的浮出

后期的左联，宗派主义和关门主义倾向愈发严重。按鲁迅的说法是："他们实际上把我也关在门外了。"[①] 1935 年青年作家徐懋庸（1922—1977）接任任白戈成为左联最后一任党团书记。据徐懋庸自己分析，自己之所以"飞黄腾达"，其中一个因素是"胡风同周扬闹对立，拉了一部分人出去，作为'正统派'的周扬，手下人数不多了"。另外还有一点，是因为"当时周扬所主持的原'左联'常委会的人，已经没有一个可以同鲁迅谈得拢，而我，特别经过《新语林》的一段工作，在他们看来，鲁迅先生同我的关系很好。周扬虽然和鲁迅关系不好，但还要团结他，要有个人去同他联系"。徐懋庸很高兴从此可以多和鲁迅接触，但没想到由此"真正陷入了一个没顶的泥塘"[②]。

徐懋庸任书记的时候，左联的其他负责人也都进行了调整，领导班子是全新的，但实际的权威人物依然是周扬。两派分裂导致小集团意识愈加浓厚，左联的工作基本上是唯周扬的"旨意"是从，徐懋庸曾回忆道：

> 同我一起在"左联"常委工作的人，都是很崇拜周扬的，当时我听说周立波是周扬的兄弟，周立波常对我们强调说

① 茅盾：《"左联"的解散和两个口号的论争》，《新文学史料》1983 年第 2 期。

② 《徐懋庸回忆录》，人民文学出版社 1982 年版，第 78、79 页。

“起应（周扬）这么说，那么说”。我记得一九三五年上半年，有一回周立波主张开除胡风出“左联”，我认为此事牵连到鲁迅先生，关系重大，宜慎重，周立波就强调说“这是起应的意思”。但此事后来没有实行。一九三五年下半年，计划办内部刊物《文艺群众》时，因集稿筹款都有困难，我主张办小的，周立波也传达周扬的意见，要办大的，很坚决。[①]

对于后期的左联，左联盟员林淡秋也有如下看法：

这个时期的“左联”，在组织规模上不同于原来的“左联”，实际上只包括一部分盟员，跟原来的另一部分盟员没有关系。这两部分人构成两派，即所谓“周扬派”和“胡风派”，互不相容。这两派都有严重的宗派主义思想情绪，而对于清醒地反对宗派主义的鲁迅，都有这样那样的错误认识，使一开始就成为“左联”主帅的鲁迅，不能发挥主帅的实际作用。[②]

鉴于左联严重的关门主义和宗派主义问题，并响应共产国际的新策略，建立文艺战线上的统一战线的需要，1935 年 11 月，驻共产国际的萧三根据王明和康生的指令，[③]从莫斯科来信给左联，严厉批评了左联的关门主义和宗派主义错误，要求解散左联，另成立新的文艺团体。来信指出：

---

① 《徐懋庸回忆录》，第 192 页。

② 林淡秋：《“左联”散记》，《左联回忆录》（下），第 472 页。

③ 萧三：《我为“左联”在国外作了些什么？》中回忆，主张解散“左联”的信，是“王明逼迫我写的”，就此事也曾和另一位中共代表康生“作了长谈”，其后“就写成了那封长信，寄回上海”。《萧三文集》，新华出版社 1983 年版，第 285－286 页。

因为左联内部工作许多表现，也绝不似一个文学团体和作家的组织，不是教育作家，吸引文人到反帝反复古之联合战线方面来的组织，而是一个政党，简单说，就是共产党！

一般人也认为左联便是共产党。加入左联便要砍头——这在文人是要想一下才能决定的呵。

来信建议：

在组织方面——取消“左联”，发宣言解散它，另外发起、组织一个广大的文学团体，极力夺取公开的可能，在“保护国家”，“拯救中华民族”，“继续‘五四’精神”或“完成‘五四’使命”，“反复古”等口号之下，吸引大批作家加入反帝反封建的联合战线上来，“凡是不愿做亡国奴的作家，文学家，知识分子，联合起来！”——这，就是我们进行的方针。①

在左联解散的问题上，鲁迅与已经占据权威领导位置的周扬再起冲突。周扬等决定按照共产国际的指示解散左联，代之以新的组织“中国文艺家协会”，并研究决定让茅盾去征求鲁迅的意见，鲁迅表示反对。茅盾回忆道：“鲁迅对萧三的信取看一看再说的态度，他对于把原来的敌人拉来做朋友表示怀疑，对于解散‘左联’也不表赞同。他认

① 萧三：《给“左联”的信》，《三十年代左联文艺资料选编》，四川人民出版社 1980 年版，第 204—205 页，第 206 页。

为'左联'的宗派主义、关门主义是严重的，'他们实际上把我也关在门外了'，但宗派主义和关门主义是有人在那里做，不会因为取消了'左联'他们就不做了。'左联'是左翼作家的一面旗帜，旗一倒，等于是向敌人宣布我们失败了。"[①]鲁迅虽然对左联的领导人有诸多不满，自己实际上已经和左联很疏远了，但心底里还是很珍视这个战斗团体，不愿意轻率解散。而且，以鲁迅一贯的性格，是不主张与先前的敌人轻率谈和的。由于鲁迅态度坚决，左联又派当时的书记徐懋庸再行说服，如此逐人逐次反复对鲁迅进行"打通"工作而没有结果。徐懋庸回忆说，当鲁迅听到左联常委的决议后才不再坚持。他说："既然大家主张解散，我也没意见了。"但鲁迅提出解散时发表一个正式宣言。后来知道并未发表解散宣言，鲁迅"脸色一沉，一言不发[②]"。

1936 年春，左联自行宣布解散。从其后鲁迅的两封信件中可以看出鲁迅失望的心情和不屈的态度：

1936 年 4 月 24 日致何家槐信拒绝加入"文艺家协会"："我曾经加入过集团，虽然现在竟不知道这集团是否还在，也不能看见最末的《文学生活》。但自觉于公事并无益处。这回范围更大，事业也更大，实在更非我的能力所及。签名并不难，但挂名却无聊之至，所以我决定不加入。"[③]

1936 年 5 月 2 日致徐懋庸信："集团要解散，我是听到了的，此后即无下文，亦无通知，似乎守着秘密。这也有必要。但这是同人所决定，还是别人参加了意见呢，倘是前者，是解散，若是后者，那是溃散。这并不很小的关系，我确是一无所

---

① 茅盾：《"左联"的解散和两个口号的论争》，《新文学史料》1983 年第 2 期。
② 《徐懋庸回忆录》，第 87、88 页。
③ 《鲁迅全集》第 13 卷，人民文学出版社 1991 年版，第 363 页。

闻。……好在现在旧团体已不存在，新的呢，我没有加入，不再会因我而引起一点纠纷。我希望这已是我最后的一封信，旧公事全都从此结束了。"①

左联既已解散，鲁迅结束旧关系的态度更为绝决，识时务者如徐懋庸以及左联一些崇拜周扬的人似乎是跟定了周扬，而胡风和他的友人们依然坚定地追随在鲁迅先生左右，两派对垒的阵势一目了然。解散左联原本的目的是为了建立更具广泛统一战线性质的文艺组织，使全社会的文艺人更广泛地联合起来，以配合蓬勃掀起的抗日救亡运动。不料事与愿违，左联解散却更加深了鲁迅对周扬的成见，彼此的矛盾趋于僵化，"从此，鲁迅对于周扬他们更加不信任了，对于他们的各种倡议、活动，多取不合作态度"②。在对待周扬们的态度上，渐渐由"不满"发展到"憎恶起来"。

左联解散问题上的分歧与冲突，成为日后"两个口号"论争的铺垫和前奏。

在"口号论争"掀起之前，就左联解散后如何成立新文艺团体的问题上，持续进行着派别之间的纷争。鲁迅拒不参加周扬们筹建的新文艺组织"中国文艺家协会"，"因为鲁迅是文艺界的一面旗帜，理所当然应该领导这个新组织。而且，由于鲁迅不肯加入，也使得一大批作家对这个新组织表示冷淡，这就使他们（周扬们）的工作遇到了很大困难"③。于是社会上出现了诸如"鲁迅破坏抗日统一战线"的流言。鲁迅此时重病在身，他给友人的信中流露了自己糟糕的心情："病总算是

① 《鲁迅全集》第13卷，第365页。

②③ 茅盾：《"左联"的解散和两个口号的论争》，《新文学史料》1983年第2期。

好了，但总是没气力，或者气力不够应付杂事；记性也坏起来。英雄们却不绝的来打击。近日这里在开作家协会，喊国防文学，我鉴于前车，没有加入，而英雄们即认此为破坏国家大计，甚至在集会上宣布我的罪状。”①冯雪峰重返上海的第二天与鲁迅见面，听到令他终生难忘的几句话：“这两年我给他们摆布得可以！”“我成为破坏国家大计的人了”，“我真想休息休息。”可见鲁迅当时的“处境”和他对周扬等人的愤慨。②

据茅盾回忆，在中国文艺家协会筹建之时，“胡风他们又传出消息，说要组织另外一个文学团体”，“叫文艺工作者协会，参加的多半是年青人”，③茅盾认为这是组织上分裂的举动。但梅志在《胡风传》中表明事实并非如此，因为鲁迅拒绝加入文艺家协会，一些拥护鲁迅主张的青年作家也都没有参加协会。巴金提议：“我们也应发表一个宣言，表示我们对当前民族危机的态度。”于是，“只是一些围绕在鲁迅周围、支持鲁迅主张的几个‘少壮派’，如黎烈文、巴金等人共同发起了《中国文艺工作者宣言》”。鲁迅、胡风等人都签了名，但并没有打算组织任何新的团体或组织。④ 无论如何，在成立新团体问题上，两派之间还是形成明显的对立形势。茅盾试图动员大家在两边的宣言上都签名，以缓和强烈的对立情绪，但茅盾的努力未有成果，反而自己被骂为“脚踏两只船”。更有意味的是，参加“文艺家协会”的“多数是中年持重者，少壮派不多”，⑤而在《中国文艺工作者宣言》上签名的人大多是年青人，即所谓的“少壮派”。左翼内部这种壁垒分明的派别构成和更加公

---

① 《鲁迅全集》第13卷，第370页。

② 冯雪峰：《有关1936年周扬等人的行动以及鲁迅提出“民族革命战争的大众文学”口号的经过》，《新文学史料》1979年第2期。

③⑤ 茅盾：《“左联”的解散和两个口号的论争》，《新文学史料》1983年第2期。

④ 梅志：《胡风传》，第325－326页。

开化的矛盾对立，导致“口号论争”中派别斗争走向激化并且再也无所顾忌。

1934年10月27日，署名“企”的周扬在《大晚报》副刊《火炬》上发表短文《“国防文学”》，首次介绍了苏联倡导的“国防文学”口号。次年12月20日，周立波在《每周文学》第15期，发表《关于国防文学》的文章，也是依据共产国际在抗日救国方面推行的“国防政策”的精神，也就“国防文学”的口号进行了阐述。这个口号在文学界的正式提出和传达，是在1936年2月，此时左联刚刚解散。据夏衍回忆说：

> 大约在2月初，“文委”碰头时周扬对我说：现在我们在政治上要搞抗日联合战线，文艺方面也要有一个相应的可以团结多数人的口号。所以我们打算根据《八一宣言》的精神，提出“国防文学”这个口号。①

之后，文艺界相继提出“国防戏剧”、“国防电影”和“国防音乐”等口号，引起报刊杂志对这一口号的响应性讨论。有影响的文章有周扬的《关于国防文学》，茅盾的《需要一个中心点》等。

1936年4月下旬，冯雪峰以党中央特派员的身份由陕北到达上海。他首先见到了鲁迅和胡风，向他们传达了共产党建立民族统一战线的抗日方针。谈话间，几个人都对“国防文学”的口号表示了不满。冯雪峰认为，“这个口号没有阶级立场，可以再提一个有明白立场的左翼文学的口号。”②胡风认为，“国防文学”口号的缺陷在于“政治原则上

---

① 夏衍：《懒寻旧梦录》，三联书店1985年版，第310页。

② 冯雪峰：《有关1936年周扬等人的行动以及鲁迅提出“民族革命战争的大众文学”口号的经过》，《新文学史料》1979年第2期。

的阶级投降主义”,“文学思想上的反现实主义”。[1] 经过一番讨论,决定提出一个新的口号,并对新口号的措辞和长短进行商议。冯雪峰回忆当时的情景时说:“于是,胡风临走时就说,他去写一篇文章提出来,鲁迅表示同意,我也同意。”[2]就这样,由胡风执笔起草文章《人民大众向文学要求什么?》,发出了题旨更为明确的“民族革命战争的大众文学”的口号。新的口号引起周扬等人的激烈反对,一时间两派对垒,左联文坛爆起硝烟。

对于“口号”提出的问题,另一位当事人茅盾在回忆录也有可以佐证的记述,因为当时茅盾“处于一个比较特殊的地位与双方都保持着良好的关系”。他回忆一次去鲁迅家,与鲁迅和冯雪峰谈到了“国防文学”:

> 鲁迅说:现在打算提出一个新口号——“民族革命战争的大众文学”,以补救“国防文学”这口号在阶级立场上的不明确性,以及在创作方法上的不科学性。这个口号和雪峰、胡风商量过。雪峰插嘴道:这个新口号是一个总的口号,它是无产阶级革命文学的继承和发展,可以贯穿相当长的一个历史时期;而“国防文学”是特定历史条件下的具体口号,可以随着形势的发展而变换。鲁迅说:新口号中的“大众”二字就是雪峰加的。又问我有什么意见。我想了一下道:提出一个新口号来补充“国防文学”之不足,我赞成,不过“国防文学”这个口号已经讨论了几个月了,现在要提出新口号,必须详细阐明提出它的理由和说明它与“国防文学”口号的关系,

① 胡风:《回忆录》,《胡风全集》第7卷,第333页。

② 冯雪峰:《有关1936年周扬等人的行动以及鲁迅提出“民族革命战争的大众文学”口号的经过》,《新文学史料》1979年第2期。

否则，可能引起误会。这件工作别人做是不行的，非得大先生亲自来做。①

或者因为鲁迅先生生病在床，或者因为“胡风自告奋勇要写”，总之文章并没有如茅盾所愿由鲁迅出面来写。但无论如何，新口号确实是经过鲁迅、雪峰和胡风的讨论，包括茅盾也参与了意见，胡风确实是传达了鲁迅和雪峰的意见，这应该是没有问题的。茅盾认为问题的症结还在于提出者是胡风，而且“胡风这篇文章的口气，好像这个口号是他一个人提出来，既没有提到鲁迅，也没有说明这个新口号与‘国防文学’口号的关系，给人的感觉是，胡风要用‘民族革命战争的大众文学’口号来代替‘国防文学’口号②”。茅盾认为这是口号论战爆发、左翼内部分歧加剧的关键原因。

争论后期，鲁迅抱病写出著名的《答徐懋庸并关于抗日统一战线问题》一文，对论战双方进行了准确而犀利的评判，特别是抨击了左联流弊，并为胡风等人进行了申辩。鲁迅的文章也使“谁提出?”这个悬而未决的问题得到落实，正在大张旗鼓进行反攻的“国防文学”派于是停止了论战。

这场论争所探讨的是抗日民族统一战线的问题，但人们似乎更关注口号的制定者或支持者的个人威信和所属派系，这就使得左联内部潜在的宗派矛盾明朗化、尖锐化了。“口号”之争。说到底还是派系之争。林淡秋也这样说：

我当时所以拥护“国防文学”这一口号，不赞成另外提

① 茅盾:《“左联”的解散和两个口号的论争》,《新文学史料》1983 年第 2 期。

② 茅盾:《“左联”的解散和两个口号的论争》,《新文学史料》1983 年第 2 期。

"民族革命战争的大众文学",主要因为提出"国防文学"口号的周扬同志是当时文化界地下党的负责人。其次,因为首先在文章中提出"民族革命战争的大众文学"的,是胡风,不了解鲁迅先生与这个口号的真实关系,总以为鲁迅赞同这个口号,是受蒙蔽,被利用了。这些看法恐怕不仅仅是属于我一个人的。从此可以看出:我当时所以拥护这个口号,反对那个口号,与其说因为对这两个口号有什么认真的研究,不如说因为对提口号的人有这样那样的看法。我看当时双方都戴着有色眼镜看口号、看人,"我们"的越看越美,"他们"的,越看越丑。双方的距离越看越远了。①

这样的看法是有道理的。"两个口号"的论争由于涉及建立文艺上的抗日民族统一战线的重大问题,更因为鲁迅先生的参与,引起文艺界乃至全社会的广泛关注。"周扬派"认为鲁迅是"受了蒙蔽","被利用了",②于是心安理得地为周扬助阵;而"胡风派"拥护"民族革命战争的大众文学"的口号,却恰恰是因为他们相信这是鲁迅的主张,胡风是代表鲁迅的。"两个口号"之争无意中扩大了胡风在文坛的影响。文艺界特别是追随鲁迅先生的一批文学青年,从鲁迅的《答徐懋庸并关于抗日统一战线问题》这篇著名文章中,认识和理解了胡风,使胡风在文坛和文学青年当中具有了相当大的感召力。

后来成为七月社和希望社成员的许多文学青年都是在"两个口号"的论争中知道胡风的,这就使他们最早认识胡风时,已将胡风与鲁迅联系在一起。孙钿说:"我在日本读到《作家》杂志发表的鲁迅《答徐

---

① 林淡秋:《"左联"散记》,《左联回忆录》(下),第474页。

② 徐懋庸在回忆录中也说:"我以为胡风不是好人,鲁迅是受了胡风的蒙蔽,'浮云弊白日',一时也是难免的。"《徐懋庸回忆录》,第90页。

懋庸并关于抗日统一战线问题》的信，特别引起我对胡风的注目。在'两个口号'论争中，我是站在鲁迅一边的。抗战爆发，我立即回国，在上海写诗和散文给巴金主持的《烽火》和胡风主编的《七月》。"①贾植芳说："在中国文坛上，(胡风)属于左翼阵营的革命作家，又是鲁迅先生晚年的忠实助手。我从鲁迅先生在逝世前写的那篇《答徐懋庸并关于抗日统一战线问题》的重要文章里，又认识了他的为人的品质，鲁迅先生对他的生活性格和文风的评价。"②何满子说："对于两个口号争论问题以及胡风的人品，由于鲁迅先生答徐懋庸那封有名的信，我坚信胡风是正确的一方，同情胡风，而深恶周扬们的宗派排挤。"③胡征回忆他和天蓝在远离国统区的延安，也曾就"两个口号之争"的问题，进行了深入的讨论，他们"都倾心于胡风的论点"，并且"仔细思考究起竟谁是鲁迅的真正继承人?"④成为七月社中坚力量的大部分诗人作家，正是在这场论战以后，将胡风当做鲁迅的真正继承人和新文学方向的坚守者，从而在鲁迅去世和抗战爆发后自觉围拢在胡风和《七月》周围，为社团的形成打下了初步的思想和组织基础。正是由于对鲁迅先生的崇敬，导致对胡风文学思想和人品性格的认可，于是，自觉地将胡风当成新的"文学的师长"和"精神的师长"，在抗战爆发后，不约而同地聚集在从鲁迅到胡风为代表的五四新文学的旗帜下。

显然，"两个口号"的论争是对七月社有缘起作用的"第一战"，这场论争所探讨的是抗日民族统一战线的问题，但人们似乎更关注口号制定者或支持者的个人威信和所属派系，这就使得左联内部潜在的宗

---

① 孙钿：《与胡风共命运》，《我与胡风》，第 270—271 页。

② 贾植芳：《我与胡风同志相濡以沫的情谊》，《我与胡风》，第 114 页。

③ 何满子：《中国现代文学史上头等大事中一个小人物的遭遇》，《我与胡风》，第 248 页。

④ 胡征：《如是我云》，《我与胡风》，第 190 页。

派矛盾明朗化尖锐化了，并持续影响着以后文坛的权力分配和社团形成。那些曾经拥护和追随鲁迅、在鲁迅身边成长起来的“少壮派”，在鲁迅离世以后，依然是胡风主要依靠的同道伙友，有些直接成为七月社的核心同人；而在“两个口号”论争中认识和理解胡风的更大一批文学青年，则成为后来陆续走进《七月》的“初来者”。左联的解散和左联成员的分化，使文坛的社团重组成为可能，七月社就是在这种分化和重组中萌生出来，并成长为40年代中国最富影响的文学社团。

第二章 七月社及相关社团

一、背景:巨星陨落,战火纷起

1936年的“一整个夏天,正是鲁迅先生被病缠绕得透不过气来的时光”,[①]但在病体“转危为安”或者自己感觉精神不错的时候,先生仍然坚持写作,坚持和文坛友人、青年作家会晤交谈,安排翻译、编辑和出版等工作。鲁迅生前好友许寿裳曾在悼亡文章中对“致死之由”进行分析叙述。他讲到三个原因,一是“心境的寂寞”,二是“精力的剥削”,三是“经济的窘迫”。其“心境的寂寞”也如病痛般纠缠了鲁迅的一生。如许文所言:“呐喊冲锋了三十年,百战疮痍,还是醒不了沉沉的大梦,扫不清千年淤积的秽坑。所谓右的固然靠不住,自命为左的也未必靠得住,老的固然靠不住,青年们又何尝都靠得住。”[②]回首五四退潮时期,鲁迅怀抱“独战的悲哀”,那是因为面对强大凶险的敌对势力,忧虑友方势力的孤单;而鲁迅晚年所感受到的孤寂与悲哀,则包藏

---

① 许广平:《鲁迅回忆录》,《许广平文集》第2卷,江苏文艺出版社1998年版,第367页。

② 许寿裳:《怀亡友鲁迅》,《鲁迅先生纪念集》悼文第1辑,上海书店1979年复印,第6—7页。

着更为复杂而难以言清的情绪内涵。确切地说，鲁迅此时的伤怀更多地缘于左联“同一营垒”中“战友”对自己的孤立排斥乃至明枪暗箭的攻击。鲁迅从来不畏惧敌对势力的正面攻击，在遭临强有力的对手时，鲁迅倒是常常有一种战士的激情，乐于在挑战强权的战斗中实现个体生命存在的价值和意义。但是左联内部的斗争在鲁迅的抗争生涯中却显得格外不同。其一，鲁迅难得加入一个组织，特别是左联这样具有明显政治色彩的文学团体，这已经表明了鲁迅对革命和革命文学的认同姿态。他秉持基本的“团队精神”，不到万不得已不愿酿成内部冲突。其二，这种战友间的相互猜忌和攻讦是鲁迅非常反感的，他曾不止一次在给友人的信中流露出自己的不愉快：“敌人是不足惧的，最可怕的是自己营垒里的蛀虫，许多事都败在他们手里，因此就有时会使我感到寂寞。”[①]“最可怕的确是口是心非的所谓‘战友’，因为防不胜防”。“为了防后方，我就得横站，不能正面对敌人，而且瞻前顾后，格外费力。”[②]介入这种争斗让鲁迅感到“枉费力气”，感到失望和无聊，不断困扰于到底谁能“靠得住”。其三，也是更重要的，在抗日统一战线的新形势下，鲁迅的思想体系和话语方式遇到了文坛社会的严重质询，鲁迅陷入了难以言说的痛苦境地。虽然鲁迅坚持完成了鲁迅式的最后的反击，而且在文坛闹得不可开交之际，“鲁迅先生一出马，阴霾消散，乾坤即定矣了”。[③] 但战火平息了，鲁迅在民族国家和统一战线问题上独异而清醒的思考，却并不为人们所真正理解，内战造成的隐痛也至死未在鲁迅心中消散。

对国家民族前途命运的忧虑，内外人事关系的困扰，郁结成鲁迅内心厚重的阴霾，加重了身体的病痛，死神毫不留情地降临了。1936

---

① 鲁迅：《致萧红、萧军》，《鲁迅全集》第 12 卷，人民文学出版社 1991 年版，第 584 页。
② 鲁迅：《致杨霁云》，《鲁迅全集》第 12 卷，第 606 页。
③ 伯衡：《鲁迅先生的战绩和思想》，《鲁迅先生纪念集》悼文第 1 辑，第 48 页。

年 10 月 19 日，“天是那么黑暗，黎明之前的乌云呀，把他卷走了，黑暗是那么大的力量，连战斗了几十年的他也抵抗不住”。[①] 在这个风雨如磐民族危亡的时代，鲁迅以自己的死，警醒中国人回视和考量鲁迅和鲁迅精神这一伟大的存在。郁达夫说：“没有伟大人物出现的民族，是世界上最可怜的生物之群；有了伟大的人物，而不知拥戴，爱护，崇仰的国家，是没有希望的奴隶之邦。因鲁迅的一死，使人们自觉出了民族的尚可以有为，也因鲁迅的一死，使人家看出了中国还是奴隶性很浓厚的半绝望的国家。”[②]1936 年这个年头，鲁迅走到了他生命的终结地，鲁迅思想和鲁迅精神却面临新的认定和验证，从某种程度上说，鲁迅的死是中国人认识鲁迅的真正开始。

鲁迅晚年一直到去世，与文坛文人交往周旋变数较多，聚拢在鲁迅周围的，除了以往的相知故交外，主要是左联的一些青年人。正如冯雪峰所言：“我觉得鲁迅先生和左联的关系的密切，那原因之一，也还是因为左联的主要成员是青年，而他是爱青年，愿意带领青年的缘故。”[③]这其中，如徐懋庸等，因靠拢周扬而与鲁迅关系紧张。而更大批的文学青年，如巴金、黄源、冯雪峰、胡风、萧军、萧红、叶紫、聂绀弩、周文、欧阳山、曹白等等，他们爱戴鲁迅、紧跟鲁迅并守护鲁迅，而以每一个富有影响力的青年作家为核心，又形成了承传鲁迅精神的广泛而巨大的社会文化力量。

鲁迅先生离世后，上海文坛顿时“群龙无首”，一片沉寂，而切实地行动起来，开始整理鲁迅著作，传承鲁迅的文学遗产，发扬鲁迅精神的，正是这些鲁迅培养起来的学生们。1936 年底，胡风投入自己的全部精力，继续无偿地帮助日本作家鹿地亘选辑和翻译鲁迅先生的杂

① 许广平：《鲁迅回忆录》，《许广平文集》第 2 卷，第 372 页。
② 郁达夫：《怀鲁迅》，《鲁迅先生纪念集》悼文第 1 辑，第 101 页。
③ 冯雪峰：《回忆鲁迅》，《雪峰文集》第 4 卷，人民文学出版社 1985 年版，第 170 页。

文。将原来进行的《鲁迅杂感选集》，扩充为三卷本的鲁迅杂文。此时，冯雪峰在上海法租界租了一套公寓，与周建人、胡风合住。他与胡风商议，准备编辑一个刊物，发表鲁迅的遗文，并联络先生生前好友，撰写纪念鲁迅、学习鲁迅和宣扬鲁迅的文章在刊物上登载。由于当时杂志登记控制极严，于是决定采用丛刊的形式，这就有了1937年3月开始出版的《工作与学习丛刊》。《丛刊》共出四辑，名为《二三事》、《原野》、《收获》和《黎明》。

冯雪峰是《丛刊》的倡议者和直接领导人。他知道胡风在编辑刊物方面颇有经验，于是由胡风来负责刊物的编辑工作。胡风自然愿意在纪念鲁迅先生的工作中投入全力，但在办刊宗旨和用稿原则上与雪峰存有分歧。雪峰认为，以鲁迅的两篇遗稿为首[①]，“约集他生前友好的作家写稿，一定会在读者中发生很大影响”。而胡风则认为，“鲁迅的威信是从他的思想高度产生的，他友好的作家很少真正理解他的，他友好的作家又是在变化中的，这样简单的作法，恐怕不能收到如期的效果”。[②] 于是选稿过程中，雪峰主张联络鲁迅的老朋友和追随鲁迅的青年作家，并亲自约来许寿裳、李霁野、茅盾等名家的稿件，而胡风则坚持扩大作者队伍，更偏爱名不见经传的文学青年的稿件。其结果是，二人既有妥协也各自有所坚持。在雪峰的努力撮合下，本有隔阂的胡风与茅盾，在编辑丛刊过程中进行了难得的合作。而胡风也顶着文坛权威的压力，启用了一些无名青年的文章。在胡风看来，这些文学青年虽然与鲁迅少有接近甚至未曾谋面，但是他们在精神上是崇仰鲁迅的，与鲁迅是心灵相通的，他们代表了底层广大民众对鲁迅精神的理解和坚守，在鲁迅逝后的岁月，具有更普遍更深远的现实意义。

---

① 鲁迅的两篇遗稿是：《关于太炎先生二三事》和《因太炎先生而想起的二三事》。

② 梅志：《胡风传》，北京十月文艺出版社1998年版，第339页。

胡风在编辑刊物上的思路，应该也是亲聆鲁迅的教导而得来，通过刊物稿件的录用，培养提携后进，而并不特别青睐权威。他在自己亲拟的“几点声明”中如此声明：

本社同人本“学习”与“工作”之旨，一切著译须各视自己的兴趣和能力，虽难免幼稚粗浅，但切忌抄袭模仿，虽致忠于民族与大众，但反对假装或空叫，虽意见不求苟同，但论争没有情面。

本社同人心存求友，极愿选登来稿，由生活书店转交即可。但预先在此声明，门户之见虽然不存，偏爱之心恐怕难免，如未被揭载，请不要勃然生气。”①

看起来，胡风的办刊思想此时已经非常明确，而结果也确实是“未被揭载”的名家因此而“勃然生气”。胡风倒不在乎这些，他苦恼的是《丛刊》由雪峰全权领导，而且有诸多外在力量的牵制，他自己的想法并不能彻底落实，这也是促使他日后萌发个人办刊物念头的一个重要动因。《丛刊》停刊后，胡风又参与了《鲁迅先生纪念集》的编辑工作。他和萧军在编辑方针上，再一次发生争执，胡风的意见未被采纳，负气而退出编辑策划。两次与人合作的不愉快，更坚定了胡风的决心，一定要创办一本自己说了算的刊物。

胡风曾说：“鲁迅先生的逝世是一阵大风暴，一切都突破‘常态’而飞舞地表现了自己。”②胡风这里所说的“常态”，指的是先生在世时，胡风的朋友，一些年轻的文学爱好者，因为没有条件自己出刊物，只好向

---

① 胡风：《〈工作与学习丛刊〉编校后记及其它》，《胡风全集》第5卷，第247—248页。

② 胡风：《忆东平》，《胡风全集》第3卷，第341页。

《文学》、《中流》这些著名刊物投稿，但因为不被看做“全国闻名的大作家”，在稿件上不时会受到冷遇。“在这些朋友看来，既然那些刊物是以鲁迅为首的左翼作家的合作在读者中间建立了地位，那他们的受到冷遇是太不应该的。要就尊重左翼作家的文学立场，否则左翼作家就应该全体撤退。然而，这不满和这见解那以前虽然零碎地表示过，但也只零碎地表示过而已。”①但到鲁迅先生逝世以后，这种不满“好像解除了压迫大家的束缚似的”，突然爆发了。当时发生的一个“很刺激人的”风波，就是东平因稿件被积压或退回，写信粗鲁地骂了《中流》的编者，引起编者很大的愤慨。胡风说：“东平是个左翼作家，虽然没有明说，编者当然以为我（我们）也有责任，但实际上，因为我也经常向《中流》投稿，东平和另外几个朋友是连我也攻击在内的。他们以为我在文坛的客厅里面忘记了他们，因而也就是出卖了他们。”②在这种“大风暴所造成的混乱状态里面”，胡风身处两难，非常尴尬。其实胡风何曾忘掉自己的朋友。实际上，胡风自己也何尝不是文坛排斥的对象。对于这件事情造成的与朋友间的误会和隔阂，胡风非常难过。这件事情对胡风的“刺激”也很大，他想脱离文坛名家名刊的操控，联合朋友们创办自己的文学阵地的想法，也是这种“刺激”的结果。

“七七事变”发生后的上海，处于暴风雨来临前的寂静当中，雪峰和胡风经常去看望许广平先生，和许先生、周建人谈论北方的战事，估量着形势的发展，生活在惶惑与期待当中。失去精神领袖的一大批文学青年更是在痛苦中流离失所，处于生活和精神双重流亡的境地。聂绀弩在纪念鲁迅的周月祭诗里写道：“一个高大的背影倒了，在无花的蔷薇的路上——”“在暗夜：风吼着，拔倒了参天的古木；”“那引头的背

---

① 胡风：《忆东平》，《胡风全集》第3卷，第341页。

② 胡风：《忆东平》，《胡风全集》第3卷，第342页。

影倒了!”“我们是一条悠长而固执的行列——”“那走在一切人的前头的背影倒了!”①1936年巨星殒落,战争即将来临,文艺界此时陷于松散沉闷的观望局面。反观过去的时代,如果说,从五四文学革命到1927激进的小资产阶级的革命文学,成为一个清晰完整的段落,那么从左联解散,鲁迅离世以致抗战爆发,则是另一个阶段的开始。在现代文学发展到1942的延安文艺运动和全面走向新民间的过程中,1936是一个极不平常的年头。这一年,左联内部宗派纷争甚嚣尘上,以致酿成“口号”大战。这一年,鲁迅以他的煌煌万言书和他伟大生命的终结,将“嘁嘁嚓嚓的反对论”“一扫无余”,使上海文坛呈现“万喙息响”的平静。其后,似乎所有的热力所有的能量都蕴蓄在抗战暴风雨来临前的寂静当中。无论从哪一方面来说,1936年都应该视为现代文学史一个重要的转折年头。

“八一三”的炮火打响了,抗战终于爆发了。在抗战的声浪中,文坛掀起了“投笔从戎”运动,一批文学青年走上抗日前线,汇入部队的大家庭中,终止了居无定所的流亡生活。而大后方更多文学青年则在离乱的战争环境中苦苦寻觅殷殷期待,他们渴望遇到如鲁迅那样的文坛领袖,“象一个老战士带领一批新战士那样,自己走在最前面,同时非常亲切、具体和周到地照顾与教育着新战士”。②

他们同时渴望拥有发表文章的阵地,能够以笔为枪,为伟大的抗战效力。因为在战争的氛围中,文学自身的生存及生存方式均面临着威胁,“投笔从戎”首先是“投笔”。很多出版者和主编都停办了或者正在决定停办刊物,作家们想办一些配合抗战的临时小刊物,但战乱期间也没有人肯出资金。已经停刊的四家大型文学刊物《文学》、《中

① 聂绀弩:《一个高大的背影倒了》,《鲁迅先生纪念集》,第1—6页。
② 冯雪峰:《回忆鲁迅》,《雪峰文集》第4卷,第170页。

流》、《文丛》和《译文》，这时自己出钱联合创办了为抗战服务的周刊《呐喊》(后改名《烽火》)，由茅盾编辑。刊物虽然很有影响，但版面容量毕竟不能和原四刊相比，远远不能满足作家特别是文学青年的发表需求，也不能适应广大范围内宣传抗日鼓舞民众的斗争需要。于是，创办文学刊物，聚拢文学有生力量服务于战争，成为抗战爆发之初文坛迫切需要进行的一项工作。也是此时，胡风在空虚度日的苦恼中寻求出路的唯一途径。

二、《七月》的由来与流变过程

1. 筹备与草创的上海时期

鲁迅先生去世之后到抗战爆发这段时间，胡风在文坛的处境并不好，沉浸在兴奋、激愤和郁闷的复杂情绪中。因为战争的打响，胡风激动得在家里坐不住，跃跃欲试想要做点什么，但“口号”论争中站在“民族革命战争的大众文学”一边的，几乎都受到文坛的排斥。梅志回忆说，“八一三”炮声响起来之后，“他所接近的人都在兴奋中，文化界当然有组织活动的，但是参加‘民族革命战争的大众文学’口号这边的人，除了党员外，好像一个也没有被邀请参加。这时，他多么想找雪峰问问，到底我们这些人该怎么干，怎么参加战争？但见不到他。因此在许先生和周建人面前表现了自己的不满，甚至发牢骚批评雪峰。他不知道雪峰当时的处境很困难，直到 1943 年在重庆与雪峰见面时，雪峰才将那时的复杂情况告诉了他，他感到自己错怪了雪峰，很对不起他”。[1] 其时，冯雪峰与来上海向他兜售王明路线的博古（张闻天）发生争执。他难以接受共产党放弃领导权的右倾主张，加之左翼文艺界人际关系的困扰，一气之下要求回浙江义乌老家专事写作，并直言：“他们要投降，我不投降[2]”，“对组织有意见，不愿再说，以保存自己的清白和整个大局[3]。”血气方刚的冯雪峰在情绪激愤中脱离左翼文艺活动，更将胡风推到孤立无援的境地。曾经，鲁迅和冯雪峰是胡风坚强有力的精神后盾，如今鲁迅离世，又见不到雪峰，如果说左联内部矛盾和“口号”论争造成的后遗症依然存在的话，孤独的胡风则要承担来自“国防文学”派的全部压力，而且不像当初面对鲁迅派或者雪峰派时，对手还有所顾忌，胡风此时的处境与心境可想而知。当初鲁迅击退“国防文学”派的攻击，平息了一场恶战，但从战后文坛的局面来看，实际是“国防文学”派完全占着上风。这样，鲁迅一言九鼎所取得的胜利似乎没有任何战果可言，而愈到后来愈显得这种“胜利”颇有讽刺意味，甚至给人一种无名的悲哀。

在影响一时的抗战刊物《呐喊》（《烽火》）上，胡风只发表过一首小诗《“做正经事的机会”》。客观来看，《呐喊》社的编辑成员并无有意排斥胡风，但胡风觉得《呐喊》没有自己的容身之地。鲁迅去世和抗战发生前后，胡风与文坛的关系是复杂微妙的。胡风的孤立，一方面如上所说是“口号”论争的后续影响，与“国防文学”派完全对立；另一方面，他也无心积极参与以《呐喊》为中心的文学活动。实际上，《呐喊》的编辑与核心成员，如茅盾、巴金、黄源、黎烈文、郑振铎、靳以等，同样也是鲁迅的友人和学生，他们结合抗战现实阐发鲁迅的战斗精神，与胡风其后的办刊宗旨也是相当接近的；并且，如端木蕻良、周文、田间、刘白

---

① 梅志：《胡风传》，第 349—350 页。

② 胡愈之：《我所知道的冯雪峰》，《新文学史料》1985 年第 4 期。

③ 《党中央领导人给冯雪峰的函电》，《新文学史料》1992 年第 4 期。

羽、孙钿、邹荻帆、力群等《呐喊》撰稿人，也在其后非常有力地支持了胡风的《七月》。胡风与《呐喊》没有根本的冲突，胡风与《呐喊》的不合作，原因是多方面的。在抗日救国的形势下，《呐喊》及其同人们也已经被联合在“国防文学”的大旗之下，包括曾经坚定地站在鲁迅一边的同盟者，也因统一战线的要求而缓解了对抗的情绪，对此，胡风很不以为然；另外，《呐喊》重视既成名作家，在这块名家的文学园地里，即使胡风自己，也只能算作旁支末节，更何况新上手的文学青年。讲究名人效应恰恰是胡风一贯反感的，加之胡风与其主编茅盾素有隔阂，造成彼此不感兴趣的局面；除了鲁迅，胡风不甘心投落他人门下，自立门户，另组同人，也是胡风的个性使然。所以说，此时文坛至少存在这三种复杂交织的文人关系，这些关系在民族战争爆发的新背景下不断调整着变化着。我们不宜将《呐喊》同人完全混同于当初的“国防文学”派，而将其一揽子视为胡风的宿敌，简单得出胡风受排斥和冷落的结论。

外在和内在的原因，都使胡风此时显得孤独落寞，但胡风并不消沉，诗人性格的他在抗战初期同样是激情满怀，他一定要奉献自己的全部心力以报效灾难中的祖国。胡风拿起笔投入了诗歌创作，大概在十来天的时间内，胡风就创作了《为祖国而歌》、《同志》、《血誓》、《敬礼》和《给怯懦者们》系列抗日爱国诗歌，同时思考着开拓一个以笔为枪的新的阵地，聚合群体的力量，以应合时代的特殊要求。胡风清醒地意识到，“战士和诗人原来是一个神底两个化身”，投笔从戎和以笔为枪是一个目标两种途径，不可小视写作的力量和意义。胡风在诗中这样表达自己的思考和愿望：

人说：无用的笔呵
把它扔掉好啦。

然而，祖国呵
就是当我拿着一把刀
或者一枝枪
在丛山茂林中出没的时候吧
依然要尽情地歌唱

——《为祖国而歌》

要办自己说了算的刊物，这个念头应该说由来已久，但真正做出决定并行动起来，还是与胡风和朋友们的接触交往有关。就在胡风苦恼寂寞的时候，因为国民党释放政治犯，老朋友彭柏山出狱来找他，胡风非常兴奋。这位早年投身革命，1933 年加入左联的文学青年，是在鲁迅关怀下与胡风成为生死至交的。可以想象柏山的归来是如何激动了情绪低沉的胡风。胡风振作起来，为了安排柏山的生活和工作，他又去联络聂绀弩、周文和王尧山等故交，慢慢地建立着自己的活动圈子。

在酝酿刊物的这段时间里，与胡风经常走动的左联战友还有曹白、艾青、张天翼、端木蕻良等青年作家，胡风在编辑《工作与学习丛刊》时曾与他们联络。《丛刊》先后编发了艾青的一组译诗和两组创作，发表了端木蕻良和曹白的小说和散文，还有未曾谋面的文学新人贾植芳的小说等。编辑《丛刊》和其后与文坛上初出茅庐的青年作家的交往，为胡风创办刊物，网罗作家提供了最初的基础。与朋友们往来叙谈中，大家都有虚度光阴的苦恼，都觉得应该为民族战争干点实实在在的工作，于是胡风提出自己想自费出一本小刊，立刻得到大家的赞同。恰好，曾经受到鲁迅先生帮助的北新书局店员费慎祥来看胡风，胡风提到出刊物的事，费慎祥非常乐意参与，答应负责印刷和发行工作。

《七月》的筹备工作就这样进行起来，胡风终于将追随鲁迅先生的青年作家们联合起来，艰难但执著地独闯新路。1937 年 8 月底，胡风完成了被称为第二次诗歌创作高潮期的最后两首诗歌。其后，胡风自筹经费，自己编辑，吸引身边挚友撰稿，克服了种种意想不到的困难，1937 年 9 月 11 日，《七月》周刊在烽火中的上海问世。刊名《七月》用鲁迅的手迹，既标示了刊物配合抗战的时代特色，也表达了对鲁迅先生的纪念。这本由胡风自费、自编、自校，经上海联华书店印刷和发行的《七月》，由于其内容都是反映抗战初期人民充沛的爱国热情和实际斗争生活的，得到了广大读者的欢迎。《七月》周刊出了三期，却因战事恶化不能继续在上海生存下去，《七月》被迫于 9 月 25 日停刊。在 11 月 11 日上海沦陷为孤岛之前，文化人包括《七月》的同人大都迁往武汉。

这薄薄的三期《七月》，是一个具有决定性意义的开端。胡风在这一试验性实践中，已经开始显露出自己办刊的基本思路，并在其后的努力中继续得以发扬光大。概括起来，这基本的思路应该有三方面，一是以文学为武器服务于抗日救亡运动；二是继承鲁迅精神遗产，继续新文学的路向；三是吸引与培养青年作家，在抗战潮流中造出文学的新声。当然，包括胡风在内的同人们当时确实没有什么自觉的社团流派意识，但在以上基本思路的引导下，最初的三期《七月》已经表露出新鲜的大体相近的文风特色，说它是文学社团的准备或雏形应该是不为过分的。连胡风自己也没有想到，就这么一份落草于艰难时世的看起来多少有些寒伧的小刊物，会引发一个著名的文学社团，会产生巨大深远的影响，并给无数人带来了坎坷多舛的人生命运。

2. 武汉时期

1937 年 10 月 1 日，胡风抵达战时的首都武汉。怀抱建立和坚持自己文艺阵地的迫切愿望，胡风四处游走筹集资金，终于得到武汉八路军办事处的资助，1937年10月16日，《七月》在汉口复刊。复刊后由武汉上海杂志公司总发行。发行人开始为熊子民，后改为张鸿飞。

经过上海时期的小试牛刀，胡风对于刊物的设想渐渐明晰和成熟起来，此次复刊，实际上是重整旗鼓另行开张。原计划新的刊名为《战火文艺》①，以显示刊物与战争的密切关系，但因重新登记未获当局批准，只能沿用上海《七月》原名。新《七月》改周刊为半月刊，加大篇幅到三倍，重新编排卷期，并将上海周刊上的一些重要作品再次编发，以扩大刊物的影响。在正式出版的《七月》创刊号中，主编胡风以"七月社"的名义发表《愿和读者一同成长——〈七月〉代致辞》。文中他郑重地再一次强调了要坚持以文艺投身抗战的主张：

> 有人说，在这样的紧急关头，应该放下笔来。然而，我们没有。不但没有，为了得到用笔的机会，还不得不设法越过了种种的困难条件。

他明确地申述：

> 发刊一个小小的文艺杂志，却提到这样伟大的使命，也许不大相称，但我们以为：在神圣的火线后面，文艺作家不应只是空洞地狂叫，也不应作淡漠的细描，他得用坚实的爱憎真切地反映出蠢动着的生活形象。在这反映里提高民众的情绪和认识，趋向民族解放的总的路线。文艺作家这一工作，一方面要被壮烈的抗战行动所推动，所激励，一方面将被在抗战的热情里面涌动着生长着的万千读者所需要，所

① 还曾拟定另一新刊名《开荒》，也未落实。

监视。[1]

胡风在离开上海赴武汉之前，曾写信给在武汉的好友熊子民，委托他到国民党武汉市政府登记办刊。他特别提出，要出版专辑纪念鲁迅先生逝世一周年："逝者是永劫地不会回来了，我们得用精神的微光去和死者的灵魂相抱……"[2]于是，胡风执意要在10月19日——鲁迅逝世周年纪念日之前复刊《七月》。复刊的第1期组织了一个纪念鲁迅的特辑，与表现战时生活和情感内容的文学创作相互映衬。胡风说："在抗战终于实现了的高潮中纪念先生，那应该阐发的意义是说不完的。但大家都处在激动的状态中，只能写一点从自己点滴理解出发的短文。"[3]创刊号上胡风言简意赅的发刊辞和刊物选择文章作品的取向，鲜明地昭示了《七月》的主旨和个性特色，它告诉世人，它将坚定不移地高举鲁迅精神的伟大旗帜，以解救祖国和民众于水深火热为己任，它表明了在非常时期和艰苦处境中，知识分子及其写作的"不肯让位"，表明了救亡与启蒙的不可分离。正如胡风在发刊辞中指出的："如果这个战争不能不深刻地向前发展，如果这个战争的最后胜利不能不从抖去阻害民族活力的死的渣滓，启发蕴藏在民众里面的伟大力量而得到，那么，这个战争就不能是一个简单的军事行动，它对于意识战线所提出的任务也是不小的。"[4] 如果说，上海时期以鲁迅手迹的《七月》为刊名，使人们体味到一种愿望与目标，而这时候，为着这种愿望与目标的行动已经展开，《七月》切实地在进步在成长，它的影响在扩大，很快成为抗战时期为数不多的起着中流砥柱作用的文学刊物。

胡风的办刊宗旨赢得了同人们的响应，他们给予《七月》巨大的支

①④ 胡风：《愿和读者一同成长》，《胡风全集》第2卷，第498—499页。
② 朱微明：《柏山和胡风及胡风事件》，《我与胡风》，第133页。
③ 胡风：《回忆录》，《胡风全集》第7卷，第359页。

持。彭柏山曾在给胡风的信中热情洋溢地写道:“的确,在人家正叫嚣着文艺应该让位的时候,我们呢,却默默地守住那个‘位’。看起来,很有些傻气,或者简直说是‘不识时务’吧。然而也正由于此,《七月》悄悄地在读者面前露脸了,而且却渐为读者爱护,长大起来。这在我们——尤其是你,不,曹白和我,实在感到兴奋之极!”“我们所兴奋的,是在混浊的状态中,打开了一条鲜明的路。那就是在战争之前,已经有人预料在战争中,文艺要没落。所以目前倡导文学让位者,实质上就和那样的‘预言家’息息相通。然而《七月》,一方面做了这些‘预言家’的事实上的否定者,同时为将来的文艺做了一道桥梁。在这过去与将来之间,《七月》抓住了这个现实,和这现实的生活。”①《七月》同人不约而同地认定,“《七月》是历史上的奇迹”,从而自觉自愿地围拢在《七月》的周围,以《七月》为基本方向和战斗阵地。

彭柏山、曹白这些左联时期的朋友仍旧是胡风主要依靠的力量,希望他们提供抗战一线得来的作品②,胡风不断地写信催稿。彭柏山在给胡风的信中说:

> 你们在汉口办的刊物怎么样?我们忙于跑街,简直写不成文章。昨天曹白来信说:“我也无暇写作,心绪实在烦乱。胡兄骂,也只好由他去骂,但我是总想努力的。在繁乱中扫出一片空地,是多么的困难啊!”谷兄!生活实在动荡得太利害了。(1937 年 10 月 19 日)
>
> 《七月》第一期,看到了。在汉口说起来,当然是很不错的。希望端木兄他们努力点,靠着我们,是没有用的。我周

---

① 《彭柏山书简》(1937.10—1940.4),《新文学史料》1984 年第 4 期。

② 此时曹白任上海正大难民收容所主任,彭柏山任中共江苏省委职员工会委员会书记,均为抗战工作而奔忙着。

围的人，写稿的有几位，我还得去动员他们。至于我自己，实在有可写的材料，但精力与时间，无论怎么努力，没有法子转换过来。你叫我怎么办呢？（1937年11月1日）[①]

《七月》的发刊令人振奋，但战火中坚持写作却是如此艰难，至于编辑和发行过程中遇到的困难和麻烦则更多。第1期打响后销路很好，不但胡风高兴，发行人熊子民对《七月》兴趣倍增，准备加大发行力度。但接下来的工作总是困难重重：有时会突然接到禁止《七月》发行的通知，需要紧急通融解决；有时销量不错，但书店却不及时结账，也不积极将刊物发往外地；有时发稿、校对、排版等折腾好几天，到印刷时熊子民几乎付不出费用。“这种令胡风又忙又乱又吃力的困难情况是无人知晓的，也不好对他人说，可能还会有人以为胡风名利双收呢。”[②]当胡风有些泄气的时候，总是案头堆积的稿件给他新的动力。如果他不编刊物，有些人可能就不再写稿了，胡风实在不忍挫败这些文学青年的写作热情。因为人事关系的复杂和无法持续找到合适的出版社，胡风曾与熊子民商量停刊。熊子民觉得《七月》打下这样的基础太不容易，应该坚持下去。所谓坚持，依然是由胡风一人负责编下去，好在第3期以后，艾青、田间来到武汉，热心帮助胡风应付一些杂务，减轻了胡风的负担。刊物出到第6期后，熊子民的出版发行再难维系。经过艰苦努力，从第7期开始，《七月》由上海杂志公司出版，张鸿飞负责发行。出版问题解决后，在胡风的提议下，1938年1月16日，《七月》同人召开了第一次座谈会，议题为“抗战以来的文艺活动动态和展望”，参加者有艾青、东平、聂绀弩、田间、胡风、冯乃超、萧红、端

① 《彭柏山书简》(1937.10—1940.4)，《新文学史料》1984年第4期。

② 梅志：《胡风传》，第365页。

木蕻良、楼适夷、王淑明，萧军因病没有出席。会议开得很热烈，胡风也感受到了同人合作的力量。在其后的4月24日和5月29日，胡风又主持召开了两次座谈会，分别讨论“关于旧形式的利用”问题和“现时文艺活动与《七月》”问题，会议增强了同人间的感情，凝聚了同人的力量，大家充分肯定了《七月》的历史和现实意义，一致认为应该把这份珍贵的刊物坚持办下去。

也就在这个时候，胡风认识了青年出版家俞鸿模[①]，开始了“七月丛书”的策划出版。据胡风回忆：“大约6月初，在日本留过学，爱好文学的俞鸿模，从延安出来到了武汉。他带来了艾思奇的介绍信，要开书店，取名海燕书店。我把《文艺笔谈》以后到抗战发生时的评论集成《密云期风习小记》，交给他，八月份出版了。书印得快也还不坏，可见他对工作的严肃认真。这样我们就取得了共同合作的基础。”[②]之后又有俞鸿模日本留学时的同学欧阳凡海的从中联络，胡风与俞鸿模很快达成出版的共识共愿。俞鸿模将海燕书店迁到上海后，胡风先后为他编辑了《七月诗丛》和《七月文丛》，有胡风自己的《为祖国而歌》，艾青的《向太阳》和庄涌的《突围令》，丘东平的《第七连》，S. M的《闸北七十三天》，陶雄的《0404号机》，曹白的《呼吸》，萧军的《侧面》，均在俞鸿模的努力下得以出版。《七月丛书》的编辑出版是七月社工作的重要组成部分，从胡风选择的丛书作者来看，也是七月社的核心成员。海燕书店出版的这部分《七月丛书》是七月社前期创作成果的总结性展示。而俞鸿模这样的出版家也由此加盟到七月社的文学团队当中。胡风回忆自己和俞鸿模那一时期的愉快合作时说：

---

① 俞鸿模(1908—1968)，上海海燕书店经理，解放后任新文艺出版社副社长，1955年受“胡风集团”案牵连，1968年含冤去世。

② 胡风：《回忆录》，《胡风全集》第7卷，第390页。

说实在话，我们的书在当时的上海市场可并不是畅销书，甚至还可能遭到被禁的危险，但对读者是能起到教育作用的，如果没有这个政治远见，是不肯花钱、花力出这种书的。而他(指俞鸿模)十分乐意出这些书，并且全力以赴地将它们出版了。他还常常为这些作品所感动，和我谈他的读后感，除了对作品的赞美外，认识是很有水平的。

在出书方面，如版式、扉页、封面、纸张等，只要我提出要求，他都挺高兴地一一照办，从来没有因为多花钱多花纸表示过吝啬。而我也从来没有拿过他一文编辑费，从看清样做最后校对到设计封面(那封面字就是我用火柴杆写的，这样比较别致点，木刻是我选的古元的木刻)，尽力地帮助他省钱省力。

每一本书印出来，都有着它的特色和风格，我们一起愉快地欣赏这些劳动果实。①

“武汉越来越来接近前线了”，时局随时可能恶化，刊物也随时有停止的可能。为了避难，胡风将梅志母子送往宜都。此时，山西临汾成立了个“民族革命大学”，希望吸收进步青年去学习，并来武汉招聘教授。萧军夫妇、端木蕻良、聂绀弩、艾青和田间都决定去临汾，这样，武汉又留下胡风孤零零的一个人了。他在敌机轰炸的间隙编辑、翻译、写作理论文章，苦苦支撑着《七月》，终至 1938 年 7 月 16 日出版第 3 集第 18 期后，《七月》停刊。

胡风此期间的家书中写道：“《七月》，杂志公司想卡住我，说是叫

---

① 胡风：《七月作者与海燕书店》，《胡风全集》第 7 卷，第 140 页。

我自己办他代理发行，看情形是想降低条件。大概只有另想办法。凡海[①]坚决主张继续，说万一没办法，由海燕出版社弄，大家苦一点。几天内当可决定。这刊物，无论我怎样吃苦，也非坚持下去不可，因为这成了新文艺运动唯一的命脉。……但我看，只要《七月》不死，他们想统治文坛的梦是不容易完全实现的。”[②]可见，为了延续新文艺的命脉，也为了坚持自己在文坛上的独立位置，不到万不得已，胡风不会放弃继续出刊。

胡风在《七月》第3集第18期写了一个恳切感人的《致读者》，表明自己坚持《七月》的决心和面临的种种无奈：

> 到今天，战争已经到了更严重的阶段，一切工作应该集中在保卫武汉这个焦点上面。这时候，把武汉变成华中诸军事据点的中枢神经，本身成为一个铁的堡垒，这是毫无疑义的。由于这，把文化工作移到后方，更灵活地进行活动，这也是未可一概非难的。然而，文化工作也还有其他的道路：就《七月》说吧，在现在的基础上面，在保卫武汉的行动上作一个精神的支点，坚决地以武汉为中心和各地读者联系，这也并不是空想的事情。
>
> 然而，惭愧的是，写到这一篇短文为止，我们还没有确实把握做到这一步。像诸位所知道的，《七月》和读者之间还有一重商业关系，而到这一期，我们和书店的合同恰恰满期了。不但我们没有印造的资本，单就发行路线说，就是一个致命的问题。所以，这一期以后，如果实在没有办法，我们也只好

---

① 凡海，即欧阳凡海（1912－1970），曾在《七月》发表多篇作品，参加过《七月》同人第二次座谈会。

② 晓风辑注：《胡风家书选》，《新文学史料》2007年第1期。

迁到更后方去出版了。①

胡风预告给读者新的出版场合是桂林或重庆。他感谢读者对《七月》的爱护。作为对读者爱护《七月》的回答，胡风表示："我们要坚决地使《七月》在诸君的面前存在。"②

在《七月》告一段落的时候，胡风也在《致读者》中再次提出：

一开始我们就相信民族革命战争不会也不能抛弃文化工作，战争将使文化更被提高，更被普及，而文化的提高和普及将同时提高战争，使它得到最后胜利的保证，使民族革命的任务（新中国的诞生）能够在最短限度的痛苦过程中得到完成。到现在，我们的工作能够意外地得到广大的读者诸君和许多可尊敬的文化前辈的爱护，主要地当是我们在原则上的这个信念并没有错误，实际的工作并没有和这个信念脱离的原故。③

这就既和《七月》创刊的初衷得以呼应，同时也在这个意义上充分肯定了《七月》的成绩和对抗战文坛的贡献。

《七月》在武汉从创刊号开始，按期出满3集18期。胡风后来回忆道："这十八期，是在敌人的不断轰炸声中出版的，是在国民党的种种压迫下出版的，是在恶劣的经济条件下出版的。"④而《七月》正是在艰难坎坷的境遇中，在编者不懈的努力和追求中一步步成长起来。除了刊物的内容特色逐渐引人注目外，《七月》的创作队伍有了明显变

①②③ 胡风：《致读者》，《七月》第3集第6期（1938年7月16日）。

④ 胡风：《回忆录》，《胡风全集》第7卷，第378页。

化。“在这十八期里，表现出了一个总的情况，那就是，作者一部分是三十年代出现的新人，更多的是第一次或不久前才出现的名字。也就是，刊物主要是依靠读者中的，想通过文学实践作斗争的先进分子，如致辞中所说的，‘愿和读者一同成长’。”[①]一大批文学新人靠拢《七月》，在《七月》的成长和七月社的壮大过程中起到了关键性的作用。吸纳新人善用新人是《七月》为人所称道的一个重要特点；而这些青年作家在政治上、艺术上的声气相投、互相激励，又正是七月社得以凝聚为一个整体的重要前提。

3. 重庆时期

1938年9月28日，胡风为战事所逼撤离武汉到达重庆。在重庆，他参加了由于抗战需要而引发的关于民族形式问题和文艺大众化的讨论。胡风对当时带有极端化和简单化倾向的民族化大众化文艺思想持保留态度，却旗帜鲜明地提出捍卫五四新文学传统的必要性。这场讨论使胡风更加坚定了坚守启蒙立场的决心，他迫切地要以刊物为阵地来张扬自己的独立思想姿态，加之，使胡风感到负担很重的是：“朋友们的来信和来稿，都亲切地关心这刊物。曹白从江南游击队寄来《半个十月》，殷殷以《七月》为念。还有青年诗人孙钿，每次来看我，都给我带来诗稿，听我谈他的诗。最后一次来告别，说将要到很远的地方去，恐怕以后连通信都难了。留下一卷诗稿。这些，我都应该让他们与读者见面。”[②]胡风心中最着急要办的事情就是继续编发《七月》杂志，他也给别人的刊物写稿子，但没有自己的刊物一直让他焦虑不安。如当年的友人陈纪滢所说：“一旦失去地盘，就如同壮士缺少了一把剑。英雄无用武之地，是何等痛苦！”“我深深了解，他不会以向报纸

① 胡风：《回忆录》，《胡风全集》第7卷，第378页。
② 胡风：《回忆录》，《胡风全集》第7卷，第425页。

投稿为满足，他一定要继续办刊物，才是他真正的追求。”[①]

在武汉时，胡愈之曾提议将《七月》和茅盾主编的《文艺阵地》合并出版，胡风不同意。这次胡愈之旧事重提，迫于复刊《七月》困难重重，胡风只好前去与生活书店商量，却被书店一口拒绝。气愤之中，胡风干脆断了与人合作办刊的念头。

尽管胡风竭力寻找新的出版社，但重庆大的书店与出版社都因怕麻烦或费用问题不愿承接《七月》。好不容易华中图书公司有出版意向，但条件非常苛刻。为了《七月》的复活，胡风无奈答应。原定于复刊号在 1939 年 5 月出版，不想又遇上“一连几次的兽性轰炸”[②]，不得不拖延到 7 月。就这样，经过胡风数月努力奔波，中辍将近一年的《七月》终于再度出现在重庆。胡风的复刊致辞《愿再和读者一同成长》中重申了《七月》同人的愿望和刊物宗旨，并指出当前的目的是：“希望在同情我们的作家的合作和批评下面，在爱护我们的读者的监视和参加下面，多少能够使进步的文艺发展，为光荣的祖国效命。”[③]

此时的抗战文坛，各种文艺刊物相继出现，一改抗战开端时期那种凋零的局面。《七月》如此艰难地复刊，到底还有多大的必要和意义？对于这种疑问，胡风在重庆复刊号的编校后记中作了如下的回答：

> 好心的友人给过忠告：《七月》在挣扎的时候，文艺活动还很消沉，现在不同了，阵势堂堂的刊物相继出现，没有再为一个小刊物费尽力气的必要。这好心曾经使我们在困难中动摇过，然而，当每一看到敌国的文艺杂志或综合杂志的文

① 陈纪滢：《三十年代作家记》，台湾成文出版社 1980 年版，第 89 页。
② 胡风：《七月明信片》，《七月》第 4 集第 1 期（1939 年 7 月 1 日）。
③ 胡风：《愿再和读者一同成长》，《胡风全集》第 2 卷，第 566—567 页。

艺栏被鼓动侵略战争的“作品”所泛滥了的现象的时候，总不免有一种不安之感。而且，就杂志说，有的能够凡名家都兼收并纳，组成一望惊人的阵线，也有的只愿用微力在读者里面开辟一条小路；就作者说，有的看到全天下的杂志里面如果有一种没有自己的名字就觉得难过，也有的只愿意向自己所偏爱的杂志投稿；就文艺活动和现实内容的丰富的对照上说，不是还没有达到万花缭乱，多一朵少一朵都无关紧要的地步么？①

除了继续为抗战服务，“为光荣的祖国效命”，《七月》执意于面向普通读者，以为新文学培植新生力量为己任，在已经相当热闹的抗战文坛上，《七月》的独树一帜之处在于它青睐无名作家，是新作家成长的一块园地。这也是后期的《七月》在撰稿人构成上发生变化的一个原因。正如编者胡风所言：“有的作者不见了，那是因为他们觉得这天地太小，不足成龙的原故。也有了而且将续有新的作者，那是因为我们本来愿意做一条桥梁的原故。”②

《七月》在重庆复刊时，胡风不但尽可能地扩大现有版面，以容纳各种形式的创作和文章，同时，他也开始着手《七月》大众版的筹备工作。这是胡风自到重庆以后一直萦绕心怀的一个愿望。如果说《七月》所面对的读者主要还是知识分子和文化人，那么，办一个《七月》大众版，就要“使一般识字的工农大众都能够看懂”。胡风为大众版选中的编辑负责人是老朋友聂绀弩。胡风在回忆录中说：

因为在武汉时，聂绀弩就表示愿意帮编《七月》，后来他

---

①② 胡风：《编完小记》，《七月》第4集第1期（1939年7月1日）。

到金华后还来过信，说想在那里编《七月》南方版，因而想到既然他在新四军里不合适，还不如让他回重庆来做这个工作。[①]

胡风将自己的想法告知周恩来和叶挺，得到了他们的同意和支持。他又在《七月》明信片里登寻人启示，找到了聂绀弩的夫人周颖，又让周颖写信催聂绀弩赶紧来重庆接手编辑工作。他甚至在《七月》复刊号上已经发出"简约"：

现筹备另编大众版，供前方和后方民众的阅读，希望赐寄故事、民歌、短剧、报告、笑话、通讯等等千字上下的，文字平易而又生动的稿件。[②]

但实际情况是，重庆的出版条件更为艰难。复刊后的《七月》只能改为月刊，但这样还常常无法按时问世。有时候，稿件刚刚编排好，就被"轰炸震得铅字满天飞，'吹了'！"更麻烦的是原稿都炸得找不到了，"只好另插进几篇新的填补[③]"。这种情况下，就会拖期四五个月才得以出版。有时不得已只能将两期合并出版。除了因为敌人的轰炸使刊物拖期外，还有一个问题就是物价飞涨，致使刊物成本过高，每一期刊物出版几乎都会加价。无奈之下，胡风能做的就是在《七月》的"明信片"和"启示"上不断向读者致歉，请求作者和读者给予谅解。面对这样的状况，加之聂绀弩迟迟没有来到重庆，办大众版的愿望也仅仅成了无法实现的美好愿望。

刊物生存的艰难，也给一些反感《七月》的文人以中伤的口实。对

① 胡风：《回忆录》，《胡风全集》第7卷，第504页。
② 胡风：《简约》，《七月》第4集第1期（1939年7月1日）。
③ 胡风：《校完小记》，《七月》第5集第4期（1940年10月）。

于那些诸如《七月》存活不下去的传言，胡风在给友人的信中回答说：

> 《七月》虽艰难，但在书店发行力所及的地方，销路比一切文艺刊物多，可见读者和我们是在一起，只因为被做生意的市侩和做文章的市侩所封锁排挤，终于落得了在小书店里偷生，有些地方是发行不到的。但这样的消息也并不使我奇怪，《七月》一开始就发誓不给文豪们作交际的客厅，为新文学接一点元气，这样便得罪了各方面的权威，常常受到恶性的妨害。[①]

1941年皖南事变后，形势日益险恶，胡风不得不举家迁往香港避难，《七月》编到第7集1、2期后，于1941年9月停刊。赴港之前，胡风才见到刚刚抵达重庆的聂绀弩。胡风给老聂介绍了几个朋友："如路翎、阿垅等，并将重庆的存稿交给他，还有一些未清理的就交给了路翎，希望他们能齐心合力将《七月》继续编下去。"[②]到香港以后，胡风写信给聂绀弩，敦促他继续出刊，表示自己不得已搁下《七月》的难过心情："七集三、四事如何解决？编了还是没有？你与老板没有接过头么？稿费及刊事使我非常难过，辛苦四年，却弄成了这个扯烂污的收场，对作者读者都是有愧的。"胡风在香港顽强地筹备《七月》香港版："刊事还在弄注册，这实在气闷，但数日内当有结果，据说无问题。"[③]因为战事的影响和经费的困难，最终的结果是，聂绀弩既没有将重庆的《七月》继续下去，胡风的《七月》香港版也成泡影，重庆出版的第7集1、2合期，还是成了《七月》的终刊。

---

① 胡风：《致彭燕郊》（1939年12月7日自重庆），《胡风全集》第9卷，第460—461页。
② 胡风：《回忆录》，《胡风全集》第7卷，第509页。
③ 胡风：《致聂绀弩》（1941年9月18日自香港），《胡风全集》第9卷，第426页。

重庆期间,"出了十几期在读者,尤其在青年中有影响的《七月》"如胡风所言,"总是为抗战文艺工作尽了力。"①至此,《七月》出版总的情况是,1937年9月至1941年9月,四年共出版32期、计30册(其中27和28、31和32期为合刊),刊期从周刊、半月刊、月刊到不定期刊。四年来,为《七月》编辑、出版和发行,胡风和同人们付出了极大的心血和劳动。战乱岁月,维持一个文学杂志的生存,困难和阻力可想而知。断断续续的艰难历程中,支撑他们的是那一份对祖国人民的赤诚和对文学事业的执著。《七月》始终不渝地按照既定的宗旨完成着自己的使命,它的闪光和动人之处是这种不屈不挠的精神和信念。从武汉到重庆以来,围绕《七月》的文学活动,开始形成一个来来往往、经常流动的作家圈子。在《七月》的大家庭中,真正呈现了胡风所期望的"一同成长"的勃勃生机,一大批青年作家与七月社一同成长起来,成为40年代文坛的有生力量,并在中国现代文学史上留下文学创造的特殊印记。

作为一个文学社团,其文学业绩是社团构成中的重要内容,归纳起来,七月社的文学业绩有如下三个方面:

第一,胡风在创办《七月》的同时,也在营构他的现实主义理论体系。他结合创作现状,广泛深入地进行文学批评,对现实主义诸问题进行思考与阐发,并有意将理论探讨应用到指导创作实践中去,发现和培养了创作新生力量。胡风的《论战争时期的一个战斗的文艺形式》、《今天,我们的中心问题是什么》、《论民族形式问题》等文章,表明他对五四新文学传统、对中国文学现状的认识有了进一步的加深,并且初步将主观战斗精神引入到对生活对文学的理解和发现之中。胡风这一阶段的作家作品评论,如对曹白、东平的报告文学,对艾青、田

① 胡风:《回忆录》,《胡风全集》第7卷,第511页。

间的诗歌创作，都有与众不同的理解和评价，奠定了他们在文学史上的地位。他的文学评论也是结合着自己注重作家的生活实践和主观精神活动的思路而展开，显示出当时环境中对于现实主义的独特理解。他的这些理论，得到周围作家的广泛认同，引起他们的重视和接受，于是导致作家们的创作向同一方向掘进，并显露出相近的文学风格。

第二，对于七月社的文学业绩，最有说服力的应该是《七月》同人的大量文学创作。应合着抗战的需要，报告文学和特写异军突起。由于胡风的高度重视，报告文学创作在《七月》上占有显要的位置，东平、S. M、曹白成为抗战文坛上首屈一指的报告文学作家，其作品引起巨大的反响。彭柏山、吴奚如、贾植芳别具一格的小说创作初步显露出七月社在写实文学方面的独特追求，而胡风对年轻路翎的发现与培养，预示了七月社在小说创作上广阔的发展前景。诗歌创作方面则表现更为出色，这当然与主编胡风自身作为诗人对诗歌的格外关注有关。《七月》创刊之初，胡风署名"高荒"的诗歌《敬礼》赫然卷首，同期还发表了艾青、萧军等人的诗歌，之后在《七月》的发稿中诗歌呈持续上升之势，新的诗人不断涌现，显示了抗战初期诗歌创作的实绩。这一时期，田间初出茅庐，势头喜人。艾青推出了奠定他诗界"领唱的歌手"地位的一系列优秀诗作，孙钿、冀汸、侯唯动、邹荻帆、庄涌、彭燕郊、天蓝等一批诗人簇拥在《七月》周围，他们为受难的民族呐喊，为忧伤的人民歌唱，逐渐形成了一个颇有声望、独具一格的诗歌流派——七月诗派。

第三，围绕编辑《七月》，胡风和同人们有了较为明确的方针和主张。编辑同人组织了三次有关文艺活动与作家创作的座谈会，在文艺观念和选稿原则方面展开讨论，达成共识。这些活动对于增强社团的凝聚力，起到了不小的作用，应该属于七月社富有标志性的社团活动。

胡风在讨论中曾清楚地阐明了《七月》的编辑方针和办刊思想。他强调《七月》既广泛吸收作家成员，但又有一定的原则和标准，这样才能使《七月》既不存门户之见，具有广阔的发展空间，又保持刊物鲜明的个性，使七月社表现出思想艺术上一贯的共同特点。这一思想被后来的《希望》、《七月丛书》以及其他小型社团的一些刊物所坚持，为现代报刊的编辑和社团流派的成长提供了可资借鉴的宝贵经验。

三、《七月》的构成——同人、半同人与“初来者”

1. 胡风的办刊情结、办刊经历和办刊思想

七月社的人员构成和《七月》的个性特色，与胡风的办刊情结、办刊思想及办刊经历密切相关。

胡风的独立个性使他早早就有了开拓自己的文学和言论阵地的自觉意识。在启黄中学期间，他和几个他认为志同道合的蕲春同学组织成立了“新蕲春学会”，并筹办了《新蕲春》刊物，联络各地同乡，宣传反帝反封建思想，初步显示出胡风的编辑兴趣和组织能力。胡风一生执著于创办刊物，从《新蕲春》到左联时期的《木屑文丛》、《海燕》、《工作与学习丛刊》，一直到抗战时期的《七月》和《希望》，成为一种难解的情结，缠绕着胡风，纵使困难重重，痴心不改。特别是抗战期间，战火硝烟，颠沛流离，刊物几经中断，又几度复刊，没有一种信念和情感的支撑，是难以做到的。对于胡风来讲，自己劳累辛苦不算什么，最苦恼的是办刊遇到的政治环境的阻力以及经费的缺乏，不得已停刊时，胡风总是将稿件作为最后保留的行李带在身边，或转与其他人保存，随

时准备复刊。曾经因为聂绀弩大而化之丢失稿件，没有按自己的托付继续办刊，胡风和老友几乎翻脸。孙钿回忆胡风由重庆撤退香港后生活无法安定的窘况，他为梅志来港，胡风可以摆脱孤寂生活而高兴，接着"胡风又谈起《七月》在香港复刊的事情，他说他已经同新加坡侨商的儿子谈了好几次，那个有意于出版事业的侨商本人最近要来香港解决经费。这也是一个使他欢乐的消息。"[①]香港的复刊努力并没有取得成功，但由此可知胡风的热爱和执著程度。事实上，没有胡风坚定不移的信念和韧性顽强的精神，《七月》和嗣后的《希望》绝不会在战乱岁月坚持下来。

这里引录胡风家书中的一段，可以看到胡风对刊物所倾注的感情和热情：

> 这《七月》，在目前，是顶大的也是最有内容的杂志，为了作者们，为了读者们，为了无数万的英勇的战士们正在用生命保卫它的苦难的祖国，我不能不用我底血液抚养她。比《木屑文丛》，比《海燕》，比《工作与学习丛刊》，我更爱这《七月》，因为我编辑她的时候，有时愤激，有时流泪，有时苦恼，有时为了一篇文章底取舍要费去几小时的考虑。亲爱的妈妈，如果在这个工作里还不能或不愿拿出最大的努力和真诚来，我这半生岂不是白过了吗？亲爱的，你要晓得你爱的是什么人呀！[②]

邵荃麟曾说过："胡风是最会编刊物的，他的风格和特色别人很难

---

① 孙钿：《与胡风同命运》，《我与胡风》，第 280 页。
② 晓风辑注：《胡风家书选》，《新文学史料》2007 年第 1 期。

学到。”[①]胡风早期的办刊思想和办刊作风，无疑与鲁迅的言传身教有密切关系。1935 年，胡风得人资助，编辑了一期《木屑文丛》，但因为内容激进，很难找到代为发售的书店，胡风只好请朋友们帮忙推销。鲁迅也伸出援手，托老朋友内山书店代售，并亲自代胡风结账，先生给胡风的信中写道：“《木屑》算账，得钱十六元余，当于那时面交，残本只有三本了，望带三十本来，我可以再交去发售。”[②]鲁迅“愿意为这类事用去他的精力和时间”，这深深感动了胡风，也鼓舞了胡风。紧接着，因为《译文》要撤换黄源，鲁迅便愤而退出《文学》，停止给《文学》写稿。这时萧军和聂绀弩写信给鲁迅，建议可以自己独立办刊，鲁迅同意了，他推出胡风负责编辑事务，自己则从编辑出版到发行销售，一路给予支持和帮助。他采用了胡风的提议，改刊名《闹钟》为《海燕》，并亲自题写了刊名。鲁迅几乎将其当做自己的事情而全力经营，而且把自己办刊物独到的见解和经验传授给胡风，诸如“每种刊物应有其个性，不必雷同。”“办刊物应多量吸收新作家，范围要放大，不可老在几个人身上”，[③]等等编辑思想，胡风在以后创办《七月》和《希望》时都得以全面地体现。

胡风不但执著于办刊，而且是坚持要办“自己”的刊物。《七月》之前，胡风是在鲁迅先生指导之下编辑《海燕》，鲁迅逝世后，他又在冯雪峰的授意下主编《工作与学习丛刊》。这本刊物虽然是由冯雪峰、茅盾等人和胡风一起主持，但具体的编辑工作还是胡风来负责的。按胡风的说法：“如果他们管编辑，刊物的面貌要不同得多的。”[④]但即便是这样，胡风仍然感到受人牵制，感到不自由，和同人们也不时发生分歧和

① 转引自绿原、牛汉：《〈胡风诗全编〉编余对谈录》，《文学评论》1992 年第 1 期。

② 《鲁迅全集》第 13 卷，第 212 页。

③ 景宋：《片断的回忆》，《鲁迅先生纪念集》，《悼文》第 4 辑，第 64 页。

④ 胡风：《致贾植芳、任敏》(1984 年 2 月 13 日自北京)，《胡风全集》第 9 卷，第 138 页。

矛盾。而办《七月》，他是完全独立自主，一切都由他说了算，完全可以按照他的编辑方针、选稿标准，来组织文学力量。他的自起炉灶，一方面是一贯的不愿屈就于别人门下的个性所致，另一方面也是抗战发生后胡风在文坛上的冷遇所致。胡风痛切地感到："纵然在神圣的抗日战争中，也非得有自己的阵地不可。"①这块自己的阵地，说到底，一定是与"国防文学"派不合作的。胡风所联合的力量，首先是如自己一样的鲁迅的学生弟子，是站在"民族革命战争的大众文学"口号一边的同道伙友，其次就是网罗不知名的文学青年。既为自己一手经办，胡风当然要贯彻自己从鲁迅那里继承来的编辑思想和方针，特别是在选稿用稿上，胡风特别重视和发掘从生活深层来的青年作者的创作。他不论作者的名望地位，以作品的质量和自己的审美标准而定稿，培养了一批青年诗人和作家，围绕刊物，形成了一支全新的文艺队伍。为此，胡风不惜得罪名流作家，也不理会种种"宗派主义"和"小集团"非议。

胡风的这种办刊方针和编辑态度是先在的，而且是坚定不移贯彻到底的。在 1938 年 5 月 29 日由胡风主持的题为"现时文艺活动与《七月》"的座谈会上，冯乃超建议说"《七月》应该成为抗战中文艺运动的指导杂志"。② 胡风说不可能，他坚持认为《七月》只能是同人杂志。胡风有如下的解释：

> 我所说的"同人杂志"是指编辑上有一定的态度，基本撰稿人在大体上倾向一致说的，这和网罗各方面作家的指导机关杂志不同。第一，我以为，用一个文艺态度号召作者读者，由这求发展的杂志，对于文艺运动是有用的，第二，《七月》的

① 戴光中：《胡风传》，第 154 页。

② 《现时文艺活动与"七月"——座谈会记录》，《七月》第 3 集第 3 期（1938 年 6 月 1 日）。

工作如果不是采取这个方向，恐怕很难得开始，第三，《七月》也并不是少数人占领的杂志，相反地，它倒是尽量地团结而且号召倾向上能够共鸣的作家，尽量地寻求新的作家，例如开始没有写稿的作家现在写得很多，例如东平艾青等；许多新作家的出现更不必说了。这是一个方针或方向问题，我平常谈话的时候，是使用“半同人杂志”这个说法的。

……

《七月》从开始到现在，态度并没有改变，因为最初就是希望能够像现在这样广泛地和读者大众结合的。在汉口出版的第一期上面，我们声明了愿意和读者在战争里面一同成长，希望读者来参加我们的工作。不过，为了保持基本的态度，第一，创作态度不同的作家我们不请他来参加，第二，即令创作态度我们是共鸣的，但如果彼此不熟悉，也不勉强地请他来参加，因为不熟悉就不能够不客气地决定稿子。所以，《七月》决不拉成名作家的稿子，从这方面恐怕受到了不少的误解。但是，《七月》决不是被少数人所独占，第一，它对于投稿者完全公开，许多新的作者在这上面出现了，第二，基本的撰稿者也是来来去去，经常流动的，有从前写的多的现在少写或者不写了，有从前少写或者没有写的现在却写得很多，所以《七月》的基本撰稿者实际上并没有明确的界限。担心《七月》会建立在少数同人身上，是不必的。①

胡风办杂志是自费自编，经常是，“《七月》的编务、包括刊稿和作

① 《现时文艺活动与“七月”——座谈会记录》，《七月》第3集第3期（1938年6月1日）。

者通讯联系，跑印刷厂，设计封面，看清样等杂务，都由他一个人唱独角戏”[①]。实际在身边帮忙的也就是自己的夫人梅志，所谓“同人”指的是《七月》的基本撰稿人，他们参与编辑的方式就是与胡风交流对刊物的意见，或者偶尔集中起来开个座谈会，为刊物的发展出谋划策，而具体的事务性工作几乎是胡风一人承担的。关于编辑方面的“苦况”，胡风曾在《七月》编校后记里面说的很清楚了：

> 许多老实的读者以为七月社一定有一个堂皇的编辑部，有的甚至要丢掉自己的职业来参加工作，他们哪里知道，凡看稿、编辑、校对、跑街、退稿、回信……由一到十都是编者一个人“独裁”地“包办”。并不是没有一些愿意分担工作的基本战友，但无奈他们没有捆住肚子做工的本领，也不是没有在事务上愿意分劳的同志，但那只是临时拉来的义务夫子，像书店的店员先生和编者私人生活上的助力者。而且，就是编者个人，一方面得聊以塞责地负担一点《七月》以外的公民义务，另一方面，为了口粮，也为了《七月》本身省下一点点消费，每天得拿出三分之二的时间去做换取工资的劳动。这已经够狼狈了，何况还有意外的困难，意外的责备，意外的纠纷。……[②]

胡风要办“自己”的刊物，要按照自己的标准来选稿定稿，这就使得他的工作往往成为一种“孤军奋战”。胡风曾对路翎说：“我自信是在艰苦地走着一条路，同情我的‘友人’当然是为了在一条路上或愿意

---

① 贾植芳：《我和胡风同志相濡以沫的情谊》，《我与胡风》，第 118 页。

② 胡风：《校完小记》，《七月》第 5 集第 3 期(1940 年 5 月)。

在一条路上的原故。这路绝不是为我自己的。”[①]也正如另一位友人绿原所说:“胡风的编辑工作不是一个技术性的工作。”“胡风就是为了坚持实现自己的文艺思想,就是想通过刊物团结一批作家,形成一股力量,把中国的文艺向前推进。”[②]为此,胡风不惜付出辛苦劳动和被人误解乃至敌视的代价。

2.《七月》的同人与半同人

正是出于办自己的刊物、践行自己的文艺思想、培养新兴的文艺队伍这样的设想,胡风对进入七月社的“同人”是有要求的。首先是撰稿人在创作态度和作品倾向上要大体一致,也即文学观一致和创作风格的接近,这是对一种文学方向的坚守。胡风的同人们认同这一方向,表示“杂志是应该明白地拿住方向的”[③]。以此为前提,还要求编辑与同人或同人之间要相互熟悉,这样才能依照编者的择搞标准来要求稿件,在修改和择用方面做出不客气的决定后,因为是熟悉的朋友,彼此不会生气,而成名的作家则很难达成这样的合作,所以胡风一般不拉成名作家的稿子。这一批最初的同人是胡风、丘东平、端木蕻良、萧红、萧军、聂绀弩、艾青、田间、曹白、吴奚如、彭柏山等,是左联时期在鲁迅身边成长起来的青年作家,也是“口号”论争中鲁迅和胡风方面的积极响应者和支持者。而此时的成名作家们大都围拢在“国防文学”左右,也在轰轰烈烈地开展抗日救亡的文艺活动,并且毫无疑问被视为正宗,居于文艺运动的中心位置。派别斗争余音未了,胡风又执意另立门户,所以《七月》这份同人杂志被认为是小集团主义的杂志,是

---

① 胡风:《书信·致路翎》(1942年5月3日自桂林),《胡风全集》第9卷,第198页。

② [韩]鲁贞银:《关于“胡风编辑活动和编辑思想”访谈录—绿原》,《新文学史料》1999年第4期。

③ 《现时文艺活动与“七月”——座谈会记录》,《七月》第3集第3期(1938年6月1日)。

宗派性质的杂志，也是不足为怪的。

1937 年 9 月 11 日出版的《七月》周刊创刊号上，发表了胡风和艾青的诗歌，曹白和端木蕻良的报告文学，萧军、萧红、刘白羽、胡愈之和丽尼等的散文，还有李桦的木刻。接下来的第 2 期和第 3 期又有新的作家作品出现，但核心力量依然是以胡风为中心的几个同人，曹白、柏山、萧红、萧军、端木蕻良等人支撑着这份小小的刊物。无庸讳言，胡风艰难草创《七月》的时候，所能依靠的也只有自己的朋友同人。胡风从创刊开始就表明要广泛地吸引读者，要在读者大众中发现和培养青年写作者，这也是他的办刊宗旨之一。但是刊物起步的时候，毕竟首先要靠身边朋友的加盟和支持。《七月》的同人之一鹿地亘曾说："我以为《七月》在发展的过程上并没有改变它的姿态。看起来好像改变了，那是因为开始还没有和大众结合好的时候，给了人一个只是编辑同人的作品的印象。所以我说过，问题是在于'方针'。"①"广泛地和读者大众结合"的方针始终没变，问题在于"方针"的贯彻实行必须有个过程。上海的三期周刊确实是同人杂志，即使在武汉复刊之后，《七月》也仍然以同人创作为核心，这是《七月》的基座，也是《七月》的与众不同之处。但胡风在倚重同人的同时，也在努力扩大征稿范围。实际上，从武汉的半月刊开始，每一期的容量增加了，作家的新面孔也在不断出现，以至于逐渐演变成了"半同人杂志"。

但胡风对于"半同人杂志"还是有自己的认识和界定。其一，胡风不是如冯乃超所建议的一般意义上的广泛团结现有作家，在扩大作家范围的时候，他是有所选择的，他拒不联合自己的文坛宿敌，也不联合文学追求上的不同道者。胡风扩大队伍的兴趣在于培养"新人"，他更

---

① 《现时文艺活动与"七月"——座谈会记录》，《七月》第 3 集第 3 期（1938 年 6 月 1 日）。

乐意向读者群中的文学爱好者开放他的杂志，他有志于像鲁迅那样，做青年人的导师，引领他们走进文学殿堂。其二，无论杂志如何开放，如何吸收新鲜力量，却始终以同人姿态凝聚所有的“非同人”。如端木蕻良所理解的：“《七月》的态度不管是同人杂志也好，非同人杂志也好，他（胡风）却是以同人的主观力量来奠定的。”[①]胡风努力将同人杂志做到了半同人的地位，但同人“实际上做了卓越的组织者”。胡风非常看重“文学组织者”的机能和作用，刊物同人作为一种特殊的“文学组织者”，具有影响和推动文学发展的现实意义。而且，一个刊物的个性特色，一个社团的独特面貌，往往是由处于核心位置的同人们的文学观念和创作态度所决定的。所以，有人以“同人杂志”非议《七月》或者对《七月》提出新的建议，都是由于对《七月》的要求不同、期待不同所致。而胡风的坚持，虽然有个性执拗的因素，也不无偏激，但确实成就了一份现代文学史上个性鲜明的刊物，成就了一个具有特殊文学价值和文化意义的文学社团。

如果将上海的三期周刊视为胡风办刊的准备和尝试期，那么从武汉的半月刊开始算做《七月》的正式创刊，因为周刊同人的一些重要作品，在武汉创刊后又重新陆续登载在半月刊上，如曹白的《这里，生命也在呼吸》、《在明天》，柏山的《苏州一炸弹》、《一·二八的两战士》，端木蕻良的《记孙殿英》、《记一二·九》，萧军的《王研石（公敢）君》、《不是战胜，就是死亡》，萧红的《天空的点缀》、《失眠之夜》，胡风的《血誓》、《给怯懦者们》等等。所以从核心撰稿人的角度考察《七月》，完全可以从武汉的半月刊开始。《七月》的前期核心撰稿人也即同人，除了以上罗列的作家，还有东平、艾青、田间、聂绀弩、吴奚如、鹿地亘等，以

① 《现时文艺活动与“七月”——座谈会记录》，《七月》第3集第3期（1938年6月1日）。

及李桦、沃查和力群等木刻家。这些同人都是胡风在左联时期的老朋友，他们与胡风的交往活动大都和鲁迅先生有关，他们是以先生为精神旗帜而聚合在胡风和《七月》周围的。所以在《七月》的前期，出现在刊物上的绝大多数还是这些"既成的"作家们，新作家的涌现和社团成员的更迭，是随着形势的变化和核心人员的流动而逐渐开始的。

曹白(1913—2007，原名刘平若)早年爱好木刻艺术，曾是木铃木刻社[①]的成员，1933年被国民党当局关押，一年后取保获释。他曾把自己出版的画集寄赠给鲁迅先生。1935年10月，鲁迅支持的首届全国木刻联合展览到上海巡回展出，曹白创作了两幅作品参展，分别是《鲁迅像》和《鲁迅遇见祥林嫂》，一如既往地表达自己对先生的崇敬之情。但《鲁迅像》却被检察官撤下，气愤的曹白将画像直接寄给鲁迅，鲁迅回信表示"要保存这幅画，一者因为是遭过艰难的青年的作品，二是因为留着党老爷的蹄痕，三，则由此也纪念一点现在的黑暗与挣扎"[②]。鲁迅在木刻像的空白处写下《题曹白所刻像》，并就曹白提供的《坐牢略记》写出了著名的《写于深夜里》一文，曹白的名字便广为人知，曹白由此成为与鲁迅联系紧密的一位青年木刻家。鲁迅先生逝世的当天，曹白赶来为遗体画像，与胡风第一次见面。曹白后来回忆说："我认识胡风是在鲁迅逝世时的治丧委员会上。胡风那时不怕国民党的威胁和捣乱，不怕风险，不畏艰难，大胆地把鲁迅治丧的担子，挑在肩上了，这使我对他非常的敬仰。"[③]鲁迅先生逝世后，胡风在编辑《工作与学习丛刊》时亲自登门向曹白约文学稿，于是有了发表在《丛刊》上的曹白散文《殇音》。这是曹白从事文学创作的开始，也是曹白与胡

① 木铃木刻社，1932年成立于杭州艺术专科学校，因宣传普罗文化，具有鲜明政治倾向而受到国民党监控。

② 鲁迅：《致曹白》，《鲁迅全集》第13卷，第331页。

③ 曹白：《悼念胡风同志》，《鲁迅研究月刊》1986年第6期。

风合作的开始。抗战开始后，曹白参加了上海“难民收容所”的工作。在亲身经历了难民们的艰苦生活，体验了他们的痛苦经历后，写出了《生命，在这里呼吸》、《受难的人们》、《在明天》、《杨可中》等散文报告，和《从上海寄到武汉》的系列战讯，成为《七月》上最受欢迎的作家之一，也是人们所公认的由《七月》培养起来的优秀作家。

彭柏山（1910—1968，原名彭冰山，曾署名柏山）1933年经由周扬介绍参加左联，胡风其时正在左联任职，于是柏山归属胡风领导，并分派他到“法南区”（法租界）工作。当胡风把柏山生活的苦境和精神的苦闷告诉鲁迅时，“鲁迅就嘱咐胡风把自己每月给‘左联’的捐款中拿出几元钱给柏山零用。鲁迅从此将柏山归入他所关怀、照顾的青年群。有一次鲁迅准备约见几个青年作家，请他们吃饭，这事由胡风安排，胡风就邀了柏山，柏山得以见到他衷心仰慕、爱戴的人”[①]。柏山在研读鲁迅作品的过程中开始创作。当时与柏山来往密切的除了胡风，还有任左联“法南区”书记的周文。在周文的鼓励下，柏山将自己在苏区的生活经历写成了《皮背心》和《崖边》等小说，并由胡风推荐发表，得到鲁迅、茅盾的好评。1934年11月柏山被捕入狱后，鲁迅再一次委托胡风与狱中的柏山保持联系，为他送钱送药寄书，给了柏山宝贵的精神支撑。得到鲁迅去逝的消息，柏山悲痛万分，又是胡风去信进行鼓励：“逝者是永劫地不会回来了，我们得用精神的微光去和死者的灵魂相抱。”[②]胡风和柏山都是在鲁迅先生的关怀和教导下成长和成熟起来的，胡风信中对柏山的鼓励，也成为自己一生奋斗的力量源泉。柏山出狱后不久，《七月》就创刊了。柏山一直投稿支持胡风。他在《七月》发表了十余篇作品，是七月社最具实力的叙事作家之一。而且，从

① 锦襄：《彭柏山传》，《新文学史料》1990年第1期。
② 朱微明：《柏山和胡风及胡风事件》，《我与胡风》，第133页。

抗战以来柏山给胡风的信中我们看到，柏山和曹白，是对胡风最为信赖和期待最高的两位作者兼友人，在胡风艰难支撑《七月》的岁月中，他们给予胡风的不仅仅是《七月》需要的稿件，还有更多情绪上的宽解和精神上的鼓励。柏山曾信告胡风："汉口环境黑暗，这是意中事，不过你还是多相信自己，少应付环境。这之中，就有一种搏斗的意义。至于《七月》内部，我相信，是没有人有能力来倒我们台的，你放心好了。"[①]字里行间充满了挚友和同盟间才有的知心知意、理解分担。一直到解放后，特别是在胡风遭受精神磨难的岁月里，彭柏山依然是最理解并及时给予胡风力量和帮助的知心友人。

在胡风的评论生涯中，有不少作家是由评介作品而了解并认识的。端木蕻良（1912—1996，原名曹京平）就是其中的一个。1936 年，胡风在《文学》杂志 8 月号上发表评论《生人的气息》，评介了端木蕻良的短篇小说《鸶鹭湖的忧郁》。胡风回忆：端木蕻良"曾把他的长篇小说《大地的海》寄给了鲁迅，鲁迅交给我看。鲁迅逝世后，他给我信打听下落，我忍住悲哀的重压替他看了，提了意见，并且见面认识了"[②]。胡风非常重视鲁迅的委托，在其后编辑《工作与学习丛刊》时，发表过端木的一篇小说和一篇散文。胡风说："端木蕻良也是在这个刊物上开始与较广的读者见面的。"[③]端木对《七月》的贡献也是显著的，他不但发表的作品数量较大，而且热心参加了七月社的两次座谈会，对《七月》有中肯的评价，也非常认同胡风的办刊方针。

同是从东北流亡到上海的青年作家，鲁迅、胡风与萧军（1907—1988，原名刘鸿霖，曾署名田军）和萧红（1911—1942，原名张迺莹，曾署名悄吟）夫妇的关系显得更为亲近，这多半是因为更欣赏他们的写

① 《彭柏山书简》（1937.10—1940.4），《新文学史料》1984 年第 4 期。
② 胡风：《回忆录》，《胡风全集》第 7 卷，第 348 页。
③ 胡风：《〈工作与学习丛刊〉始末》，《胡风全集》第 7 卷，第 233 页。

作才情，性格脾气也更相合的缘故。1935 年初，经由鲁迅请饭和传递住址，胡风与萧红、萧军终于见面认识。胡风说："萧军的豪爽的气概和萧红锐敏的感觉力，加上他们态度的朴素和直爽，使我感到亲切。"①在萧军的《八月的乡村》和萧红的《生死场》这两部重要小说的出版过程中，胡风协助鲁迅做了不少工作。鲁迅为《生死场》作序，胡风作后记，并为小说更名。他们曾经以工作和生活在鲁迅身边而深感快乐和幸福。以这样的友谊做基础，萧军和萧红一定会全力为《七月》撰稿，并视之为义不容辞的责任。从上海到武汉，抗战初期的《七月》上，萧军、萧红作品出现的频率是很高的，有时在同一期刊物上，会有萧军、田军两个笔名同时出现的情况，可见对《七月》支持的力度之大，确实表现了一种同门师兄弟所特有的仗义情怀。

1934 年，胡风结识了还是光华大学学生的田间(1916—1985，原名童天鉴)，1934 年 6 月，胡风写了《田间的诗》，高度评价田间的《中国牧歌》，向文坛和社会极力推荐这位少年诗人。胡风对田间的发现和积极扶持，表现了他关爱青年作家的一贯态度。但胡风的"偏爱"到了被人非议的程度，则说明田间的诗歌创作真正应合了胡风的诗歌审美期待。作为《七月》的早期同人，田间和胡风实际的来往并不频繁，但田间一直将胡风当做自己文学上的"引路人"。1938 年春，田间随"西北战地服务团"到达革命圣地延安，年底到晋察冀边区工作。通常，人们将田间这时期的北上，当成他和《七月》社团的脱离，而我们从田间这期间和胡风的通信中看出，田间的心、田间的创作未曾片刻离开过《七月》，几乎每一次通信都要问候《七月》，都要"祝健康和《七月》在一起"。田间信中说：到晋察冀边区后，"我们的见面和通信也许要慢一点，但没有关系，我们的精神是没有离开的"。得到《七月》在重庆复刊

① 胡风：《我与萧军》，《胡风全集》第 7 卷，第 187 页。

的消息，“好像回到你面前似的快乐”。他激动地告诉胡风：“至于《七月》，我还要用力量帮助它。我听到《七月》复刊是如何的兴奋呀，我告诉过多少人呀，晋察冀有多少人在渴望着见到《七月》呵。”田间想到让《七月》与晋察冀有更密切的联系。他写信告诉胡风自己的计划：

我在尽我所有的力量帮助《七月》使兄和这样广大而顽强的敌后方发生关系。第一步，我就先搜集些关于我们的作品寄来。这些东西不一定都合用，而由你决定，同时在文字上，我可以代表说，小的地方，你们有权利更动的。第二步，我们必需看得见《七月》，可以稍微多寄些来。第三步，如果我们能在这留得时间很长的话，我希望能够出《七月》的晋察冀版。这里可以转载《七月》上重要的作品。同时也刊载些这边的好的作品。你们也可以从这里把一些好的发表介绍给大后方；但这是计划。不敢随便来做的。最好，能在你来信的将来，我们有很好的联系的将来。①

1934 年 12 月，在力荐田间之后，胡风又写了《吹芦笛的诗人》，向广大读者介绍艾青（1910—1996，原名蒋海澄）的《大堰河》。这篇诗论是应茅盾约稿为《文学》新诗专号而写，但胡风实在是被艾青的作品所吸引所感动，“认为感情内容和表现风格都为新诗的传统争得了展开，诗人健旺的心将为人民创造出更多的精神财富”②。胡风的评介促使读者接受了艾青，《大堰河》成了艾青的成名作。于是胡风与艾青认识了，“在友好的接触中更认识了诗人的气质”，愈加赏识艾青的创作个性，在编辑《工作与学习丛刊》时，胡风特地约来艾青的一组译诗和两

---

① 《田间致胡风的信》（1938 年 11 月 17 日，1939 年 10 月 27 日、11 月 6 日），《新文学史料》1995 年第 3 期。

② 胡风：《回忆录》，《胡风全集》第 7 卷，第 348 页。

组创作。胡风以为，在《丛刊》中，“艾青是精力充沛的、吸引了读者的一个。”“可以说，艾青是在这个刊物中开始吸引了读者的。”[①]胡风以诗人的敏感和文艺批评家的眼光，推出艾青和田间这两位他所看好的诗人，预示了他们创作的辉煌前景，也在无意识之中找到了他的七月同人。抗战初期，艾青作为七月社同人积极帮助胡风筹办抗战木刻展览会，参加了七月社召开的三次座谈会。艾青与田间在《七月》上发表了大量的诗歌作品，艾青从《七月》创刊到第6集的1、2期合刊，共发表作品17篇；田间从《七月》的第1集第3期开始到《七月》终刊，共发表作品12篇。他们发表的作品贯穿《七月》杂志的始终，是七月社在诗歌创作领域名副其实的台柱子。在艾青和田间的成长过程中，胡风和七月社起到了巨大的提携和推助作用；反过来，艾青和田间以他们成功的创作实践和艺术经验，又极大地影响了七月社以致后来希望社的一群青年诗人。艾青以他一生几个时期的诗歌成就，形成了现代新诗史上的一个高峰。相较而言，艾青最优秀最有影响的作品，最早奠定他在新诗史上地位的作品，应该是抗战前后到40年代这几年的诗歌创作。他发表在《七月》杂志上的“太阳”组诗和“北方”组诗，毫无疑问属于他一生作品的经典之列。另一方面，艾青以他的独具魅力的诗作影响一大批青年走上诗坛，这其中绝大部分后来成为七月诗派的中坚力量。他们追随中国自由诗战斗的现实主义传统，他们“始终欣然承认，他们大多数人是在艾青的影响下成长起来的”。[②] 不排除初期外在的模仿和因袭，但根本上，他们从艾青那里学到了“诗的独创性”，这就为七月诗派整体奠定了一个艺术的高起点和高品位。如果说胡风更多地起到了人格影响和理论指导的作用，起到了凝聚一个社团流派的

---

① 胡风：《〈工作与学习丛刊〉始末》，《胡风全集》第7卷，第233页。

② 绿原：《〈白色花〉序》，人民文学出版社2000年版，第2页。

精神和组织形式的作用，那么，文学艺术的熏染和吸引，则更多来自艾青和田间这些在抗战前已经成名的诗人作家。

东平（1910—1941，原名丘东平）是七月社最早的同人之一，也是一位资深叙事文学家。他在左联时期结识了胡风、彭柏山、聂绀弩，在编辑左联内部刊物《木屑文丛》时被小说家吴奚如引为知己。由于丘东平在30年代初期的显著成就，使后起的七月社小说家受到了他的影响，如路翎在风格上就与东平很是接近，这对七月社小说群体的形成，起到了积极的推进作用。抗战爆发以后。被称之为“代表抗战意志的出现”的中篇小说《给予者》，和《暴风雨的一天》、《第七连》、《一个连长的战斗遭遇》、《我们在那里打了败仗》、《我认识了这样的敌人》、《中校副官》等一系列反映抗战的报告文学在《七月》上赫然出现，丘东平成为《七月》的主要撰稿人，也是抗战文坛上最负盛名的作家之一。那种代表着东平个性创造的别具一格的“东平体”，就是在七月社的创作活动中逐渐形成的。当人们在《七月》上发现了曹白和东平那“充满了悲痛，但也充满了战斗着的中国的力量和内容”的、“对于现实的拼命的肉搏”①的报告文学的时候，人们对抗战文学有了全新的理解和热切的希望。是谁产生了曹白和东平？当然，是时代，也是《七月》。七月社的叙事文学在1941年前以东平为中心，1941年后则主要集中在路翎身上。由于东平在1941年7月就殉国于抗日战场，所以他这一时期的创作就成了他文学事业的顶峰。对东平的死，胡风非常悲痛，也惋惜这位具有巨大创作潜力的作家早早离开他所热爱的文学事业。胡风在给路翎的信中说：“东平战死了。这些时压得我很苦，不知道如何排遣才好。他不该死，我们不该失去他的。”②胡风在《东平著〈第七

① 《现时文艺活动与“七月”——座谈会记录》，《七月》第3集第3期（1938年6月1日）。

② 胡风：《书信·致路翎》（1941年10月16日自香港），《胡风全集》第9卷，第189页。

连〉小引》、《〈东平短篇小说集〉题记》和《忆东平》三篇文章中记录了他们特殊的友谊,也给予这位杰出同人以极高的评价。

聂绀弩(1903—1986,曾署名绀弩、耳耶)是早年与胡风同甘苦共患难的老朋友。胡风在留学日本时就认识了聂绀弩、周颖夫妇,“从那以后,他们就常相来往,他和他们夫妇二人的友谊交往一直持续了四五十年!”[①]聂周夫妇在日本参加了胡风组织领导的“新兴文化研究会”,一起出版油印刊物《新兴文化》。研究会的反战进步活动被日本警视厅察觉,他们一同被逮捕,三个月后,又一同被遣送回国。胡风在左联任职后,很快介绍聂绀弩夫妇加入左联,在各自的文学活动中相互帮助,配合默契。“聂在《中华日报》编副刊《动向》,上面展开了两个有全国意义的讨论,一是利用旧形式问题,一是大众语问题。胡风都参加讨论并写了文章。在胡风主编《海燕》时,聂参加做了编校发行等工作。‘口号’问题发生后,聂站在‘民族革命战争的大众文学’一边,写文章表示拥护。”[②]在胡风经营《七月》的过程中,老友聂绀弩一直伴随左右,不但积极投稿,参与七月社的座谈讨论,而且在关键和危机时刻,胡风总是最先想到聂绀弩。在重庆时,胡风计划出《七月》大众版,他曾先后向周恩来和叶挺提出想让有编刊经验的聂绀弩来负责,征得了他们的同意,但直到皖南事变胡风要离开时,聂绀弩才辗转来到重庆,大众版终于未能编成。胡风临行前委托聂绀弩续编自己的《七月》,但由于种种原因不但未能继续,而且在战乱中丢失了胡风留下的部分稿件。为此,胡风非常生气,和老友险些翻脸。无论如何,这些经历都是聂绀弩和胡风和《七月》生死与共的历史见证。

1933年,胡风、聂绀弩等从日本被驱逐回国时,吴奚如(1906—

① 胡风:《书信·致路翎》(1941年10月16日自香港),《胡风全集》第9卷,第189页。
② 晓风:《胡风和〈七月〉、〈希望〉撰稿者》(一),《新文学史料》1994年第1期。

1985，原名吴席儒，曾署名奚如）以左联成员的身份到上海外滩码头前去迎接。据吴奚如讲，“主要是为了去迎接东京‘左联’分盟的负责人之一的文艺理论家谷非（胡风）的”[①]。经聂绀弩介绍，吴奚如和胡风认识了。因为吴奚如和聂绀弩夫妇常住一个寓所，与胡风来往颇多，彼此在文学见解上相当一致，逐渐形成了“战斗的情谊”。在他们共同工作于左联的日子里，胡风对奚如的创作常常发出只有朋友间才会有的不客气的批评，奚如在后来的回忆中说那确实是“十分有益的指引”[②]。1935年发表在《木屑文丛》上的《活摇活动》受到胡风的热情赞扬，后来又在《海燕》上发表了两篇小说，是胡风的忠实撰稿人。《七月》创刊后，吴奚如已经投入军旅战斗生活，但依然坚持写作，先后在《七月》上发表6篇通讯和散文作品，并两次参加了胡风召集的同人座谈会。他曾信告彭柏山：“只要有机会，文学这一武器还是应该把持。”[③]彭柏山又转告了胡风。他们都是从革命家的角度强调《七月》的战斗使命。吴奚如与胡风还有另外一个层面上的关系。左联时期，他同时在中央特科工作，应上级要求，吴奚如在左联文化人中物色一批人到特科系统工作，胡风也是他的物色对象。虽然胡风婉拒了吴奚如，但因为在政治和人品上的彼此信任，吴奚如还是通过胡风做了一些党和鲁迅之间的联系工作。抗战中在武汉的时候，吴奚如任周恩来的秘书，他给《七月》频繁投稿和与胡风的密切来往，一方面是文学同人的关系所致，另一方面，也代表了党与七月社的联络关系，表明党对《七月》的关注和支持。

鹿地亘（1903—1982，原名濑口贡）是1936年流落到上海的日本普罗文学联盟的作家和负责人，也是杰出的反日侵华的勇士。胡风与

---

① 吴奚如：《我所认识的胡风》，《我与胡风》，第15页。

② 吴奚如：《我所认识的胡风》，《我与胡风》，第17页。

③ 《彭柏山书简》（1937.10—1940.4），《新文学史料》1984年第4期。

鹿地亘第一次会见，就是在这一年春天的上海，由鲁迅约定了时间，在内山老板的客厅谈天。鹿地亘和内山完造是鲁迅逝世前非常亲近的两个日本朋友，因为鲁迅的关系，胡风与他们也很快相熟了。鲁迅与日本改造社约定将中国青年的作品介绍到《改造》上发表，鹿地亘担任翻译。他的兴趣主要在编选翻译一本《鲁迅杂文选辑》在日本出版，因为鲁迅繁忙和旧病复发，胡风承担了鲁迅杂文的选定和校对工作。这段时间，胡风和鹿地亘的来往是非常频繁的。“到秋天，我们的工作还没有完成，鲁迅先生却突然地逝世了。这对于鹿地亘也是一个大的变故，但他的工作倒是意外地被放大了：改造社把《鲁迅杂文选集》的出版计划扩大成了《大鲁迅全集》。这工作是繁重的，但我们却马上负担了起来。”[①]胡风与鹿地亘的合作一直持续到《七月》创刊，鹿地亘积极参与七月社同人的活动，为《七月》创作诗文。他的作品都由胡风（有时用“高荒”的笔名）翻译后在《七月》上刊发。后来，他的诗歌《送北征》还被胡风收进了1942年出版的《七月诗丛》的新人诗集《我是初来的》当中。他的夫人池田幸子在他的影响下，也成为《七月》的忠实作者和读者。

受到鲁迅喜爱木刻艺术的影响，胡风在编辑《七月》的时候，也非常重视发表木刻版画作品。在《七月》迁往武汉的过程中，胡风通过江丰、力群、艾青等人，搜集了不少的木刻画。这些木刻“题材内容十分之九以上为救亡运动和抗日战争，有敌人的凶残面貌，有中国民众的悲惨生活，但更多的是神圣的民族战争中各种壮烈的图像”[②]。正符合抗日救亡的现实需要。胡风除了为《七月》准备美术作品外，一心想筹办一个抗敌木刻展览会，他有意要把鲁迅先生开创的现代木刻运动继

---

① 胡风：《关于鹿地亘》，《胡风全集》第4卷，第92页。

② 胡风：《七月社启示》，《七月》第1集第1期（1937年10月16日）。

续下去。在他的努力下，搜集的木刻作品超过了三百幅，木刻展于1938年年初在武汉得以举办，这是胡风与《七月》同人在艰难时期进行的一次有意义的活动。在木刻创作方面，胡风同样拥有得天独厚的稿件资源，当年围拢在鲁迅身边的一批青年木刻家，如今纷纷走进七月社，其中李桦、沃查、力群、江丰这几位优秀的木刻家，几乎包揽了《七月》每一期封面和插图，他们也成为七月社的当然同人。他们以木刻的艺术形式凸显了《七月》的题旨，并使杂志图文并茂，深得读者喜爱，其作用和影响并不下于文学创作。主编胡风不但亲自点评《七月》上的木刻作品，还在《七月》第5集第2期上，发表了江丰的谈木刻艺术的论文《鲁迅先生与新兴木刻运动》，足见胡风在木刻上的用心之重。正如胡风自己所说，胡风与这些青年木刻家一道，“帮助了读者对木刻艺术取得正确的理解，坚持了鲁迅所开创的木刻的现实主义传统”①。

在“半同人”的组合中，一部分也是经常与同人们走动来往的朋友们，这其中也不乏文坛知名人士，所谓“不拉成名作家的稿子”也并不是绝对的。比如丁玲（1904—1986，原名蒋冰之）在30年代已经是非常有影响的女作家，她先后在《七月》发表小说、散文、特写和剧本共7篇，有力地支持了胡风的工作。《七月》前期的半同人，同样以胡风在左联的共事者或者在左联时期结识的朋友居多，除了丁玲，还有欧阳山、草明、周文、宋之的、曹靖华、路丁、何剑熏，画家魏猛克等，他们虽然各自在《七月》上发表的作品并不多，有些仅仅是一两篇，但他们会随时随地给予胡风稿件尤其是精神上的支持。还有像冯乃超和楼适夷两位老朋友，他们从来没有在胡风的刊物上发表过作品，但却将胡风的事业当做自己的工作一样关心。胡风曾召集同人召开了三次重要的座谈会，冯乃超和楼适夷分别参加了两次。他们非常钟爱和看好

---

① 胡风：《悼念江丰同志》，《胡风全集》第7卷，第143页。

《七月》,除了赞赏,也对刊物提出很多建设性的意见。因为是彼此信任的朋友,才能够畅所欲言,即使存有分歧,也不会产生芥蒂。从他们热心参与《七月》的活动以及关爱刊物的态度来看,其实与同人也无甚区别。《七月》也有胡风通过同人朋友介绍而认识的撰稿者,如雪苇(1912—1998,原名刘雪苇),是通过吴奚如而认识的。两人接触后,彼此感觉在文艺思想上很有共识,逐渐来往多了起来。雪苇曾在《中流》上发表文章,评介了胡风的《文艺笔谈》。抗战期间雪苇在延安,胡风给他寄去《七月》托他转交毛泽东,使毛泽东等领导人了解到《七月》,并给予好评。另外,还有胡风在抗战前后相识的其他朋友,比如欧阳凡海、卢鸿基、辛人、冼群、胡兰畦、周而复、王朝闻、梅林、周行等。欧阳凡海不但在《七月》上发表了 12 篇作品,也曾为《七月》的编辑和出版辛苦奔走;辛人在《七月》发表作品也有 7 篇之多,且大都是理论文章。胡风认为,他的论文是《七月》上最出色的。应该说辛人对《七月》理论版面支持的力度是不小的。大革命时期国民党汉口市党部妇女部长胡兰畦,与胡风相识很早。她曾在《七月》发表了一篇特写,"因当时《七月》经济紧张,不但没有给她稿酬,反倒要她拿出了五元钱作为'发表费'"①。总之,当《七月》征求稿件的范围还没有很大拓展的时候,在胡风举步维艰地经营这块新生的文学阵地的时候,七月社的同人以及围拢在同人身边的文学艺术爱好者,胡风的朋友以及朋友的朋友们,共同支撑着这份杂志的生存和成长。

3.《七月》的"初来者"

从胡风的办刊经历看,启用文学新人,眼睛向下看,是他一贯坚持的原则,这固然与胡风的个性相关,但更重要的原因是他自觉继承鲁

① 晓风:《胡风和〈七月〉、〈希望〉撰稿者》(一),《新文学史料》1994 年第 1 期。

迅的办刊思想，着眼于建造长远而强有力的新文学的发展格局，这也正是胡风启用新人的意义所在。

胡风之所以使用“半同人杂志”这个说法，是因为他更愿意面向广大的青年人，向那些接近七月社同人的文学新人，那些“开始没写稿”而现在正在进行创作的作家，那些因热爱《七月》而尝试写作的青年——开放、国民党文人陈纪滢在《三十年代作家记·记胡风》中说：“胡风的领袖欲与其独创文坛势力的用心，是显而易见的。”“他的门关得很紧，不是什么人都能闯入。除了像聂绀弩、艾青等少数几个人外，多数作家必须是压根儿出自他名下。这些作家有名无名不关紧要，毋宁越是生面孔、陌生人，他越欢迎。他宁肯捧一个不见经传，初出茅庐的青年作者，他绝不愿意一个已知名的老作家出现在他的刊物之内。他把握住这点特性，非常要紧，绝不妥协。”[①]这里说胡风排斥名作家，显然有些绝对，但说胡风有“领袖欲”和热衷笼络青年人，应该说是准确的。在30年代的文坛上，虽然胡风自己并不是声名显赫，但他是轻易不服人的。对鲁迅，胡风是绝对的崇敬，容不得任何人在任何场合批评鲁迅，凡是遇到贬损鲁迅者，胡风一定拒绝与其交往。但除了鲁迅，其他如郭沫若、茅盾等名流，胡风一概不服。鲁迅去世后，他自觉担当起培养年青人的重任，确实是自视很高。可以说正是胡风的这种个性和做法，成就了很多渴望成功的文学青年。七月社同人中的东平、艾青、田间，虽然在抗战前的文坛上已经开始有了出色的表现，但他们真正引起人们的关注和好评，却是在胡风的大力推荐和他们加入《七月》的行列以后；而如曹白，则更是在胡风直接引导之下从美术行当转而从事文学创作的。鹿地亘在《七月》座谈会上说：“《七月》送出

---

① 陈纪滢：《三十年代作家记》，台湾成文出版社1980年版，第85、86页。

了一些非常好的作家。例如，曹白和东平。他们冲破了既成的型。”[①]曹白和东平在《七月》上全新的表现，不仅对他们自己的成长有重要意义，而且，他们代表了抗战以来文坛上一种健康、活跃的新气象，对他们的创作的讨论，关涉到特定时代的文学发展的新动向，已经超越了对某个作家某个刊物的评价。这正显示了胡风培养和重用文学新人的深远意义。

正如胡风自己所言：“在那个时代，我们毫不怀疑二十来岁的青年能干大事的。”[②]胡风坚持倚重青年人的办刊思路，等于是坚持了《七月》独一无二的风格面貌。随着《七月》影响的扩大，不断可以看到一些陌生的名字在杂志上出现。这些名字现在我们或许已经不陌生了，有些后来也进入了著名作家的行列，但在当时，却是初出茅庐的无名小辈，甚至是一般读者和学生。对于读者提出关于《七月》收不收外稿的问题，胡风明确回答说：“请你们看，在过去的《七月》有多少新的名字？事实上，《七月》上的文字，新作家至少占一半，而且十之八九是我们所不知道的人。”胡风表示：“为读者为青年作家而工作，是不必一定要大吹大擂地拿出什么幌子来宣传的。”[③]一些读者对《七月》的采稿有误解，当然主要还是因为胡风坚持自己的采稿原则，或许也与胡风在这方面宣传不够有关。但以胡风的个性，他是不会过多地宣传和解释的，他相信刊物本身就是最好的证明。

人们把这些陆续加入《七月》阵营的文学青年泛指为“初来者”。他们和胡风大都是投稿关系，由起先的稿件和书信来往，到后来见面而相识相知。这一批作者数量很大，其中的大部分成为《七月》后期和

① 《现时文艺活动与“七月”——座谈会记录》，《七月》第3集第3期（1938年6月1日）。

② 胡风：《〈七月〉作者与海燕书店》，《胡风全集》第7卷，第138页。

③ 胡风：《编者、作者和读者》，《胡风全集》第5卷，第261页。

《希望》的中坚力量，如阿垅、路翎、孙钿、吕荧、天蓝、侯唯动、艾漠、庄涌、陶雄、黄既、孔厥、贾植芳、邹荻帆、彭燕郊、冀汸、方然、杜谷、鲁藜等等。从《七月》走向《希望》的诗人作家，我们将在下一章"希望社"里专门介绍，这里要介绍的是几位只在《七月》上发表作品的撰稿人，梳理他们结识胡风、走进《七月》的过程。

天蓝(1912—1984，原名王名衡)早在1926年读中学时就发表过文学作品，而他诗歌创作的高峰时期则是1937年抗战爆发以后。他先在山西参加了八路军，1938年调到延安，任教于鲁迅艺术学院。就在这一年，天蓝根据一个听来的故事，创作了他的成名作《队长骑马去了》。之后天蓝连续创作了一系列的通讯和诗歌作品，并向《七月》投稿。胡风晚年回忆道："抗战初一九三八年在武汉，我收到并在《七月》上发表了从延安寄来的署名天蓝的诗《G·F木刻工作者》。"[①]此外，通讯《我们十四个》和诗歌《无题》也在《七月》得以发表。胡风并不是随便接纳天蓝的，早在他看到的《队长骑马去了》和之前的作品中，胡风已经发现了天蓝的文学才华，而天蓝寄给《七月》的作品，又深深打动了胡风，胡风和天蓝之间，发生了纯然是编辑和作者之间的情感共鸣。胡风对天蓝的赏识不止如此，1942年在桂林，在完全不能联络到作者的情况下，胡风"收集了能得到的天蓝的诗，题为《预言》，作为《七月诗丛》之一，交给了'在阴暗严寒惨酷季节里'的国民党统治区的读者"[②]。《预言》原名为《队长骑马去了》，因为在送审时遇到麻烦，只得改名《预言》才勉强通过，并在南天出版社出版。天蓝第一次见到胡风已经是1949年春天了，此时天蓝担任东北总工会宣传部长，他们在"煤和铁的生产地"[③]——东北本溪见面，二人相谈甚欢，胡风曾在散文

① 胡风：《悼念天蓝同志》，《胡风全集》第7卷，第157页。
② 胡风：《悼念天蓝同志》，《胡风全集》第7卷，第158页。
③ 胡风：《几个侧影》，《胡风全集》第4卷，第309页。

《几个侧影》中描述了这次会面。在晚年的回忆中胡风又深情地说："天蓝同志谦和的、但却是坚贞的神态吸引了我，我们的谈话没有顾忌，短短的几句都可以互相接触到彼此的所感和所虑。"[①]作为早期《七月》上的一位诗人，天蓝后来的政治遭遇还是不可避免地来自与胡风的这段因缘关系。

侯唯动（1917—2005，原名侯唯栋）和天蓝一样，也曾经从延安投稿给胡风。但他不像天蓝那样已经是一个小有名气的诗人了，他只是个文学爱好者，他能够代表一批从读者中走向胡风的社团成员。晚年胡风这样描绘他阅读侯唯动稿件的情形：

> 不知什么时候，我桌上放着一叠用粗糙的发黄的毛边纸写的诗稿。我看第一次时，对它的模糊的字迹，文理有些不通的句子，真感到吃力。但它对我有某种吸引力，那里面蕴涵着的对敌人的深切的仇恨，对民族解放战争必胜的信念，打动了我。我想作者是在用全身心呼唤着斗争的胜利，投身在火热的战斗中，讴歌它。我试着给它加以修饰，将它重新组编了一下。剔除了外面的泥沙，稍加琢磨，玉石显露出来了，我的面前出现了一首好诗。我就将它发表了。它意外地受到了许多读者的赞赏和喜爱，连我的一些懂诗的朋友也为这诗叫好，有的甚至说应该谱成歌曲。[②]

这就是发表在《七月》第2集第4期的侯唯动的组诗《斗争就是胜利》，胡风在审阅和修改诗稿时完全不知道作者是何许人，他将这首诗

---

① 胡风：《悼念天蓝同志》，《胡风全集》第7卷，第158页。

② 胡风：《斗争的青春——〈战斗的青春〉序》，《胡风全集》第7卷，第178－179页。

所受到的赞赏写信告诉了作者，鼓励他写出更多更好的作品。不久胡风收到了回信，内附一张照片，胡风这才知道“原来他是一个只有十八岁的农村青年，正在革命战争的途中行进”①。而爱好文学的侯唯动对胡风已经仰慕已久了，他和他的伙伴们“都崇拜鲁迅，读过萧军的《八月的乡村》，更把胡风的《人民大众向文学要求什么？》那篇文章，当成我们创作实践的纲领。”“胡风的这篇文章像一把锣锤，一下子敲在我们的心上，自然会镗镗震响了。一来叫民族革命，二来叫大众文学。我们可实实在在完完全全是大众呀。”②他向西安的文学青年咨询，听说“《七月》是大名作家发表大名作品的全国性大文学刊物”，言外之意是不可能接纳无名小辈。侯唯动这个“陕西冷娃”偏不服气，偏要“试火试火”。1938 年正月，他在西安把《斗争就是胜利》草稿装进个大信封，斗胆寄给了《七月》。侯唯动意外地看到登载自己诗作的《七月》，高兴得热泪盈眶，因为地址有误，又一期的《七月》刊登了胡风的启事：“侯唯动先生，寄往原址的信和稿费被退了回来，想必你是搬了家或走动了，望来信。”③胡风如此重视栽培一个素无交往的文学爱好者，侯唯动激动的心情无以言表，他像对待亲人一样给胡风寄去自己的“光头小照”。从此，侯唯动在创作上信心倍增，并逐渐在文坛上有了影响，中华全国文艺界抗敌协会总工会吸收他为会员，《七月》、《全国抗战》、《新华日报》等纷纷来信聘他为特约撰稿人，侯唯动在胡风的提携下成长起来了。他说：“人们介绍我这‘初来的’时，总说是胡风提拔的新诗人，青年诗人。这是应该自豪的，因为胡风是鲁迅的亲密战友。”④而他经常吊在嘴上的一句话是：“没有胡风便没有我侯唯动！”

侯唯动于 1939 年来到延安，进入鲁迅艺术学院学习。环境改变

---

① 胡风：《斗争的青春——〈战斗的青春〉序》，《胡风全集》第 7 卷，第 179 页。

②③ 侯唯动：《从读者中走向胡风》，《我与胡风》，第 336 页。

④ 《七月》第 2 集第 5 期（1938 年 3 月 16 日出版）。

了，侯唯动对胡风的崇拜和敬重之情没有变，他经常大谈胡风，鲁艺人人皆知他是“七月派”诗人。他依然与胡风保持着通信联系，就创作上的问题讨教胡风。胡风曾在桂林的《诗创作》上发表的《关于题材，关于“技巧”，关于接受遗产》一文，就是回答侯唯动的一封公开信。信中表明：“只有首先成了人生的战斗能力的东西才能够被提升为诗的表现能力而取得艺术生命[①]”。告诫侯唯动和其他青年作家，谨防“技巧论”的毒害。到延安后，侯唯动给胡风寄了不少诗稿，有一部分是叙事诗。他回忆说：“有一次，我和公木、晋驼曾将作品稿一搭交荒煤同志，请周总理裹在大衣里带往重庆，一齐送到胡风手里。”[②]后来这些作品胡风并没有发表，原因很简单，侯唯动的这些取材于真实战斗中的诗作，并没有像当初看起来粗糙的《斗争就是胜利》那样感动胡风，他认为诗人的创作题材没有通过“主观精神的燃烧”，“是由于主观情绪的贫乏而成了非诗的东西”[③]。这种毫不客气的批评和指教，对侯唯动的成长是极有意义的。1941 年，侯唯动参加了延安文艺团体鹰社，诗歌创作散见于延安的刊物和重庆的《文艺阵地》、《诗垦地》以及桂林的《诗创作》。一直到 1949 年第一次文代会期间，侯唯动才和导师胡风见面，那一组受到胡风批评的叙事诗手稿，也在这次见面时由胡风“完璧归赵”。胡风为人和为文学的严格和严谨精神，令侯唯动感慨不已。虽然经历了 1955 年施于他的政治劫难，侯唯动却无悔自己的人生选择，直到 75 岁高龄回头看身后的脚印，还“庆幸自己在青年时代有了一个天大的机遇，遇到了胡风这位老师”[④]。

艾漠(1924—，即贺敬之)也是从延安向《七月》投稿的。他去延安

① 胡风：《关于题材，关于“技巧”，关于接受遗产》，《胡风全集》第 3 卷，第 82 页。
② 侯唯动：《从读者中走向胡风》，《我与胡风》，第 329 页。
③ 胡风：《关于题材，关于“技巧”，关于接受遗产》，《胡风全集》第 3 卷，第 79 页。
④ 侯唯动：《从读者中走向胡风》，《我与胡风》，第 343 页。

比天蓝和侯唯动都晚一些，是1940年与同学徒步到达延安的。艾漠在《七月》第6集第3期和第4期上分别发表了诗歌《自己的催眠》和组诗《跃进》。组诗《跃进》是在前往延安的旅途中创作的，是他们奔赴延安的艰苦旅程和向往光明的内心情感的真实记录。胡风显然很喜欢这样的作品，在桂林编辑《我是初来的》的时候，再次将这两篇作品收入。艾漠的这些作品从格调上讲是偏于深沉悲郁的，带着流亡青年共有的沉痛之情。来到延安，进入鲁艺，艾漠的艺术个性几度变化，经由“没有冬天”、“没有忧愁”的温暖明朗，又到追忆“乡村的夜”时的灰暗和压抑，直至1942年后确立了新的稳定的艺术方向。胡风后来编选了他的诗集《并没有冬天》，列入《七月诗丛》第2辑，于1952年由泥土社出版。但此时的贺敬之已经完全改换了他的人生和文学路向，成为新中国最重要的抒情诗人之一，于是也就必然摆脱了“胡风集团”的悲剧遭遇。

在进入重庆的《七月》后期涌现出来的诗人当中，彭燕郊(1920—2008，原名陈德矩)是非常出色的一位。抗战前，彭燕郊最早接触的是胡风的作家论和诗论，如《张天翼论》和《林语堂论》，还有胡风评介艾青和田间的文章，为少年的彭燕郊打开了一扇新诗艺术之窗。他大概就是在这个时候潜移默化地受到艾青和田间的影响。抗战爆发后，17岁的彭燕郊参加了新四军，他一边扛枪练武，一边贪婪地阅读《七月》。他把自己的习作大胆地投向《七月》。想不到半月以后就收到胡风的亲笔回信，通知将要采用他的作品。彭燕郊大受鼓舞，发疯一样地学习写诗，以致得了肺病。但他的勤奋得到了丰硕的回报，胡风在《七月》第4集第3期头条发表了他的诗集《战斗的江南季节》。1940年，彭燕郊奉命从皖南疏散到金华，一年后又到桂林。这期间的彭燕郊全身心地投入到办刊和创作当中。他在金华办过《诗时代》，在桂林和聂绀弩一起编《力报》，主要负责副刊《诗垦地》和《半月文艺》，创作上也得到长足的发展，已经成为很有影响力的青年诗人。人们尤其肯定和喜欢的是他的诗在形象构成和抒情方式上颇具艾青、田间的风范，同时又在努力经营属于自己的温馨而富有活力的艺术个性，这也正是胡风欣赏彭燕郊的地方。在桂林，彭燕郊第一次见到了胡风，而胡风在离开重庆之前，已经在《七月》第6集、第7集继续推出他了的两个组诗《岁寒草》、《风雪草》和一首长诗《春天——大地的诱惑》。他对彭燕郊有着更高的期待，所以对彭燕郊离开前线的战斗生活感到很惋惜，担心会由此减损诗的战斗的力度。事实上彭燕郊后来的创作风格是有了明显的变化，但是与胡风和《七月》的因缘关系已经定格在他的艺术生命中，因此1955年还是无可幸免地被牵连到"胡风事件"之中。

杜谷(1920—，原名刘锡荣，现名刘令蒙)第一次见到胡风是在1940年秋天，在重庆召开的鲁迅先生逝世四周年纪念会上，只是经别人指引，看到了主席台上的胡风——"这位同鲁迅并肩战斗过并被鲁迅深深器重的文艺理论家。"[①]此时的杜谷正是一个喜欢写诗的小青年，在郭沫若主持的文化工作委员会下属的文艺组工作，在工作组结识了一批著名作家艺术家，尤其和木刻家卢鸿基比较走近。杜谷回忆说："卢鸿基三十年代在'一八艺社'曾亲受过鲁迅对青年艺术家的关切和鼓励，因而对我们这些文艺青年也特别爱护和关心，他见我当时热衷于写诗，就常对我加以指点。我在这年春天写的小诗《泥土的梦》使他非常喜爱，他主张送给胡风登在《七月》上。但不久发生了皖南事变，进步文化人纷纷撤离重庆，听说胡风也远走香港。时局如此艰危，对这首小诗的命运，我早就没有去想它了。"[②]木刻家卢鸿基(1910—1985)也是《七月》的重要撰稿人，在《七月》发表木刻、翻译以及艺术书

① 杜谷:《巴山夜雨忆胡公》,《我与胡风》,第452页。

② 杜谷:《巴山夜雨忆胡公》,《我与胡风》,第453-454页。

评共7篇，与胡风和《七月》作家群保持着友好关系，他当然会将自己喜欢的诗作推荐给《七月》。同样是热心的卢鸿基，在1941年冬天给杜谷寄来刊登了《泥土的梦》的《七月》，但目录上却把作品的题名印错了，这一错误引来编辑胡风给杜谷的道歉信，于是开始了这一对作者与编者的通信往来。不久，胡风为编《七月诗丛》向杜谷约稿，这对于杜谷这样的青年作者，无疑是巨大的鼓励。杜谷兴奋地搜集自己的作品编成诗歌集《泥土的梦》寄给胡风，胡风将其列入《七月诗丛》第1辑，但在桂林送审时未被国民党书审处通过，后来到重庆再一次送审时又将诗稿“弄丢了”，成为《七月诗丛》第1辑13本诗集中唯一没有出版的一本。[①] 虽然诗集出版异常艰难坎坷，终成遗憾，但因此与胡风的信件来往却加深了彼此的理解和感情。而杜谷真正和胡风相见则在1945年7月的重庆，杜谷正和平原诗社的诗友们准备到中原解放区去。就像久别重逢的知交，胡风热切相迎并详细询问杜谷他们的出行安排，此次会面之后中断联系三四十年。但是，就是当初的那一首小诗，使杜谷走向《七月》，走入与《七月》相关的文学圈子当中。1942年，杜谷与芦甸、寒笳等诗友一起成立了平原诗社，继续他的诗歌创作和社团活动。因为平原诗社和七月社的亲缘关系，使杜谷更加难以避开1955年“胡风冤案”的牵连。

庄涌（1919—）应该是《七月》前期的一位重要诗人，在《七月》的第3集和第4集分别发表诗歌作品5篇，而且在胡风最早编辑的《七月诗丛》中，就有庄涌的《突围令》。年轻的庄涌从教他读《尔雅》、《说文》的学校里逃出来，他渴望着亲临前线为民族战争而效力，他曾经到过山西战地，有过战争的体验，更不乏爱国的激情。从胡风的回忆录中看，他当初看重的恰恰是年轻人的这种爱国主义的和英雄主义的激情，实

---

① 杜谷的诗集《泥土的梦》于1986年湖南文艺出版社出版。

际上在艺术品味方面并不是特别满意。在《七月》和《七月文丛》推出庄涌，体现了胡风以文学服务抗战的功利性思路。为着这一思路，胡风在他的《七月》上“也发表了空虚的所谓爱国主义的作品”。胡风回忆说：“当时正在徐州大会战，他寄来了《颂徐州》。作者是一个中学生，很容易地被一种激情所征服，但他的激情是被战争概念或政治概念所刺激起的兴奋，并不是从和人民的生活实际相结合的内在要求出发的，所以，这里面的英雄主义不能不是一种表面的现象。他继续写了下去，有的气概更雄壮，但基调没有大变化。1939 年在重庆，我把他的诗编成一本《突围令》，寄到上海出版了。我认为这种空虚的声音可以结束了，1942 年在桂林编印《七月诗丛》时把它删去了。”[①]可见从文学精神和美学原则来要求，胡风并不认同单纯的政治功利性的东西。但后来庄涌自己还是用《七月诗丛》的名义，重印了《突围令》，说明他非常看重这样一个文学团队，也说明《七月诗丛》在当时人们心目中的地位和影响。1944 年庄涌出版他的第二本诗集《悲喜集》时在后记里说：“这本集子收容的，都是二年前以至八年前的旧作。偶然凑在一起，给几位朋友看过，有的被赞美，有的被摇头。一位从前帮助我印第一个集子的年长的朋友回信说：吃了一惊。”“后记写于 1944 年，那位年长的朋友一定是胡风先生了。”[②]庄涌在新的创作中显然是努力摆脱着胡风曾经指出的“空虚的所谓爱国主义”和为“某种概念”而表演出的情绪，足见胡风对庄涌影响至深。

陶雄(1911—1999)是《七月》前期的一位叙事文学家，他曾在《七月》发表 6 篇作品，有一篇报告文学，两篇小说和一部剧本。抗战期间，陶雄在成都国民党空军某机构工作，酷爱文学创作，他和胡风也是

---

① 胡风：《回忆录》，《胡风全集》第 7 卷，第 386－387 页。

② 松下子：《诗人庄涌的人生之旅》，晓风主编：《我与胡风》(增订本)(下)，宁夏人民出版社 2003 年版，第 1081－1082 页。

投稿关系，他的小说《0404号机》，也成为海燕书店出版的最早的《七月文丛》之一。

黄既（1914—2000，原名黄树则）也是一位业余作者，他实际的职业是医生，但他却和胡风及《七月》有着很深的因缘关系。1937年，他给在汉口编《七月》的胡风寄来了《严玉邦》、《银地上》等小说，胡风颇为欣赏，称赞他："具有正视黑暗的勇气和与受苦难的人民共命运的胸怀，他的笔是锐利无畏的。"[①]后来，黄既感到自己有必要到最能有效地服务于人民服务于抗战的地方去，于是他从鄂西来到武汉找胡风，胡风把他介绍到了八路军办事处，黄既由此转而去了延安。到延安后，黄既依然心念着自己的文学知音和引路人胡风，继续将自己的作品寄给《七月》。继前面的小说后，胡风又陆续发表了黄既的通讯《到安塞去看病》，以及独幕剧《客店》和小说《岳王镇没有好风景》。黄既到延安后的新作一改以往那种冷峻犀利的笔调，表现解放区新英雄的朴实无华和可亲可敬。一如胡风所言："作者带着深挚的感情，不使有一个和自己的内心感觉不符的字在笔下出现；是用那样深挚的感情表现了他们的。"[②]这正是胡风认同黄既并一再将其作品推向读者的原因吧。

《七月》的"初来者"中，很多一部分只在《七月》发表过一两次作品，有和胡风见过面的，也有只是通信联系的，有些甚至连通信也没有，仅仅投过一次稿。除了少数因为1955年"胡风事件"的牵连，改变了他们的命运，对于其他个人来说，这只是他们人生经历和文学事业当中的一段插曲。但是对于胡风和《七月》来说，他们存在的意义是不可小视的，他们不断地为《七月》输入新鲜血液，使《七月》保持着旺盛的生命活力。他们以整体的力量构成《七月》强大的阵容，并且成为新文学未来的希望。胡风在寄给北碚歇马场的一封信中说："人们常说，

①② 胡风：《回忆录》，《胡风全集》第7卷，第386页。

中国现在没有大诗人，其实，大家集合在一起，每人一本，合起来就是大诗人了。”[③]正是出于对中国新诗的整体评价和独特构想，胡风连续出版了《七月诗丛》，并在1942年在桂林南天出版社出版《七月诗丛》时，特别编选了一本十四人的诗歌合集《我是初来的》，以此说明他不但重视诗人们的每一本诗集，甚至重视他们的每一首诗歌。他在为《我是初来的》写下的序言中说：

> 即如这选集里的十四位，除了我们的日本友人鹿地亘以外，就都是初来的，至少在诗上是初来的。这些初来者，并不是那以后都走上了诗人的道路，有的沉入了艰巨的实际斗争，有的被困苦生活所淹没，有的就此哽了歌喉，但当时他们却都各自从生活的深处唱出了真诚的声音，至少在我听来是真诚的声音。如果诗人不应是一个技术家，如果写诗不应是一种专利的职业，那我们对于这些有的甚至只唱一支歌的歌人的怀念，也许不算是侵犯了诗的尊严吧。[④]

胡风在诗集出版广告中再次申明：“这是《七月》里面不能单独成集的诗人的选集。这些都是一首至多两首的诗人，而且都是第一次和读者见面的诗人。但好像少男少女的初恋，这些诗都是最纯洁的真情。现在选成一本，有如一个花球，每一朵都现出特有的色彩，都发出特有的香气。”[⑤]诗集名称来自钟瑄的一首诗《我是初来的》，这也是钟瑄在《七月》上发表的唯一的一首诗。“初来者”在广义上指七月社初期同人和友人之外的所有陆续走进《七月》的青年投稿者，狭义上则特

③ 朱健：《胡风这个名字……》，《我与胡风》，第660页。
④ 胡风：《四年读诗小记》，《胡风全集》第3卷，第64—65页。
⑤ 胡风：《〈七月诗丛〉介绍十一则》，《胡风全集》第5卷，第375页。

指诗集《我是初来的》中的十四位作者，他们是辛克、侯唯动、鹿地亘、雷蒙、绿川英子、又然、林稍、钟瑄、山莓、鲁莎、白莎、艾漠、徐明、罗冈。胡风没有忽略这些只在《七月》上发表一两首诗的作者，而在日后编诗集再次向读者推荐，他对文学青年的用心之切和用心之细，足以感动和鼓舞人心，从而使更多的青年人坚定地追随在他的左右。

除了这些年轻的诗作者，在《七月》上发表过一篇小说、报告、论文和杂文的作家也不在少数，他们也在《七月》这块文学园地中发芽、成长。在七月社的构成中，“初来者”是一个不断流动变化的创作群落，有了这些“初来者”生生不息的成长和源源不断的加盟，便能保证七月社在战乱年代有着充足的稿源。实际上，七月社本身的人员构成也在不断的更新变化当中，所谓同人、半同人和“初来者”，也是在交替之中变换位置。初期同人和半同人或者由于时局动荡流落异乡，或者奔赴新的人生和艺术疆场。总之，他们在40年代以后就逐渐淡出了七月社，而后起之秀如路翎、阿垅、邹荻帆、鲁藜、彭燕郊、吕荧等，则开始进入七月社的核心位置。总的来讲，由于七月社越来越扩大了征稿范围，新作家不断出现，所以杂志的同人特征也没有早先那样突出，等到作家队伍的更迭变化持续到《七月》终刊时，才渐渐演变出一个新的社团人员格局，这已经是其后希望社的雏形了。

四、七月社的构成形式与社团特征

1. 社团构成形式与外在特征

从文学社团形成条件和社团具备的基本特征来考察，可以看到现代文学史上的七月社已经具备了构成一个文学社团的基本条件和外在特征。

七月社是一种客观的存在,它是自然形成的,它通过作品来显示自己的社团特征,并不是人为地、主观地划分出来的。七月诗派的成员大多也认为:“作为一个流派,‘七月诗派’在创作实践和文艺见解上自然有其共同点,但也只是一种松散的思想上的结合,决没有什么组织、纲领之类,像后来的批判者们所设想的那样。他们当时并没有意识到自己是个流派,也没有存心结成一个流派,更没有自称过‘七月诗派’[①]。”他们“是在一个特定的历史条件下,在世界观、美学观、创作方法上互相吸引,互相影响,互相促进,渐渐形成艺术志趣大体上相近的一个作者群,客观上形成为一个流派。”[②]抛开七月社成员的政治性顾忌不说,以上的“客观形成”之论确实道出了文学社团流派形成中的一种普遍性和规律性。但同时也与社团流派的显性存在形式不相矛盾,从学术角度所说的组织与纲领,也就是今天看来在客观上起到了组织与纲领性作用的一些重要因素。针对七月社而言,《七月》杂志是它的组织形式,胡风是无可置疑的盟主人物,而胡风的发刊词以及体现他思想理论精髓的重要文章,则可认做是社团的纲领性文献。七月社的形成,与这些显性存在形式极为相关。与此相联系的是,我们不能忽略社团形成和发展中的人为自觉因素,往往是,一个社团在萌芽时期是任性的不自觉的,而发展到一定时期则有了自觉和加强意识。很难想象一个始终处于放任自流状态的文学社团,会走向成熟和完善。作为一个文人集团,它经历了前期的充分不自觉到后期的开始自觉,1945 年《希望》的面世,可视为文人集团自觉意识充分形成的标志。

七月社因文学刊物《七月》而得名,《七月》的创刊标志着七月社的

① 绿原:《温故而知新》,《香港文艺》1986 年 2 月号。

② 牛汉:《关于“七月派”的几个问题》,见《梦游人说诗》,华文出版社 2001 年版,第 124 页。

成立和发端。作为抗战时期的一份面向全社会的重要文学刊物,《七月》声名远扬,《七月》的包容量很大,它接纳来自全国各地的文学稿件。或许,《七月》的影响力已经远远超出了一个文学社团。但同时,《七月》确实又是七月社成员成长的基本阵地,《七月》与后来的《希望》等刊物与这一文人集团的成员紧相伴随。七月社以期刊和丛书等出版物来显示自己的存在,证明自己的力量。胡风曾说:“对于一代文艺思潮,不能仅仅从理论表现上,更重要地要从实际创作过程上去理解;或者说,理论表现只有在创作过程上取得了实践意义以后才能够成为一代文艺思潮的活的性格。”[①]在风云激荡的动乱岁月,要使无用的笔变得有用,必须为写作者提供用笔的机会,胡风想方设法创办刊物,就是为了使创作活动得以落实。七月社在特殊年代贡献出大量的文学作品,这些创作自身就足以衡量出文学社团在文学史上的价值和意义。

胡风一方面积极创办刊物,吸引同道,另一方面结合创作实践,营构独特的现实主义理论体系。他既是社团组织上的领导者,又是文学精神上的引领着。作为七月社的灵魂人物,胡风的存在,使当时流亡四方的一批文学青年有了一种归属感,也使七月社在发端之初具有了一种整体趋向感。胡风与七月社其他成员一样,也坚持表明当年并没有什么集团或流派意识。但事实上,胡风当年的行为和言论,成为这个文人集团出现的直接条件。1937 年 8 月,胡风暂时放下激情澎湃的诗笔,转而去办文学刊物,因为他看到抗战初期的文坛上新生力量不断涌现,而文学刊物在数量和质量上均不能满足他们的要求。胡风有了一个迫切愿望和自觉主张,即开辟新的阵地,树立新的文艺方向,实践自己的文艺思想。他由创作转入编辑,颇能说明胡风已经有了新的

① 胡风:《论民族形式问题》,《胡风全集》第 2 卷,第 742 页。

更宏伟的志向。所以，胡风在办刊之初就明确道："编辑上有一定的态度，基本撰稿人在大体上倾向一致。"[①]这里提到的基本撰稿人，是七月社的雏形和核心。在划定必要的思想倾向和艺术风格的同时，胡风持一种广泛吸纳成员和作品的开放态度。他提出："文艺作家不但能够从民众里面找到真实的理解者，同时还能够源源地发现在实际斗争里成长的新的同道和伙友。"[②]他强调："《七月》也并不是少数人占领的杂志，相反地，它倒是尽量地团结而且号召倾向上能够共鸣的作家，尽量地寻求新的作家。"[③]可见，胡风所谓的"半同人杂志"的说法中，隐含着既集中又开放的两层意思。胡风的这一办刊思想也决定了七月社的既集中又开放的双重特征。这一"集中又开放"的双重特征，可以从以下四方面来理解：

其一，"紧与松"的统一，亦即内部集中，外围松散。《七月》创刊之时团结了一批"倾向上能够共鸣的作家"——萧军、萧红、端木蕻良、艾青、田间、丘东平、曹白、吴奚如、彭柏山等，他们成为《七月》的"基本撰稿人"，也是七月社的核心成员和中坚力量。后来又有阿垅、冀汸、鲁藜、天蓝、路翎等跻身加入，为社团核心增添新的成员。在这过程中，七月社的外围不断扩大，形成一种环绕中心的发散性、辐射性结构，于是很难划清一个社团边界，通常所谓"同人"和"半同人"的说法，实际就包含了核心与外围共存的意思。现代文学史上的众多文学社团当中，在组成成员上争议最多的莫过于七月社，而在后来的肃清"胡风集团"运动中，许多诗人作家及其创作团体被当做"外围人员"和"外围团

---

① 《现时文艺活动与〈七月〉——座谈会记录》，《七月》第 3 集第 3 期（1938 年 6 月 1 日）。

② 胡风：《愿和读者一同成长》，《胡风全集》第 2 卷，第 499 页。

③ 《现时文艺活动与〈七月〉——座谈会记录》，《七月》第 3 集第 3 期（1938 年 6 月 1 日）。

体”受到株连。

其二,“来与去”的变化,亦即成员呈流动状态。前期的核心分子,由于生活环境和文学观念的变化以及其他原因,后来逐渐脱离了社团中心,而后期加盟者又源源不断。动荡年代,流亡者居无定所,刊物的撰稿人不可能是固定不变的。我们翻阅《七月》的时候发现,胡风为了联络作者和读者,在刊物上专门设立了一个通讯栏目“七月社明信片”,留下诸如这样的信息:

萧军最近到北方战区工作去了,他的《第三代》是不是能够继续下去,是要被那边的工作情形决定的。希望热心的读者原谅。

克夫兄:接到你的信,你自己早通过汉口走掉了。这一期发表了你的译文,望你能够看到,望你能够来信。

侯唯动先生:寄给你的信和稿费被邮局退回了,看来你已经搬家或走动了。望能给我们一个通知。

贾植芳先生:第二次信收到时就回了信的,但到现在还没有得到来信,不晓得是不是遗失了?稿件无法寄奉,且望知道你的近况,望通知确实通信处。

《一个连长的战斗遭遇》,战争以来的小说形式上的最英雄的突击,这一期算是完全送给了读者。和这同时,作者已经参加在××军先锋队里面绕到了敌人的后方。我们祝他的平安,更等待他的更伟大的收获。①

……

① 胡风:《编者、作者和读者》,《胡风全集》第5卷,第259、260、262、263、264页。

我们可以看到在战争岁月,《七月》撰稿者的迁徙变动多么频繁和无从掌控。这时候,刊物反而成了编辑和作者、读者得以保持着联系和沟通的桥梁。实际上,《七月》杂志本身也是由主编胡风随身携带,几度中断又几度异地复刊。所以,迁徙变化中能够坚持社团的基本思想和鲜明特色,当属不易。这与胡风及其中坚分子的合力坚持莫不相关。在此前提下,如艾青、田间、贺敬之、侯唯动等诗人,不可因其以后的脱离而轻易否认他们与七月社的隶属关系,这如同不认可后来者一样不合基本逻辑。由于胡风和《七月》的精神感召力,使七月社在组成上越出了时空环境的局囿。比如在抗战初期,"延安尚无文学刊物,依靠'大后方'供给精神食粮"[①],天蓝、侯唯动、鲁藜、黄既、孔厥、胡征等延安的诗人作家,由"迷恋《七月》",进而将自己的稿件辗转从延安带至胡风手中,他们就是通过给《七月》投稿而与之建立起密切的联系。

其三,七月社是一个包容了小说、诗歌和理论批评的全方位展开的文学社团,它涉及的作家多,问题的范围广,而且大中套小。"七月诗派"、"七月派小说"都是成就颇丰、自成独立体系的文学流派。以胡风为代表的现实主义理论也独树一帜,是 20 世纪中国现实主义理论发展中的重要一脉。另一方面,七月社的诗歌、小说、理论之间,又有着内在的深刻的联系,相同的思想、精神、心理取向,相同的审美追求,铸造出七月社整体系统的群体形象。所以,对这样一个文学社团所具有的共同性而言,就必须进行更为内在和深入的理解,将渗透于其中的精神晶体提取出来,使人们看到凝结这个社团、统领这个社团的灵魂力量。

其四,在七月社的起落沉浮、分合聚散的动态演变过程中,所谓集中与开放的双重特征,实际上也是各有侧重地分别表现在社团活动的

① 胡征:《如是我云》,《我与胡风》,第 188 页。

不同时期。如前所说，在集团意识不自觉的前期，主要表现出开放、包容的特点，而后期集团意识逐渐自觉起来，无论从文学思想还是艺术风格上，更加趋向共同的追求，社团的向心力和凝聚力加强。频繁的文艺论争也在某种程度上导致了对其他异己主张的排斥，集中、自守的特征明显起来。这种前后跨越性的变化，也算是文人集团的一种存在特征。

集中与开放的双重特征，正说明七月社巨大的包容性和影响力，是文学社团高质量的一个标志。七月社在结构形态上呈现出相当的复杂性，这种复杂性在整体上表现为社团成员的多样性、流动变化性与社团特色的集中性、稳定性的统一。具体来说，七月社成员之间在思想观念、审美理想、叙述方式等方面也保持着多样性的统一。文学社团也应该是个性化的产物。社团当然不排斥个性，七月社是众多个性的气脉相通。正是在个性与共性的对立统一关系方面，七月社为文学社团能够发展和得以成功提供了可资借鉴的重要经验。

2. 社团内在精神特征

七月社的发生，是五四新文学传统在抗战以来的坚持和延续，也是民族战争激发和碰撞的结果，是历史和现实纵横交织的时代文化产物。于是，坚持五四新文学的路向和配合抗战的现实需求，成为七月社的两大内在精神特征。

胡风创办《七月》，首先意在继承五四新文学的传统，在鲁迅为代表的先驱者所开拓的新文学疆场上继续驰骋，张扬五四精神，深化新文学的理路。

五四新文化运动的方向就是反帝反封建的方向，反帝反封建是中华民族走向现代化振兴这一总目标下相辅相成的两个方面。19 世纪中叶以后历次为救亡图存而进行的革新运动的归于失败，从反面证明了反帝反封建的不可割裂性。如五四新文化的研究者所言:“直到五四新文化运动的产生,中国人才集中认识到,中国所面临的危机,不仅是国力的落后,更是文化发展上的落差。五四新文化运动提出在思想观念上作彻底改造的觉悟,才触及了中国革新的核心问题。说得清楚点,从洋务运动到五四新文化运动,经历次挫折的反思,中国人对困境的造成,才算有彻底和充分的认识。而首先有此认识且承担起这种最后觉悟的文化改造责任的是知识分子。”[①]

鲁迅作为先觉者之一,以文学的方式介入这一世纪问题的思考。他在应合时代社会发展的必然性和应然性的总体要求中,开创了反帝反封建的五四新文学传统。鲁迅沿着文化改造的思路,试图从民族根柢出发,挖掘国贫民弱的原因。于是,在鲁迅的文学创作中,封建旧文化及其各种存在方式,是作家直接批判攻击的对象。从总目标的宏阔远大,到入手处的准确犀利,可以见出鲁迅过人的清醒与深刻。

抗战以后时代和社会发生了巨大的变化,相互促进的启蒙与救亡的文化主题在抗日战争的新形势下,有了明显的分离和侧重,救亡成为时代的显性主题,“抗日民族统一战线是这个时期的总的政治道路”,“反帝反封建的伟大的革命斗争在民族危机下面达到了全民性的广度”[②]。五四新文学传统面临或已经进入分化、转向、再造和整合的新阶段。在七月社生长的年代,胡风和他的同人们遇到了新的理论和实践问题,“在‘抗日救亡’成为时代中心口号的新的历史条件下,‘反封建’即改造中国社会内部肌体的任务是否就自动地消融在‘反帝’的时代主题之中?还需不需要坚持鲁迅所开创的民族自我批判的传统(这也是五四的传统)?”[③]在这一问题上,作为鲁迅的忠实弟子胡风,用

① 陈万雄:《五四新文化的源流》,生活·读书·新知三联书店1997年版,第2页。
② 胡风:《论现实主义的路》,《胡风全集》第3卷,第473、475页。
③ 钱理群:《胡风与五四文学传统》,《文学评论》1988年第5期。

自己的言论和行动，做出了肯定的回答。

抗战发生以来，不仅是对该不该和如何坚持新文学的方向有所疑惑，胡风创办《七月》，是在人们对文学不寄希望甚至要将其放弃的情形下的一种固执的坚持。在一次关于“现时文艺活动与《七月》”的座谈会上，与会的文艺界人士将《七月》在特殊时期和环境中的现实意义表达得非常清楚：

> 适夷：……我觉得《七月》的一贯的态度正表现了文学不肯让位。当东战场败退，《烽火》停刊的时候，几乎没有一本文艺的刊物，表面上显出了文艺活动的极度的落退，而《七月》能在最艰苦的处境凛然屹立，这正是《七月》最大的功绩。
>
> 奚如：……《七月》这刊物是在什么样的情形之下产生的呢？是在许多作家放下了笔不写与许多文学刊物纷纷停刊的情形之下产生的。……《七月》的作用，在于它给显然要离散的新文学搭了一道桥梁，使它平安而阵容不乱地走了过来。虽然这桥梁并非石砌铁铸的，还不能通过像装甲汽车或坦克车那样重量的东西，但是，它终于让文学的步兵一个一个地走了过来，却是真的。①

胡风意欲弥合将要呈现的文学的断裂，续接五四新文学传统。用他自己的话说：“我景仰能够以拿破仑比拟的用笔的英雄，因而愿意替这样的英雄的将坛搬运一点泥土；我相信新文艺将有一个光华灿烂的将来，因而愿意架起一道通到这个将来的，虽然太小但也许可以是聊

---

① 《现时文艺活动与〈七月〉——座谈会记录》，《七月》第3集第3期（1938年6月1日）。

胜于无的暂时应急的桥梁。”[①]胡风建设新文学事业的开阔思路和脚踏实地的务实精神，包括办刊物而兴创作的有效方式，独具个性的办刊思想和办刊作风，以及注重对新生力量的培养和扶植等等，都明显地受到鲁迅的影响。胡风在创办《七月》开始，就竭力实践鲁迅的编辑思想。这也可认做是鲁迅先生留下的一份宝贵而特殊的文化遗产，《七月》的鲜明特色和突出成就，与对这一遗产的继承密切相关。

抗战胜利后的某一天，诗人孙钿去看望胡风。他翻阅着胡风在困难形势下坚持出版的《七月诗丛》和《七月文丛》，不禁感慨道：“我感到当前文坛上只有胡风呕心沥血关心写诗的青年人。再也找不出第二个前辈文学家能如此关心和扶植我们，也只有胡风能够不辞劳苦办了《七月》和《希望》刊物。他一个人奔走印刷所、校对，他一个人看稿、定稿。我又想起鲁迅，在那白色恐怖年代，也曾为青年作家叶紫、萧军、萧红编了一套‘奴隶丛书’。”[②]孙钿的感慨与联想并非偶然，胡风自己曾经受益于先生的教诲，先生离世后，他自觉自愿地承担起培养扶植文坛新人的使命，将其当做鲁迅未尽的一份事业，倾注了自己的热诚和力量。为了尽可能地给“初来者”提供表现他们文学才华的机会，胡风不惜得罪名家名流。然而，大批充满活力的青年作家的不断成长，成就了一个始终保持新鲜生命力的文学社团。

最根本的，以胡风为盟主的七月社在开始之初就坚持鲁迅等先驱者开创的新文学的反帝反封建内容，坚持诗与小说的现代白话形式，并在理论上对适时复活的民粹主义进行抗争，对黑暗和愚昧的国民劣根性有着特别的警醒与批判。也就是说，在民族矛盾上升为主要矛盾，抗战救亡成为显性存在现实情境中，仍然坚持“启蒙与救亡的相互

---

① 胡风：《〈民族战争与文艺性格〉序》，《胡风全集》第 2 卷，第 495－496 页。

② 孙钿：《与胡风同命运》，《我与胡风》，第 286 页。

促进”的五四新文学理路，并一如鲁迅那样以批判国民的惰性为文学基本主题，时时“把启蒙的效果放在心上”①。这种在“救亡压倒启蒙”的总体新形势下的坚持与抗争，自然会比当年的先驱者们来得更为艰难，并要付出被人误解和诽谤的代价。但胡风和他的同人们没有退缩，始终以清醒的头脑和绝大的勇气，自觉坚守着新文学的路向，七月社也正是在此方向上发展和成熟起来的。

七月社内在的凝聚力量体现在对导师鲁迅的崇尚和追随，虽然在七月社诸作家崭露头角之时，鲁迅已经过世，但鲁迅的思想精神依然发挥着巨大的影响力量。并且在他们看来，胡风正代表着鲁迅的精神承传，于是，聚拢在胡风和《七月》的周围，就等于加入了鲁迅开创的新文学的阵营。对于胡风和鲁迅的师承关系以及胡风由此对一批青年作家的吸引，多少年来已为文坛公认，包括持不同政见的陈纪滢也曾说道：“他的文艺理论，又经常代表了鲁迅生前思想，所以当时他的主张对左翼作家固然有影响力，对年轻一辈的作家也有偶像作用。”②

这是七月社形成的一个最为关键的因素。无论是直接投奔胡风，还是在自身环境中互相聚拢起来，鲁迅与胡风始终是七月社青年作家的精神领袖和现实偶像，是他们得以走在一起的向心力。鲁迅去世后的 1937 年，曾有人下了这样的断语：“中国文坛上将来有造就的人，恐怕只有老谷(胡风)。”③且不论这样的断语是否确切，但它至少惊动了如彭柏山这样正在寻找精神出路的青年作家，并很快信服了这一断言，坚定地追随起胡风来。他在给胡风的信中说：“我和曹白如今正式的携起手来了。这原因，是由于彼此对于豫翁(鲁迅)的崇敬，也由于对你的信赖的结果。”④从读者中走向《七月》的侯唯动也说：“人们介绍

---

① 晓风辑注：《胡风、阿垅来往书信选》，《新文学史料》1991 年第 1 期。

② 陈纪滢：《三十年代作家记》，台湾成文出版社 1980 年版，第 84 页。

③④ 《彭柏山书简》(1937.10—1940.4)，《新文学史料》1984 年第 4 期。

我这'初来者'时，总说是胡风提拔的新诗人，青年诗人。这是应该自豪的，因为胡风是鲁迅的亲密战友。"[①]另外，如前所述，七月社的许多成员(也包括后来的希望社成员以及围拢在胡风周围的同道者)都是在1936年"两个口号"的论争中知道胡风的，他们是联系着鲁迅来认识胡风的。从他们的言论可以看出，将胡风认做鲁迅的传人，不是一个被动灌输的现成结论，而是七月社成员自己思考和识别的结果。这种以鲁迅和胡风为之奋斗的新文学为共同追求，彼此声气相投、相互激励而结为一体的作家群，应该就是七月社的成型。

而更多的文学青年则在离乱的战争环境中发现了《七月》，他们深深地被《七月》所吸引，自觉地向《七月》靠拢，《七月》成为他们新的精神归宿，冻结的写作热情得以复苏，失落文学梦想得以寻回，在《七月》那里，这一切都有了重新实现的可能。

《七月》之所以能够吸引众多文学青年，能在鲁迅逝世后起到团结凝聚文学新生力量的作用，还有一个与五四启蒙传统相关联的原因，那就是胡风所倡导的和刊物所坚持的个性意识。深谙艺术规律的胡风一贯强调作家个性在创作中的重要作用，他自己就是以秉持个人姿态、重视独立创造而在文坛独树一帜。胡风创办的《七月》，既应合时代潮流的要求，站在社会的前沿为民族的生死存亡而呐喊，"为光荣的祖国效命"，又充分尊重作家的艺术个性，在大的方向统一的前提下，尽可能地容纳个性突出、风格各异的作家作品。依照胡风的文艺理论，不仅仅是一般地提出作家主体的作用，在他看来，"文艺家的人格力量"，文艺家的"主观战斗精神"，是进行文艺创作的基本前提和决定性因素。胡风审阅青年作者的来稿，最看重的就是作者的个体创造性，诸如田间、路翎的创作，胡风就是从他们特异的艺术气质中，发现

① 侯唯动:《从读者中走向胡风》，《我与胡风》，第338页。

了他们的天才光华，虽然初期的作品时有生涩，但却蕴藏巨大的艺术潜质。而事实证明，正是文学个性的充分发挥，造就了他们卓越的文学成就。由于胡风对个性主义的执著坚持，七月社成员一直以张扬个性为基本理念，"既有共同的志向，共同的美学上的追求，各人又有各自的个性，是不容否认的事实，因为没有个性也就没有诗了——共性不可能不通过个性来表现"①。七月社尊重个性、崇尚创造的主张，在文化思潮转向的40年代已属难能可贵。即使在现代文学诸多社团当中进行比较，七月社也属于理论和创作个性最为突出、风格最为多样的文学社团。胡风和七月社努力营造一种既配合时代潮流又坚守个体独立性创作氛围，虽然这一理想在特殊年代的实现具有相当的难度，但这种坚持却吸引了许多特立而独行的有为青年，从而保证了七月社作家构成的质量和文学创作的鲜明品格。

胡风和文艺界人士曾反复强调《七月》杂志的"桥梁"作用。如前所论，这一"桥梁"在抗战烽火中续接了文学的特别是五四新文学的流脉。当时有人言："除了'七月'和官办的刊物以外，差不多没有刊物了。"②就是说当时还有官办的刊物存在，而且，随着抗日战争的进程，随着人们对文学战斗作用的认可和重视，不久就出现了多种配合抗战的文艺刊物，如《抗战文艺》和《文艺阵地》，就是其中影响最大的文艺刊物。从地方民众到领导阶层，文艺在抗战中的地位逐步得到确立，《七月》为此当然立下了汗马功劳。但《七月》更为持久的影响还是来自于对五四新文学方向的坚持，即胡风所谓"为新文学接一点元气"。这是它与抗战文坛上其他刊物最大的不同之处，也是七月社最为鲜明的个性特征。当文艺受时代的要求而成为武器和工具的时候，新文学

① 牛汉：《梦游人说诗》，华文出版社2001年版，第126页。

② 《抗战以后的文艺活动动态和展望——座谈会记录（冯乃超的发言）》，《七月》第2集第1期（1938年1月）。

的启蒙姿态渐渐被遮蔽起来。胡风和七月社清醒于此也担心于此，他们思考着"怎样从极其纷繁复杂的光波里，射出一道鲜明强烈，确立不移的新文学的光来呢？那是今后《七月》所应该努力的方向！"[①]他们架起的"桥梁"并不能横空跨越而将其引渡到将来，他们必须穿越战争岁月，而且，战争更需要民族精神的改造。胡风指出："在神圣的民族战争期的今天，鲁迅的信念是明白地证实了：他所攻击的黑暗和愚昧是怎样地浪费了民族力量，怎样地阻碍着抗战怒潮的更广大的发展。"[②]七月社所做的努力，就是不忘启蒙，而且将启蒙的效果运用到抗战救亡上。简言之，在新的形势下，还原五四传统，还原鲁迅精神。胡风所说的"聊胜于无的暂时应急的桥梁"，一方面是自谦，另一方面也见出当时人们对于五四启蒙传统的严重忽略。起码在胡风看来，呼唤五四启蒙精神，已是当时所面临的一项非常迫切和紧急的事情了。

五四新文化运动是一个具有多重内涵的复杂构成，对置身于其中的新文学运动，同样也不可作简单划一的理解。有学者认为"有三种'五四'观：一以胡适为代表的自由主义，主要从思想启蒙的层面阐释、肯定'五四'；二是以梁漱溟、《学衡》为代表的保守主义，主要以'中体西用'论批评'五四'的思想启蒙；三是以瞿秋白为代表的马克思主义者，主要从推动中国革命发展的角度认识和赞扬'五四'"[③]。这样归纳可以成立的话，鲁迅则很难被准确地划入其中之一。鲁迅坚守启蒙姿态，但他不同于胡适的将启蒙限定于"文艺复兴"式的"纯粹"状态，完全排斥政治革命的方式。鲁迅坚定、彻底乃至极端的启蒙态度，使他时有认同政治革命的意向。而另一方面，鲁迅又不完全属于革命阵

① 《现时文艺活动与〈七月〉——座谈会记录》，《七月》第3集第3期（1938年6月1日）。

② 胡风：《关于鲁迅精神的二三基点》，《胡风全集》第2卷，第502页。

③ 陈卫平：《八十年代的"五四"观》，《华东师范大学学报》1999年第3期。

营，为了保有一份宽松的战斗空间和自由独立的思想，鲁迅不主张时机不成熟的政治革命，也曾劝告一些青年作家不要轻易加入组织。众所周知，30年代中期以来的文化转向逐渐排斥着五四自由主义、个性主义的人文思潮，使之退离主导地位，正如王元化先生所言，五四在中国思想史上曾发生重大作用的是个性解放，“可是后来却成了历史的讽刺，个性消亡了，变成了为政治服务的工具，变成了螺丝钉，独立精神、自由思想荡然无存了。许多人到了30年代左倾化之后，放弃了个性解放精神。像鲁迅这样申张个性的思想家，也是在那时候说自己属于遵命文学的。”①鲁迅声称做“遵命文学”的同时并没有完全失去自我，但还是使鲁迅30年代以来的作品在思想深度和审美品格上多少有些损失。“因为一旦跨入遵命文学，就难免会使自己的独立精神、自由思想不蒙受伤害。”②这种矛盾在左翼时期有一定的普遍性。在民族危机、爱国救亡的总主题下，集体主义与个体主义相互协调，张扬个性的知识分子认同集体主义，是时代的特定要求，有其存在的必然性与合理性。而实际上，集体主义与个体主义很难达到令人满意的调协，于是，始终坚持“‘发展自我与牺牲自我互相制约与补充’的‘五四’伦理观的极少数知识分子，如鲁迅，就陷入了几乎是无以自拔的矛盾和痛苦中”③。

30年代中期以来的文化转向中，文学发生了方向性的变化。这种变化固然以时局动荡、战争降临为主要原因，但也不排除五四新文学自身产生和发展中形成的种种潜因。④ 就是说，诸如激进主义和政治

①② 王元化：《对于五四的再认识答客问》，《文汇读书周报》1999年5月1日。

③ 钱理群：《“人之子”的觉醒》，《精神的炼狱——中国现代文学从“五四”到抗战的历程》，广西教育出版社1996年版，第4页。

④ 王晓明：《一份杂志和一个社团——重识“五·四”文学传统》中，从五四时期的报刊杂志和文学社团的角度，探讨了“转向”的内在原因。见《上海文学》1993年第4期。

功利主义，也是新文学与生俱来的某种潜性要素，而在适时的环境中必然会浮出水面成为文学的显性特征。李泽厚曾论述道：

> 问题的复杂性却在，尽管新文化运动的自我意识并非政治，而是文化。它的目地是国民性的改造，是旧传统的摧毁。它把社会进步的基础放在意识形态的思想改造上，放在民主启蒙工作上。但从一开头，其中便明确包含着或暗中潜藏着政治的因素和要素。……即是说，启蒙的目标，文化的改造，传统的扔弃，仍是为了国家、民族，仍是为了改变中国的政局和社会的面貌。它仍然既没有脱离中国士大夫“以天下为己任”的固有传统，也没有脱离中国近代的反抗外侮，追求富强的救亡主线。……所以，当把这种建立在个体主义基础上的西方文化介绍输入，以抨击传统打倒孔子时，却不自觉地遇上了自己本来就有的上述集体主义的意识和无意识，遇上了这种仍然异常关怀国事民瘼的社会政治的意识和无意识传统。①

可以解释关怀国事民瘼的鲁迅先生何以清高不起来也洒脱不起来，对革命者常常表示敬意，并予以可能的关怀与帮助。也可以解释在抗日救亡热情高涨的40年代，作为左翼作家和理论家的胡风，既承传鲁迅的个性独立精神，又表现出超过鲁迅的政治激进情绪。五四思想启蒙传统和中国政治革命之间既有相一致、相统一的一面，也有相割裂、相弱化的另一面，这一矛盾存在于鲁迅身上，造成了他的心灵痛苦；在胡风那里，自觉自愿的革命意识和政治热情，愈发不能与他的个

① 李泽厚：《中国思想史论》(下)，安徽文艺出版社1999年版，第828页。

性执守和启蒙姿态相兼得，胡风的矛盾痛苦更加深重而难以摆脱。

在论述七月社的内在特征时，以上的思考并非离题。在胡风对五四新文学传统的继承中，鲁迅思想精神占有首要位置。同时，正如王元化先生反思五四所得，“庸俗进化论，激进主义、功利主义和意图伦理”①这四种流行于五四时期的思想观念，也根深蒂固地影响到胡风和他对七月社的建设。胡风文学观中的某些固有特征，如强烈的政治意识，对古典和民间文学传统的相对轻视，都带上五四式的偏颇。由于受鲁迅的深刻影响，胡风始终保持着知识分子的独立人格。他曾两次拒绝去延安，自日本归国后没有再参加任何党派，可以看出他在竭力为自己营造相对宽松自由的斗争环境，避免自己的思想意志被人为地束缚。尽管如此，他还是无法达到如鲁迅那样的自由思想者的境界。一个原因是，胡风毕竟是有着坚定无产阶级信念的自觉革命者，他的一切言论行为的发生，都有着基本前提的约束；另一个原因，如鲁迅研究者所分析，胡风“和鲁迅生存的时代不一样。鲁迅当时生活的时代他是可以独立于当时的体制之外的”。胡风批评的时代已经不存在所谓的“体制外”，胡风与周扬等对立面的斗争，常常是越出了审美批评甚至文学批评本身，“他们批评的出发点和归宿，跟一个独立的批判者的批评是不一样的”。他们的批判“包含了相当大的政治运作的成分，可以说是完全政治化了的。鲁迅的那种独立人格在他们那里打了很大的折扣。”②事实是，胡风及其同人们从开始就自觉自愿地将文学追求与政治使命融为一体。他们这种介入政治和相当程度上服务政治的文学追求，仍然被视为异端，本身就是一种悖谬。

这种悖谬状况促发我们进一步的思考。胡风曾表示自己非常反

---

① 王元化：《对于五四的再认识答客问》，《文汇读书周报》1999年5月1日。

② 林贤治：《凝望一个伟大生命》，李辉、应红编著：《世纪之问》，大象出版社1999年版，第328、329页。

感抗战前文艺没有主流的说法，认为抗战前的主流就是以鲁迅为代表的五四新文学现实主义潮流，而且在胡风看来，从来就只有这一个主流。虽然胡风所理解的主流——即“五四以来的革命文艺传统”本身——并非丰富复杂的全包容的五四传统，而是已经有所择取、有所过滤、有所偏向的无产阶级革命文学传统，也即更靠近“左翼”文学传统。虽然胡风“启蒙与救亡(或革命)”的双重思路与鲁迅相比，已经倾斜于现实的政治功利，但胡风坚持的五四方向，依然为另一种主流所不容。由此见得，对五四及鲁迅传统的理解和继承中，出现了更大的偏差和变异，为政治功利所完全认可的文学主流，实际上开始背离真正意义上的新文学传统，它以单纯的、绝对的革命性要求取代博大而深厚的五四新文学精神，将现代文学局限到一条单一狭窄的道路上。40 年代到 50 年代的文学发展趋势已经证明了这一点。

一批流亡于战乱岁月的青年作家，由分散而聚合为一个文学社团，必定有一个非常事件成为激发他们的契机，抗战，就是引发七月社发生的伟大的事件。胡风曾在《文艺工作的发展及其努力方向》中写道：

> 抗战，当它爆发的时候，是把全民族掀动了的事件，把全国人民投进了大的兴奋里面的事件。全民族的苦闷消除了，全民族的期待实现了，全民族的潜力跃动了。这里面，苦闷得最深、期待得最切的、敏感的文艺家以及知识人，好像铁屑的对于磁石，各自在自己的路径上，自己的强度上奔向了一个总的方向。文艺家在社会里面行动，文艺界是一条战线，于是在总的方向下面团结了，文艺家在创作里面追求，作品

是一种武器,于是为着总的方向动员了。[①]

可以确定,没有抗战,胡风不会想到要办《七月》;没有抗战,七月社成员们依然处于茫然四顾、散兵游勇的状态。抗战发生了,"文艺家和这伟大的事件相碰,他的精神立刻兴奋起来,燃烧起来"。他们迫切地寻求新的战斗阵地,迫切地要汇入这一时代洪流当中,胡风和《七月》,真好像"磁石"吸引"铁屑"一样,将他们紧紧聚拢在一起,朝着抗战的目标而奋进。于是说,抗战的发生,是七月社这个抗战时期影响最大的文学社团得以产生的一个必需机缘。

考察《七月》这本杂志的性格,胡风也认为应该是多方面的,但他反复强调,在《七月》与民族革命战争的血肉关系中,可以把握《七月》的最重要最鲜明的性格特征。他曾说:

一开始我们就相信民族革命战争不会也不能抛弃文化工作,战争将使文化更被提高,更被普及,而文化的提高和普及将同时提高战争,使它得到最后胜利的保证,使民族革命的任务(新中国的诞生)能够在最短限度的痛苦过程中得到完成。到现在,我们的工作能够意外地得到广大的读者诸君和许多可尊敬的文化前辈的爱护,主要地当是我们在原则上的这个信念并没有错误,实际的工作并没有和这个信念脱离的原故。[②]

七月社在新文学传统与抗战现实的碰撞中产生,它既是中国新文

① 胡风:《文艺工作的发展及其努力方向》,《胡风全集》第3卷,第174—175页。
② 胡风:《编者、作者和读者》,《胡风全集》第5卷,第270页。

学迁延发展的结果，也是抗战现实需求的产物。胡风在《今天，我们的中心问题是什么？》一文中申述道："我们非记住不可的两方面的基础：一方面，二十多年来的新文学的传统，不但没有烟消云散，如一张白纸，反而是对于各个作家或强或弱地教育了指导着他们，对于整个文艺进程把住了基本的方向；另一方面，民族战争所创造的生活环境以及它所拥有的意识形态和思想远景，也或强或弱地和作家们的主观结合了，无论是生活或创作活动，都在某一方式上受着了规定。"[①]这就意味着，七月社在实践救亡与启蒙的双重需求时，必然带上了全新的时代精神特征，也就是服务抗战配合抗战的战时特征。

《七月》的发刊，本身就有纪念"七七"事变的意思在其中，而且，反映抗战生活，反映抗战期间民众的思想感情，以达到配合抗战的目的，这是主编胡风办刊的直接宗旨。胡风在《七月》发刊词中一再表明，文学与反侵略战争的密切关系同样由五四传统引申而来。他说："中国的革命文学和反抗日本帝国主义的斗争（五四运动）一同产生，一同受难，一同成长的。斗争养育了文学，从这斗争里面成长的文学又反转来养育了这个斗争。这只要看一看'九一八'以后中国文学的蓬勃发展和它在民众精神上所引起的巨大影响，就可以明白。"[②]沿着这样的思路，在"抗日的民族战争已经在走向全面展开的局势"下，胡风更明确地以促进抗战为文艺的使命和职责，"在神圣的火线后面，文艺作家不应只是空洞地狂叫，也不应作淡漠的细描。他得用坚实的爱憎真切地反映出蠢动着的生活形象。在这反映里提高民众的情绪和认识，趋向民族解放的总的路线"[③]。胡风以这一宗旨，规定主要撰稿者"大体上倾向一致"，要求文艺作家努力投身"战争的怒火里面"，以饱满的情

① 胡风：《今天，我们的中心问题是什么？》，《胡风全集》第 2 卷，第 604－605 页。
② 胡风：《愿和读者一同成长》，《胡风全集》第 2 卷，第 498 页。
③ 胡风：《愿和读者一同成长》，《胡风全集》第 2 卷，第 499 页。

绪和“战斗的文艺形式”,表现抗日救亡的现实。为此,《七月》特别注意登载各种形式的报告文学作品,以期及时地关注和反映战场信息、战争进程,而倾重诗歌创作,则在于激发军民的爱国热情、鼓舞斗志。以《七月》为源头,七月社在与战争时代同呼吸共患难中诞生并成长起来。

七月社成员坚守着与时代相一致的文学精神,在许多诗人作家那里,战斗和文学是同时并举的事业,他们或奔上前线杀敌,或在火线后面写作,都以神圣的民族解放为最终目的。丘东平是现代文学史上最早的一位带枪的文艺战士,他的小说、通讯和报告文学,都是亲临火线而得来,他将血腥的战争面貌真实地传达给战后的人们,使人们看到战争的残酷和将士们流血牺牲的英勇悲壮。丘东平自己也在对敌人的一次反扫荡战中牺牲。他的为国捐躯,将特殊时代文艺与战争的特殊关系进行了极致的阐说。七月社中,于民族危亡之际挺身而出的不止丘东平一个,彭柏山在抗战八年中,一手拿枪,一手拿笔。正如他自己说的:“我相信,假如我不战死沙场,我的生命将活在创作上,虽则我今天不能离开政治工作的岗位。”①可以说,几乎每一个七月社成员,他们既是情感丰富、个性鲜明的诗人作家,又是关注抗战现实、随时准备为祖国流血牺牲的英勇的革命战士。在现代文学史上,七月社是一个拥有最多战士和革命者的文学社团,这也最能够说明七月社与中国革命特别是与反侵略战争所凝结的血肉关系。

彭柏山在给胡风的信中说过:“我常常想,一枝笔——象我的这枝笔,和一个炸弹比起来,是软弱得多了。然而从热血和红火里再去锻炼一番,那力量是难于预料的吧。”②将“一枝笔”的力量与“一个炸弹”

---

① 朱微明:《柏山和胡风及胡风事件》,《我与胡风》,第144页。

② 《彭柏山书简》(1937.10—1940.4),《新文学史料》1984年第4期。

相比较，这本身已经说明了特殊年代作家对文艺特殊功用的认识。正是因为看到了文艺的战斗效用，在“前线主义”、“投笔从戎”广泛兴起之时，胡风和他的同人们则“以笔为枪”，开始了另一战线上的冲锋陷阵，在文艺的阵地上效力于这场伟大的战争。即使是真正拿起枪的战斗者如丘东平和阿垅，也没有同时放下手中的笔，当他们从艰苦的前线战场上拿出自己的创作时，那从“热血和红火”里锻炼出的文学，已是字字钢筋铁骨，真正具有了“难于预料”的力量。这种创作也践行了胡风一贯的理论主张，作家只有“向着实际生活里面突进”，在火热的战斗生活里面燃烧自己，其作品才会有震撼人心的艺术力量。七月社的这种胶着于生活、焕发主体战斗精神的文学观，就是在抗战爆发的环境中得到鲜明的体现，并逐渐巩固起来。

在 1937 到 1941 的抗战前期四年中，“文学是以自觉的姿态，和民族一起承担战争的灾难，呼唤民众，进行神圣的民族自卫和解放的战争，鼓励民族和人民救亡图存的斗志。所以这时期的文学是一种战争文学”[①]。七月社此时的文学创作正是这种典型的“战争文学”，而且，在这抗战的童年时期，他们为火热的时代所沉醉，为壮烈的抗战行为所激励，他们是在自觉承担民族危亡的苦难和时代赋予它们的使命时走到一起的。此时，作家们的政治倾向和艺术风格，与整体时代的文学追求协调一致，以配合火热的战争形势为目标，社团的特殊性相对于以后来讲，并不是非常突出，或者说被现实要求所掩盖，被时代色彩所冲淡。《七月》与之前之后发刊的《烽火》（茅盾主编）、《光明特刊》（沈起予主编）等杂志相比，基本属于同一种格调。进入抗战后期，情形则有所改变。所谓后期是从武汉沦陷开始，以 1941 年发生的“皖南事变”为标记，抗战进入相持阶段。

---

① 杨义:《中国现代文学流派》,《杨义文存》第 4 卷，人民出版社 1998 年版，第 244 页。

无论如何,胡风和七月社总是一如既往地受命于时代的特殊要求,对民族国家的忧患和关怀使他们凝结为一体。七月社成员几乎都是特别坚守自己的个性和见解的热情而固执的年轻人。他们并不轻易认同别人,更不愿屈就别人,彼此之间也会存有歧见,但他们能在不长的时间内聚集在胡风的旗帜之下,形成现代文学史上最具凝聚力的一个文学社团,其最关键的一个原因就是他们受命于民族危难之际。对于这些无家可归的流亡者甚至孤儿们,民族的存亡关乎到他们每个人的前途命运,于是他们暂且放下自己的一己悲欢,收藏起自己个性的触角,与同道伙友们结成有力的同盟,以群体的力量效命祖国,也以群体的力量对抗外围的攻击,将个人的个性汇聚为社团统一的个性,在社团壮大成熟的时候,每个成员也在血与火的考验中成长成熟起来。

最后应该强调的是,特定的文学思想及其相关的风格特色方面的同一性,也有力地凝结着这样一个文学群体。绿原曾经说:“可以说,在胡风刊物上写文章的那些作家们,都是多多少少、远远近近跟胡风的文艺思想相一致的。也就是说,如果跟胡风的文艺思想不一致的人,一般不可能在胡风的文艺刊物上发表作品。这样就形成后来所谓‘胡风派’、‘七月派’,这些‘派’实际上是一个文艺思想的结合,而不是像后来解放后所说的一个政治上的派别,怀着政治野心。”①如果不要绝对地去理解,这样的说法应该是可以成立的(在希望社时期更为突出)。以胡风为领袖的七月社众成员崇尚现实主义文学观,他们在20世纪现实主义文学大潮的“共振”之中互相影响互相吸引,并在胡风的文学精神和人格力量感召下紧紧聚合在一起。七月社对风行一个时

① [韩]鲁贞银:《关于“胡风编辑活动和编辑思想”访谈录——绿原》,《新文学史料》1999年第4期。

代的文学思潮有自己独特的理解，他们将时代的需求和自己的文学理想融合于现实主义文学中，构筑具有鲜明流派特色的文学精神，“主观战斗精神”是七月社现实主义文学追求的生命内核，也是作为一个文学社团存在的精神纽带。此种主体性现实主义文学观，既是七月社认同于时代潮流的有力明证，又是七月社独立于时代和区别于其他文学社团的内在精神标志。

七月社的文学观念统一于主体性现实主义旗帜之下，在审美理想、创作方法等方面呈现出相当程度上的同向化倾向，文学作品以物化的形态呈示着主体化现实主义的诸种艺术特征。而特定的时代精神与现实主义的结合，又必然地生成了一种群体化的风格形态，这就是典型地体现在七月社创作中的艺术风格。翻开七月社创作的任何文本，扑面而来的是：时代的激情、现实的忧患、作家的郁愤、笔触的疾厉、色彩的浓烈，其总体风貌鲜明而突出，阅读这些文本所带来的第一感触是：这就是七月社作家。

五、《七月》停刊后的《诗垦地》与平原诗社

《七月》停刊后的国内形势更加严峻，诗人和作家们也面临新的抉择，各自寻求新的奋斗道路。如胡风在总结《七月》时所说：

> 在我自己，那是一个悲欢离合的纪念：在这个期间鼓励了我、帮助了我的人们，有的已经战死沙场，完成了神圣的使命，有的固守阵地，各自在艰苦里面奋力作战，有的汇入了斗争主流的大海，甚至彼此断了消息，也有的别图发展，视往日的贫贱之道为蠢事，视往日的贫贱之交为令名之玷……对于崇高的死者，这里寄寓了诚恳的追悼，对于忠贞不渝的生者，

这里寄寓了怀念的问讯，对于穿捷径而去的黠者，这里也寄寓了决绝的告别。①

此时，丘东平牺牲在抗日疆场，田间、艾青赴往晋察冀和延安进行新的艺术探索，胡风辗转到香港、桂林等地，因地制宜地坚持编辑出版工作。其他更多的作者在困难的环境中继续他们的创作。冀汸回忆说："皖南事变后，大后方文艺园地一片荒芜，杂草丛生。然而，坚冰之下河水仍在流动。重庆悄悄出版了诗刊《诗垦地》，成都也悄悄出版了诗刊《平原》。我已记不清它们问世的先后顺序，但有个强烈的印象至今未能淡忘：两本诗刊具有相同的倾向性和艺术风格，与《七月》杂志发表的那些诗没有两样。两本诗刊的作者，有些原来就是《七月》的作者。"②

《诗垦地》是 1941 年 10 月，由邹荻帆、姚奔主编发刊，在重庆出版的一本诗歌丛刊。刊物出到第 6 辑后于 1944 年底停刊。另有自 1942 年 2 月 2 日起，至 1943 年 5 月 29 日，在重庆《国民公报》上大约每一周出一期的《诗垦地副刊》，共 25 期，属于《诗垦地》的配套刊物。

邹荻帆也是最早在《七月》上发表诗歌的青年诗人，因投稿通信而和胡风相熟，在诗歌创作上受到了胡风的指导，而自觉地以胡风为自己的导师。1940 年，邹荻帆与冀汸曾在宜昌分乡小学共事了一段时间，二人一起煮酒论诗。冀汸此时创作了他的长诗《跃动的夜》，邹荻帆也创作了自己的《雪与村庄》，分别在《七月》发表。《七月》停刊的 1941 年，邹荻帆刚刚考上重庆的复旦大学。他和学校的诗友们苦于文学刊物的被迫停刊、许多文化人纷纷离开重庆（包括胡风、萧红、端木

① 胡风：《〈民族战争与文艺性格〉序》，《胡风全集》第 2 卷，第 496—497 页。

② 冀汸：《活着的方然》，《我与胡风》，第 427 页。

蕻良等《七月》同人），他们年轻的心为之激愤，但又无处倾吐。这时，邹荻帆由靳以介绍，认识了同在复旦读书的东北流亡学生姚奔。皖南事变之前，姚奔曾在学校主办过两期的《文艺垦地》，对办刊很有些兴趣和经验。此时由他提议创办一个刊物，赢得大家的赞同，于是以《诗垦地》为名，以募款的方式筹集资金，开始筹办起来。因为刊物登记的困难，《诗垦地》一开始就定为丛刊，以单行本方式出版发行。

《诗垦地》的同人就是当时在复旦读书的文学青年和一部分在重庆有联系的诗人友人，除了邹荻帆、姚奔，还有曾卓和他的同学张芒，冀汸和他所介绍来的绿原，以及正在重庆的桑汀（冯白鲁）、S. M（阿垅）等人。《诗垦地》从第1辑到第6辑的标名分别为：《黎明的林子》、《枷锁与剑》、《春的跃动》、《高原流响》、《滚珠集》和《白色花》。

翻开《诗垦地》，迎面扑来的是与《七月》如此相似的艺术气息。很简单的原因是，《诗垦地》上不少的诗人都曾经是《七月》的重要撰稿人。从阿垅、邹荻帆、冀汸、杜谷他们所发表的作品的数量和质量上看，都堪称《诗垦地》的主力成员。几乎每一辑的《诗垦地》都有以S. M、圣门和师穆的笔名出现的阿垅的诗作，还有以思猛为笔名的阿垅的诗论，尤其要提及的是他以圣门的笔名发表了他著名的《无题》，诗作中出现的“白色花”成为第6辑的标名。邹荻帆回忆说：“S. M（阿垅）也正在重庆，他那时已是著名的诗人，我们在三十年代的《文学》上就读到过他的诗篇，他为人诚挚、热情、谦虚、默讷而少言，却仍像一个好学的青年学生。”[①]由此可见阿垅在这一群青年人心目中的位置和他在《诗垦地》中的分量。显然，胡风离开重庆后，阿垅实际上成为《诗垦地》诗人群的领军式人物。《七月》其他的诗人还有侯唯动、彭燕郊、白鲁、苏金伞等，也用他们的作品共同支撑着这本艰难中存活的刊物。

---

① 邹荻帆：《忆〈诗垦地〉》，《新文学史料》1983年第1期。

《诗垦地》与《七月》以及后来与《希望》的关系，是全方位和渗透性的。胡风所起的作用也很明显，除了第5辑上曾发表了胡风写给田间《给战斗者》的后记，让我们看到这一诗群与胡风的精神联系外，在《诗垦地》刚刚开办的时候，也曾经直接用过胡风编好的稿件。“当时，胡风已避到香港，但路翎则仍在白庙子煤矿，胡风有一小部分《七月》积留的诗稿在他那儿，方然的《回去，回到黄河》就是那里面的。”[①]可想而知，如果胡风不是被迫停刊离开，方然的诗作一定会发表在后续的《七月》上。胡风不得已将一些已经选中的未用稿留在路翎处，并将路翎和阿垅介绍给老友聂绀弩，寄希望于老友能够继续将《七月》编下去。遗憾的是《七月》再也没有复刊，但《诗垦地》网罗了《七月》的一批诗人，并刊载了胡风留下的稿件，也算是以另一种方式了却了胡风办刊的心愿。另一方面，《诗垦地》上出现的我们后来熟悉的诗人绿原、方然、化铁等，虽然没有在《七月》上发表过作品，但经过《诗垦地》的磨练，后来则成为《希望》杂志的核心成员，这又将《诗垦地》和《希望》联系在了一起。而曾卓、牛汉等年轻诗人也因《诗垦地》采用了他们的诗作而靠近了这个文学团体。

正如冀汸所说，几乎在重庆悄悄出版了诗刊《诗垦地》的同时，成都也悄悄出版了另一本诗刊《平原》。成都平原诗社的前身是“华西文艺社”，[②]“是在地下党的领导下成立的一个进步文艺青年团体，他们以文艺为武器，开展了轰轰烈烈的抗日救亡运动。他们定期举行集会，讨论抗战文艺问题，并编辑出版了《华西文艺月刊》，先后出版了五期，成为当时成都文艺青年自己办的一份较有分量的进步刊物，在以后一

① 邹荻帆：《忆〈诗垦地〉》，《新文学史料》1983年第1期。

② “华西文学社”1939年冬成立，核心人物是蔡月牧、寒笳、白堤、任耕、杜谷和芦甸，1940年3月创刊《华西文艺》，同年10月出版第5期后停刊。

个相当长的时期内，都起着一定影响和作用。”①到 1940 年底，因为社团内部松散的原因以及皖南事变的发生，“华西文艺社”解体了，其中的一些喜爱诗歌创作的骨干成员转而重新组织了另一个新的文艺社团“平原诗社”。杜谷回忆说：1942 年春，“到北碚去看望了《诗垦地》的朋友，见到了荻帆、姚奔、冀汸和绿原，长谈竟日，尽兴而归。回来以后，我兴奋不已，连夜写信给芦甸、蔡月牧、白堤，建议华西文艺社的老朋友中有志于写诗的，应该像《诗垦地》一样组织起来，也来出版诗刊，我并拟了一个刊名，叫作《盆地》。1942 年暑假，蔡月牧从乐山回到成都，芦甸邀他和白堤、葛珍一同商量，决定改刊名为《平原诗刊》，并立即着手组织平原诗社。这就是平原诗社的由来。”②

先后参加平原诗社的成员大约有 30 来人，诗社的名誉社长由五四时代的诗人、新诗界的前辈周太玄先生担任，具体负责人是芦甸、蔡月牧、杜谷、方然和葛珍，主要成员还有寒笳、白堤、左琴岚、许伽、孙跃冬等人，“大概当时在成都的青年诗人都包容了，真可谓极一时之盛。不久，平原诗刊第一辑《涉滩》就编印出版了：小 32 开本，蓝白两色封面，上下两栏直排，作者除华西文艺社的成员，还有《诗垦地》的诗人们，它实际上成为《诗垦地》的兄弟刊了。刊名《涉滩》，就是取之于刊内发表的曾卓的诗句。接着出版了第二辑《五个人的夜会》，做为这个刊名的是阳云学的一首长诗；第三辑《浅草》也编好了，以许伽的一首诗命名，只是由于经费困难，未能出版。”③ 所以，诗社出版过的刊物就是两辑诗刊《涉滩》和《五个人的夜会》，还有附在一本综合性刊物《新新新闻旬刊》上的《平原诗页》，大约出了三、四期。诗社从 1942 年 8

① 孙跃冬：《记成都平原诗社》，《新文学史料》1993 年第 4 期。

②③ 杜谷：《万里桥边怀芦甸》，《新文学史料》1993 年第 4 期。

开始，[1]到 1945 年夏天，因主要成员去了中原解放区而自行解体。

平原诗社中的方然和杜谷，曾经与《七月》关系密切，而且方然其后也成为《希望》社的主力成员。在谈到平原诗社时，了解情况的曾卓曾有句"点睛"之语："那群青年诗人的领袖人物是方然，什么事情都要找他商量，由他决定。"[2]因为方然和杜谷的影响力，因此也拉近了《七月》和平原诗社的关系。除此之外，还有创作风格上的影响。诗社成员孙跃冬认为："平原诗社成员写的诗，虽然大家各有其风格和特色，但大致说来，他们应属于'七月派'。在抗日战争中的国统区，'七月派'诗是诗的主流，在诗坛上影响很大，平原诗社大部成员的诗都受到影响。或者更确切地说，他们是在艾青、田间等诗人的早期诗作的影响下开始写诗的。"[3]

方然和杜谷又是《诗垦地》和平原诗社所共有的两个社团成员。不仅是他们两个，从诗垦地社和平原诗社的成员整体构成来看，这确实是你中有我、我中有你，合作关系非常密切的两个诗社。除了两个诗社的成员之间的彼此往来，在稿件的供给和刊物的编辑出版工作中，彼此都给予了很大的支持。不但《诗垦地》上经常发表杜谷、方然、芦甸、白堤、葛珍、左琴岚、许伽、孙跃冬等的诗作，《诗垦地》第 6 辑转移到成都编辑时，他们直接参与了编务工作。在平原诗社出版的被认为很有"分量"的诗刊《涉滩》中，也收进了邹荻帆、曾卓、绿原、冀汸和阿垅这些"兄弟组织"诗垦地社成员的优秀作品。无怪乎"当时有人把两个团体同时并提，曰'重庆有垦地，成都有平原'。（一对兄弟团体。）这大约就是 1955 年两个团体的成员同时遭殃的原因吧。——即所谓

① 葛珍：《成都"平原诗社"片忆》中回忆平原诗社于 1942 年春正式成立。《新文学史料》1993 年第 4 期。

② 冀汸：《活着的方然》，《我与胡风》，第 427 页。

③ 孙跃冬：《记成都平原诗社》，《新文学史料》1993 年第 4 期。

‘重庆、成都两个据点’。”

从成员构成，从创办的时间和过程，从诗歌创作的风格特色，所有的这一切，都说明《诗垦地》和平原诗社是《七月》生命的延续，也是《希望》生命的先期。这种特殊关系将几个社团成员们的命运紧紧地联系在一起。无论《诗垦地》和平原诗社的成员是否在胡风主编的《七月》和《希望》上发表过作品，人们都称其为“七月派”，后来又全部被打入了“胡风集团”。追根溯源，社团成员之间的紧密交往关系，不能不说也是一个主要原因。诸如《诗垦地》上的曾卓、伍禾、牛汉，平原诗社的芦甸、葛珍、白堤等，并没有在《七月》和《希望》上发表过一篇作品，甚至于，曾卓还是因胡风一度不喜欢他的诗歌而执意不肯接纳的诗人呢，但却成为了“胡风集团”的“骨干分子”，问题就在于曾卓或者其他人进入了这个文人圈子。在后来的政治运动中，《诗垦地》和平原诗社是被当做“外围团体”来进行全体整肃的，凡是与之有关联的，大多都难逃这场政治劫难。

胡风在《七月》停刊后，远赴香港，其后又从香港脱险转道来到桂林。除了他的友人们继续在重庆、成都坚持《诗垦地》和平原诗社的工作外，胡风在桂林因地制宜开始编辑《七月》丛书，不仅强力推出七月社成员的优秀作品，而且也为其他作家甚至是从未谋面的一些新人出选集。需要提及的是，在此时的文化中心地桂林，又出现了不少的文艺刊物，在其中影响较大的《诗创作》上，方然、彭燕郊、绿原、伍禾、郑思等人经常发表作品，另外聂绀弩、彭燕郊在桂林编辑出版了一个小刊叫《半月文艺》，也刊载了七月社诗人的作品。总之，胡风和他的友人们坚持七月社重视吸收新生力量的传统，以多种方式多种渠道继续扩充队伍，扩大社团影响。七月社虽然终结了，但从七月社发展起来的一个更具凝聚力的文人团体却逐渐成熟壮大起来。

第三章

希望社及相关社团

一、背景:抗战从“兴奋”到“沉炼”

抗日战争是中华民族有史以来在最深广的范围内、最大限度地发动民众而进行的一场旷日持久的民族解放战争。由于反侵略战争直接关系到民族和国家的生死存亡,由于近代到五四以来启蒙主义思想运动所构成的现代文化心理准备,使得中国民众的民族意识空前地觉醒,一种凛然不可侵犯的民族气节和浩然正气,一种全民参战、所向披靡的气势,汇聚成一种强大的民族主义驱动力。抗战以来新的文化格局是,一方面,“一切为了抗战”,成为中国民众空前一致的共识;另一方面,民族改造和更生的现代启蒙主义思路依然存在并持续发挥着特定的作用。不同的是,“启蒙与救亡相互促进”的现代文化主题在战争环境当中有了新的调整和变化,由“两个运动的结合”和“相得益彰”,逐渐走向“救亡压倒启蒙”之势。[①] 在民族矛盾浮出水面成为显性矛盾的情况下,民族矛盾和阶级矛盾呈现出另一种更为复杂的状态。

在 1937 年到 1941 年的抗战前期四年中,社会和民众表现出强烈

① 李泽厚:《中国思想史论》(下),安徽文艺出版社 1999 年版,第 823－842 页。

的亢奋和激越的情绪，而较少有平和、冷静和理性的思考。人们为火热的时代所沉醉，为壮烈的抗战行为所激励，自觉自愿地凝聚在“团结一致，共同抗日”的旗帜下，古老的中华民族在迎战外来侵犯中焕发出了充沛而新鲜的生命活力。此时的文艺界同样处在战争爆发的兴奋中，文艺家们自觉承担起民族危亡的苦难和时代赋予他们的使命，他们主动应合战争时代的特殊要求，开始了一系列以配合火热的战争形势为目标的文艺运动。

胡风在讨论抗战初期诗歌创作状况时说：“战争一来，整个社会被搅翻了，全民族被投进了大的兴奋里面。……在诗上，由于人民情绪的兴奋，焕发，感激和乐观，不但那些忧伤的低诉绝了迹，同时也减去了那种可望而不可即的焦躁的意味，而是从生活激动发出的火热的声音。这是诗的疾风迅雷的时期，和战争初期的人民的精神状态是完全相应的。当然，那基本特点是思想要求和生活事变突然相遇的一种兴奋状态，这兴奋状态正是当时的精神潮流的本色。”[①]在“抗战的童年时期”，文艺也表现出“童年时期的天真的心理状态”[②]。不仅是诗的创作，整个的文艺创作都走进“疾风迅雷的时期”，都表现出“直观的、抒情的、性急的、鼓动的”[③]特点。文艺的其他功能和特点，往往被现实的斗争要求所掩盖，被时代的功利色彩所冲淡。这一切，终究源自于为“抗战这个搅翻了全民族的生活秩序的历史事件的决定的作用”[④]。

进入抗战后期，情形则有明显改变。所谓后期是从武汉沦陷开始，以 1941 年发生的“皖南事变”为标记，抗战进入相持阶段。胡风说：“从武汉撤退开始，战争渐渐发展到了一个新的阶段。这时候，‘战

① 胡风：《关于创作发展的二三感想》，《胡风全集》第 3 卷，第 7—8 页。
② 胡风：《文艺工作的发展及其努力方向》，《胡风全集》第 3 卷，第 176 页。
③ 郭沫若：《新文艺的使命》，《新华日报》1943 年 3 月 27 日。
④ 胡风：《关于创作发展的二三感想》，《胡风全集》第 3 卷，第 6—7 页。

争是长期的’,‘战争过程是艰苦的’,才渐渐由理论的语言变成了生活的实感。人民的情绪一方面由兴奋的状态转入了沉炼的状态,一方面由万烛齐燃的状态转入了明暗不同的状态。人民的意志一方面由勇往直前的状态转入了深入分析的状态,兴奋生活开始变为持续的日常生活了”[①]。人民的情绪由“兴奋”转入“沉炼”,由“互相吸引”转入“互相游离”。无论对民众,还是对文艺家,都到了一个真正考验意志和耐力的阶段。“这是个交织着失败与胜利、灭亡与新生、顿错与希望的特殊年代,也许期间该引起我们注意的不光是闹闹腾腾的‘潮’,更多的倒应是那滔滔滚滚却又无声无息的‘流’。”[②]“潮”与“流”正是抗战前后两个时期既相互联系又相互区别的文化表征。

1941 年“皖南事变”之后,紧接着的 1942 年更是一个意味深长的年头,国内的现实情状和文化矛盾更是头绪万端,难以一言名之。如胡风所言:“我们陷进了和重庆的冬天相像的政治气候里面,这情形一直继续到同盟国得到了对日胜利的前后。”[③]一方面是抗日战争进入了最艰难的阶段,中国人经受着严峻的生存考验;另一方面,由于战局变幻莫测,党派间关系愈加错综复杂。在这种特殊的背景中,整个国统区的文化思潮较之抗战初期有了深化的趋势和复合的色彩。“战场上的一溃千里,和在抗战营垒内部党派之间的摩擦,使作家们开始反省本民族的政治社会体制和历史文化素质,从而在国统区出现了‘文学的思考’或者‘思考的文学’的时代。”[④]这种“思考的文学”与胡风倡导的启蒙与救亡相结合的新文学思路,有着根本上的一致性。战争形势的变化更有力地证明“没有人民大众的自由解放,没有人民大众的力

① 胡风:《关于创作发展的二三感想》,《胡风全集》第 3 卷,第 9 页。
② 陈勤等:《中国现代化史纲》(上卷),广西人民出版社 1998 年版,第 317 页。
③ 胡风:《从冬天想起的》,《胡风全集》第 3 卷,第 194 页。
④ 杨义:《中国现代文学流派》,《杨义文存》第 4 卷,人民出版社 1998 年版,第 245 页。

量的勃起和成长，就不可能摧毁法西斯主义的暴力，不可能争取到民族的自由解放”[①]。面对进入相持阶段的抗战救亡的现实要求，更加需要启蒙，需要改造和提高民众的精神素质，以使抗战能够持久深入地进行下去，并最终取得全面胜利。而且，将单纯配合抗战拓展为救亡和启蒙互相促进，即“强调应把启蒙注入救亡之中，使救亡具有民主性的新的特征和世界性水平”[②]。这就摆脱了抗战文学临时性而具有了开阔和长远的文学眼界。

1942 年的不平凡，还在于毛泽东的《在延安文艺座谈会上的讲话》的发表以及延安整风运动的开展。在中国文化发展演化的进程中(以下简称为《讲话》)，《讲话》发表的年代是一个转折点。以此为开端，解放区文艺在毛泽东《讲话》方向的规范下，向着民族化、大众化和实用化的极致推演，构成与国统区再一次兴起的启蒙主义文化思潮相悖的文艺发展趋势。这两种互为逆向的文学流向，必然引起文艺界不同思想观念间的激烈论争。胡风和《七月》同人的政治激进态度和注重现实批判的文学倾向，使他们当然处于矛盾的端口，而且常常是双向受敌、四面迎战，处境愈加复杂和艰难。

对于国统区来讲，真正开始形成矛盾酿起事端，则到了 1944 年以后。这一年年初，毛泽东《在延安文艺座谈会上的讲话》(以下简称为《讲话》)被介绍到国统区。5 月，共产党派何其芳、刘白羽来到重庆，宣传《讲话》精神，在国统区推行整风运动。整风运动的实质，正如毛泽东所说，是整顿革命队伍中知识分子的非无产阶级思想倾向。重庆进步文艺界的整风起初在小范围内进行，组织形式模仿延安的成例，中华文协秘密地组织了若干个“读书小组”，每组有若干个作家，由党的

① 胡风:《置身在为民主的斗争里面》,《胡风全集》第 3 卷，第 186 页。

② 李泽厚:《记中国现代三次学术论战》,《中国思想史论》(下)，安徽文艺出版社 1999 年版，第 894 页。

文艺领导召集，不定期地集中学习和讨论，采取批评和自我批评相结合的学习方式。

胡风也参与了这样的小组学习，但表现出明显的不合作态度。他指出解放区和国统区“环境和任务的区别”，以此说明在国统区写工农兵为工农兵的困难性。而那场著名的民族形式问题的论争虽然发生在《讲话》之前，但胡风在讨论中撰写的《论民族形式问题》的长文，在此时却显得与《讲话》精神格格不入，客观上形成了与毛泽东文艺思想相互对应（在胡风反对者看来是相互对立）的自成格局的文艺思想。在一个逐渐走向思想一体化的时代，胡风是愈来愈不合时宜了。

胡风就是在抗战后期这种复杂的文化环境中，在愈来愈陷于孤立的文坛处境中，编辑出版了一系列的诗丛、文丛，努力复活自己的刊物，创办了《希望》杂志。

胡风在编辑《希望》和经营丛书出版的艰苦劳作中，迎来了抗战的胜利。在胜利的锣鼓声中，胡风的思考依然是沉重的：

> 战争胜利了，或者说结束了，但人民的痛苦并没有减轻，人民依然处在屈辱的状况里面，人民在战争里面所忍受的痛苦，所付出的牺牲，所怀抱的愿望并没有得到酬报。由于这，不是由于别的而正是由于这，紧紧地接着战争结束之后，就出现了反内战、争取民主的痛苦的然而却是伟大的历史时期。
>
> 人如果不是抽象地去理解爱国心或民族感情，人就应该知道，卑微而劳苦的小民的求解放的愿望，不甘于物质的贫苦和精神的屈辱的愿望，不是暴力可以压下，枪炮可以轰毁的。神明的子孙日本法西斯在中国的末日就是一个证据。因为，人民的流血抗战，解脱掉做日本人的奴隶的命运，决不

是为了还原到做中国人的奴隶的命运的。[1]

内战全面爆发并逐步升级，政治斗争日益尖锐，赢得抗战胜利的中国人民陷入新的战争灾难之中。面对腐败的政权、混乱的经济以及满目疮痍的社会生活，渴盼民主、自由和解放的人民的呼声甚嚣尘上。胡风和友人们的忧患意识日益强化，他们"忧虑着胜利的果实不能为人民所有，因而也就不能成为真正的胜利，忧虑着没有在决定的意义上以人民为真实内容的民族解放将会落空，因而以民族解放为同义内容的人民又得走上一段艰苦的道路"[2]。在他们的思路中，此时文艺的战斗性应该更加集中到对封建主义残酷本性的揭露，对被压迫者被牺牲者的精神状态的启蒙和改造。于是，他们背负着"沉重的压力和焦躁的不安"继续前行，紧握鲁迅和新文艺的旗帜继续战斗。一方面对腐败政权之下泛滥着的庸俗虚伪的文艺进行批判，另一方面还要与进步文艺里面各种不良倾向相抗争。愈到后来，他们就愈面临着"致命的考验"，他们"不得不在内外敌对力量的压迫下面困苦万状地争取自己的生存"。"文艺在自己的阵营里面也经验着一种逆流的袭击，这袭击正和那大的逆流紧紧地互相呼应的"[3]。他们在这大大小小的逆流里面寻求着"突出重围"，在正面来袭和腹背受敌的境地中，学习鲁迅先生的办法——横着站，艰难而坚韧地"生长"和"扩大"自己的力量，开拓自己的道路。

文化上的白色恐怖日渐严重，舆论控制和刊物查禁步步紧逼，胡风的主要阵地《希望》和《呼吸》被迫停刊，"地下"和"非法"的小刊物又顽强出现，一直到建国以后的《起点》成为终点。"这自然是因为曙光

① 胡风：《冬夜短想》，《胡风全集》第3卷，第381－382页。
② 胡风：《逆流的日子·序》，《胡风全集》第3卷，第171－172页。
③ 胡风：《逆流的日子·序》，《胡风全集》第3卷，第172页。

已经照临大地，再不需要一根火柴的光焰了。”[①]

二、南天出版社和《七月诗丛》、《七月文丛》

1941年年初，皖南事变发生，同年9月，《七月》出至第7集后终刊。

为了保存实力，也为了抗议国民党的背信弃义、倒行逆施，共产党安排重庆的领导干部和文化人分批撤离重庆，周恩来安排胡风去香港。胡风编完了《七月》最后一期的稿子，并将其余的未刊稿加以整理。他并没有想到此次停刊真的就是《七月》的终结，而只是战争离乱岁月的又一次暂停。在胡风即将离开重庆时，恰逢分别三四年的老友聂绀弩来到重庆与家人团聚，胡风把一些已经整理好的可用稿件留给聂绀弩，并将路翎、阿垅等一批得力撰稿人介绍给他，希望他们能够齐心合力把《七月》继续办下去。

1941年5月7日，胡风全家离开住了两年半的重庆，取道赶赴香港。在香港的半年间，胡风除了为《华商报》、《光明日报》、《笔谈》、《大众生活》等进步报刊撰稿之外，苦心思虑的事情还是自己办刊物。诗人孙钿此时正做着来港人员的接待工作。他与胡风来往频繁，关系密切。孙钿回忆说，胡风曾找到一个有意于出版事业的新加坡侨商的儿子，准备在香港复刊《七月》，但终因注册问题没有实现。[②] 胡风想继续出版《七月文丛》和《七月诗丛》，也因困难太多，只在上海的老朋友俞鸿模那里出了一本曹白的《呼吸》。

胡风在流亡生活中确实一刻也未曾忘记自己的工作，据《回忆录》

---

① 冀汸：《回忆朱谷怀》，《新文学史料》1993年第2期。

② 孙钿：《与胡风同命运》，《我与胡风》，第280页。

记载，胡风在香港半年多的工作总计为：

> 计划出《七月》港版，因注册问题迁延，未实现。
>
> 推进在上海出版《七月诗丛》和《七月文丛》，但因种种困难，只得曹白的《呼吸》一本。
>
> 出一套《七月丛书》，已成议，因战争爆发而不果。
>
> 出版自己的四本书。《棉花》已付排；译文集《人与文学》已排成；论文集收《七月丛书》内，将付排；杂文集，已成议，将付排。
>
> 这四本稿子，战争发生后都失掉了。
>
> 写杂文约六七万字，均失掉。在港期间日记也毁掉。
>
> 写成电影剧本《祖国摇篮曲》纲要。
>
> 搜得日文书（高尔基全集及苏联文艺理论书籍）约百册，均丢掉。沪出文艺书刊也均丢掉。
>
> 国内友人稿件约数十万字，均丢掉。木刻数十幅，均丢掉。
>
> 读书：《樱桃园》，《愤怒的葡萄》，《时间呀，前进》，《初恋》，《被束缚的土地》，《西线无战事》，《面包》，《两姐妹》，《1918年》，《新生》，《神曲》之《地狱篇》，《战果》。①

这是一份令人慨叹的工作总结，除了读过的书籍可以刻印在大脑中，其余几乎都是"未完成"或"均丢掉"。当他离开香港辗转东江到达桂林时，朋友们都庆幸他能够活着回来，因为传言说胡风已经离开人世。战乱岁月，人的生命都随时可能丢掉，更何况文稿书籍，但从胡风

① 胡风：《回忆录》，《胡风全集》第7卷，第541页。

的这份总结中，我们能够想象到他当时痛惜的心情，对于一个视文学事业为生命的人来说，这种痛惜也是正常和可以理解的。

在香港的时候，与胡风交往最密切的是孙钿。有时候孙钿几天不来，胡风就"感到像蹲在茫茫大海的小孤岛上面，无依无靠"①。1942年年初离开香港，3月回到内地桂林，胡风很快与文艺界的新知故交见面，密切交往的有聂绀弩、彭燕郊、骆宾基、伍禾等朋友。一到桂林，胡风就迫不及待地要找寻工作的机会。因为老友聂绀弩带来了青年诗人彭燕郊，彭燕郊又介绍来青年学生朱谷怀（1922—1992，原名朱振生）和米军（林紫），他们正在筹备一个出版社，命名为"南天出版社"。胡风决定义务编辑出版《七月诗丛》和《七月文丛》，给予文学青年们起步的支持。

据朱谷怀回忆，他中学毕业后与同学也是地下党员的卢华泽（卢怀杰）一齐到了桂林，租下房子准备考大学。隔壁住着爱好文艺爱写诗的青年米军，经常与彭燕郊、艾烽、罗岗等文学青年聊天，朱谷怀和他们熟悉了。一天，他们听说香港沦陷后胡风到了桂林，在继续编辑《七月诗丛》和《七月文丛》，想找地方出版。大家对此很感兴趣，就商议能否拿出钱来办个出版社，出版胡风主编的诗丛和文丛。

这些文学青年为什么如此信任胡风？朱谷怀回忆道：

> 对于胡风，我们虽然没有见过面，但他的名字我们是熟悉的，我们中学的许多进步同学都很崇拜他，认为他是了不起的革命文艺理论家。我对他的印象特别深刻，这最初是来自鲁迅先生在有名的万言书（即《答徐懋庸并关于抗日统一战线问题》）中那一段为他辩诬的话，这些话虽然不多，但在

① 胡风：《回忆录》，《胡风全集》第7卷，第539页。

中学读过以后却深深地刻印在我的脑子里，久久不能磨去；其次就是零星地读过一些他本人的诗文以及他主编的《七月》杂志。为此，对于他在左翼文艺战线上的光辉业绩，那是抱着崇敬的态度的。所以彭燕郊或米军的这一个意见一提出，我立即表示赞成，一口答应愿意先拿出一笔款子给他们去办起来。于是我打了个电报要家里做生意的哥哥汇来法币五千元。那个时候，两角钱能吃到一个不算错的客餐，5000元是个不小的数目。钱收到后，我便叫米军去约胡风等人到饭馆吃饭，以便商谈成立出版社的事情。那天一齐去饭馆的有：胡风、聂绀弩、彭燕郊、艾烽、米军、卢华泽和我。关于出版社的名称，最先米军提出用七月出版社。胡风说，七月出版社这个名称恐怕太红太露了，还是用个灰色一点的好，以免引人注目。我们认为有道理，便建议请他提一个。他想了一下，便用笔在一张纸上写了两个名称，一个是"清明"，一个是"南天"。大家将那张纸传阅了一下，都认为是"南天"好。这个名称有地方色彩，好听，容易记忆，也没有俗气。社名就这样确定下来了。社内的具体工作、日常事务，商定由米军负责。书稿则由胡风供给。登记手续很快办好，南天出版社的招牌就在我们住的木房子前面挂出去了。①

编辑出版同人丛书是胡风在火线下逃难中想到的工作方式。胡风这个时期给路翎的信中说："但我想，先把过去结束一下罢。结束，也应该有'开来'的意义，所以也想弄得好一点。现在着手把《文丛》和《诗丛》在这里重编出版。"胡风写信联络友人们，让他们尽快找到原书

---

① 朱谷怀：《往事历历在眼前——记我与胡风的交往》，《我与胡风》，第633－634页。

的底稿、整理作品以便出版，并预算着“一个《新丛》的计划”①。

从1942年到1943年逗留桂林的一年间，胡风与南天出版社合作，陆续编辑出版的《七月诗丛》有：艾青的《向太阳》，胡风的《为祖国而歌》，冀汸的《跃动的夜》，鲁藜的《醒来的时候》，亦门（阿垅）的《无弦琴》，田间的《给战斗者》，天蓝的《预言》，孙钿的《旗》，绿原的《童话》，邹荻帆的《意志的赌徒》。《七月文丛》有：《东平短篇小说集》、曹白的《呼吸》、路翎的短篇集《饥饿的郭素娥》和《青春的祝福》、胡风的评论集《民族战争与文艺性格》等。在颠沛流离的战乱处境中，在七月社不得不终止的情况下，胡风坚持编辑这些出版物，其意义是重大的。正如胡风自己所总结：

> 这些作品大半在以前发表过，但现在由我编了再印出来，不但作用犹新，而且结成了一股合成力量。当然，和时代的巨大内容相比，这点力量是微弱得很的。但在国统区的文艺领域，虽然在具体主题上不是少见的，但在全面性的配合上却是仅见的。这些作品里面自然也会包含有错误内容，但在当时，对“团结、进步、抗战、为人民”的大目标是不会起到什么副作用的。②

胡风为编辑出版这些诗丛和文丛付出了极大的艰辛，克服了重重困难。他必须要应付国民党对书刊的审核和查禁，有的被迫改了书名，有的被无端删节后勉强通过，有的经过送礼求情才能通过，有的不但没有通过，连底稿也被没收了，比如杜谷的诗集《泥土的梦》、何剑熏

① 胡风：《书信·致路翎》（1942年3月22日自桂林），《胡风全集》第9卷，第194—195页。

② 胡风：《回忆录》，《胡风全集》第7卷，第576页。

的一本讽刺小说和胡风自己的一本杂文集《棘源草》,就遭受了这样的命运。

1943 年 3 月,胡风离开桂林再返重庆,桂林的南天出版社继续着丛书的出版工作。年底的时候,胡风高兴地收到了出版社寄来新出的诗集,有艾青的《北方》和一本胡风精心编辑的诗歌合集《我是初来的》。不久,胡风托人又将被查禁的杜谷的《泥土的梦》原稿带回桂林南天出版社,终于编进了《七月诗丛》内。这样,《七月诗丛》第 1 辑共出版有 13 种。[①] 而他自己的《棘源草》,虽然被删节了四篇,也终于通过出版了。虽然胡风和南天出版社的同人们身处重庆和桂林两地,但他们依然同心合力,坚持着丛书的编辑出版,编辑好的书稿常常由飞机带往桂林,而带着墨香的新书又同样由桂林飞到胡风的手里。

胡风在重庆的编辑工作中,有一项颇费心力的重大计划正在稳步向前推进着,这就是路翎创作的长篇小说《财主的儿女们》。因为胡风在香港丢失了路翎的初稿,胡风现在阅读的是路翎重新写作的 50 万字的新稿。胡风以为:"它将是一部传世之作,只是还须精细加工。"[②]虽然胡风只是编辑的身份,但他对《财主的儿女们》的创作和修改所付出的热情和劳动,已经远远超出了一般编辑的责任范围,从某种意义上说,是他和路翎在共同完成了一个伟大的艺术工程。

1944 年春桂林失陷后,南天出版社也迁往重庆,胡风重印旧作,编辑新作,并终于排印了路翎的长篇小说《财主的儿女们》,使这部代表 40 年代文学最高成就的长篇力作及时与读者见面。在胡风及其社团的文学活动中,《财主的儿女们》的创作和出版无疑是具有深远意义的重大事件。

---

① 实际出版十二种,杜谷《泥土的梦》终未出版。

② 胡风:《回忆录》,《胡风全集》第 7 卷,第 608 页。

南天出版社在从桂林撤往重庆的过程中已经元气大伤，内部人员的离散，[①]内外矛盾和资金的拮据，使出版社愈来愈陷入困顿。这段时间里，主要由诗人伍禾[②]负责着南天出版社的出版发行事务，胡风给予了更直接的帮助，他们共同支撑着出版社的工作。1945 年 8 月，胡风曾写信给离开南天社的朱谷怀，告诉他南天的困难处境：

> 南社，艰难得很。在这里站脚，更是经过了一番苦斗。到现在为止，造货三四百万，但负债几十万，又有一百万左右的造本无法筹措。但目前更遇一大问题，要准备搬家，可能是上海。不搬，就只有消灭，要搬，债怎样还？到上海后哪来资本？这样大的数目，实在一时毫无办法。[③]

胡风四处筹措资金，寻找"可靠的负责人"，竭力想使南天社维持下去，但终究难以挽救。胡风后来回忆这段经历时饱含感情地说："由于它先天就不健壮，仅仅是靠几个热情的青年省下自己的学杂费投资创办的。当时连想也没有想到，它居然支持了四五年，出了十来本书，好容易在重庆站住了脚，由伍禾负责经营，还请了一位会计，一切都走上了正轨。谁知胜利的爆竹声一响，土纸印的抗战作品就很难发行了。两个工作人员不但工资，连生活费都将付不出。只好将存书分摊、

---

① 朱谷怀 1943 年到昆明西南联大读书，离开了南天社，但一直与胡风有书信来往，《希望》第 2 集第 3 期上，胡风发表了朱谷怀的诗歌《碑》。1946 年到北京大学继续读书时，朱谷怀是《泥土》社的负责人和撰稿者。

② 伍禾（1913－1968），原名胡德辉，诗人，胡风友人，曾在桂林和重庆的南天出版社工作。1956 年被划为"胡风分子"，1968 年含冤去世。

③ 胡风：《书信·致朱谷怀》（1945 年 8 月 11 日自重庆），《胡风全集》第 9 卷，第 676 页。

寄给了几位出资者，正式宣布结束。”①

南天出版社从开始创办到最后结束，胡风全程参与着出版社的工作。可以说他完全把出版社的工作当成自己分内的工作去做。除了为出版社编书，出版过程中事无巨细都会过问和关心。朱谷怀回忆说：“出版社创办初期，社内的一切具体工作都由米军一个人来承担。米军当时也是个不满二十岁的青年，热情有余，但缺乏经验。他工作很卖力，一开始要到处打听买纸，要到胡风那里拿书稿，找印刷厂排印，要校对，看清样，总是跑到满头大汗，忙得团团转。这期间胡风有时也跑到我们住处来看望我们，向米军了解工作进行情况。他每一件事情都问得很仔细，然后告诉米军怎样去进行。书稿排好了，他一定要看一次清样，最后作一次校对。付排以前又一再交代要打纸板，留纸型，以后再版便可以节省排版费。对于他经手编选的诗集或文集，从付排到印好出版，到拿到书店去代售，他事事都关心，倾注了他大量的精神和心血。而且他编辑完全是尽义务的，没有收过出版社的任何报酬。这些我们都看在眼里记在心里，对他暗暗地表示敬佩。”②因此，出版社的年轻人在看到胡风实在忙不过来的时候，也主动为他效劳，为他抄写稿件。出版社面临困难时，胡风曾亲自出面为南天充当推销员，与南天的负责人商量经费的问题，而当时一些进步青年之所以愿意拿出钱来支持南天出版社，也是由于他们崇敬胡风，喜爱七月社的作品，对南天出版的《七月诗丛》和《七月文丛》有着浓厚的兴趣和极高的评价。如此等等，说明胡风与南天已经是一种你中有我、我中有你的互相依存的关系。而朱谷怀、米军等人也正是在全力支持七月丛书的过程中与胡风的关系更加紧密，从而走进了这个文学圈子。所以，

① 胡风：《回忆录》，《胡风全集》第7卷，第636页。

② 朱谷怀：《往事历历在眼前——记我与胡风的交往》，《我与胡风》，第633－634页。

从某种程度上说，南天出版社是以出版的方式延续了七月社的文学事业。

在伍禾负责南天出版社的时候，胡风更是事无巨细地操持着出版社的工作。他曾给伍禾写长信，安排出版发行等具体事务，一个一个地解决难题，并草拟新的出版计划。胡风在信的最后补充说：

> 一、我极希望早日做到不为社的业务担心和焦虑，只专心在编辑计划上面。实际上，在编辑上，要花精力，也要忍受艰难，在我已是非常吃力了，况且还要打别的仗。如果杂志开始，①那我就更要累死了，虽然一方面也就和读者沟通了，以后将有意想外的作者在丛书里出现。二、在我，已是为社出了能出之力，即如自己的书，实际上我的生活是非得换一点钱不可的，但为了社，只好如此。但我的力量也只有如此。在经济上，我是苦得很，而且毫无活动余地，我抱的是不借债不挪用主义，相差几百元就会转不过弯来，这几天就为钱弄得家庭空气难堪之至。我决不向社里要钱，但也不能在经济上帮社一点点忙，我能做的是卖面子去拉股和不拿版税而已。②

由此可见，维持出版社的艰难程度，胡风确实是竭尽全力了。

重庆后期，胡风试图重振这个已经与自己结下深厚情谊的出版社。他在1945年8月11日给朱谷怀的信中说："总之，这个社，是抗战的大使命所产生的儿子，到现在为止，还算纯洁的，只要可能，一定

① 胡风同时正在重庆申办新杂志《希望》。

② 胡风：《书信·致伍禾》(1944年5月8—9日自重庆)，《胡风全集》第9卷，第584—585页。

要它存在，而且发展下去。但苦的是经济力，总得几百万，而我们是倒负着债务的。”[①]南天终于无法承受经济的压力，胡风也终于无力挽救南天而告结束。但是，南天社对于胡风、对于七月社和希望社所起到的作用却不会终结。胡风曾说：“不管南天的工作对新文艺是否增加进了一点什么，但它对抗日民族革命战争是尽了一份力的。”[②]这是胡风从全局意义上总结南天社的贡献。而特别针对胡风和他所领导的文学社团来讲，南天出版《七月诗丛》和《七月文丛》的意义和价值更加不可估量。这既是《七月》停刊以后，他继续经营文学事业的另一种方式，同时因为南天社的出版工作，七月社的作家作品在读者中的影响被广泛地甚至更有效地延续下来。朱谷怀也认为，南天社“出版了一批文学史上有影响的文艺作品，对中国文学上的一个流派‘七月派’的发展也起了作用。这些不能不说是南天出版社的一个功绩”[③]。

总结起来，胡风编辑出版《七月诗丛》和《七月文丛》共有四个阶段：第一阶段是 1938 年胡风认识青年出版家俞鸿模，开始启动丛书这一出版工程。他与俞鸿模创办的上海海燕书店合作，编辑出版了《七月》同人的第一套丛书，有《七月诗丛》三本：艾青的《向太阳》，胡风的《为祖国而歌》，庄涌的《突围令》；《七月文丛》五本：丘东平的《第七连》、S. M 的《闸北七十三天》，陶雄的《0404 号机》，曹白的《呼吸》，萧军的《侧面》。这是《七月》同人创作成果的第一次集中展示。

第二阶段从 1941 年到 1946 年。最重要的事件是由胡风编辑丛书而引发桂林南天出版社的创建，出版工作从桂林时期一直延续到重庆时期，集中出版了一大批诗集和文集。诗集有十三本，称为《七月诗

① 胡风：《书信・致朱谷怀》(1945 年 8 月 11 日自重庆)，《胡风全集》第 9 卷，第 676－677 页。

② 胡风：《回忆录》，《胡风全集》第 7 卷，第 636 页。

③ 朱谷怀：《往事历历在眼前——记我与胡风的交往》，《我与胡风》，第 638 页。

丛》第1辑，其中胡风的《为祖国而歌》和艾青的《向太阳》是再版，其余十一本则是新版。《七月文丛》的出版则除了由南天出版社主要承担外，还有上海生活书店、上海新新出版社、重庆希望社等共同参与了出版工作。先后出版的文丛有：胡风的《民族战争与文艺性格》①、杂文集《棘源草》、译文集《人与文学》，路翎的《饥饿的郭素娥》、《青春的祝福》、《蜗牛在荆棘上》以及长篇小说《财主的儿女们》，丘东平的《东平短篇小说集》，曹白的《呼吸》，孔厥的《追求者》，舒芜的《生活唯物论》等等，这是出版规模最大，影响也最大的一个阶段。

第三阶段是胡风1946年返沪之后到建国前，胡风再次与俞鸿模的海燕书店合作。同时，胡风依靠自己的希望出版社，扩大了出版物的范围，再版和新版了一批《诗丛》和《文丛》。胡风为俞鸿模编了一套《七月文丛》共十二本，其中有诗集四种，分别是绿原的《又是一个起点》，田间的《她也要杀人》，鲁藜的《锻炼》，庄涌的《突围令》。这一阶段编辑出版的《文集》数量更大，有阿垅的《第一击》，路翎的《求爱》，杨力(贾植芳)的《人生赋》，晋驼的《结合》，孔厥的《受苦人》，胡风的《论民族形式问题》、《逆流的日子》，舒芜的《挂剑集》等。此外，胡风开始筹措新的出版计划——《七月新丛》，但“《七月新丛》只是编者的意图而已，并未实现。只将《诗丛》已有纸型的几本先行再版了，新书就没有力量再出了”②。

第四阶段是解放以后。1951年，由泥土社出版了《七月诗丛》第2辑共六本，有绿原的《集合》，牛汉的《彩色的生活》，冀汸的《有翅膀的》，化铁的《暴雷雨岸然轰轰而至》，孙钿的《望远镜》，贺敬之的《并没

---

① 胡风选辑的《民族形式讨论集》曾在1940年由华中图书公司出版，也属于《七月文丛》的一本。

② 梅志：《〈七月诗丛〉和〈七月文丛〉的出版经过》，《文教资料简报》，南京师范学院图书馆、中文系资料室编，1982年第12期。

有冬天》。第2辑的《七月诗丛》是胡风1948年开始着手编辑的，预定编十本，结果出了六本。[①] 后来，胡风的《人环二记》等几本文学评论集也在泥土社印行了新版本。这次出版断断续续一直到1954年结束，这也是胡风自己参与编辑的最后的出版活动。

这些出版活动和出版物，自觉地发生着文学社团的聚合作用，即胡风所说的"结成了一股合成的力量"。尤其是南天社的创立意义更大，既然《七月》杂志无法办下去，胡风就利用出版的有利时机，组织社团成员以及自己看中的新人的作品出版，以这种方式来延续社团的影响并继续扩充队伍。如果将《七月诗丛》和《七月文丛》的诗人作家与七月社和后来的希望社联系起来看，会明显感觉到，出版时所选定的，大都是胡风所看重、认同、赏识并极力推崇的作家。《七月》上的发稿人范围还是很大的，而且也有来来去去的临时性，很多作家并不一定属于社团。而胡风出版《诗丛》和《文丛》，则有一定的针对性和集中性，这些作家恰恰显示了较有自觉性的社团核心，这是七月社到希望社过渡时期的产物。这种较为集中的社团成员，到希望社成立的时候，就逐渐固定下来了。而且，桂林时期大规模地推出十二位诗人的专集和一本十四位诗人的合集《我是初来的》，胡风为此写下了《四年读诗小记》，作为《我是初来的》的代序和《七月诗丛》的引言，显得出版活动颇有声势，并使人明显感觉到胡风作为特立独行的盟主人物站在了这一作家群体的最前端。文章是总结性的也是宣告式的：

> 这本选集也就是回顾的结果。本来在《七月》上出席过的诗人共有三十九位，但除开这里的十四位以外，其余的像

---

① 胡风曾计划编辑《七月诗丛》第3辑，鲁藜的诗集《星的歌》曾被列入第3辑中，但第3辑终未出版，《星的歌》于1952年由上海新文艺出版社出版。

邹荻帆，田间，艾青，天蓝，庄涌，孙钿，鲁藜，S. M，彭燕郊，冀汸，杜谷，已各有专集，像苏金伞，袁勃，方然，AS，杨云琏，艾烽，史轮，蓬麦哲，倪受乾，芸，丹辉，方冰，或者因为他们正在创作上活跃，已有或将有更大的发展，那时候的作品只不过是一个开端，或者因为他们的作品在当时虽然能和读者相应，但经过时间的冲洗和诗本身的成长，因而光彩渐淡，所以都不录。

计算一下，在这三十九位诗人里面，十之八九都是第一次和读者相见的。这也就替我们的"成见"作了证明。为了"成见"，我们不得不在茫茫人海里面向未知的友人们冒昧地伸出手来。这在文艺刊物辈出、成名作家应付不来的今天，固然不足为奇，但在当时，这"成见"是得用忍受不少的误解和责难做代价的。

即如这选集里的十四位，除了我们的日本友人鹿地亘以外，就都是初来的，至少在诗上是初来的。……他们只是被一种生活战斗的欲求驱使着唱出了歌声，发自肉体的胸脯的活人的歌声。由于他们和若干位坚强不息的先行者，在一个困难的期间，新诗保持住了健康的色泽：鉴往知来，这是我终于再编印了诗丛，并选集了这一本的原因。

……如果诗的生命是人生战斗的凝晶，那么，这些从生活深处发出的初来者的歌声，他们的诚实，他们的质朴，他们的粗犷，也许正值得诗人们一顾；这也是我终于选集了这一本的又一个原因。

……从这一本，我们就可以感到人民的觉醒状态和觉醒方向，也可以感到诗的风格是怎样地现出了不同的形容。对于丰富的时代，这些也许还不过是微弱的记录吧，但总算是有了记录，这也是我终于选集了这一本的又一个原因。

就这样地，我冒昧地邀请这些诗人同席了。①

胡风总结了前期的《七月》，淘洗出自己更为认同的诗人，列入丛书出版当中。而合集《我是初来的》，则是胡风依据自己一贯选择作品的质量标准，在茫茫人海中择选出的文学新人。他们的加盟，使这一文学队伍充满了生机。如果说胡风在编辑《七月》时，由于论作品不论名气已经得罪了不少人，这次出版丛书依然故我，并且在引言中反复强调自己的态度和做法，在邀请"这些诗人同席"的时候，更为明确地排除了"异己"力量。这一切，似乎带有一种自觉的宣告意味，宣告一个社团或者流派作为文人集团的正式的存在；而从此，关于胡风"闹独立"、"搞小集团"、"搞宗派活动"等等说法，愈加弥漫文坛。

三、《希望》和希望出版社

1. 重庆时期

1943 年 3 月胡风离开桂林再返重庆后，在继续为南天出版社编书的同时，他的心思还在办刊物上。为此，他积极与重庆的各方人士见面交往，时时刻刻准备复活自己的刊物。此时的重庆，又成了国统区文化人的集中地，胡风的交往大概有以下几个方面。

首先，见到了一批文坛旧友，茅盾、冯乃超、郑伯奇、老舍、陈白尘、乔冠华、陈家康、鹿地亘等，冯乃超为他约见了周恩来，为胡风在重庆

① 胡风：《四年读诗小记》，《胡风全集》第 3 卷，第 64—66 页。

的工作取得了党的指导和支持。而和乔冠华、陈家康的交谈则更为投机，他们在文坛整风和批判教条主义问题上达成共识，彼此引为知己。

同时，胡风还在冯乃超的安排下，拜会了冯玉祥、张道藩、潘公展等国民党要员，甚至与蒋介石也进行了两三分钟的会面。胡风特别重视潘公展，因为潘控制着办刊物的登记证，当初《七月》的登记证就是国民党吊销的。与潘见面时，胡风请他发还《七月》的登记证，潘公展表示，按规定不能发还原证，需要重新登记注册刊物。后来胡风为筹办刊物和出书，又不止一次受到潘的刁难，每一件事情，都是在胡风的据理力争当中艰苦完成的。

最重要的，胡风此时又和自己最亲密的同道伙友密切来往了。他见到了分别六七年的冯雪峰。雪峰对他编辑的《七月诗丛》大加赞赏，给予很高的评价，大大鼓舞了胡风。路翎、阿垅、何剑熏、庄涌分别来看胡风。阿垅不久又介绍来一位十七八岁的文学青年，他就是后来笔名叫"化铁"的诗人。有了这次引见，化铁后来成为希望社的最优秀的诗人之一。胡风又带阿垅和路翎去看望病中的卢鸿基，使这些他所赏识的作家相互建立了诚挚的友情，后来一直保持着联系。可以看出，胡风的这些交往活动，为其后创办刊物建立社团，做了必要的人员准备和舆论铺垫。

但是真正要使刊物再次启动，依然是困难重重，官方有了新的规定，申办刊物必须交付三万元的保证金，筹到这三万元对于穷文人胡风来说比登天还难。万般无奈之际，周恩来知道了胡风的困难，他立刻开出三万元的支票，替胡风支付了这笔保证金，有力地支持了胡风，成全他办刊的愿望。保证金解决了，胡风将刊名定为《朝花》，进行重新登记，反复催促下还是被批"缓出"。胡风心中气愤，但还是不得不耐心与潘公展和社会局周旋争取。终于，刊物重新登记了，并更名为《希望》。胡风回忆说，当初用《朝花》这一刊名时，"因为当时对前途还是抱有乐观的，愿意从此能有一种新气象。现在，碰了多次壁，就只剩下了希望。记得希腊神话中说，潘多拉的盒子揭开后，各种祸害都飞出来了，赶快盖上时，只有‘希望’还来不及飞走，还有那胆小的‘幻想’躲在角落里。现在决定用‘希望’为名，表示我们只留下了‘希望’和‘幻想’”①。可见胡风在这场奔走中所经受的辛酸难过，它似乎也预示了《希望》这个难产的刊物以后将要遇到的种种磨难。胡风为此既兴奋又感慨万端。他曾在 1944 年 5 月创作一首“《希望》获准送审出版”，表达了这种艰辛曲折的感受和万难不摧的坚强意志：

又向荒崖寻火粒，
荆蓁凝露不胜寒。
大千孽浪连方寸，
极目云天夜未阑。②

得知《希望》获准送审出版，到胡风真正拿到《希望》登记证，期间又拖了近两个月。无论如何，胡风终于又可以编刊物了。回顾走过来的路程，胡风自己也调侃说：“如果我们向读者诉说这个小刊产生的经过，就不免会弄到像小蚂蚁发表冒险记一样的可笑。”“不过，因为是小蚁，虽然微小得也迟缓得在大力者的眼前等于乌有，但因此也就不是腾空而过，非得用自己的微末的身躯一分一分地在小沟里面爬行，而且和小沟里所有的一切打遭遇战不可。那么在小蚁们，虽然是微小的，但却也能够有自己的悲喜和艰辛了。”③

几乎是同时，同样经历了多次送审周折的《财主的儿女们》书稿，

---

① 胡风：《回忆录》，《胡风全集》第 7 卷，第 606 页。
② 《胡风全集》第 1 卷，第 458 页。
③ 胡风：《编后记》，《希望》第 1 集第 1 期(1945 年 1 月)。

也已经通过发回了。胡风拿到《财主的儿女们》的原稿和《希望》登记证的时候，高兴的心情难以言表。这是胡风苦难人生当中少有的“双喜临门”啊！

《希望》第1期的出版，已经到了1945年的元月。编辑《希望》第1期时，胡风身边最为得力的同人助手是阿垅和路翎，他们一起商讨编辑计划，并拿出了他们最优秀的作品。成为《希望》首期主打的作品有胡风的《置身在民主的斗争里面》，阿垅的诗论《箭头指向——》，路翎的小说《罗大斗的一生》和舒芜的长篇哲学论文《论主观》。刊物刊载了一组小说，一组诗歌，还有一组杂文和一组书评。比之《七月》，《希望》选稿的范围扩大了，篇幅也大大加长了，内容也更为丰富和厚重，更带有综合的性质。但胡风办刊的宗旨不变，那就是《希望》与现实斗争的密切关系，它将一如既往地以文艺服务于民族的解放事业和民众灵魂的改造事业。并且，《希望》继续贯彻着《七月》在编辑上的思想方针，胡风依然坚持：“我的目的就是愿在众多的读者来稿中选出有新的思想新的活力的新人的作品。”①回忆《七月》第1期的编辑时，胡风说：“采用的多半是年轻人甚至新人的作品，这在一般的编辑是不肯干的。如果它不能受到读者的欢迎，恐怕出版社不干的，但我还是要走这条路，文艺界实在太需要新鲜血液了。它不是多了，而是太少了。”②胡风一贯不青睐名人，所以他的刊物常常会在文艺界圈子里遇到某些阻力，但却格外受读者的欢迎。读者如同看到了久违的《七月》，对《希望》的出版表现出空前的热情，创刊号很快就销售一空，极大地鼓舞了编者和作者。从这些方面来看，可以说，《希望》是《七月》的复活。

胡风是在农历1944年的除夕，拿到《希望》样书的。胡风感慨万

---

① 胡风：《回忆录》，《胡风全集》第7卷，第626页。

② 胡风：《回忆录》，《胡风全集》第7卷，第619页。

千:“新的一年到了。使我感到高兴的是,不但结束了为办登记证奔波的苦役,也结束了为出版到处求人的难堪,终于如愿以偿,看到了我所希望的《希望》了。望着除夕取回的样书,封面上的《麦哲伦通过海峡》,对我诉说着麦哲伦的艰辛,也使我回味着我通过的重重难关。感谢所亚兄在设计封面时将那盏灯套了红颜色,希望这盏灯也能给我们带来前途的光明。”①

复活的《希望》并不如胡风和他的同人们所期望从此会有光明的前途,虽然《希望》创刊号受到读者热情的欢迎,在昆明竟然出现了排队买《希望》的盛况,刊物很快销售一空。但是,在文坛圈子里,却因为胡风的《置身在民主的斗争里面》和舒芜的《论主观》两篇文章引起轩然大波。1945 年 1 月 14 日,在冯乃超主持召开的文艺座谈会上,茅盾、以群等作家、理论家对《论主观》提出尖锐的批评。其后,周恩来召集茅盾、以群、冯乃超、冯雪峰以及徐冰、乔冠华、陈家康、胡绳等开会讨论《论主观》。其实会上主要质疑的是胡风在《置身在民主的斗争里面》中提出的“客观主义”问题,文坛特别是领导层、逐渐将批评的矛头集中到胡风身上。但胡风没有意识到问题的严重性,对理论问题,胡风从来都是很自信的。此时真正令他头疼的是因为《希望》所发表的文章引起的批评以及其他一些对胡风的诋毁,使得《希望》的出版商金长佑迟疑起来,不想继续与胡风合作。《希望》从第 2 期开始脱期,到第 3 期金长佑竟然提出不愿再出下去。看着《希望》出版这样不顺利,胡风一面气恼着“宗派主义的谋害”,一面努力周旋苦苦维持,在重庆的五十年代出版社出到第 3 期后终止了出版关系。胡风只好为第 4 期另谋出路。在日本投降大约两周左右,胡风就编好了稿子,但“因为没有印的资金和其他原因,压下了”。后来有了“朋友募的,读者寄的”

---

① 胡风:《回忆录》,《胡风全集》第 7 卷,第 622 页。

资金，[①]于是在1946年年底，第4期由《大公报》承印，三联书店重庆分店发行。这期以庆祝抗战胜利为主要内容的《希望》终于同读者见面了。这样，重庆出版的《希望》共4期，合为第1集。

《希望》第1集出版后恰逢抗战胜利，在毛泽东的重庆谈判结束后，集中在重庆的文化人开始各自寻找自己新的工作岗位，胡风和一批离沪文人此时都准备返沪。胡风在自己动身之前，就已经委托邹荻帆将《希望》第1、2期的纸型和计划在上海重版的《希望》封面交给上海的俞鸿模，希望俞鸿模能在上海再版发行《希望》，算是胡风"离上海八年后给上海读者的见面礼"[②]。

《希望》第1集第4期上的《编后记》，是胡风对重庆时期的《希望》也是对自己抗战八年以来编辑工作的一个总结。胡风充满感情地说：

> 总之，在八年来的战争当中，说来惭愧，我们没有上过火线，只是在这纸笔间混过了。但我们也算经过了小小的艰辛，付出了小小的劳力，是功是罪，只好听任月旦家和读者的判断，"胜利勋章"之类是不敢也从来没有想过的。现在战争过去了，又将转到新的一年，我们又要移到上海去开始过"非"战时的生活，这就不能不说是走完了一个终点又走上了一个起点，如像我们的诗人所唱的。那么，让我们向死别者致敬，对生离者怀念，向能够传递到声息的友人们和读者们祝一声"珍重"罢。[③]

---

①③　胡风：《编后记》，《希望》第1集第4期（1946年1月）。

②　胡风：《回忆录》，《胡风全集》第7卷，第635页。

2. 上海时期

1946 年 2 月 25 日，胡风举家离开重庆回到阔别八年的上海。上海经过战争的劫难已今非昔比、满目荒凉，但随着流亡的文化人纷纷返沪，这个现代文化的中心地也在逐渐恢复。胡风很快找到老朋友俞鸿模。这位老朋友经过战乱和牢狱生活的磨难，身体已经非常衰弱，但他热爱文学热爱出版的初衷未改，委托给他的《希望》已经全部再版发行。胡风开始着手编辑《希望》第 2 集第 1 期，并且与上海的中国文化投资公司签订出版合同，发行人为胡国城经理，出版和发行完全由投资公司负责办理，每月按期编印发行一本。

刚刚回到上海，与作者还没有建立起联络关系，出版社催稿又紧，胡风只好从随身保存的旧稿中整理出一些可用的，继续以路翎的小说、阿垅的诗论和舒芜的论文为主打。第 1 期继续用了几篇表现“抗战时期的人民生活变革和精神状态”的作品。胡风以为，抗战胜利以后发表这样的作品依然是有意义的。“抗战时期的社会性格现在还并没有成为过去”，“读者决不会那么健忘，那么只顾当天的赏心乐事的”①。胡风以自己的行动反驳了那种抗战文学过时的观点。

为了这一期，胡风自己赶写了一篇《上海是一个海》，封面用了鲁迅非常喜欢和推崇的珂勒惠支的铜刻《织工》第 4 幅。新一期的编辑出版还算圆满，胡风在回到上海后又一次享受到奋斗而成功的喜悦。

战后的上海文化环境和读者群比较复杂，要使刊物继续生存下去，依然是一项无比艰苦的工作。这时候，胡风“连一个助编都没有，全靠过去《七月》的投稿者和今后的投稿者，要编出一本像样的，有血有肉的，而又掌握住大方向的刊物，实非易事”②。好在重庆的朋友在

① 胡风:《编后记》,《希望》第 2 集第 1 期(1946 年 5 月 4 日)。
② 胡风:《回忆录》,《胡风全集》第 7 卷,第 656 页。

陆续返回，原来的社团同人们或者见面，或者通信，也开始建立起新的较为稳定的联系。见到冯乃超时胡风非常高兴，有这位老友的领导，胡风心里踏实了许多。贾植芳在得到胡风回上海的消息后，从徐州来沪投奔胡风，冀汸和芦甸也辗转来到上海与胡风见面，而与阿垅和舒芜等同人则有频繁的书信来往，他们都是希望社的核心撰稿人。这一切，都保证了胡风其后的编辑工作可以得到更多更有力的支持。《希望》第2集的2、3、4期就顶着困难一路坚持编辑和出版了。

因为内战的全面爆发，国民党对进步的出版公司愈发刁难，明里暗里设置障碍，中国文化投资公司在营业上发生了很大的困难，第4期已经脱期不说，继续出版也是不可能了。胡风已经预料到《希望》以后的命运，他在第2集第4期的《编后记》里情绪黯然地对读者说："不得不告诉读者，这期以后能否接着按期出版，现在还不能确定。如果有变动，当在预留着的地位上登一启示。生命无论贵贱，总希望能继续，工作无论大小，也总希望能支持，这心情，我们和读者诸君是一致的。只要现在大放特放的炮弹两个顶多三个的价钱，就可以出版一本《希望》，但难就难在我们连这一点力量都没有，难就难在愿意拿出这么一点力量用在文化工作上的人都不容易有。"①

《希望》在重庆、上海两地共出了2集8期，于1946年10月停刊。胡风转而在他另行成立的作为出版社的"希望社"上投注着新的"希望"。正如胡风对朱谷怀描绘的自己："不知在什么时候跌倒，也不知会跌倒在什么地方。"②从《七月》杂志社、南天出版社再到《希望》杂志社，从上海、武汉到重庆，从重庆到香港、桂林、再到重庆，而后又从重庆回到上海，随着战火的迁延，国土的沦陷，胡风在不断地流亡，在流

① 胡风：《编后记》，《希望》第2集第4期(1946年10月18日)。
② 朱谷怀：《往事历历在眼前——记我与胡风的交往》，《我与胡风》，第636页。

亡中坚持刊物和出版，时局变换中胡风完全没有安全感，刊物随时可能被迫停掉，连自己的生命也随时随地有牺牲的危险。所以，胡风也总是随时随地为自己的事业留着备份，一方面努力保持与同人朋友们的联络关系，而且随身携带着宝贵的稿件；另一方面，尽量同时运作刊物和书籍出版，或者在预感到停办的危险时，就及早准备启动新的出版社，以使自己的事业尽可能地不被间断。早在1945年底，南天出版社终业时，胡风已经开始筹划希望社了，无论时局发展如何，都做着“最坏方面的打算”，“设想在国民党统治下面打几年‘疲劳战’”，而要打好“疲劳战”，又不能不依靠商业性的书店，况且当时办刊物登记证难度太大，而出版社则简便得多了，于是，在南天出版社结束的同时，胡风就开始用希望社的名义进行募股准备。1946年回到上海后，一边编辑出版《希望》杂志，一边以希望社的名义继续出书，《财主的儿女们》第2部即由希望社出版，这是胡风独立从事出版工作的开始。

《希望》终刊后，胡风将全部精力投注到希望出版社上。一贯擅长编辑文学刊物的胡风，此时自己操刀经营出版社，因为没有钱请专人，只得让自己的夫人梅志任希望社的总务兼会计。曾经支持过《希望》的文化投资公司的胡国城经理，答应代为付印出书，而在出版业务方面的许多事情，就向出版专家俞鸿模请教。此时俞鸿模也正重整旗鼓再次开办自己的海燕书店，胡风为他又编一套《七月文丛》，并为《文丛》的出版代拟宣传广告。二人在上海住得也很近，往来更加频繁，从前的愉快交往加上这次新的合作，胡风和俞鸿模“已经不是作者和出版者的简单关系了”，他们是亲密的志同道合的朋友。在朋友们的指点支持下，胡风一面自己出版，一面为俞鸿模的海燕书店以及其他一些出版社提供书稿，从《希望》终刊一直到建国前后，出版物做得颇为兴隆，持续和扩大着《七月》和《希望》的社会影响。

希望出版社前后出版和再版的七月社和希望社作家的一批诗集

文集，有阿垅的《第一击》，胡风的《为祖国而歌》，鲁藜的《锻炼》，东平的《第七连》，曹白的《呼吸》，孙钿的《旗》，田间的《给战斗者》，绿原的《又是一个起点》，牛汉的《血的流域》等作品，还有胡风自己的评论集《逆流的日子》、《论民族形式问题》、《论现实主义的路》，吕荧的翻译作品《欧根·奥涅金》等。特别是路翎的小说长卷《财主的儿女们》的出版，更成为希望出版社最重要的收获。同时期，上海春明书店则开始出版自选的《胡风文集》。通过这些出版，胡风对此前社团的文学战绩进行了全面的检阅和总结。在这期间，因为胡风的编辑出版活动和胡风文艺思想引起的文坛争论，也使胡风自身的社会影响力更为扩大，路翎、阿垅、舒芜、贾植芳、孙钿、化铁、方然、吕荧等纷纷来沪。他们的频繁相会，增强了社团成员之间的凝聚力，也增强了文艺论争中的抗击力，一个后来被视为带有政治性质和宗派气味的文人团体渐渐形成了。

1948 年 12 月 9 日，因为解放战争引起上海局势恶化，胡风处境危险，他留下为答复香港友人的批判而写就的长文《论现实主义的路》，委托梅志付印出版，自己则只身离开上海前往香港。

四、《七月》到《希望》——社团队伍的分化与重组

1.《七月》旧同人的离散和新成员的加盟

从 1938 年武汉沦陷《七月》停刊的前后开始，集中于武汉的七月社同人开始四处离散。“曹白在上海的敌人包围圈里工作，东平却随

着新四军先遣支队迂回到南京附近和敌人搏战去了。”[1]艾青、田间、萧军夫妇、聂绀弩和端木蕻良前往山西临汾的“民族革命大学”任教，胡风一个人在武汉苦撑《七月》至7月停刊。其后，胡风撤离武汉到达重庆。1939年7月，《七月》在重庆再度复刊时，它的核心撰稿人已经分散各地，但他们依然以《七月》为中心，以来信来稿的方式支持这本他们钟爱的文学刊物，胡风以《七月》为旗帜，统领着自己的文学队伍。除了用特有的《七月明信片》栏目与作者读者保持联络外，重庆时期的《七月》开设了另一个小栏目《这一期》，目的就在于向读者传送关于作者近期行踪和创作状况的信息。譬如：

> 艾青——在桂林编《广西日报》副刊《南方》，诗集《北方》自费出版了。最近与戴望舒合编一个叫做《顶点》的诗月刊，预定六月中出版。
>
> 曹白——去年夏天就参加了XX一带的游击工作，在敌人中间转来转去，直到现在。
>
> 萧军——在成都编《新民报》复刊《新民座谈》，并负责文协成都分会的出版部；《侧面》全部，已经写完了。
>
> 田间——随西北战地服务团到晋察冀边区去了一次，好像已经回到延安一带了。[2]

虽然七月社同人在形式上已经分散了，但他们在精神上还是凝聚在一起，他们依然把最新的作品投递到胡风手中，发表在《七月》上面。所以，《七月》最初的同人们，依然是此时支撑刊物的主要力量，从刊物

---

① 胡风：《七月明信片》，《七月》第3集第5期(1938年7月1日)。
② 胡风：《这一期》：《七月》第4集第1期(1939年7月1日)。

版面来看，他们的创作依然占有主要位置。

而另一方面，在胡风有意识的发现和栽培下，一批新近出现的文学青年也在此时的《七月》上茁壮成长起来。这其中，有些作者如S.M(阿垅)、邹荻帆、贾植芳、庄涌、孙钿、天蓝、侯唯动、黄既(黄树则)等，已经在前期的《七月》中崭露头角，这时逐渐走入七月社的主力阵营中；另一部分则是胡风刚刚发现的文学新秀，如路翎、吕荧、冀汸、化铁、鲁藜、彭燕郊、杜谷等，也开始有了不俗的表现。特别是路翎的出现，为七月社和以后希望社在小说创作方面成就的取得，有着决定性的作用。由此可以看出，重庆时期的《七月》，是社团阵容最为强大的时期，也可以说，是社团成员新旧交替的过渡期。

1941 年皖南事变到《七月》的最终停刊，是社团队伍真正分化重组的开始。这不仅表现在作家因战争形势的变化而四散离走，更重要的是最初的七月社核心成员大都渐渐淡出了七月社这个文学团体，各自选择了新的发展路向，在胡风创刊《希望》的时候，最初的核心撰稿人所剩无几。胡风所看重的丘东平已经牺牲在抗日疆场。艾青在抗战前期的漂泊路线是：武汉－山西－武汉－桂林－重庆。这期间，艾青写下了他在文学史上最富盛名的一系列诗歌。在此期间，艾青与胡风和《七月》一直保持着较为密切的关系，他的很大部分的优秀作品乃至经典之作，比如《太阳》组诗和《北方》组诗，都是发表在《七月》杂志上。艾青艺术道路的调整乃至人生道路的改变，是从 1941 年开始。他几经曲折到达延安，投身到共产党领导的革命事业当中，在自我改造和对政治召唤的依从中，走上了全新的艺术征程。于是艾青在脱离了国统区的生活环境的时候，也脱离了七月社这样的文学社团。田间在 1938 年与艾青等人同赴山西后参加了丁玲任团长的西北战地服务团，并随团到延安，同年底到达晋察冀，成为晋察冀诗人群的核心诗人。20 世纪 40 年代以后，田间的诗风也明显开始转变，和胡风也逐渐失去了联系。萧红、萧军和端木蕻良这几位东北流亡的作家，则在生活和情感的困境中四处奔波。萧军 1938 年 3 月开始只身一人渡黄河，途经延安、西安、兰州等地，几经颠沛，于 1940 年 6 月再次到延安，从此也开始了他的挨批的生涯。萧红 1938 年与萧军分手后，与端木蕻良一同辗转武汉、重庆，1940 年来到香港，1941 年初病故于香港。

吴奚如、彭柏山、曹白这几位《七月》早期的主力叙事文学家，一直是在南征北战的军旅生活中兼顾写作的。30 年代末到 40 年代初，紧张的部队征战生活和繁忙的革命事务，使他们提笔写作的时间愈来愈少，《七月》停刊后，他们基本上离开了这块他们喜爱的文学园地，到再次拿起笔来，已经是战争结束以后的事情了。实际上，《七月》在上海时期和武汉时期的第一批诗人作家，有些因为胡风和《七月》的机缘，从此走上了职业文学家的道路，而还有不少人仅仅是文学爱好者，都是在特定环境中、在《七月》主编的发现中曾经与文学有过短期的遭遇。比如胡兰畦，曾在《七月》发表一篇特写《我的枪……》，她是大革命时期的汉口市党部妇女部长，是一位出色的女革命家；比如黄既，他的《严玉邦》、《银地上》等抗战小说在早期的《七月》占有很重要的位置，是很有分量的一位小说家，但他的主业是一名医生，曾先后担任第一野战军卫生部副部长、党中央直属机关卫生处处长，主要从事医生和卫生部门的领导工作。对于这些作者来讲，与《七月》的文学缘，成为他们人生道路上有意义的值得记忆的一段经历。还有一些作家，如钟瑄、苏金伞、蓬麦哲、杨云琏等，也是仅仅在《七月》上发表了一首诗，但在这个著名的文学社团的历史上也留下了永久的印记，但谁也不会料到，可能是这一首诗，也给一些人带来了后半生的人生苦难。

在《七月》停刊到《希望》创刊的三四年间，是这个文人团体从分化到重组的过渡时期。胡风在桂林、重庆两地的南天出版社出版《七月诗丛》和《七月文丛》，可以视为对旧的社团成就的总结。我们看到，被邀请编集的新旧诗人作家有国统区的和解放区的两部分，基本上集中了《七月》的核心撰稿人。即使《七月》的初期同人后来陆续淡出这个社团圈子，但胡风陆续为东平、曹白、萧军、艾青、田间等人编辑出版诗集和文集，说明了他们对七月社的重要贡献和不可动摇的核心地位。而胡风积极为一批在《七月》上崭露头角的新作家编辑出版诗集文集，并且积极联络和支持《诗垦地》与平原诗社作家群，这些，都为新的社团的建立作了铺垫和准备。事实证明，《希望》社的核心成员正是这一批诗人作家构成的。他们是路翎、S. M.（阿垅）、孙钿、鲁藜、贾植芳、邹荻帆、冀汸、方然、化铁、绿原和理论家舒芜、吕荧、耿庸等人。

2. 从《七月》走向《希望》的社团成员

路翎（1923—1994，原名徐嗣兴，曾署名冰菱、余林等）是胡风发现的，也是在胡风培养下成长起来的。路翎是《七月》忠实的读者，对编者胡风满怀着敬仰与崇拜。1939 年 4 月，这个年仅 17 岁的敏感而自信的年轻人按捺不住自己对文学的热爱，他鼓起勇气向《七月》投稿，并写信给胡风。路翎最早投稿的长诗《妈妈的苦难》并没有发表，但他得到了胡风的鼓励和教诲。紧接着，路翎的短篇小说《“要塞”退出以后》被胡风采用，刊登于 1940 年 5 月出版的《七月》“新作家五人小说集”中，这是路翎在《七月》的起步。

胡风曾回忆他和路翎在 1940 年第一次见面的情景：胡风有点吃惊，“还是一个不到二十岁的小青年，很腼腆地站在我的面前”。“他年轻、纯朴，对生活极敏感，能深入地理解生活中的人物，所以谈起来很生动。这是一个有着文学天赋的难得的青年，如果多读一些好书，接受好的教育，是能够成为一个大作家的”[1]。这番感受和认识出自一面

① 胡风：《回忆录》，《胡风全集》第 7 卷，第 474 页。

之交，不能不说胡风有过人的敏锐，同时也看出路翎的作品和谈吐确实带给胡风相当的震动。胡风在《〈财主的儿女们〉序》中写道："《财主的儿女们》是一首青春的诗，在这首诗里面，激荡着时代的欢乐和痛苦，人民的潜力和追求，青年作家自己的痛哭和高歌！"[①]路翎在年仅17岁的时候就动手写这部异乎寻常的长篇巨著，他的一切出色表现，使后来更多的人不得不承认这位年少的歌者有着天才的嗓音。

可想而知，路翎的"老成"，路翎对生活的"敏感"和"深入理解"，路翎的"文学天赋"，一定是在他最早的作品中已经隐约流露出来了。以胡风的眼光，他所中意的不是小说形式的周到完美，而是跃动在其中的焦燥不安的、纠结着矛盾痛苦的灵魂。路翎写信告诉胡风："我在这'地方'很苦痛，我在夜里面写，我写几乎人家不认识的字，而且，我时常恐惧着我背后有一个影子……。我很'丑'，但是我愿意把我的灵魂挖出来……我希望同情。"[②]路翎的个性敏感、忧郁而倔强，这与他的身世与成长环境有关。他两岁时父亲去世，继父承担着养育路翎的责任。他常常"愤怒、暴躁和慨叹"，使路翎幼小的心灵承受过重的精神负担。他曾对胡风倾诉说："我简直一点也不愿意提起这些，在小学的时候，我就有绰号叫'拖油瓶'，我底童年是在压抑、神经质、对世界的不可解的爱和憎恨里度过的，匆匆地度过的。我在心理和生理上都很早熟，悲哀是那么不可分解地压着我底少年时代，压着我底恋爱，我现在二十岁。"[③]路翎的求学之路也是充满坎坷，小学留级，报考中央大学附中未被录取，在南京上高中二年级时，又被学校开除。年仅16岁的路翎就永远离开了学校，流亡到重庆。不能完成系统的学校教育和读书训练，毕竟造成路翎文学道路上的一些阻碍，以致局限了路翎文学

① 胡风：《青春的诗》，《胡风全集》第3卷，第268页。

② 晓风编：《胡风路翎文学书简》，安徽文艺出版社1994年版，第2页。

③ 晓风编：《胡风路翎文学书简》，第9页。

天才的充分发挥，甚至因学历的影响，路翎在就业问题上也是障碍重重。不到20岁的时候，路翎又遭受了失恋的打击，很长时间不能从痛苦中解脱。等等。路翎总是生活在和周遭环境的艰难对抗中，他在“寂寞”“孤独”之中与环境抗争着。也与自己的灵魂抗争着。这一点，在崇尚“主观战斗精神”的胡风看来，才是最重要的，这就是天才的基本素质。

不同寻常的出身背景和生活经历，造就着一个人的性格，能够感受着生活，搏击着生活，而且有将内心的情感激流倾吐出来的强烈愿望，路翎走上文学道路有他的必然。而且路翎有幸遇上了胡风，胡风鼓励路翎坚持写下去。他介绍路翎到重庆草街子育才学校当“学友”，以便于学到一些艺术知识。他不断地让路翎多读好书以充实自己，他甚至就一篇小说反复多次向路翎提出修改意见，进行耐心细致的引导。路翎很迷恋同胡风的谈话，他们的谈话常常是很热烈的，胡风的文学见解启发着路翎，不断流露的一种赏识之情也鼓舞了路翎。胡风由衷地说：“可喜的是他的理解力那么的敏锐，他加以修改后的作品都是将我的意见真正通过自己的大脑思索后再创作的，是日臻完善的整体，并没有修改得支离破碎。我对他的作品一直都很满意。”[①]于是，后期的《七月》上，胡风几乎期期都刊载路翎的小说作品，二人由此建立起长久深厚的友谊。胡风的栽培，使路翎向文学王国飞跃的希望得以一步步实现。《希望》创刊号上，路翎的优秀小说《罗大斗的一生》占据小说栏目的头条。同期，路翎还以另一笔名冰菱，发表了两篇书评。此后的《希望》杂志，也是几乎每一期都可以见到路翎或署名冰菱的作品。毫无疑问，路翎是《希望》社的第一号主力作家，尤其支撑着《希望》时期的小说创作。

---

① 胡风：《回忆录》，《胡风全集》第7卷，第475页。

路翎像“太阳一样地发射光芒”①，路翎的文学成就吸引了众多青年人的目光，“在那光明与黑暗决战的年代，就有这么一批中学生，‘从书本上认识了路翎’，把路翎的长篇小说《财主底儿女们》与罗曼·罗兰的《约翰·克里斯朵夫》相提并论”。他们“用滚烫的年轻的心，去接近和理解书中主人公，和他们一起经历痛苦，经历奋斗，经历折磨，经历流浪，经历创造和再生”②。而对于文学青年来讲，他们在路翎的创作中领略到了鲁迅文学精神的传承，同时也理解了胡风文艺思想的真正涵义。1947 年 6 月欧阳庄在写给路翎的信中热情洋溢地说：

> 路翎先生，你底火辣辣的热情，你底充沛的生命力，你底精神世界的追求力，拥抱力，惊人底震撼了求进步的青年人的心。……我们不得不承认你的天才，我们相信了“元气淋漓，长江大河似的生命的突击”的你底才能！……路翎先生，我们在说你“是几十年才能出现的一个‘妖精’！”③

欧阳庄对路翎的推崇应该是代表了一批路翎的忠实的读者和崇拜者。

路翎对《七月》、《希望》等文学社团的重要贡献，路翎与胡风不同寻常的战友情谊，以及路翎对社团其他文学青年的巨大影响，都使他在以后的反胡风运动中，当然地成为胡风集团中首选的“骨干分子”。

阿垅（1907—1967，原名陈守梅，曾署名 S. M、圣门、亦门等）是《七月》上最活跃的报告文学家之一。他在抗战爆发后，以军人的身份一边投入战斗，一边将亲历的战斗生活写成报告文学投寄给胡风。抗战

① 欧阳庄：《给路翎的信》，张业松编《路翎印象》，学林出版社 1997 年版，第 34 页。
② 罗飞：《悼路翎》，《黄河文学》1994 年第 3 期。
③ 欧阳庄：《给路翎的信》，张业松编《路翎印象》，第 35—36 页。

初期非常有影响的《闸北打了起来》、《从攻击到防御》、《斜交遭遇战》等报告文学，就是在《七月》上连载发表的。与胡风有了几次通信投稿后，阿垅来到武汉见到了胡风，“他那真诚坦白言语不多的性格和作品一样得到了胡风的好感和信任”①。胡风介绍阿垅认识了吴奚如。在吴奚如帮助下，他在1939年辗转进入延安抗大学习。一次野战演习中眼球受伤，在西安疗伤后因为交通封锁无法再回延安，阿垅又考入重庆国民党的陆军大学，毕业后任战术教官，从此不能再上前线。于是，他把主要精力都投入到文学上来，与胡风的见面、通信和稿件往来非常频繁。说起来，阿垅也算是最早的《七月》作家，与其他初期同人不同的是，他从来没有脱离这个以胡风为中心的文学阵营，而是愈到后来，联系愈是紧密，从《七月》到《希望》，乃至其他相关的小社团——《诗垦地》、《平原》、《呼吸》、《荒鸡小鸡》等，都有阿垅活动的身影。除了早期的报告文学，阿垅的文学成就还体现在诗歌和理论批评方面。他真正是一位创作、理论的多面手，特别是他的独树一帜的诗论，非常得胡风的赏识，认为“现在以及将来的诗论应该而且一定能够从他的劳动成果中汲取到从别人汲取不到的经验和教训。”②在作为理论批评方面的社团贡献来说，阿垅具有不同寻常的地位，可以说他的理论成就仅次于胡风。从1941年开始，阿垅在重庆、成都住了6年。这6年就是他诗歌和诗论写作的丰收期，许多作品都发表在《希望》以及相关的文学杂志上。胡风曾为阿垅编辑了《闸北七十三天》和《第一击》，这也是《七月文丛》中最早出版的报告文学集。阿垅的诗集《无弦琴》，则被胡风编入《七月诗丛》第1辑。阿垅的系列诗论是在解放以后才陆续出版，其中的精彩部分在解放前主要发表在《希望》上，由此可见阿

① 晓风：《胡风和〈七月〉、〈希望〉撰稿者》(三)，《新文学史料》1994年第2期。
② 胡风：《我的悼念》，《胡风全集》第7卷，第136页。

垅在希望社的重要位置和特殊贡献。这也使他当然成为后来“胡风集团”的“骨干分子”。

孙钿、贾植芳、吕荧、鲁藜、邹荻帆、冀汸、方然、孔厥等几个，是胡风在《七月》时期就发现的文学新人，他们也一直追随着胡风从《七月》走到《希望》。

孙钿（1917—，原名郁文源）和七月社很多文学青年一样，是在“两个口号”的论争中注目到胡风，而且坚定地站在鲁迅和胡风一边。孙钿1934年流亡日本，抗战后回到上海，不久就参加了新四军，并开始给武汉的《七月》投稿。胡风知道他是一位打游击的“战士诗人”，也欣赏他带着战斗生活实感的诗歌。武汉撤退前孙钿与胡风相约见面。这个时候，胡风已经在《七月》上发表了他的一篇通讯和两首诗歌。孙钿对这初次的会面感触颇深，他回忆二人分别时的情景：“他送我到大门口，握手分别时，我见到他炯炯有神的眼睛浸满了泪水。我走到小巷口，回过头去，见到他还站在门口，我们互相挥了挥手。”回去的路上，孙钿耳边尽是胡风刚才谆谆的叮咛：“寄稿来，你的诗，鼓励人们的斗志，抗战需要斗志。”[①]可以想见，当战事逼近，胡风不得不停掉刊物撤离武汉时，这位《七月》的作者顶着烈日来访，给了胡风莫大的慰藉。而胡风又是如此欣赏孙钿那些感受战斗生活而创作的诗歌作品，这又给了孙钿极大的鼓励。孙钿奉命在武汉办事却因交通阻塞无法回到战斗的大别山，他只能转道来到重庆。在重庆的几个月中，他与胡风有了更多的见面谈诗的机会。离开重庆的时候，孙钿将自己所有的诗稿都留给了胡风。于是，重庆的《七月》上，又陆续出现了孙钿的作品。《七月》第6集1、2期上，孙钿的诗集《旗底歌》，居于“诗专辑”头条，同期发表的田间、艾青的诗歌，排在孙钿之后，足见胡风对孙钿的重视。

---

① 孙钿：《与胡风同命运》，《我与胡风》，第271页。

也正是以这一组诗为代表编辑而成的诗集《旗》，后来在桂林进入《七月诗丛》第1辑出版。

两年后孙钿与胡风再一次见面是在香港。胡风携家带口落荒而来，孙钿当时则在华南局廖承志领导下工作，负责接待胡风并安排他的工作生活。异地见故交，自然是无比的激动和亲切。孙钿几乎是胡风这个阶段唯一可以交谈的朋友。他们谈诗，谈《七月》的复刊，胡风也向他倾诉自己编刊物不被人理解的苦衷。在梅志母子离开香港的日子里，孙钿几乎天天前来看望胡风。胡风回忆说："他是怕我寂寞，我心里非常感激。我经常和他一道上街闲走散步，他对我有着真诚的感情，我们间的谈话是融洽的，常常有着相同的看法。"香港沦陷后，他们更是患难与共，"孙钿走后好几天没有来，我感到像蹲在茫茫大海的小孤岛上面，无依无靠"[①]。1942年，胡风离开香港到达桂林，孙钿也回到内地继续抗战工作，一直到抗战胜利后的1947年，他们才得以在上海重逢。胡风很遗憾重庆出版的《希望》没有孙钿的作品，他在上海出版的《希望》第2集第1期上，再次推出孙钿的一组新诗歌《我们是愉快的》，并以其中一首《望远镜》为名辑成孙钿的第二本诗集，编入《七月诗丛》第2辑予以出版。胡风曾在《〈旗〉后记》中这样评价孙钿的创作："这些不过是他曾经而且正在全心全力地拥抱着的战斗生活的一点副产，但读者和中国诗坛却不能也不应失去这些纯真而坚决的战斗意志的声音。他们将使读者得到感激，新诗传统引为骄傲的。"[②]

贾植芳（1915—2008）也是通过投稿关系认识胡风的，但是却在更早的时候。那是在1937年初创办《七月》之前，鲁迅先生逝世不久，茅盾、冯雪峰、胡风及先生生前好友，筹划出版了一本纪念鲁迅先生的

---

① 胡风：《回忆录》，《胡风全集》第7卷，第527、539页。
② 胡风：《〈旗〉后记》，《胡风全集》第3卷，第151—152页。

《工作与学习丛刊》,胡风负责编辑工作。这时贾植芳正在日本上学,读社会学但喜欢文学,他在书店看到《丛刊》的第1、2辑,从刊物的作者阵容和编辑风格上,贾植芳惊喜地发现:"这是一个坚持和发扬鲁迅的战斗文学传统的严肃文学刊物。"[①]于是就把刚刚写就的小说《人的悲哀》投向《丛刊》。两个月后,贾植芳收到了发表自己作品的《丛刊》第4辑《黎明》和胡风热情的来信。贾植芳这才知道编辑是他早已在文章著作中"神交"已久的胡风。抗战发生后,贾植芳于年底回国,开始给《七月》投稿。1939年,贾植芳逃离所供职的正规军部队来到重庆的一个报馆工作,又给胡风寄了一篇报告文学。胡风得知他来重庆,费尽辛苦一路找到报馆。当胡风看到贾植芳又黑又瘦的落魄样子时,露出黯然神伤的表情,眼睛都湿润了,立即掏出二十元钱,说是《七月》付的稿酬,塞到贾植芳手里。这次编辑和作者的见面,奠定了他们终身的深厚友谊。贾植芳回忆这第一次见面的情景时说:"胡先生的这次来访,使我很激动,也使我亲身体会到他的热情和纯真的为人品质和作风,他完全是一个平民化的知识分子的朴素形象。这也可以说,就是我们订交的开始。"[②]从武汉到重庆,《七月》陆续推出了贾植芳的散文、随笔和剧本共5篇作品。在胡风的邀请下,贾植芳成为《七月》的特约撰稿人。

皖南事变之后,贾植芳从地下党介绍的工作岗位上"逃离"下来,流落在西安。他曾在报纸上看到胡风在香港"殉难"的消息,真如"五雷轰顶一般"悲愤,直到在桂林出版的一本杂志上看到胡风的文章《当死人复活的时候》,才高兴起来。得知胡风回到重庆复旦大学任教,贾植芳才又开始与胡风有了通信往来。1945年贾植芳决定离开西北时,将这些年写作的小说文章中自认为满意的都寄给了胡风,这就有了后

①② 贾植芳:《我和胡风同志相濡以沫的情谊》,《我与胡风》,第114页。

来发表在《希望》创刊号上的小说《我乡》，第 2 期上的小说集《在光明以外》等一系列小说散文作品，成为《希望》上路翎之外最重要的小说家之一。1946 年贾植芳夫妇辗转来到上海，因为找不到房子，干脆在胡风家里借住了半年。在胡风的介绍下，贾植芳进入上海的文坛圈子，走上了职业写作家的道路。1947 年，胡风将自己经手发表的贾植芳的小说编辑成一个小说集，题目《人生赋》，作为《七月文丛》之一，在俞鸿模的海燕出版社出版。同年，贾植芳为"反内战、反饥饿、反迫害"的学生运动写了两篇呼应文章，夫妇二人同时被捕入狱。胡风四处奔走托人营救，直到 1948 年通过俞鸿模的关系保释贾植芳出狱。苦难的人生经历凝结起相濡以沫的深厚情谊，一直伴随着他们经受了以后政治灾难的考验，度过了更严酷的人生磨难。

作为理论家和翻译家的吕荧（1915—1969，原名何佶，曾署名倪平）的出现，对于七月社和希望社的构成有着特别的意义。从吕荧在《七月》和《希望》上发表的 6 篇重要的论文和译著，就可以理解胡风为什么看重吕荧。他们同为理论家，他们共同以理论的力量凝结着这个文人团体。胡风和吕荧也是相识早于相见，在胡风编辑《工作与学习丛刊》的时候，收到了署名倪平的吕荧的文章。由于《丛刊》被查禁，胡风只好退稿并写了自己的意见。1938 年，吕荧到武汉来看望胡风，留下诗稿和文稿各一篇。胡风录用了吕荧的论文，这就是发表在《七月》的第一篇文章《向着伟大作品的进行》。第二次再来见胡风时，胡风不在家里，他将一篇小说委托给梅志，留下话说："希望胡先生看看，不好就不要用。不必退还了，我就要离开武汉。"[①]这篇小说经过胡风的删节，发表在《七月》第 3 集第 6 期上。这也是吕荧发表的唯一一篇小说。吕荧懂诗也懂小说，但胡风更看好吕荧的批评理论以及翻译才

① 梅志：《人的花朵——记吕荧与胡风》，《我与胡风》，第 64 页。

能，胡风的刊物正好成了吕荧施展才能的阵地。其后的《人的花朵》、《鲁迅的艺术方法》以及译文《叙述与描写》，都成为发表在《七月》上的代表性作品，奠定了他的文艺理论家和翻译家的地位。在桂林的时候，胡风准备将一本名为《人的花朵》的吕荧论文集，编入《七月文丛》，但因为经费问题不得落实，倒是他的两本译文在胡风的编辑下出版了。一本是编入译文丛书的翻译卢那察尔斯基的《普希金论》，由远方书店出版；另一本是翻译普希金诗体小说《叶甫盖尼·奥涅金》，由重庆云围书屋出版。吕荧为此耗费了巨大心血并自费出版，胡风全力支持吕荧的这项翻译工作，亲自从日译本中为吕荧翻译了几章，并对全书加以修改和校对，而且在希望出版社成立后，胡风再版了这本翻译小说。而那本搁浅已久的《人的花朵》，也在 1945 年以“泥土社”的名义得以出版。

吕荧在《希望》上唯一发表的论文是《内容的了解和形式的了解——评杨晦的〈曹禺论〉》，文章对著名文学家杨晦先生的见解提出质疑，其理论批评风格逐渐变得泼辣犀利起来。正如梅志回忆文章中所说：“这时的吕荧已经是带刺的荆条，不再是芳香的花朵了。”[①]1946 年在关于文学的现实主义与“客观主义”的讨论中，与何其芳进行讨论，无论是文学思想还是坚持己见的理论姿态，都显示出与胡风和《希望》的共同特征；而且愈是在后来严峻的政治环境中，吕荧愈是坚定地守护着自己的思想原则和精神立场，这也使得发生在吕荧身上的悲剧就更为惨烈。

抗战爆发后，年轻的诗歌爱好者邹荻帆（1917—1995，曾署名扬令）在武汉的报纸上看到了胡风的征稿启事。因为曾经读过胡风的诗歌和诗论，也了解胡风与鲁迅的亲密关系，邹荻帆非常崇拜胡风，看到

---

① 梅志：《人的花朵——记吕荧与胡风》，《我与胡风》，第 70 页。

启事他异常兴奋。他不好意思很快前去当面求教,于是给胡风写了信,并寄去了自己的诗歌习作。想不到《七月》的武汉创刊号上就选用了其中的一首短诗《江边》。邹荻帆很受鼓舞,更加积极地向《七月》投稿,陆续又发表了三篇作品。1937 年 10 月 19 日,在汉口召开的鲁迅先生逝世周年纪念大会上,邹荻帆终于见到了胡风。他踊跃上台发言,给了胡风很深的印象。1940 年 5 月,邹荻帆到了重庆,二人开始交往,在一起主要是讨论一些诗歌写作问题。次年,胡风离开重庆远去香港,邹荻帆和青年诗人姚奔创办了《诗垦地》,与冀汸、阿垅、曾卓、绿原等同人合作,继续坚持刊物编辑出版的工作。绿原回忆道:"那时,艾青去了解放区,胡风停刊《七月》后远走香港,邹荻帆在我的幼稚的心目中,正肩负着传递新诗火炬的重任。"[①]曾卓也曾说:"在年龄上,荻帆是我们的兄长,在写诗的道路上,有一阵他是携着我们的手前行的。"[②]说的就是邹荻帆领头筹办《诗垦地》的情况。在此期间,邹荻帆和胡风保持着稿件和通信来往。胡风远在异地,依然关注留在重庆的这些青年诗人。他曾将自己写的田间诗论寄给《诗垦地》,以为支持。在编辑第 1 辑《七月诗丛》时,胡风写信向邹荻帆约稿。邹荻帆回忆道:"他知道冀汸、绿原都在复旦大学读书,又从《诗垦地》上看到绿原的诗篇。他写信给我,嘱我编一本诗集,另外代约冀汸和绿原的诗集。冀汸只在此前《七月》发表了他的长诗《跃动的夜》,绿原那时还是刚开始写诗,这就是编入《七月诗丛》的《跃动的夜》和《童话》,也是他们二人的处女诗集。可见胡风对青年诗人是大力予以推荐的。我的那本诗集,我原标名为《赌徒》,显然有点意向含糊,他亲自改为《意志的赌

---

① 绿原:《怀念邹荻帆》,《寻芳草集——绿原散文随笔集》,中央编译出版社 2005 年版,第 169 页。

② 曾卓:《绿原和他的诗》,《诗刊》1984 年第 6 期。

徒》。"[①]

《希望》发刊后，邹荻帆很自然地又成为胡风的得力撰稿人。在《希望》第 1 集第 2 期上，发表了邹荻帆的一组时事诗集《论民主》。抗战胜利以后，邹荻帆曾写了一首题为《反对丘吉尔》的政治抒情诗："针对丘吉尔的反共讲话联系国内的民族斗争而成篇。按照当时国统区报刊的情况，一般是不可能发表这类毫不朦胧而态度鲜明的政治抒情诗的。"[②]邹荻帆只能寄给胡风，胡风立即在《希望》第 2 集第 1 期予以发表。邹荻帆后来又写就的以《春天》为题的一组诗以及其他篇什，陆续出现在《希望》上。胡风本打算将他的第二本诗集编入《七月诗丛》的第 2 辑，终因经费困难而没有实现。这一切，已经足以说明胡风对邹荻帆的信任与器重，以及邹荻帆在《希望》的重要位置。

冀汸(1920—，原名陈性忠)和邹荻帆是来往甚密的朋友。随着对邹荻帆与《七月》、《希望》关系的考察，冀汸的社团活动的踪迹也明白地呈现出来。冀汸第一次见到胡风的时候，就和邹荻帆在一起。那时邹荻帆因为在《希望》上发表了一首诗，和胡风已经相熟了，而冀汸并不认识胡风。实际上，冀汸也早就是《七月》的读者和投稿者了，只不过不像邹荻帆那样幸运地一炮打响。他寄给《七月》的很多诗稿都被退了回来，同时也不止一次得到了署名"编者"的退稿信。虽然冀汸不知道这"编者"就是胡风本人，但因为信中所提的意见和那些鼓励的话语，还是增强了冀汸继续投稿的勇气。终于，他和邹荻帆在宜昌一起煮酒论诗时创作的长诗《跃动的夜》被胡风采用了，胡风称赞这首诗是他阅读过的冀汸诗歌中写得最好的一首。从此，冀汸获得了诗人新的生命，他继续写诗并努力在《七月》上发表。在胡风停办《七月》后，冀

① 邹荻帆:《往事琐忆——怀胡风先生》,《我与胡风》,第 223 页。
② 邹荻帆:《往事琐忆——怀胡风先生》,《我与胡风》,第 225 页。

沥考上复旦大学历史系，参与了朋友邹荻帆和复旦同学姚奔筹办的《诗垦地》的编辑工作，并认识了张芒、桑汀(冯白鲁)、阿垅等人，也和同在重庆的路翎、绿原交往甚密。路翎常常为胡风代为转交书信给冀汸。也就在这个时候，他的处女诗集《跃动的夜》与邹荻帆、绿原的诗集一同被胡风收入《七月诗丛》而出版，冀汸就这样一路走入这个文人圈子。冀汸和胡风真正见面晤谈，是在胡风再次返回山城以后。这时胡风正在奔走创办《希望》。在《希望》创刊号上，登载了冀汸的 11 首短诗组成的诗集《寒冷》，该诗集与鲁藜的诗集《第二代》一同排列在显赫的位置上，充分说明胡风对于诗歌一如既往的重视。冀汸无疑是《希望》时期胡风非常倚重的诗人，除了持续编发冀汸的诗歌，还审定了冀汸的第二本诗集《有翅膀的》。比邹荻帆幸运的是，编入《七月诗丛》第 2 辑的这本诗集，于 1950 年由泥土社出版了，这就使冀汸成为为数不多的、在《七月诗丛》中出版两本诗集的诗人。

方然(1919—1966，原名朱声)最早在《七月》上发表的是一篇陕北通讯，署名朱声，是从延安寄给胡风的。1940 年，为响应中央关于克服解放区的给养困难的号召，方然从延安来到重庆就读金陵大学中文系，认识了芦甸，经芦甸介绍参加了成都的平原诗社，并与阿垅、绿原、谢韬、倪子明等成了知己好友。方然留给《七月》的另一篇作品是一首诗歌，《七月》停刊后，更多的作品发表在《诗垦地》、《平原》和桂林的《诗创作》上。方然是一位写作的多面手，诗歌、评论、杂文和翻译方面均有作为。据说方然在平原诗社很有威望，被人认为是诗社的领袖人物，[①]大概是因为他的多方面的才能征服了诗社的文学青年。《希望》创刊后，方然是刊物上出现频率最高的作家之一，他前后共发表了 8 篇杂文和论文，是《希望》毋庸最重要的一位杂文家。愈到后来，方然

① 冀汸:《活着的方然》,《我与胡风》,第 427 页。

愈靠近胡风，他不仅是《希望》的忠实撰稿人，而且在当时进行的“主观论”的讨论中，情绪表现异常激烈，坚定不移地维护胡风和他的文艺思想。为此，他应《蚂蚁小集》的约稿，撰写了反驳《大众文艺丛刊》批判胡风理论的文章《论唯心论底方向》。[①] 而 1946 年由他参与创办并主编的《呼吸》杂志，被公认为是“《希望》的成都版”[②]，这便为方然后来成为“胡风分子”核心成员，提供了证据。

鲁藜（1914—1999，原名许图地）是公认的七月诗派中卓越的代表性诗人。与社团其他核心成员所不同的是，鲁藜居于延安根据地，以一位延安诗人的身份与胡风保持着密切的投稿关系。这种关系的建立和维持，表明了胡风及其文学社团的广泛的影响力和胡风作为革命文艺家对延安和解放区的特殊情怀。正因为这是一种远距离的和两种文化环境下的交流与合作，在胡风这里就显得尤其困难，因而也要格外用心。

鲁藜第一次见到胡风，是在 1938 年 5 月的武汉。文艺界人士共同观赏一场抗日戏剧的演出，鲁藜在朋友张健指示下，看到了坐在包厢中的胡风。据鲁藜回忆说，张健之所以那么兴奋地要指示他去寻找胡风，是因为“我们那时代的革命知识分子，都爱好革命文艺，特别是那一场关于国防文学的论争，引起我们关心鲁迅先生及其联系的冯雪峰、胡风等人的关系。”[③]同年的秋天，鲁藜和几位同志结伴奔赴延安，之后与胡风的交往就是投稿和通信关系了。十一年之后，鲁藜才真正认识胡风。那是天津刚刚解放之后的某一天，胡风从东北解放区回北平，中途来天津看望鲁藜。虽然见面不多，但胡风对鲁藜走上文学道

---

① 方然：《论唯心论底方向》，《蚂蚁小集》第 3 辑，1948 年 8 月出版。

② 倪子明：《〈胡风杂文集〉的出版及其他》，《我与胡风》，第 355 页。

③ 鲁藜：《泪光篇（残稿）——漫忆我与胡风先生》，晓风主编《我与胡风》（增补本）（上），第 140 页。

路起到了非常关键的作用，而鲁藜也一直将胡风当做自己崇敬的良师。1939年，鲁藜的40余首诗歌经李又然的推荐，到了远在重庆的胡风手里。胡风很快选中其中的7首，以《延河散歌》为名刊发在《七月》第4集第4期的卷首。之前的鲁藜在延安还没有这样隆重发表过作品，胡风的赏识和扶持使鲁藜诗名大振。而对于胡风来讲，鲁藜的"那种新鲜、自然、明朗、和谐的乐观而又深沉的诗风"[①]真的感染了自己，也为自己的刊物带来了一股清新的气息。胡风回忆说："这期的第一篇我用了鲁藜从延安寄来的组诗《延河散歌》。纯真的感受和清新的语言，表现了革命生活的愉快和奋发，以及把延安当做抗战和革命灯塔的宏大的时代精神。它对我来说，也极大地满足了我追随革命的信念，所以放在第一篇发表了。"[②]在《七月》第7集1、2期合刊上，鲁藜的诗集《春在北方》，依然排在"诗专辑"的头条，足见胡风对鲁藜的器重。鲁藜和胡风的合作关系从《七月》一直持续到《希望》，《希望》先后发表鲁藜的诗集和诗歌4篇。胡风还将《延河散歌》编入《七月诗丛》第1辑，虽然诗歌发表在《七月》并没有引起什么特别的注意，但冠以"延河"二字出诗集，就比较敏感了。果然，诗集送审三次，三次被退回，胡风只得改名为《醒来的时候》，才得以通过。抗战胜利以后，胡风又为鲁藜编辑诗集《星的歌》，列入《七月诗丛》第3辑，并亲自为诗集写《跋》，但该书并未如期印行。胡风后来将其改编为《锻炼》，列入《七月文丛》，由上海海燕书店出版，而《星的歌》一直到解放后才重新由上海新文艺出版社出版。

孔厥(1914—1966，原名郑挚)是一位自学成才的小说家。他也是在延安寄稿给胡风，在《七月》第4集第4期发表《农会会长》，后来在

---

① 绿原：《〈鲁藜研究文萃〉序》，《新文学史料》1990年第4期。

② 胡风：《回忆录》，《胡风全集》第7卷，第464页。

《希望》创刊号和第 2 集第 2 期上分别发表了《郝二虎》和《凤仙花》，也属于从《七月》走向《希望》的小说家。在延安时，他和侯唯动住在一孔窑洞里。他曾用陕北信天游体写了一首长诗，让侯唯动放开喉咙吼了一阵子。孔厥开始尝试写小说时，用的也是陕北劳动人民的地方语言。从人物对话到叙述语言完全运用生动的地方语言，他的作品不仅赢得侯唯动这样的延安同行的喜欢，也使身居国统区的胡风耳目一新。发表孔厥的小说，说明胡风对生动活泼的大众化文学创作的一种认同，而孔厥也非常感激胡风能发表他的小说，使他在大后方获得了声誉。在桂林编《七月文丛》时，胡风收进一本孔厥的《追求者》，并在《希望》的宣传广告上介绍说："孔厥是抗战后出现的最优秀的小说家之一，一直置身于北方的战斗生活里面，所以内容上是脱胎换骨的变革过程中最坚实的人生，表现上是不带一点纤弱味和夸张性的朴实的风格。"①胡风抗战后回到上海，为孔厥编了小说集《受苦人》，列入新的《七月文丛》，由海燕书店出版。孔厥与胡风第一次见面是在 1949 年的北京文代会上，当时侯唯动也在场。他看到孔厥："黑溜溜的大眼珠，泛出喜光，浓墨一般的卧蚕眉，不住地跳舞"，"他把在《人民日报》上连载、正走红的长篇小说《新儿女英雄传》双手捧给胡风，并说，已有好几个出版社找上门来，愿要这紧俏物资抢手货。但他偏不，只请胡风将它推荐给上海海燕书店。"②果然，在胡风的推荐下，孔厥的新小说再一次由海燕出版社出版了。

何剑熏(1911—1988，曾署名牟尼)是一位特殊的社团成员。他算是胡风的老朋友了，他在《七月》发表过一篇小说《肉搏》，而在《希望》时期，则是一名重要的杂文家。胡风在《回忆录》中说："说他是新人其

---

① 胡风：《七月文丛介绍九则》，《胡风全集》第 5 卷，第 381 页。
② 侯唯动：《从读者中走向胡风》，《我与胡风》，第 328—329 页。

实是委屈了他，他在上海时就已经发表过作品。曾为黎烈文的《中流》当校对，后来和黎闹翻了。这人很健谈，知识很丰富，尤其是谈起四川的一些人物，如绅士地主教员等，简直可以使你喷饭，而他不笑，很有幽默感。"[①]看得出何剑熏很有独立个性，他曾经和不少文坛名流"闹翻"过，他的讽刺作品也很使当局难堪，因而常遭"枪毙"的命运。他最早寄给《七月》的是一篇"写内地某一角落的中学教育现状的，讽刺的然而沉痛的作品，不幸主要的部分被认为'不妥'，不能印出了"。无奈才换成《肉搏》。而胡风认为："作者的讽刺才能，在那一篇里才有了生动的发挥。"[②]可见胡风多么欣赏何剑熏的幽默讽刺才能，同道好友们对此也有共识。聂绀弩一次和舒芜谈到何剑熏时说："反胡风有一个大损失，就是把中国的果戈理给扼杀掉了，没有出得来。""路翎受人迫害，比何剑熏厉害，平反以后也没有写出成功的作品，但是他已经发表的小说，足以证明他的天才和成就。而何剑熏这个天才，却还没有来得及完成，就结束了。"[③]在桂林编《七月文丛》时，胡风编选了何剑熏的一本讽刺小说集，但送审时没有通过，连底稿都被没收了。胡风以为"这是他在创作上的不幸，同时也使得中国文学史上讽刺小说这一栏里缺少了一名有特色的作者！"[④]编《希望》时，胡风依然非常看好何剑熏独树一帜的文章，刊用了他的三篇斗争性杂文，创刊号发表一篇《"骄"与"馁"》，第2期又连续发表了《无常》和《略谈祀灶》两篇。在《希望》暴露和抨击黑暗现实、强调文艺的批判战斗功能方面，何剑熏作出了自己特殊的贡献。

---

① 胡风：《回忆录》，《胡风全集》第7卷，第473页。

② 胡风：《校完小记》，《七月》第5集第3期（1940年5月）。

③ 舒芜、许福芦：《舒芜口述自传》，中国社会科学出版社2002年，第97页。

④ 胡风：《回忆录》，《胡风全集》第7卷，第474页。

3. 在《希望》上成长起来的社团成员

除了以上追随胡风从《七月》走到《希望》的诗人作家外，还有一批社团成员是真正在《希望》时期开始出现的，他们是诗人化铁、绿原、朱健、鲁煤、胡征、郑思和理论及杂文作家舒芜、耿庸、张禹，小说家晋驼等人。

化铁（1925—，原名刘德馨）和胡风的认识是在 1943 年 4 月胡风从桂林回到重庆以后。胡风回忆说："一次，阿垅陪同一个青年来看我。原来这就是化铁。看上去只有十七八岁，显得很聪明腼腆。阿垅对他的诗很欣赏，对诗有特殊的感受。"[①]而化铁自己回忆说，当时并没有阿垅陪同，而是拿着一封阿垅的引荐信，独自一人前去会见胡风的。化铁自己说：

> 要问我为什么会有这么大的勇气，去会见一位陌生人？那是因为在那之前，我就读过他的文章，看过《七月》杂志；而且还应该远溯到 1940 年。那年 15 岁，是矿冶研究所的练习生。我是在那里认识路翎的。在那里我不仅读到《七月》，而且读到许多陕甘宁边区（延安）寄来的诗。这些诗写在一些非常薄的小纸片上，可以想见环境的恶劣，和辗转寄来重庆之不易。这些诗，都是诗作者投寄给《七月》的稿件。后来，我在誊清抄写这些稿件中获得了乐趣，大约，也是它们引导我走向了文学创作的重要一环吧！这些诗稿后来被编入了《七月诗丛》。作者名字我现在还记得是：田间、天蓝、孙钿、鲁藜……[②]

---

① 胡风：《回忆录》，《胡风全集》第 7 卷，第 585 页。

② 化铁：《逆温层下》，《我与胡风》，第 706 页。

在化铁成长的道路上，知心朋友路翎起到了重要的作用，化铁始终把路翎当做他的“良师益友”。路翎介绍化铁认识了阿垅和复旦大学的一些极有才华的大学生们，他开始创作诗歌，并将自己的作品交给路翎，听取意见。1942 年 5 月出版的《诗垦地》第 3 集《春的跃动》上发表了他的诗作《送 C 君》，化铁由此走进了重庆北碚这个文学氛围当中。

有了那一次大胆的拜访，化铁的创作热情更加高涨起来。胡风在《希望》创刊号和第 2 期连续发表了他的两首诗作，特别是化铁的代表作《暴雷雨岸然轰轰而至》，是一首不朽的诗章，被认为是最具七月诗派强毅性格的佳作。“它充满了大革命的气势，充满了对未来的向往，充满了对干净天地的希冀，而且带有预言的性质。”[①]它真正是时代的交响诗，极度彰显着激情澎湃的豪迈诗风，因此它深得胡风的钟爱。化铁写诗数量不多，但正如阿垅在专论《化铁片论》中所评价：“质底强大迫使了人不得不向他注视”，[②]说的就是这首气度非凡的诗作，它使化铁成为希望社最重要的诗人之一。胡风后来就将化铁的诗作结集为《暴雷雨岸然轰轰而至》，编入《七月诗丛》第 2 辑，1950 年由泥土社出版。化铁从希望社起始一直沉浸在对诗的热爱之中。《希望》停刊后的 1948 年和 1949 年，他前后参与创办和编辑了《蚂蚁小集》和《起点》——这两个素被认为是与《希望》有内在联系的后续刊物。这些社团活动，无疑更使化铁成为胡风文人集团的核心成员。

无论对于希望社或者七月诗派来讲，绿原（1922—2009，原名刘仁甫）都可称为是一位重量级人物。绿原并不是从《七月》起步而走进这

① 公刘：《〈白色花〉学习笔记》，《艺谭》1984 年第 2 期。

② 亦门：《化铁片论》，《诗与现实》第三分册，五十年代出版社 1951 年版，第 90 页。

个文学团体的，虽然在1939年，年轻的绿原曾经给重庆的《七月》寄去一篇习作，并给主编胡风写了一封所谓“轻浮而狂妄的投稿信”，宣称“如蒙见弃，则只能证明无名小卒无不皆然的命运”。稿件未发，胡风却写来回信，针对绿原的牢骚说道：“请先生看看本刊各期的目录，有那几位作者又是文坛上的名人？我们永远向新作者伸出手来，期待你写出更成熟的作品。”绿原由此见识了胡风和《七月》的风度，同时也发现了一个秘密：“全国第一流的文艺刊物《七月》竟没有一个编辑部，连退稿信都要主编动手来写……”[1]就这样，绿原“连作为《七月》的‘初来者’也没赶上趟”[2]。1941年绿原在重庆复旦大学读书时，经冀汸介绍认识了正在筹办《诗垦地》的邹荻帆，又由邹荻帆的介绍认识了阿垅，成为《诗垦地》文学圈子中的新朋友。当他把自己的诗稿《雾季》交给《诗垦地》时，邹荻帆回忆说：“我们震惊于他智慧的诗句，而且他以热忱的爱情，丰富的生活写了钢铁工人，向他们高呼万岁，在那时，还确实是少见的。”[3]绿原就这样在《诗垦地》上开始发表作品，而一直关注《诗垦地》的胡风，自然也注意到了绿原成长中的“清新之气与智慧之光”。[4]

由退稿而引起的书信交往让绿原很不好意思了，但素来关心文学青年的胡风却记着此事。胡风从香港回到桂林筹办《七月诗丛》时，给邹荻帆的约稿信中专门提到绿原：“绿原先生过去也曾向《七月》投过稿。现在他的诗成熟了，希望他也编一本来参加。”[5]于是，绿原的第一本诗集《童话》问世。如果说，没赶上《七月》是有点遗憾，但胡风一出手就为不知名的青年诗人出诗集，这对于绿原来讲简直是更大的幸运

①⑤ 绿原：《胡风和我》，《我与胡风》，第512页。

②④ 冀汸：《历史法庭上的证词》，《我与胡风》，第395页。

③ 邹荻帆：《忆〈诗垦地〉》，《新文学史料》1983年第1期。

了，绿原的“幸福感当然不问可知”[①]。这是一个开端，绿原从 1942 年由胡风出版诗集《童话》以来，一直同他保持着因投稿而产生的友谊关系。

绿原第一次见到胡风是在 1943 年，有阿垅陪同。但绿原依然表现得很拘谨，胡风待他倒是像相识已久的老朋友。绿原和胡风的相识相知，缘于诗歌，更基于人格的相近。绿原说：“我总觉得，和胡风在一起，我莫名其妙地爱好起来的诗，在人生中并不具有第一位的意义，应该还有比它更高更重要的义务在，那就是做人。”[②]胡风的“只有人生至上主义者才能成为艺术至上主义者”的文艺思想，深深地影响着绿原。非常了解绿原的阿垅曾评价道：“绿原底骨头是人民底的，是钙质的。假使要说是钢铁的——那是他底人格。”[③]是诗和人格的共同的力量，将后起的绿原和胡风、阿垅等希望社同人紧密联系在一起。《童话》之后，由于胡风的赏识，年轻的绿原一跃而成为《希望》的主力诗人之一。从《希望》创刊到终刊，几乎每一期都可以看到绿原的诗作，共发表创作和翻译诗作 8 篇，其中不少是绿原特有的长篇政治抒情诗，如《破坏》、《给天真的乐观主义者们》等长诗，成为绿原在现代诗歌史上最有影响最深入人心的作品，真正体现了特定时期特定诗人群体所追求的热忱、激愤和刚性的“力之美”。胡风在上海创立希望出版社时，将绿原的第二本诗集《又是一个起点》收入《七月文丛》出版；1950 年编辑《七月诗丛》第 2 辑时，又编入绿原的另一本诗集《集合》。由此奠定了绿原作为后期七月诗派代表和希望社时期社团核心成员的位置。

另一位希望社诗人朱健（1923—，原名杨竹剑）在《希望》创刊号上发表了长诗《骆驼与星》，在《希望》第 3 期上发表了组诗《低云季》。朱

---

① 罗惠：《我写绿原》，《新文学史料》，1983 年第 2 期。

② 绿原：《胡风和我》，《我与胡风》，第 514 页。

③ 亦门：《绿原片论》，《诗与现实》第三分册，第 61 页。

健走入希望社，是由于他的少年挚友白莎的介绍。白莎是与胡风已有交往的诗人，在《七月》发表过一首诗《冬天》，被胡风收入《我是初来的》中。朱健读初中时已经知道了《七月》和主编胡风的名字，也了解胡风与鲁迅的亲密关系，但“无论如何也未敢奢望自己会和胡风的名字搭上干系”[①]。1941年，朱健成了政治逃亡者来到西北高原，他开始在艾青、田间和天蓝的诗句中寻找苦难的情感共鸣，并摹仿他们涂写自己的“隐痛”，朋友白莎不断来信并寄来《七月诗丛》进行鼓励。1943年，朱健又与另一位诗人牛汉邂逅结为知己。二人谈天说地，谈诗，谈胡风。就在这个时候，朱健写出了长诗《骆驼和星》。朱健将诗寄给白莎，白莎又转给胡风。当朱健流亡到重庆时，收到了胡风辗转寄来的回信，通知朱健诗作将在《希望》创刊号上发表，并称赞说：“这是从一个深沉的胸怀里成长起来的故事。”[②]在重庆的日子里，朱健与胡风有过一两次见面，通信联系却一直持续到1947年底。胡风曾在信中问到朱健的生活情况，想为他谋一个“中学的教席”，并劝告他“不要到圈子里去混，那会把你拖干的”，希望朱健能够在生活中采集诗情，保持感应生活的诗心，显示了胡风对文学青年那种一贯的深切的关怀。

鲁煤（1923—，原名王夫如，曾署名牧青）在《希望》第1集第3期上发表组诗《牢狱篇》的时候，用的笔名是牧青。鲁煤和胡风的相识，还是因为另一位同道好友徐放的帮助。那是1944年底在重庆，河北籍流亡学生鲁煤和两个东北籍流亡学生徐放、丛万章，由于政治立场一致和爱好诗歌艺术而成为知己。徐放以年长两岁的经验建议他们找前辈作家看看诗稿，以便求得指教。鲁煤提出去找胡风，其实徐放与胡风并不相熟，但他还是热心地“托‘五十年代出版社’的社长金长

① 朱健：《胡风这个名字……》，《我与胡风》，第657页。

② 朱健：《胡风这个名字……》，《我与胡风》，第659页。

佑先生(徐放的亲戚)为我们介绍,因为胡风先生主编的《希望》杂志就是由‘五十年代出版社’出版的”。而鲁煤提出找胡风也是有深远的思想根源的。他说:“我在读高中时,就听进步同学、诗友们讲过胡风是一位忠诚地追随鲁迅先生的评论家,我和诗友之间经常传阅他主编的《七月诗丛》中艾青、田间、阿垅等诗人的名作《向太阳》、《给战斗者》、《无弦琴》等,他们是培养我们进步思想和艺术素质的最精美的精神食量。所以,我对胡风的景仰由来已久。”[①]经过这样曲折的引荐,鲁煤终于在 1945 年 3 月见到了胡风,他将自己抄有诗稿的笔记本交给胡风。大约十来天后胡风回信,让鲁煤把他选中的三首短诗重抄后寄来,鲁煤于是把三首有联系的诗歌编成组诗《牢狱篇》寄给胡风。《牢狱篇》虽然不是鲁煤的处女作,却是他首次在刊物上发表的诗作,而且是在自己心目中有崇高位置的《希望》上发表。鲁煤是抱着学习的目的去请教胡风的,万没想到就这样跻身于《希望》之中,他的惊喜不言而喻,此后的几次寄稿虽然没有再上《希望》,但胡风都给了鲁煤恳切的指导,并努力推荐到其他刊物上发表。除了通过稿件往来得到胡风的教诲,鲁煤还总结出胡风影响自己的三个途径:其一,“读他的诗论”,特别是胡风的《关于风格(其一)》和《关于“诗的形象化”》两篇诗论,对鲁煤起到了诗艺的启蒙作用。其二,“读他介绍、推荐的好诗作”,有些鲁煤买不到的《七月诗丛》,胡风就直接送给鲁煤。其三,“直接向胡风询问一些我不懂的问题”。重庆期间,鲁煤大约一个多月会去拜访一次胡风,经常是事先想好问题,见面后询问。其四,“从胡风对其他诗作的评论,提高自己的鉴赏力”[②]。正是因为鲁煤的勤学好问,在登门求

① 鲁煤:《徐放其人其诗的悲壮历程》,蒋安全编《徐放论》,春风文艺出版社 1998 年版,第 450 页。

② 鲁煤:《“求诗辨假真”——我和胡风:恩怨实录》,晓风主编《我与胡风》(增补本)(下),第 773—775 页。

教的文学青年当中，鲁煤给胡风的印象颇深，在胡风身陷囹圄时，创作的大批追怀诗中，就有一组感人至深的《怀鲁煤》。诗中说他们的第一次见面是“初逢胜旧亲”，而对于鲁煤来说，与胡风的相识实在是影响自己人生道路的一件大事。此后，鲁煤的艺术追求和政治命运都与胡风有着千丝万缕的联系。1951 年，胡风为鲁煤选编了诗集，并为其定名《扑火者》，说明他对鲁煤的创作有了更高的认可，但是在政治观点上的一些分歧，又使他们一度隔膜了，所有的人生恩怨直到新时期才得以化解。

《七月》和《希望》的诗人作家中，先后奔赴解放区和延安根据地的为数不少，除了《七月》早期同人艾青、田间和萧军，还有天蓝、侯唯动、黄既、孔厥、晋驼、艾漠（贺敬之）、鲁藜和胡征等。这其中的大部分属于七月社成员，鲁藜则从《七月》持续走到《希望》，而只有胡征（1917—2007，原名胡秋平）是从《希望》起步走进这个文学社团的。虽然没有在《七月》上发表过作品，胡征却是深受胡风和《七月》影响而成长起来的一位延安诗人。

抗战爆发不久，胡征投身抗日革命队伍，于 1938 年 1 月到达陕北，次年在延安鲁迅艺术学院普通部学习，开始读到胡风的《密云期风习小记》和胡风翻译的小说，并深深迷恋着《七月》。胡征回忆说：

> 此时，延安尚无文学刊物，依靠“大后方”供给精神食粮。能见到的读物不多，除了《七月》还有《抗战文艺》《文艺阵地》，稍后，有《文学月报》（孔罗荪主编）《文艺杂志》（王鲁彦主编）。这些刊物，寥若晨星，不易借到。《七月》最难借。偶借到手，常是破烂不堪。那时，延安的诗人在《七月》上发表作品的不多，有天蓝、鲁藜、侯唯动。三人而已（艾青、艾漠稍后到延安的）。发表小说的有黄树则、孔厥，从《七月》到《希

望》，发表作品的略有增加：诗有公木、胡征，小说有思基、晋驼。延安与大后方的邮路一直不畅，我的那些诗稿，是周恩来副主席从延安带出去的。[①]

1944年，鲁艺文学系主任陈荒煤找到胡征，告诉他周恩来要去重庆，建议胡征可以抄一部分近期诗作带到重庆发表。胡征交了稿，周恩来到重庆转给了胡风，这就有了发表在《希望》第1集第3期上的组诗《白衣女》。胡征没有很快见到发表后的作品，也未给胡风写信，后来偶然在登载《希望》要目的广告上，发现了自己的名字和诗歌。而直到1951年胡风在重庆参加土改时，才与胡征第一次见面。

胡征自己说，他与胡风"情深缘浅，接触不多，通信也少"[②]。其实，七月社和希望社成员与主编胡风的情缘大都来自投稿关系和思想精神的相通，精神聚合的力量大于实际的见面交往，远在延安解放区的胡征他们更是这样。胡征和天蓝在鲁艺曾经讨论"两个口号之争"，思考谁是鲁迅真正的继承人，他们都有倾心于胡风的论点。延安整风运动至抢救阶段时，组织要求胡征交代清楚与一个女友三个男友的关系。这三个男友就是天蓝、鲁藜和侯唯动。胡征忧心忡忡的是："日记本上留有跟天蓝、鲁藜、侯唯动交往的记载。其中常出现议论胡风的文艺观点及敬仰之情"[③]。显然，胡征误估了当时的斗争形势，延安整风并非追查"胡派"，但由此可以看出，他们的密切交往和相知相投，确实有一个重要的原因，就是他们与胡风及其《七月》、《希望》的特殊关系，某种程度上，他们相当于以胡风为中心的文人社团的延安分部。

郑思（1917—1955，原名朱正思）在《希望》第2集第4期上发表过

---

① 胡征：《如是我云》，《我与胡风》，第188－189页。

② 胡征：《如是我云》，《我与胡风》，第188页。

③ 胡征：《如是我云》，《我与胡风》，第191页。

一首长诗《秩序》。郑思和胡风是1942年在桂林认识的，当时他已经有诗集出版，胡风评价说是“独创的风格，清新而又雄健”[①]。后来寄给胡风他的《秩序》，因为这首诗强有力的情感和艺术力度而颇受胡风赞赏，其后人们将其看做七月诗派的代表性作品之一。也就是因为这一首诗与胡风结成的文学因缘，使解放后任湖北省委宣传部长的郑思，在1955年受“胡风冤案”的牵连而自杀身亡。

比之《七月》，《希望》这份刊物最明显的变化是它的综合性，“它发表了一些思想理论方面的文章，不是纯文艺性的了。”[②]此外，《希望》的杂文刊发量也明显增加，意味着希望社更加关注现实矛盾，更具现实斗争的锋芒。在这两方面最具代表性的作家是舒芜、耿庸、张禹等。

抗战爆发后，在安徽家乡读高中的舒芜（1922—2009，原名方管）随家逃亡，辗转到达重庆，无法继续读高中，“就到社会上闯荡，当起教师来”，同时研读马克思主义哲学经济学著作。舒芜回忆说：“这两年中，有一件极重要的事，就是1940年冬认识了青年小说家徐嗣兴（路翎）。其所以重要，一是他介绍我到建华中学教书，二是他介绍我认识了胡风。”[③]路翎也曾回忆：“由于生活环境，我认识了舒芜，应他的要求，又将他介绍给胡风。”[④]1940年，路翎为了维持生活，在重庆矿研研究所做办事员，经朋友章心焯介绍，与当时叫方管的舒芜见面。因为大家都在恶劣的环境中生活和工作，都渴望交到志趣相投的朋友，几经接触，路翎和舒芜便成为相互赏识和无话不谈的知心好友。路翎曾经帮助舒芜在何剑熏主持的一所私立中学谋得一份国文教师的职业，后来舒芜在中央政治学校任教时，又将路翎介绍到学校的图书馆工

① 晓风：《胡风和〈七月〉、〈希望〉撰稿者》（四），《新文学史料》1994年第4期。

② 胡风：《关于〈七月〉和〈希望〉的答问》，《胡风全集》第7卷，第218页。

③ 舒芜：《〈回归“五四”〉后序》，《新文学史料》1997年第2期。

④ 路翎：《一起共患难的友人和导师——我与胡风》，《我与胡风》，第483页。

作，两人吃住都在一起。“他写他的小说，我做我的研究”，“彼此关系可以说是亲密无间，两人无话不谈。”[①]这时候路翎正在专心写作他的长篇小说《财主底儿女们》。舒芜回忆说：

> 这本重写的《财主底儿女们》，我是第一读者。路翎头天晚上写的东西，我第二天就看。看过之后，有时提点意见，有时候还为他提供某些情节和细节。比如《财主底儿女们》里面写到蒋纯祖在乡场上教小学，路翎从没在乡场教过小学，那全部都是我的经历，我跟他介绍过，他就把它写进小说里去了，写得像是他亲身经过见过一样，这是他的小说家的本领。蒋少祖会见陈独秀的情节，陈独秀的形象，也是听我说的，不过他写得不太一样，也许是我没讲清楚。有的是我根据他的整体构思，为他设计一点情节，他也基本上采用了。他的确是个快手，每天晚上都有一千多字，甚至两千多字，都是毛笔写的。我写东西没法有他那么快。[②]

对路翎的写作天才和写作精神，舒芜极其佩服。他也曾像胡风一样，从路翎的创作实践中获得了一些启示，生发和充实着自己的理论思考。而路翎也非常关注舒芜的学术研究，后来舒芜写出《论主观》初稿，路翎也是先睹为快，并写给舒芜几条参考意见。《论主观》在《希望》发表的时候，这些意见作为附录也同期发表。

舒芜与胡风的第一次见面是在1943年。胡风在桂林住了一年以后返回重庆，报纸上报道了“著名作家胡风回到重庆”的消息。据舒芜

① 舒芜、许福芦：《舒芜口述自传》，中国社会科学出版社2002年版，第112、113页。
② 舒芜、许福芦：《舒芜口述自传》，中国社会科学出版社2002年版，第113页。

回忆：

路翎看了消息，非常兴奋，决定第二天请假进城去看胡风，并且要我一起去。我说我不想见名人，路翎说："你要这样想，那就无话可说了。"我同意去看看，路翎又要我将已写成的《文法哲学引论》等三篇（另两篇是《论存在》、《论因果》——笔者注），已发表的《释无久》篇，带去请胡风审阅。次日，我们到胡风暂住之所重庆张家花园中华全国文艺界抗敌协会会址去看了胡风，路翎与他谈得多，我没有说什么。我们回南温泉后，我又写了一篇论文，题目似是《论体系》，寄给了胡风。①

以路翎和胡风、舒芜的亲密关系，可以想见，当路翎把舒芜介绍给胡风的时候，胡风自然对舒芜是一见如故，加之以胡风一贯爱才，他一定是相当赏识这位才气纵横的年轻人的。很快，舒芜就接到了胡风的来信，很热情也很尖锐地指出舒芜文章的问题，但也没有掩饰自己的欣赏之情，他表示要将文章送出去试试发表，建议舒芜可以写一部代替艾思奇《大众哲学》的哲学小册子。并提醒道："不能写写社会评论的东西吗？不用术语而深入生活中的意识形态的解剖，我觉得今天是非常必要的。"②胡风的器重，使刚涉足哲学研究的舒芜诚惶诚恐。

因胡风的努力推荐，三篇文章分别在几个重要的刊物上发表了，这也是方管用"舒芜"这个名字在全国性刊物上发表正式学术论文的开始。胡风的来信和最初的指导提携，对于舒芜更大的意义在于：

---

① 舒芜：《〈回归"五四"〉后序》，《新文学史料》1997年第2期。

② 胡风：《致舒芜》（1943年9月11日自重庆），《胡风全集》第9卷，第473页。

一，他指出，今天的思想工作，是广义的启蒙运动。这一下就使我明确了当时要“做什么”。二，他指出较之纯学术的文章，更需要的是探讨现实思想问题、生活中意识形态问题的文章，这一下又使我明确了应该“怎样做”。三，他建议我写一本哲学入门的小册子，来代替《大众哲学》，对我的这样期望，非同一般，我非常感奋。四，他将郭沫若尊儒贬墨的言论告诉我，当然是因为看了我的墨学论文，他此信中未对郭说表示意见，但是他不久就介绍我认识了大有志于振兴墨学研究的陈家康，可见他的态度。①

看得出，胡风的指导使正在学术海洋中摸索的舒芜豁然开朗。他立即回信，表示“愿意改换方向，写他所建议的现实性通俗性文章”。此后的舒芜，一方面尝试从启蒙主义的角度继续进行哲学思想研究，另一方面，他开始涉足社会评论和现实批判性的杂文写作，在此两方面均取得卓然成就，于是，我们便看到了《希望》上面那个哲学论文和杂文创作两条腿走路的舒芜。

《论主观》这一哲学长文的写作和发表，在希望社社团史上是一个重要的事件，也是舒芜与胡风、与希望社乃至与“胡风集团”关系当中的一个关节点。

舒芜写作《论主观》，缘起于自己“要对整个中国文化问题‘重新想过’”的愿望，后来舒芜采纳了胡风的建议，“用这写法，把各个重要的范畴都写一遍，合成一整篇”，而之前已经发表过的《论存在》、《论因果》两篇。在《论主观》的酝酿中，还有一个契机。舒芜曾回忆道：

① 舒芜：《〈回归“五四”〉后序》，《新文学史料》1997 年第 2 期。

那是1943年冬，路翎已经住在我家，我们朝夕谈论共同关心激动的文化文艺问题。有一天，我们又在“左楼道”上凭栏纵谈，路翎突然神情郑重地问我：“你说，中国现在需要什么?”我答不出，回问他。他明确肯定地说：“需要个性解放。”他这一句话，像一滴显影定影药水，一下子把我们谈论过很多而模糊不清的一切，显现为一幅清楚的画面，又像一个箭头，一下子指出了中心之点，从而使一切条理都可以梳寻。我想来想去，的确一切都可以归纳为需要个性解放，特别是国统区进步知识分子的思想问题，马克思主义如何进一步发展的问题，解决的关键都在于个性解放。而从哲学上来说，最与个性解放相对应的范畴，我以为就是“主观”。于是我写《论主观》。①

如前所述，《论主观》初稿写出之后，舒芜曾与路翎讨论，路翎还认真写了几条书面意见。到1944年2月28日，舒芜在吸收路翎意见的基础上完成第二稿。全文十一节，共约一万五千字。舒芜将稿子寄给胡风，还是希望胡风推荐发表。胡风在1944年6月9日给舒芜的信中说：“《主观》，要看了《论中庸》再决定。本拟先介绍出去，但拿出去颇不易，还是看了《中庸》再决定。”于是舒芜开始写《论中庸》。胡风看了《论中庸》之后又回信：“我以为，为了不发生‘流弊’，得再斟酌，因为这等于抛手榴弹。”“横竖没有发表的地方，不急，《希望》如成，先发表《主观》。”②这样，两篇长文都搁置在胡风的抽屉里。

1945年元旦出版的《希望》创刊号上，刊载了舒芜的《论主观》并附

① 舒芜：《〈回归“五四”〉后序》，《新文学史料》1997年第2期。

② 舒芜：《〈回归“五四”〉后序》，《新文学史料》1997年第2期。

路翎书面意见，胡风同刊发表了自己的短论《置身在民主的斗争里面》。虽然《论主观》发表之后很快招来了责难，但胡风在《希望》第2期继续发表了舒芜的《论中庸》。其后的《希望》，也持续发表了舒芜的一系列论文。如果说胡风认为舒芜的哲学论文“还有不少的弱点”，自己对这种“术语”性的理论解剖不甚满意，对文中的一些观点也持有不同的看法，那么，胡风更喜欢的则是舒芜的“社会评论”性杂文。这些杂文正是在胡风的建议之下创作的。胡风以为它们“甚有趣”，“这样的白兵战是够味的，虽然也有失之浮的地方。更好的是每篇一名，使我布得成疑阵，使他们看来遍山旗帜，不敢轻易来犯。快何如之。”[①]很有意思，虽然《希望》发表杂文的数量很大，绝大部分却是出自舒芜之手，所谓“遍山旗帜”，执旗者一人也，这正好应对了胡风的“疑阵”一说。《希望》创刊号上除了《论主观》，还以“许无”为笔名发表了舒芜的杂文《哲学与哲学家》。这样，舒芜的文字就占了创刊号七分之二的篇幅。《希望》共2集8期，发表了舒芜的论文、杂文51篇。舒芜共用过不同的笔名18个。这些数字，已经说明了舒芜在希望社的特殊位置。

舒芜自述道：“我和胡风认识之后，他一直鼓励、激发我写作和思索。那时我的思维活跃，经常有些新的想法，随时和他谈，他总是鼓励我把它写出来。”“胡风有了新的主意也常跟我谈的，尤其是刊物的编排方面，几乎每期都要向我约稿。”“这是一段难忘的时光，我和胡风之间经常书信来往，对于他，我几乎无话不谈，不光是《论主观》的事，还包括个人处境、感情挫折、内心苦闷等等，都跟他谈。”[②]据胡风亲属讲，到1998年为止，“已收集到的胡风致舒芜的书信共有111封，写信时间为1943年9月11日至1952年7月11日。”[③]从胡风的书信当中，

① 胡风：《致舒芜》(1944年9月19—20日自重庆)，《胡风全集》第9卷，第486页。

② 舒芜、许福芦：《舒芜口述自传》，中国社会科学出版社2002年版，第143、144页。

③ 晓风、晓谷、晓山整理辑注：《胡风致舒芜书信选》，《新文学史料》1998年第1期。

我们可以看到一个悉心栽培、殷殷希望于后学的导师形象。也可以看出，舒芜确实是胡风在希望社时期（特别是《希望》第1集全4期在重庆编辑出版的时期，舒芜也正在重庆女子师范学院教书。）往来频繁、过从甚密的一位同人。舒芜自己也将胡风当做自己的导师，晚年时也称之为“一贯挈我掖我教我望我的胡风”[①]。胡风对舒芜的学术事业影响很大。胡风建议他从“抽象哲学”转而讨论“具体的文化问题”，“关心现实问题”，从此改变了舒芜的学术路向，他“再也没有写过抽象的哲学文章”。直至晚年，舒芜说：“现在国内有人认为过去谈思想的多了，谈学术的少了，提倡国学。我好像有些格格不入，纯学术的也有价值，但总不能脱离时代文化背景。”[②]舒芜晚年文化学者的形象，一定程度上与胡风当年的塑造有关。认识胡风之前，舒芜还是一个勤奋摸索学问的无名小辈，他是在《希望》上成长起来的，是在胡风的提携和重用之下成为20世纪40年代颇富影响的青年学者。另一方面，因为偏重于文化思想论争和现实问题批判，使《希望》带上不同于《七月》的期刊特征，作为核心撰稿人的舒芜当然起到了至关重要的作用。所以，研究《希望》，不研究舒芜肯定是不行的。

和当时很多的文学青年一样，耿庸（1921—2008，原名郑炳中）与胡风的结缘，也是因为崇拜胡风和喜欢《七月》。他很早就“读过胡风的《文学和生活》，也从鲁迅书里了解了些他同鲁迅的关系和文学思想上的承传关系”。1938年，耿庸向武汉的《七月》投了一篇小说，据耿庸回忆：“那时另有一个和我差不多内容的作品已先发稿了，他（胡风）写

① 舒芜：《〈回归“五四”〉后序》，《新文学史料》1997年第2期。

② ［韩］鲁贞银：《关于“胡风编辑活动和编辑思想”访谈录——舒芜》，《新文学史料》1999年第4期。

信告诉我，退还了我的稿。”[①]后来一直到1944—1945年间，耿庸被《希望》上胡风写的“致读者”所吸引，再次向胡风投稿。胡风约见耿庸，二人相识并保持通信来往。这时候，耿庸已经是文坛上小有名气的杂文家了，《希望》先后发表了他的三篇杂文，颇富影响。由此，耿庸不止一次听到别人称他为“胡风派”。耿庸调侃说：“虽然我不知道有个‘胡风派’，人家敬重编辑《七月》和《希望》的胡风，派给他一个‘派’，把在《希望》上写过几篇杂文的我派到这个‘派’里去，承蒙看得起，却未免太抬举我了。”[②]

耿庸不仅杂文写得出色，同时也是一个自觉思考现实主义问题的文艺理论家。在重庆期间，他与胡风曾结合路翎的小说创作讨论现实主义问题。他说“路翎有契诃夫那样犀利的透视力和敏锐的感知力”，深得胡风的认同。耿庸又说出自己的另一种阅读感受：“我读《罗大斗的一生》时觉得，它当然是现实主义的，但是不是也带有表现主义的倾向呢？”[③]胡风显然不赞同，但也没有提供有说服力的意见。可见，耿庸在接受和领会胡风现实主义文艺思想的基础上，也有进一步的思考，这一思考一直持续到70年代和新时期，其思考成果就是耿庸与理论家何满子的“文学对话”[④]。经过时间的沉淀和时代风云的洗炼，耿何二人的现实主义讨论是更具反思性批判性的。他们既站在时代的高度肯定胡风“精神奴役的创伤”和“主观战斗精神”这两个中心理论命题，又从历史河床的探研中发现胡风理论思想无法避免和克服的局限性和矛盾性，进而反思一个时代的思想成因和理论缺失。20世纪90年代以来，耿庸曾表示：“只有在主观性和客观性融合真实的统一的文

① [韩]鲁贞银：《关于“胡风编辑活动和编辑思想”访谈录——耿庸》，《新文学史料》1999年第4期。

②③ 耿庸：《枝蔓丛丛的回忆》，《新文学史料》1993年第2期。

④ 耿庸、何满子：《文学对话》，上海书店出版社2000年版。

学作品才是现实主义的。胡风在作者的主体地位至少是被模糊了的。当时强调主观精神,我以为是他对现实主义的明确发展的一个贡献”[①]。但胡风一面在坚持、在抗争,一面又领受着时代风习的熏染,总是停留于一种对时代风习的“叛逆”状态中,而难以最终完成理论的自足化建设。耿庸、何满子认为胡风虽然难得地摆脱了苏俄“拉普”的影响,但其文艺思想仍停留在“社会主义现实主义”层面上,直至老年再无突破。这样的理论反思发生在现在并不奇怪,难能可贵的是,耿庸和何满子在“左”倾思想横行的70年代初期就露出反思批判的触觉,这应该与胡风及其文人团体一贯的理论立场有很大的关系。从某种意义上说,耿庸和何满子关于现实主义的“文学对话”,代表着胡风现实主义理论的进一步突破和发展。耿庸与“胡风派”的关系,一方面缘于胡风赏识他的杂文,使他成为《希望》的撰稿人,另一方面,这种思想理论上的影响和传承,也使他们的关系显得更加内在和紧密。

与耿庸相似,另一位杂文作家张禹(1922—,原名王思翔)也在《希望》上发表了三篇杂文。张禹说:“他(胡风)品格对我的影响比理论有力得多,”不同于胡风之于耿庸的“理论影响”,张禹得到的是一种“人格影响”。还有一点不同是,建国前张禹和胡风未曾谋面,他们是纯粹的投稿关系。两人第一次见面是在1950年春天,此时,张禹和朋友尹庚、许史华等人在上海办了一个私营出版社——泥土社,张禹负责编务,因为工作关系,和尹庚一起去拜访胡风。张禹回忆见面的情景:“第一次见面谈得不多。不过胡风先生还记得前几年我给《希望》杂志投稿的事情。我把一本才出版的《台湾二月革命记》送给他,他翻了一下,然后告诉我:1947年耿庸曾把这本小册子的初稿托他带到香港,但

① [韩]鲁贞银:《关于“胡风编辑活动和编辑思想”访谈录——耿庸》,《新文学史料》1999年第4期。

终于没能找到出版的机会……他这样一说，就把初次见面时的陌生感驱散了，使我觉得这位可尊敬的理论家是真挚而又平易的师友。"[①]虽然认识胡风较晚，但因为与《希望》的投稿关系和未曾出版的小册子，一下子拉近了他们之间的距离，而见面之后的日子里，泥土社的出版工作，使他们的关系更加亲密起来。建国后的几年中，泥土社是胡风最主要的出版阵地，他把自己的《人环二记》等几本旧书稿和编辑好的《七月诗丛》交付泥土社重版发行，"大约到 1954 年上半年，他的几本文学评论集都印行了新版本"。而因为泥上社印了这批胡风的书，其后就出现了对泥土社的不同意见，"到了 1955 年，'反胡风'运动开始后，有人竟把泥土社说成是胡风办的出版社"[②]。张禹因此受到牵连，被定为"胡风分子"。同样热心于出版胡风书籍的许史华，在运动中付出了生命。实际上，泥土社的出版是非常广泛的，与胡风的合作只是其中很小的一部分，只能说明泥土社持有兼收并蓄的出版方针。但对于一生钟爱出版的胡风来说，与泥土社的愉快合作和自己编辑的一批书籍的出版，也算是胡风及其同道们经营出版业的一个勉强的尾声吧。

晋驼(1910—1988)早年参加革命，1940 年后在延安充任供给学校教师，也是延安鲁艺的一名成员。晋驼在《希望》发表作品时，已经是抗战胜利以后了。这篇名为《结合》的小说发表在《希望》第 2 集第 4 期。据侯唯动回忆，在延安时，他和公木[③]、晋驼的作品一同交给陈荒煤，请周恩来裹在衣物中带往重庆，交给胡风。[④] 胡风回忆说："抗战胜利后在上海，我收到了一卷原稿，是晋驼同志已经在延安和别处发表

① 张禹：《他品格对我的影响比理论有力得多》，《我与胡风》，第 651 页。
② 张禹：《他品格对我的影响比理论有力得多》，《我与胡风》，第 652 页。
③ 公木曾在《希望》第 1 集第 2 期发表长诗一首《哈喽，胡子》。
④ 侯唯动：《从读者中走向胡风》，《我与胡风》，第 329 页。

过的小说。我细读之后，很为里面的人物所感动，觉得他们能对国统区的广大读者起到教育和鼓舞的作用，所以我十分乐意为它设法出版，就用《结合》的书名编入了《七月文丛》里。”①

4. 从未在《七月》和《希望》上露面的同道者

按说，没有在《七月》和《希望》上发表过作品的诗人作家，应该不属于这两个社团的成员，但有一种特殊情况是，他们深受胡风思想及其人格的影响，并心仪和向往着《七月》和《希望》。虽然由于种种原因没有在这两个刊物发表作品，但他们的文学思想、精神气质和作品的风格样貌与这两个社团是息息相通的。更重要的是，他们与这两个社团的核心成员有着密切的友情往来和文学交流，或者被胡风编选到《七月诗丛》和《七月文丛》中，或者创办编辑与《七月》和《希望》声气相投的文学刊物，或者在这些“兄弟”刊物上发表自己的作品。总之，通过各种途径和这个文人团体发生关系，并最终与其融为一体。这样的诗人作家有曾卓、芦甸、牛汉、徐放等几位。

前面曾经说到的邹荻帆、冀汸、方然这几位，是从《诗垦地》和平原诗社走向《希望》的诗人，提到这几位，很自然就会联系到杜谷、曾卓和芦甸。所不同的是，他们并没有在《希望》杂志上发表过作品。但是，由于《诗垦地》和平原诗社成员之间的亲密往来，以及这两个诗社与希望社之间某种程度上的承递交错关系，也把他们与希望社为中心的这个文人集团的命运紧紧联系在一起。如果可以将此文人集团比做一个以《希望》同人为内核的、向外层层扩展的同心圆的话，杜谷、曾卓和芦甸等人则也是较为靠近中心的一群，或者有人干脆把他们也划入其中（如果不以《希望》发表作品为唯一划定标准）。这几人当中，只有杜

① 胡风：《为〈晋驼短篇选〉说几句》，《胡风全集》第7卷，第174页。

谷与《七月》有一段因缘，或者说杜谷也是从《七月》走来的一位诗人。而曾卓和芦甸以及牛汉和徐放的情况则又各有不同。

曾卓（1922—2002，原名曾庆冠）是从加盟《诗垦地》开始走进这个文学群体的。1938 年，曾卓从武汉流亡到重庆，继续读高中，由朋友田一文的介绍，认识了正在北碚待考复旦大学的邹荻帆。不久，曾卓又在友人的帮助下，在复旦大学校友服务部任职。在复旦大学文学青年的影响下，曾卓开始尝试诗歌创作。1941 年，姚奔和邹荻帆计划创办《诗垦地》诗刊，曾卓是积极的参与者。为筹措经费，曾卓曾“拿了一部分募款册在复旦中学和他认识的友人中进行”。“张芒是曾卓的中学同学，也成了《诗垦地》的积极赞助者。”[①]《诗垦地》第 1 辑《黎明的林子》上，首条刊发曾卓的诗歌《母亲》，其后的每一辑和《诗垦地》副刊，都刊载着曾卓的诗作。他是《诗垦地》的编务人员，同时也是最得力的撰稿人之一。

“曾卓是个钟情的人”[②]，为人为诗都是这样。曾卓的性格气质决定了他委婉细腻的抒情格调，是这一诗歌创作群体中最个性化的一位。但是，这样的艺术个性并不为胡风认同。因为胡风是以作品来结交作家的。所以，虽然在 20 世纪 40 年代由邹荻帆引荐，曾卓和胡风见过几次面，却并没有带来以后的深交，《七月》和《希望》一直没有接纳过曾卓的诗歌。曾卓回忆说：“1942 年，我听说他认为我的一篇受到一些人赞扬的散文诗只不过是‘小资产阶级情调’，我相信这话是真的，因为他当时正在编《七月诗丛》，约了我的几个朋友编集（说的是邹荻帆、冀汸和绿原——作者注），却撇下了我，这很使年少气盛的我感到难堪，而且颇为忿忿，就发誓不向他编的刊物投稿。”[③]这真是少年意

① 邹荻帆：《忆〈诗垦地〉》，《新文学史料》1983 年第 1 期。

② 牛汉：《一个钟情的人》，《梦游人说诗》，华文出版社 2001 年版，第 168 页。

③ 曾卓：《简单的交往，几乎影响了我的一生》，《我与胡风》，第 505 页。

气。曾卓其实很崇拜胡风,也是由于对鲁迅先生的热爱而注意到胡风的。尤其是在他习诗的过程中,深受胡风理论的影响。或许是因为这种崇拜和影响,或许是因为与胡风周围的同人们交往甚密,曾卓在1955年的反胡风运动中无可逃遁地被列为"骨干分子"。令人欣慰的是,胡风到晚年开始肯定和欣赏曾卓的作品,他改变了当年不无偏激的审美准则,将更为多样化的艺术个性容纳到自己的审美视野当中。

芦甸(1920—1973,原名刘振声,曾署名波心)是平原诗社作家群的负责人和骨干成员。1938年,芦甸在成都认识了杜谷和白堤,他们和当时一批进步青年热心发起了华西文艺社,并创办刊物《华西文艺》。《华西文艺》出了四期后终刊。就在这时,好友杜谷告诉他有关自己的一堆好消息:《泥土的梦》被《七月》刊用,胡风邀请编一本诗集列入《七月诗丛》,邹荻帆约请给《诗垦地》写稿。芦甸既羡慕杜谷,同时"也激起他对新诗创作的巨大热情"[①]。之后,芦甸等华西文学社的成员们采纳了杜谷的建议,学习重庆的《诗垦地》社,也出版一本诗刊。于是芦甸与白堤、葛珍等一干人着手成立了平原诗社,并创刊《平原诗刊》。平原诗社成员的创作大都受到胡风及其《七月》的影响。更确切地说,他们也如七月社的诗人们一样,"是在艾青、田间等诗人的早期诗作的影响下开始写诗的。他们的诗是现实主义的"[②]。芦甸1945年在重庆第一次见到胡风时,并没有在《七月》上发表过作品,也没有被胡风收编入《七月诗丛》,但他与胡风一见如故。在芦甸内心,胡风早已和自己所熟悉的七月社作家一样,是精神与艺术上的知己和同盟。鲁藜曾回忆:"距今已经是三十八年了(大约1946年——作者注),我还很清楚地记得我同他第一次见面时一个奇特的情节。我完全没有

---

① 杜谷:《万里桥边怀芦甸》,《新文学史料》1993年第4期。

② 孙跃冬:《记成都平原诗社》,《新文学史料》1993年第4期。

想到，一个人从中原地区跋涉数千里，居然在身边还珍藏着带来送给我的礼物——数卷《七月》、《希望》、《泥土》等旧杂志。这种礼物对我们长期被隔绝在敌后的人是十分稀罕的。”是这些刊物中“嫩绿的诗叶给他的生命捎去春光”①。对于芦甸和与芦甸密切往来的杜谷、白堤、葛珍、鲁藜和何满子等友人来讲，都是这样，向心于胡风和他的《七月》、《希望》，是他们走在一起的一种巨大力量。因此，芦甸落入“胡风集团”的政治陷阱也就成为必然。

牛汉（1923—，原名史成汉）自己曾说：“我是在胡风的理论、刊物特别是《七月》、《希望》影响下成长起来的。别的刊物也有影响，但较小。所以1955年我是地地道道的胡风分子。”②牛汉所言可以代表那些并没有在《七月》和《希望》上发表作品而又深受其影响的“胡风分子”们的状况。

抗战发生时，牛汉刚刚14岁，他随父亲从山西流亡到陕西，不久他接触到了《七月》和艾青、胡风的诗集。亲历流亡的苦难，使他一下子对艾青的《北方》产生了强烈的共鸣。少年牛汉痴迷地研读艾青和田间，并开始尝试写诗。早期的诗路还很顺畅，西安的《匆匆》诗刊、桂林的《诗创作》和成都的《诗星》都曾发表过他的早期习作。1942年，牛汉以一首400行的长诗《鄂尔多斯草原》惊动诗坛。他当时用的谷风这个笔名开始引人瞩目了。《七月》停刊后牛汉急切地寻找着心灵的同道，这时，他发现了酷似《七月》的《诗垦地》。他说：“当我在重庆出的报上见到了一个叫做《诗垦地》的诗丛的目录，发现作者当中有S.M、邹荻帆、冀汸、曾卓、绿原等久违的名字，我欣喜若狂，还没见到

① 鲁藜：《〈芦甸诗文集〉序》，王式俭主编《七月文粹》，中国文联出版社2004年版，第56、57页。

② ［韩］鲁贞银：《关于“胡风编辑活动和编辑思想”访谈录——牛汉》，《新文学史料》1999年第4期。

刊物就立即寄去新写的一组诗《高原的音息》。不久收到编者邹荻帆热情的信，我的诗幸运地被采用。这对我当时孤岛般的困境无异于登上了一艘希望之船。”[1]这是牛汉走入这个诗歌群体的关键性一步。

青少年时期的牛汉已经显示出独异的个性，“脾气”和“傲气”使他不愿巴结名人，但是对胡风这个名人，他确实是崇拜、心仪已久了。他曾说：“我一向也不大看重理论，但胡风的那些谈诗的理论我看，我认为胡风的理论对青年人很有吸引力，对刚开始创作的人很有指导意义。”[2]1943 年在陕西城固[3]与朱健邂逅，两人曾彻夜谈诗，谈胡风，因为“胡风这个名字是那么一个巨大的存在，使人们怎么也避不开他，绕不过去”。[4] 牛汉不仅崇尚胡风的理论，他还一集一集地看胡风办的刊物，学习刊物上的艾青和田间，内心渴望得到胡风的认可和指导，但却一直没有胆量向《七月》和《希望》投稿，“觉得自己没那个水平，幼稚”[5]。这多少也有点自尊心在作祟，担心不被采用。一直到磨练得自信了勇敢了，才向《希望》投稿，这时《希望》已经停刊了。1944 年牛汉从城固来到西安，曾和友人在西安创办过一个刊物《流火》，“‘七月流火’，其意至明”[6]。这时他与胡风没有任何联系，却写信给朱健请他转请胡风为《流火》写文章，胡风没有写这篇文章，《流火》也一期而终，但可见胡风在牛汉心中的分量。有意思的是，牛汉一直没有积极地联络过胡风，只在 1947 年去过胡风家里一次，也没有耐心等待，终于未能谋面。所以他说：“解放前我是个胡风的读者，追随者。”但无论多么

---

① 牛汉：《回顾和思考》，《萤火集》，中国华侨出版社 1994 年版，第 218 页。

②⑤ [韩]鲁贞银：《关于“胡风编辑活动和编辑思想”访谈录——牛汉》，《新文学史料》1999 年第 4 期。

③ 1942 年牛汉考入西北大学。进西北大学前，曾在城固的西北师范学院先修班学习半年多。

④ 朱健：《胡风这个名字……》，《我与胡风》，第 657 页。

⑥ 朱健：《胡风这个名字……》，《我与胡风》，第 660 页。

“独立”和“傲气”，依然不能掩饰牛汉内心对胡风的崇敬，而真正优秀的诗人也是逃不过胡风的锐眼的。到1948年的时候，牛汉把自己全部的作品寄给了胡风。胡风看后非常欣赏，很快编出一本诗集《彩色的生活》，收入《七月诗丛》第2辑，于1951年出版。这是牛汉加盟胡风文人团体的重要标志。而真正和胡风开始交往，则是建国以后的事情了。

徐放（1921—，原名徐德锦）和胡风的交往并不频繁密切，也没有在胡风的刊物上发表过作品，但他同样是一位深受胡风文艺思想影响的诗人。徐放和胡风相识于1944年的重庆，那时徐放是一个东北流亡的学生，已经出版了第一本诗集《南城草》。他把自己在四川三台东北大学学习时创作的一批诗歌结集为第二本诗集《明天的旅程》，专程到胡风居住的重庆赖家桥乡下请教于胡风。胡风后来回忆道：“一天，一位戴着草帽的青年从城内步行了几十里来看我。他从怀里拿出了一卷诗稿，要我给他看看。原来他是从沦亡的东北经过艰险的途程漂流了以万里计的祖国大地，来到这古老的祖国西部的四川，寻求友谊，寻求斗争的道路，寻求安身立命的精神目标。”“送别的时候，我望着他的似有所得的欢快的姿态和走上生疏的道路毫不迟疑的健康的背影，不禁感到一种不能给予他一点有益的助力的、不安的怅惘。”[①]从这里，可以看到徐放对胡风的崇敬之情和与胡风晤面的快乐之感。其后，胡风确实给了这个健康的年轻人以力所能及的帮助。他给徐放的一封长信中表述了自己的一些意见，并答应徐放为其诗集写序。但这本诗集在五十年代出版社送交国民党图书审查委员会审查后，被扣押没收了。诗集没有出版是遗憾的，但胡风的热心教诲和提携却铭记在徐放心中。同年，徐放委托自己的亲戚介绍好友鲁煤与胡风认识，鲁煤因

① 胡风：《〈徐放诗选〉序》，《胡风全集》第7卷，第198－199页。

此得以在《希望》上发表诗歌，而徐放自己却一直无缘于《希望》。但是，这部未出版的诗集和未刊的胡风的序言，却将徐放与胡风联系在一起，并由此影响了徐放的艺术和人生历程。也许因为这一次的遗憾，20 世纪 80 年代劫后余生，胡风终于提笔为《徐放诗选》作序，也算是了却了 40 年前他们共同的心愿。

徐放从东北大学毕业以后到了重庆，与胡风的交往和对胡风理论的学习催动了他的诗歌艺术的成熟。他说："胡风先生对我的影响是深重的，特别是关于人与诗，关于第一义和第二义诗人的理论。我总记得他'第一是人生上的战士，其次才是艺术上的诗人'这些话。"[①]直面人生的生活态度和蓬勃强烈的情感力量，使徐放的诗歌创作愈来愈靠近"七月派"诗人群体的艺术追求。

五、希望社社团特征以及摩擦与对抗的产生

1. 希望社社团特征

七月社和希望社有着外在和内在的承续关系，在第二章中论述的七月社的社团形式和特征，在相当程度上也延续到了希望社时期。为避免重复起见，这里重点梳理和讨论希望社以来社团的变化和新的特征。

《七月》的终刊和《希望》的发刊，标志着以胡风为领袖的这个文人团体所经历的重大转折。七月社到希望社，既有着一脉相承的续接关系，又在社团的构成和特色上有很大的变化。《七月》时期，社团比较

① 徐放：《我的诗路历程》，《新文学史料》1994 年第 2 期。

宽泛和开放，到了《希望》时期，作家范围开始变小，有了更为自觉的思想理论意识，具有了更为明显的社团流派特征。牛汉曾说："《七月》、《希望》作者阵容不一样，如果说流派，《希望》更明显，审美观点，流派思想，更集中、更典型。"①相比之下，胡风在希望社的盟主地位得到进一步的巩固，胡风的文艺思想和办刊方针也得到进一步的认同和遵循，这就大大增强了希望社的凝聚力。

应该说作为前后相互联系的两个文学社团，希望社是更趋于成熟了，但同时，它所面临的困难和阻力却愈来愈大，文艺思想上的派别对立斗争日渐激烈，并伴随出现了与政治问题混淆的不良苗头，使希望社走向孤立。绿原在谈到胡风和他的刊物时也说："有人问胡风，《七月》、《希望》怎样？他说，《七月》是年青的，生活气浓的，大有希望的；《希望》是成熟的，深沉的，性格很鲜明，每篇稿子都经过考虑的。不足之处是，人员少了，孤立了，为什么？因为他的思想越来越明确，与客观的矛盾越来越深刻。生活背景的区别，作家群的区别，胡风本人思想的演变，以及主客观矛盾的尖锐化，决定了两个刊物在风格上的差异，但他为中国文学鞠躬尽瘁的初衷是不变的。"绿原对《七月》和《希望》前后的变化及其原因的把握应该是准确的。为什么这个社团在走向稳定和成熟时却预示着它的衰落与终结？原因当然是复杂的。从外部环境来看，卓而不群的思想见识为政治一统化的文坛所不容，这是不以胡风及其他人的意志为转移的。我们在认识理解社团特征的变化时，断然不能脱开时代环境和政治形势的变化。从社团自身来看，成熟稳定与开放和集中之间，本身就存在着一种矛盾悖论。开放的过程带来了社团的成熟，成熟又表现为相应的集中和稳定，而集中

①② [韩]鲁贞银：《关于"胡风编辑活动和编辑思想"访谈录——牛汉》，《新文学史料》1999年第4期。

发展到封闭和排他的时候，社团也就走向穷途末路了。所以，社团流派的存在和发展始终处于个性与多样共存的机制调协之中。没有个性的集中就无所谓社团流派，个性集中的极端化，又反过来限制了社团流派的发展。从七月社到希望社的成熟到衰落的演变当中，我们多少能够汲取一些社团流派生长变化的经验教训。

从希望社撰稿人的构成中，我们可以看出，随着《七月》同人和胡风老朋友们的逐渐淡出，《希望》的核心成员主要是胡风后来发现和培养的文学新人，他们自觉是胡风的学生，他们都在胡风的文艺思想的影响之下，在胡风人格力量的引领之下走进《希望》，他们心悦诚服地追随在胡风的左右。所以，比之七月社，希望社成员与胡风的关系更为紧密，往来更为频繁，他们和胡风的编辑事业扭结在一起，彼此已是一种生死与共的生命联系。从七月社到希望社的兴衰沉浮中可以看出，除了刊物自身的凝聚作用，还有胡风的不懈奋斗和追随者们的共同努力。胡风对于这两个文学社团所起到的的巨大作用，现代文学史上任何其他社团的盟主人物，都无法与之相比。正因为如此，在文学社团形式上解体之后，围绕在胡风周围或者在胡风精神影响之下的潜性群体依然存在，胡风的聚合力始终没有消散。于是乎，胡风成为政治斗争中新的对立面时，“胡风集团”的出现，群体冤案的铸成，就成为可能。

在《希望》创办以来，文艺界发生的有关胡风文艺思想的儿次论争，也不仅是胡风个人的行为，希望社核心成员和胡风的追随者们站在胡风一边支持胡风或者参与论战，使之成为一个阵营性的，或者说带有派别性质的文艺论争。因为抗战胜利以来国内政治斗争格局的变化及其对文艺界的巨大影响，此期间的文艺论争就不再是单纯的文艺性和学术性的，而是带上愈来愈浓厚的政治色彩，并总是以政治性结论做裁决。更进一步来看，胡风和他的战友们毕竟只是一个少数文人聚合的文学团队，而他们的对立面代表的则不是同样的文人群体，而代表着当时文艺运动的主流，并且借助着更大范围的政治势力。这样，双方力量的多寡悬殊，斗争的最后的结果，也是不言而喻的。这种带上新的时代文化特征的文艺论争，是希望社社团活动中的重要内容，也是希望社不同于七月社的一种存在方式和表现特征。

2.20世纪40年代以来的文艺思想论争

要梳理这一时期希望社与文坛政治性力量的摩擦和对抗，必须从20世纪40年代胡风参与的文艺论争谈起。

我们知道，胡风参与的第一场重要的文艺论战是发生在1936年的关于“典型”问题的论争，这是胡风参与现代文艺论争的开始，也是胡风与周扬理论分歧的发端。其后发生的“两个口号”论争，由于涉及建立文艺上的抗日民族统一战线的重大问题，也因为鲁迅先生的参与，引起文艺界乃至全社会的广泛关注。这也是对七月社有缘起作用的“第一战”。文艺界特别是追随鲁迅先生的一批文学青年，从鲁迅的《答徐懋庸并关于抗日统一战线问题》这篇著名文章中认识和理解了胡风，使胡风在文坛和文学青年当中具有了相当大的感召力，从而在鲁迅去世和抗战爆发后自觉围拢在胡风和《七月》周围，为社团的形成打下了初步的思想和组织基础，而所谓宗派对立的根子也由此埋下。

与胡风相关的另一场重要的思想论战是1939年开始的民族形式问题的论争。这场论战在延安、重庆等地的文艺界大规模地展开。由于它从文学形式问题的探讨出发，逐渐引申到新民主主义文学的发展方向问题，所以讨论波及面广阔，影响深远。此时的胡风正在不遗余力地反对抗战以来文坛上种种不良风气的斗争中，开始构建自己的思想理论体系。胡风在这场关于民族形式问题的讨论中，居于一个特殊的位置。发生在国统区重庆的先期讨论，胡风并没有参加，但他关注论争的进程，通读了双方的文章。当胡风意识到论争的关键，是要打破向林冰自成体系的形式辩证法，揭露向林冰的"中心源泉说"和"移植形式论"时，胡风决计从新文学发展的实际过程和文艺实践的现实情势出发参与讨论，给民粹主义和复古主义以有力的回击。1940 年底，胡风撰写并出版了带有总结性的五万言长文《论民族形式问题》。如胡风所言，他探讨的"不是一个单纯的形式问题"，而是关系到整个"新民主主义文化"的具体发展途径问题。所以，胡风"是没有离开现实主义（社会主义现实主义）的立场来理解民族形式问题的"[①]。在这篇文章中，"主观战斗精神"为核心的现实主义理论走向自觉，胡风的文艺思想开始走向成熟。

虽然这场论争发生于毛泽东的《在延安文艺座谈会上的讲话》之前，而且国统区的讨论也是相对独立进行的，但后来人们在批判胡风的观点时，总是将其与毛泽东的论断相对应，罗列出胡风在民族形式问题上与毛泽东文艺思想的相左之处，好像胡风与毛泽东的思想矛盾在这时就已经自觉构成了，由此引起的对胡风的非难，其性质显然比较严重了。但胡风觉得自己批评的中心对象是向林冰，凡是论及相关人的观点，也都是提了名的。而且胡风以为自己在重庆的讨论文章与毛泽东提到的"民族形式"问题以及在延安的讨论应该是各行其事，并没有一定的针对性，固然观点不同甚至存在某些对立，但胡风并不是有意挑战毛泽东，因为毛泽东和向林冰立论的背景和现实依据大为不同，针对向林冰的批评文章，不能通用于挑战毛泽东。胡风自认为问题是很清楚的，但实际情况并不这样简单。虽然胡风一直对毛泽东深怀敬意，但并没有影响胡风要发展自己独立的文艺思想；虽然胡风关于民族形式问题的论述与延安的官方文艺思想并没有直接冲突，但确

① 胡风：《〈胡风评论集〉后记》，《胡风全集》第 3 卷，第 611 页。

实是客观上形成了各自为政的局面。而且，毛泽东和胡风作为政治家和文艺家的不同角色，职能已经决定他们之间的分歧必然带来极其不利于胡风的后果，特别是 1942 年毛泽东《讲话》发表以后，情形就更加明白了，只是书生意气的胡风迟迟不能够自觉到问题的严重性。

在文艺民族形式的论战中，看起来是胡风一人代表论战一方，而实际上，胡风也代表着和他持有相同观点的一批同道伙友。早在 1938 年 4 月 24 日，七月社在武汉组织召开了议题为“宣传・文学・旧形式的利用”座谈会，社团成员在此问题上持有基本一致的认识。聂绀弩说：“我以为利用旧形式，一定要和实际联系，否则意义是很少的。”“用旧形式写出的东西，比之于新形式的作品，总要粗浅或低级一点”。艾青的观点也很明确：“我要说我自己对于利用旧形式这一口号是取怀疑的态度的。如其为了宣传不得不利用旧形式，我们也应该有利用的界限。宣传与文学是不能混在一起说的。我们的文学革命已这么多年了，一开始，它就否定了旧形式，现在如果又把旧形式肯定了，将来不是又要重新来一次否定么?”吴奚如也认为：“从文学的观点看，我们还是应该坚持新文学运动的主潮，只有革命的现实主义一条路，不过要更加使它民族化，——中国化，即首先理解中国人民大众的实际生活，语言，感情，希望。”他们强调利用的“界限”，强调现实宣传和文学长远发展的区别，希望在抗战中成长起来的文学有“适当的新形式”，成为“更高风格的文学”，而且坚信“把新形式大众化，或大众化了的新形式用到宣传上去，大众也不见得一定会拒绝。”“无论通俗化也好，利用旧形式也好，要使它与文学的进步与发展不发生矛盾。”①其后的关于民族形式问题的讨论中，在《七月》上成长起来的小说家路翎，继续

① 《宣传・文学・旧形式的利用——座谈会记录》，《七月》第 3 集第 1 期（1938 年 5 月 1 日）。

坚持胡风的思想观点。从路翎的代表性文章《对于大众化的理解》[①]可以看出，那一根为胡风一生所奋力穿引的“启蒙主义”的红线，同样清晰地贯穿于路翎的文艺思想当中，甚至有着更为极端的表述。路翎的文章显然与胡风属于同一话语系统，从走进《七月》起，路翎就开始成为胡风思想理论的得力助手和忠实同盟。这场思想论战表明胡风身边开始有了同盟者和追随者，只不过这种群体意识不够自觉和明显。

这场论战，扩大了胡风及其社团的影响，增强了社团群体的思想凝聚力，但同时也开始造成更大范围内的思想与派别对立的局面。胡风在《论民族形式问题》中除了直接对手是向林冰外，“但同时也提到了和他对立的，和他的理论有联系的一些人的论点，而且还是提了名的。”[②]胡风所说的“提了名”的人是指当时参加论战的一批文艺界知名人士，即郭沫若、周扬、潘梓年、艾思奇、胡绳、光未然、何其芳、张庚等。胡风解释说：“我是把这次论争当作人民内部的文化思想问题，而不是当作政治上的对敌斗争看待的，因此，非对两方面采取平等的态度不可。否则，不能说服向林冰，尤其重要的是不能说服读者群众。”[③]于是，胡风既没有在乎双方都是左翼作家，也没有在乎他们有些是文艺界的领导者，毫无顾忌地一概点名批评，感觉是文艺界的领导人和文坛名流几乎要一网打尽了。胡风一人出面论战，却为自己树立起如此强大的对立面，这无疑为后来的政治斗争埋下了伏笔，胡风其后处境的艰难就可想而知了。这一教训，胡风直至晚年才意识到。希望社后来受到的孤立、排斥和非难，也与这次论争莫不相关。

3.《希望》时期的摩擦与对抗

在民族形式问题的讨论中，胡风的不和谐之音和广为树敌大有引

---

① 载于1948年5月《蚂蚁小集》之二《预言》，署名冰菱。

②③ 胡风：《〈胡风评论集〉后记》，《胡风全集》第3卷，第612页。

火烧身之势，但毕竟论争的中心在于向林冰。而真正使胡风成为论争对立面，并且自觉地以集体的形式开始对抗文艺界主流力量的，则是1945年开始的由《希望》引发的文艺思想论战。

这场论战的开始时，文艺界以胡风创办的《希望》刊物为切入口，对胡风及其同人的文艺思想进行批评。批评可分为两个时期。

首先是重庆时期：1945年元月《希望》创刊号发表舒芜的《论主观》和胡风自己撰写的《置身在为民主的斗争里面》，掀起轩然大波，引发了重庆时期的批评。在《〈希望〉编后记》中，胡风指出："《论主观》是再提出了一个问题，一个使中华民族求新生的斗争会受到影响的问题。这问题所涉甚广，当然也就非常吃力。作者是尽了他的能力的，希望读者也不要轻易放过，要无情地参加讨论。"[①]对此，胡风后来进一步解释说：

> 他那篇《论主观》，在我的抽屉里放了半年之久，我很踌躇，因为我对它无能作出肯定或否定的判断。到编《希望》时，我发表了它。原因是，那以前（我还没有回重庆），《中原》和《群众》发表了几篇谈思想问题的文章，是响应延安整风运动的，结果被认为犯了唯心论的错误，思想界陷入了沉闷的状态。舒芜说明，为了反对主观主义（唯心论），所以得研究"主观"这个"范畴"。他还用哲学上斯大林阶段迷惑了我。我想，可以用这篇文章引起论争来，借以打破沉闷空气，在论争的假象上迷惑国民党的审查官，借以扩大延安整风运动的影响。[②]

---

① 胡风：《〈希望〉编后记》，《胡风全集》第3卷，第292页。

② 胡风：《〈胡风评论集〉后记》，《胡风全集》第3卷，第613页。

胡风这里说的是1942年延安整风运动开始后，国统区的胡风、乔冠华、陈家康等人应合延安的整风运动，认为有必要整一整国统区文化界的各种不正之风。于是，就有乔冠华的《方生未死之间》、陈家康的《唯物论与唯"唯物的思想"论》等文章出台，以呼应延安的整风运动。在胡风拿到舒芜的《论主观》的时候，胡风依然清楚地意识到，当时的文坛形势，最切近的问题还是反对机械教条主义，而反教条主义，从根本上还是归结到广义的启蒙运动。也就是说，五四个性解放精神，依然是解决当前文坛一切不良倾向的有力武器。于是，尽管舒芜的《论主观》有幼稚、混乱、生涩等诸多问题，胡风对文中的一些观点也持有不同的看法，但总体上胡风还是认为舒芜的文章有益于推进当前的讨论，在发扬主观力量解决机械教条主义这一中心点上，契合了胡风的一贯思想。胡风在最初审阅舒芜几篇论文后，曾信告说："今天，思想工作是广义的启蒙运动。那或者是科学思想发展的评介，或者是即于现实问题（包括现在成为问题的思想问题、历史问题等）的斗争。这是一个工作的两面，过去都没有好好做过。你的这四篇（连上次的一篇），我觉得是介乎这二者之间的工作。"胡风鼓励舒芜："不能写写社会评论的东西么？不用术语而深入生活中的意识形态的解剖，我觉得今天是非常必要的。"①舒芜的《论主观》，恰恰是适时而生的一篇檄文，他与胡风、乔冠华、陈家康等人共同构成国统区反教条主义的一股力量。但他们"都自以为是响应整风，反对教条主义的，但在党内引起了大问题，认为他们是用唯心主义反对教条主义。"②尽管当时的舒芜对胡风一贯的启蒙姿态并无自觉的理解，但《论主观》所引起的关注，却直接导向包括延安在内的文艺界对胡风启蒙思想和"主观战斗精

---

① 舒芜：《〈回归"五四"〉后序》，《新文学史料》1997年第2期。

② 胡风：《关于乔冠华》，《胡风全集》第6卷，第503页。

神"的质疑和否定。

胡风发表《论主观》的目的是为了引起文坛讨论。《希望》一出,果然反响非凡,只不过反响的强烈和性质的渐渐严重出乎胡风的预料。1945 年 1 月底,胡风信告舒芜,说自己 25 日参加了一个座谈会:"抬头的市侩首先向《主观》开炮,说作者是卖野人头,抬脚的作家接上,胡说几句,蔡某想接上,但语不成声而止。也有辩解的人,但也不过用心是好的,但论点甚危险之类。""看情形,一是想闷死你,一是想借闷死你而闷死刊物。"[①]这里说的是关于批判《论主观》的第一次会议,即 1946 年 1 月 25 日,中共中央南方局文委在重庆市组织召开,冯乃超主持,茅盾、叶以群、蔡仪、冯雪峰以及侯外庐等参加会议并发言。胡风认为茅盾"批评《论主观》只不过是借口,实际上是不满意有的文章批评了他所赏识的姚雪垠,并且以为我批评的客观主义是针对他的"[②]。这种个人矛盾和文艺思想的分歧是存在的,但这种解释显然影响了胡风对实质问题的认识。

紧接着到 2 月初,重庆召开第二次批判《论主观》的会议,规格更高,由南方局书记周恩来召集和主持,参加者有茅盾、叶以群、冯乃超、冯雪峰、徐冰、乔冠华、陈家康、胡绳、胡风等。据胡风回忆,这次会议只在开始时提到《论主观》,很快讨论的问题就移到了"客观主义"。"显然,'客观主义'才是闯祸的直接原因"。会上,胡风以自己的立场向周恩来解释什么是"客观主义",周恩来认可了他的解释,但指出"提'客观主义'容易招误解,也许'旁观主义'主义要好些"。会议的第二天,周恩来单独约胡风谈话,提到两点:"一是,理论问题只有毛泽东的

① 胡风:《致舒芜》(1945 年 1 月 28 日自重庆),《胡风全集》第 9 卷,第 500 页。"抬头的市侩"指茅盾,"抬脚的作家"指叶以群,"蔡某"指蔡仪,"辩解的人"指冯雪峰。

② 胡风:《回忆录》,《胡风全集》第 7 卷,第 623 页。

教导才是正确的；二是，要改变对党的态度。”[①]周恩来的谈话已经暗示出“胡风和共产党并不完全一条心”。天真的胡风还是没有理解问题的要害，反而以为对他的工作作了肯定。

接着在邵荃麟主编的桂林出版的《文化杂志》上，发表了黄药眠批判《论主观》的文章《论约瑟夫的外套》。舒芜依此文章和胡风交给他的一份茅盾批判《论主观》的发言提纲，写出了反批评长文《关于〈论主观〉》。对于这篇文章，胡风进行了细致的指导，期望舒芜的反击能够更有力度，更有气势，更能击中要害。面对胡风的期望和《论主观》所引起的风波，舒芜心有疑虑，于是这篇文章修改了多遍，但始终没有发表。一直到 1946 年 6 月，舒芜写了另一篇短文《我的聪明》，发表在《希望》第 2 集第 3 期，算是对黄药眠批判的答复。

对于《希望》出版所引起的反响，胡风是有一定心理准备的，或者说他创办《希望》本身就是要在文坛喊出自己不同的声音。《七月》停刊以来，胡风在文坛上的处境已经比较微妙了，他在给舒芜的信中说：“我虽不配称为猛兽，但却宛如被锁在栏中，即偶有喊声，看客们也觉得与己无关，哀哉！而另一些人们，却觉得这喊声也可厌可恶，还想镶上不通风的铁板。人生如此，也算得末路吧。”[②]胡风感觉到了外围力量的重压，这种力量要封杀胡风的自由思想。胡风不甘心不屈服，《希望》就是他冲出重围的一次搏斗。他说：“脱难后的两年多，我一直在等着这个希望，虽然理智上晓得是一个吃力的重负，但心情却是旺的。但一旦实现了，忽然感到意外的沉重。忽然感到非和无穷多的东西甚至我自己仇人相见不可了。借用一个夸大一点的比方，好像一个军人，接受了重大的危险的任务，但却没有准备，没有武器，没有自信，对

---

① 胡风：《回忆录》，《胡风全集》第 7 卷，第 624 页。
② 胡风：《致舒芜》(1944 年 1 月 4 日自重庆)，《胡风全集》第 9 卷，第 475 页。

于必要的条件没有想清，而敌人却是非常强大的。这时候我反而羡慕数年前初生之犊的盛气了。”《希望》好像是胡风的最后一块“阵地”，他“只有迎上去，而且非抱着与阵地共存亡的决心不可”①。《希望》创刊号是胡风精心策划的，是胡风文艺思想的一次大展示，是社团成员们的一次大会演。胡风用的是“集束手榴弹”的战术，意在给“市侩主义”笼罩的文坛以“致命的打击”。

一方面是健旺的心和战斗的行动，另一方面也感觉到对立面的强大和自己的不堪重负。《希望》出版了，受到孤立和批判是不可避免的。胡风说：“据我看，在坛上，它是绝对孤立的。近日，一种大的寂寞罩着了我，宛如‘喊叫于生人中’”。也就是压得快要“瘫下了”，“还得不断地打冲锋”②。胡风在第一次座谈会上自己出手“还了几闷棍”，回答批判者“要他们写出文章来”，以掀起讨论，同时鼓励舒芜准备文章，“准备迎战”，“要再接再厉”！③ 但是，胡风曾经再三请侯外庐写文章公开自己的观点，侯外庐始终没有写，舒芜的反批评文章也迟迟没有出笼。胡风期望的文坛讨论并没有开展起来，倒是单方面的责难和批判不断压向胡风。

要说这场论争真正触及的文艺思想问题，应该属于 40 年代国统区现实主义问题讨论的构成部分。其前奏是，1942 年底至 1943 年底，胡风先后发表《关于创作发展的二三感想》、《现实主义在今天》等文章，指出创作上存在的“客观主义”和“主观公式主义”的不良倾向。1944 年 4 月，胡风在《文艺工作底发展及其努力方向》的文章中，强调作家应发扬“主观战斗精神”。不久，黄药眠发表了《读了〈文艺工作底发展及其努力方向〉以后》，提出不同看法。此期间，于潮（乔冠华）发

① 胡风：《致舒芜》（1944 年 1 月 4 日自重庆），《胡风全集》第 9 卷，第 483 页。
② 胡风：《致舒芜》（1944 年 1 月 4 日自重庆），《胡风全集》第 9 卷，第 496 页。
③ 胡风：《致舒芜》（1944 年 1 月 4 日自重庆），《胡风全集》第 9 卷，第 500、501 页。

表的《论生活态度与现实主义》、《方生未死之间》等文章，是对胡风思想观点的支持。接着下来，正如胡风所说的："从《希望》出版后，马上招来了责难。表面上是批判《论主观》，实际上是针对我的文艺观点如'主观战斗精神'、'客观主义'等。"[①]《论主观》和《置身在为民主的斗争里面》在《希望》同期刊发。按胡风当初的想法，是"为了配样子"，"本想打击创作上的客观主义，后来发现了好像和你呼应似的"[②]。无论胡风的意愿如何，实际的效果正是两篇文章相"呼应"，自然使批判者将《论主观》所表达的论点与胡风提出的关于文学创作的"主观战斗精神"联系起来，认定《论主观》是"主观战斗精神"的哲学基础。这一时期的批判文章除了黄药眠的《论约瑟夫的外套》，还应该包括茅盾的《八年来文艺工作的成果及倾向》，何其芳的《〈关于现实主义〉的序》等，反驳性的意见可见于冯雪峰的《论民主革命的文艺运动》、吕荧的《关于"客观主义"的通讯》等文章。另有胡风《在混乱里面》和《逆流的日子》两本评论集先后出版，一再表明他坚持自己的观点。此外，《泥土》、《呼吸》等刊物也发表了支持胡风观点的文章，使这场关于现实主义问题的讨论得以深入进行。

问题不在于哪一方的力量更强大，更能占上风，问题是最终起决定作用的并不是文艺思想上的是非判断，深层的和决定性的因素来自于对毛泽东《讲话》所持的不同态度。《讲话》在1944年传到重庆后，文艺界组织召开了宣传讨论会，胡风没有一味迎合《讲话》思想，而是强调了国统区"环境和任务的区别"，不能机械、教条地套用《讲话》方针。这就被简单地认定是与《讲话》相对抗。另外，"批评的矛头还进一步派定：胡风有个'小集团'，'胡风派'；方然主编的《呼吸》创刊后，

---

① 胡风：《〈胡风评论集〉后记》，《胡风全集》第3卷，第613页。

② 胡风：《致舒芜》(1944年1月4日自重庆)，《胡风全集》第9卷，第487页。

有人更进一步概括为‘希呼集团’。难道这不是明明白白向读者宣告：胡风不仅文艺理论是唯心主义的、错误的，还在革命文艺阵营内部纠合小集团、闹宗派、搞分裂活动！”[①]可见，此次论战一开始便将矛头对准胡风，而且已经有了政治火药味，但胡风并不自觉，认为是学术争鸣，至多不过带有宗派情绪。其实，第一次批《论主观》的会议由冯乃超主持，批判《论主观》的第一篇文章《论约瑟夫的外套》在邵荃麟主编的《文化杂志》上发表，应该都是比较明显的信号。因为从20世纪30年代以来，冯乃超和邵荃麟一直是胡风的有力支持者，不但文艺见解相接近，私人关系也很好，他们转而开始批胡风的《希望》，已经说明他们并不代表个人，而是代表一种政治势力。这种势力从一开始就是胡风无力应对的。于是，胡风一开始就完全处于被动挨批的局面。虽然此时胡风不屑于去做更多的自我辩白，但由此开始扣上胡风与“唯心主义”长达半个多世纪的死结。

其次是香港时期。抗战胜利后，因为文艺界要着手解决新形势带来的新问题，重庆的批判势头暂时沉潜下来，但分歧并没有消除。迫于国民党镇压进步文艺活动，共产党的文艺领导中心从大陆迁往香港，于是开始了延续到1948年的香港批判。共产党在香港主办发行了一本以书代刊的杂志——《大众文艺丛刊》[②]。《丛刊》“集中火力、采取高屋建瓴的姿态，开始了规模更大、更有系统地对胡风文艺理论的批评。所有的批评文章，都是以《讲话》作为唯一的参照系”[③]。《丛刊》第1辑《文艺的新方向》上发表署名“本刊同人，荃麟执笔”的《对于当前文艺运动的意见——检讨，批判，与今后的方向》，是一篇总体上定

① 冀汸：《历史法庭上的证词》，《我与胡风》，第406页。

② 《大众文艺丛刊》于1948年3月1日出版，由香港生活书店总销售，共出版6期，1949年因编者与作者的北上而自动停刊。

③ 冀汸：《历史法庭上的证词》，《我与胡风》，第406页。

调子的文章,文章不点名地批判了胡风的主要思想观点;同期还发表了胡绳的《评路翎的短篇小说》,认定路翎的小说是小资产阶级的作品。第2辑《人民与文艺》刊登乔木(乔冠华)的《文艺创作与主观》,专门针对胡风,进行点名批判,指责胡风的文艺思想是"主观唯心主义"的。第5辑《怎样写诗》发表邵荃麟的《论主观问题》,也是批判胡风及其同人。正如贾植芳所说:"这个丛刊好像是专门为批判胡风而创办的。"[①]丛刊主批胡风和舒芜的"主观唯心主义"文艺思想,还拉出路翎的创作作为胡风文艺思想的实例加以批判,并点出胡风在搞"小集团"和"宗派"活动。胡风这才意识到问题的严重,不但不是自己一贯认为的"我的观点是针对文艺创作来谈的,与哲学和政治无关"[②]。而是直接面临着政治上被"清算"的危险。居于上海的胡风不甘心被动地挨批判,面对《大众文艺丛刊》上撰稿的文坛领导和名流,还有自己的已经纷纷"转向"的友人,他踌躇再三,终于在1948年6月,提笔撰写了《论现实主义的路》作为反批评。

在胡风写作《论现实主义的路》的同时,胡风的青年同人们面对庞大的批判攻势,进行了力所能及的反批评。路翎在北京大学的《泥土》1948年第6期上发表《论文艺创作底几个基本问题》,正面回答《大众文艺丛刊》的批评。舒芜、方然、阿垅、朱谷怀等也分别在《希望》、《泥土》、《呼吸》、《蚂蚁小集》等刊物上发表反驳性文章。冀汸回忆道:"我们,这些评论文章的年轻读者,心里当然不服。但是国统区对言论出版禁锢得跟罐头一般严密,连个出气孔也没有的,我们根本没法发出自己的声音。于是,只好学学《荒鸡小集》的样子,搞起一个'非法'刊物《蚂蚁小集》。""为数不多的对于香港批评的反批评,也就在这小刊

① 贾植芳:《我和胡风相濡以沫的情谊》,《我与胡风》,第124页。
② 胡风:《回忆录》,《胡风全集》第7卷,第641页。

物上登载出来了。”与批评者相比,《蚂蚁小集》的反批评声音太微弱,但毕竟是属于“自己的声音”,冀汸、路翎、方然等都曾努力为《蚂蚁小集》凑稿子,胡风也鼓励说:“刊物(指《蚂蚁小集》)也要坚持出。有一点声音总比没有声音好……”[①]论争,在无形之中增强了群体的凝聚力,以对抗强大的批评攻势。所谓集团意识或流派意识,也是从香港的这次论争开始的。从某种意义上说,这也是形势逼迫所致,也是合力斗争的需要。

从香港批判到胡风撰写《论现实主义的路》的这段时间里,虽然《希望》杂志已经停刊,但胡风与友人们的往来更加频繁,关系也更加紧密。举出1948年胡风与友人的部分交往活动:

1948年元旦,路翎、化铁和阿垅从南京来到上海,住在胡风家里。他们一起校改《财主底儿女们》下部纸型上的错字,共同推出这部具有重大意义的小说。在此时出版《财主底儿女们》,对于这一文人集团来说,本身也是一次“出击”行动。

1948年,冀汸到上海看望胡风,胡风将他写好的《论现实主义的路》的部分拿出让冀汸提意见。冀汸“只觉得《蚂蚁小集》的反批评声音太微弱,只希望他赶快写出来,赶快发表”[②]。

1948年,孙钿收到胡风的来信约他见面,一个月后孙钿前去胡风居住的文安坊。此时胡风的《论现实主义的路》脱稿不久。胡风给孙钿看了全文排印的校样本子,并滔滔不绝地谈他的观点,“愤然于批评他的人”。胡风为自己辩驳说:“过去说‘胡风派’,现在说我在拉拢人搞宗派。我搞宗派有啥用?鲁迅也从来不搞什么宗派,他爱憎鲜明。他对是对非公正而已!”[③]

---

①② 冀汸:《历史法庭上的证词》,《我与胡风》,第406、407、409页。

③ 孙钿:《与胡风同命运》,《我与胡风》,第287、288页。

1948年,贾植芳刚刚从监狱出来与胡风见面。为了让他了解情况,胡风给他看香港出版的各期《大众文艺丛刊》,也将《论现实主义的路》的原稿给贾植芳看。贾植芳劝胡风"用语应该婉转些,用商榷的态度讨论理论问题,所谓'就事论事'。"[①]曾经几次的政治斗争遭遇和坎坷的人生经历,也使贾植芳积累了一些经验,深知社会政治斗争的复杂和人心的险恶,他很是替"书生气十足"的胡风担忧。

1948年,罗洛去看望胡风,胡风正在伏案写作《论现实主义的路》。胡风给罗洛看一张稿纸,"上面摘录了一位批评家的话,是批评胡风对作家的主观战斗精神的看法的"。胡风要罗洛谈谈看法,二人就此问题展开了讨论。胡风在解释自己的观点时神情沉郁,他不明白"道理就是如此简单,不知为什么人们不能理解。"[②]

1948年,也是胡风和老朋友冯雪峰自左联合作以来,往来最为密切的一年。据胡风回忆,舒芜《论主观》受到攻击时,冯雪峰很同情和支持胡风。抗战胜利回到上海后,他们经常见面,"这时我们对革命的前途非常地乐观,但对文坛情况感到迷惑。我们一起探讨研究。香港发动对我的批评时,他是很为我不平的"[③]。看了乔冠华的批判文章,冯雪峰曾气愤地说:"这和当年创造社、太阳社搞鲁迅一样!"[④]以冯雪峰的个性,说出这样的话也是不足为怪的。[⑤] 这一年,胡风收到不少新老朋友的来信,过问香港的批判文章和胡风的意见,给予胡风很大的同情和支持。

---

① 贾植芳:《我和胡风相濡以沫的情谊》,《我与胡风》,第124页。

② 罗洛:《琐事杂忆——我所认识的胡风》,《我与胡风》,第771、772页。

③ 胡风:《深切的怀念》,《胡风全集》第7卷,第166页。

④ 胡风:《关于乔冠华(乔木)》,《胡风全集》,第6卷,第514页。

⑤ 胡风在《回忆录》中对此事有不同的表述,但意思相近。胡风写到,冯雪峰看到第2辑后就曾气愤地说:"难道又要重演创造社的旧伎?我们在内地的人怎么做事?"见《胡风全集》第7卷,第704页。

1948年秋天，刚刚写完《论现实主义的路》的胡风身心疲累，在杭州教书的冀汸、罗洛、朱谷怀来信邀请，于是胡风夫妇约请路翎夫妇、贾植芳夫妇一同前往西湖旅游。他们在苏堤白堤上散步，在三潭印月喝茶，游览了杭州名胜岳王坟、秋瑾墓和灵隐寺。游乐途中，胡风告诉友人们："党关心他的安全，已安排他离开上海经香港进解放区。"大家都为胡风庆幸。谈到香港批判，冀汸表示："希望他能对那些以居高临下的姿态进行'训斥'的批评作出有力的反应。"胡风则不以为然，"认为他到香港后，批评的火候就会冷下来；可能开会谈谈，但也不会解决问题"[①]。他鼓励留下的友人继续写文章，出刊物。游览结束时遇见了上海电影制片厂的熟人，为他们留下了一张珍贵的合影，"好像是向美丽的西湖辞行而又预约了下次相见的时间"。谁也没有料到，不但不可能有下次的相聚，这次杭州聚会也在1955年被说成是"反革命阴谋黑会"。

……

从1948年的交往活动中也可以看出，胡风写作《论现实主义的路》，征询了不少同人好友的意见，显然他认为这次为反击香港批判的写作已经不单纯是自己个人的行为，他愿意得到来自同道者的支持和鼓励，而且对自己的文章抱有很高的期望。但文章的问世却很不顺利，本来已经安排好由当时文协主办的刊物《中国作家》全文刊登，却因为编委们的反对突然决定不出版了，胡风只好买下排好的纸型，以希望社的名义自费出版。1949年初，《论现实主义的路》印成一本薄薄的、开本显得"不伦不类"的小册子。更令人沮丧的是，这篇耗费胡风时日和精力的战斗檄文，并没有起到料想的反击作用。或者说是有人

① 冀汸：《历史法庭上的证词》，《我与胡风》，第409页。

“想把这篇文章闷死在摇篮里?”[①]或者说此时文艺思想争鸣本身已经没有多大的意义?1948年底,按照香港转来的党的指示,胡风转道香港,1949年初到达东北解放区,开始了另一段更为艰险的人生历程。

与前一场民族形式问题的论战进行一个比较,可以看出《希望》以来文艺论争新的特征。在民族形式的论争中,虽然有不少理论的同盟者和支持者,但出面论战的毕竟是胡风一人。胡风点名批评的虽然也是文艺界要人和名流,但胡风与这些人向来有思想分歧,心底里也没有真正服气过这些要人和名流,而且论争的内容虽然已经涉及了敏感的政治问题,但基本上还是在文艺本体范围内进行。而《希望》以来的批评则有所不同。其一,批胡风,同时也批舒芜和路翎,并且明白地点出存在“小集团”和“宗派”活动,这已经不是胡风一个人的问题了;其二,在写《论现实主义的路》进行反击之前,胡风一直是被动挨批,批判者不只是胡风以前的反对者,也包括胡风的友人,胡风思想的拥护者,如冯乃超、邵荃麟、乔木(乔冠华)等,都站在了胡风的对立面。尤其是乔冠华的前后变化令胡风费解。曾经因为《方生未死之间》这篇文章,乔冠华“在重庆是党内资产阶级唯心论的重点批判对象,现在立地成佛,变成一贯的马克思主义唯物主义者,站出来批判胡风的‘唯心主义’了”[②];其三,也是最关键的,《大众文艺丛刊》可以说是一份党办刊物,批判者代表着共产党的思想态度,而且所有的批评文章口径一致,均以《讲话》作为唯一的参照系。也正是这个原因,使得一些胡风当年的朋友和理论支持者开始转向。即便如冯雪峰这样坚定的同盟者,也不能不“感到迷惑”,以致后来也变得态度游移、行为矛盾起来。很明显,这已经不是一般的文艺批评和思想论争,而是上升到了思想批判

① 冀汸:《历史法庭上的证词》,《我与胡风》,第407页。
② 胡风:《关于乔冠华(乔木)》,《胡风全集》第6卷,第513页。

乃至政治“清算”了。

从香港批评的规模和性质来看，可认为是解放后全面批判胡风文艺思想的前奏。不同的是，在文艺批评完全被政治批判所取代后，几乎听不到哪怕是微弱的反批评声音了，政治高压下不允许反批评存在。实际上正如冀汸所言：“在那种情况下，发言或不发言结果是一样的，正如检讨或不检讨结果也不会不同。今天应当坦率地说：那时候的所谓文艺批评都是政治批判，而政治批判又都包罗了许多不实之词，具有程度不同的政治陷害性质。”[①]在预设的政治陷阱面前，抗争只会导致更快地坠入灾难的深渊，胡风和他的同人们的不幸命运已经证明了一切。

六、《希望》终刊后的其他社团活动

路翎在回忆胡风的文章中曾说，在香港批判期间，“胡风提议，如有条件，可以办一些小的不定期的刊物。于是，方然在成都办了《呼吸》；我认识的欧阳庄、吴人雄在南京办了《蚂蚁小集》，后在上海继续出版，有化铁、梅志参加；上海解放后不久，梅志、罗洛、化铁、罗飞又编了《起点》”[②]。由于斗争的需要，加之胡风自己的《希望》已经停刊，胡风还是感到了拥有“阵地”的迫切性和重要性。他不止一次地对自己的友人提出过办刊的建议，并在其后的办刊过程中给过他们有力的支持。但胡风并没有具体参加过这些刊物的策划和编辑，这些刊物都是各自的成员们独立创刊和经营的。路翎在这里说的，更多是指胡风与这些友人的友好感情和思想联系，因为这些刊物适时地加盟了胡风派

① 冀汸：《历史法庭上的证词》，《我与胡风》，第418页。
② 路翎：《一起共患难的友人和导师——我与胡风》，《我与胡风》，第494页。

的思想论战，延续了《希望》的战斗精神。

一直到 1949 年 8 月，胡风还在给友人冀汸的信中表达这方面的想法："希望社要结束，尚无实际办法。以后的斗争，应该组些散兵线，这才能和深入工作的方向配合。但这看起来也不容易。其实，小刊物也可以弄下去的（创造一个新的风格），但上海无人负责。"①由此可以看到胡风执著的办刊愿望，和面对种种压力和阻碍无可奈何的心情。但无论如何，胡风和他的友人们还是尽到了他们最大的努力。

胡风所谓"散兵线"上的刊物，重要的有《呼吸》、《荒鸡小集》、《泥土》、《蚂蚁小集》和《起点》这几种。②

1.《呼吸》、《荒鸡小集》

呼吸社是由方然和同窗好友谢韬、倪子明一起策划创办的。1940 年方然在金陵大学读书的时候，曾与谢韬（1922—2010）组织进步学生成立了一个影响很大的"现实学社"。这时候，他们就打算办一个"现实出版社"，因为筹集不到资金，未能实施。这时方然认识了芦甸，并于 1942 年参加了平原诗社。1943 年春天，方然的同乡挚友倪子明由重庆读书出版社调到成都，在联营书店工作。于是，方然、谢韬、倪子明和阿垅、绿原成为知己好友，经常在一起讨论文艺问题。方然大学毕业以后，到成都荫棠中学教国文，此时正是《论主观》在重庆遭遇批判的时候。他们坚定地拥护胡风，对文坛的批判表示极大的愤慨，认

---

① 胡风：《致冀汸》（1949 年 8 月 12 日自上海），《胡风全集》第 9 卷，第 125 页。

② 1947 年以来，在武汉曾以邹荻帆为核心，先后创办了《北辰诗丛》第 1 辑《沙漠的喧哗》和《荆棘文丛》第 1 辑《大江日夜流》，编者有邹荻帆、曾卓、绿原等，也在《希望》后发表了胡风同人的不少作品。这两个丛刊都只出一辑后被查禁。解放后的 1950 年—1951 年间，徐放和严辰合编了新中国建立后的第一套诗歌丛书《现实诗丛》，由五十年代出版社出版。第 1 辑共出 12 本，其中也有胡风同人的作品。胡风在 1983 年 12 月 8 日致周良沛的信中说，《泥土》、《呼吸》、《蚂蚁小集》等小刊和《现实诗丛》，都是直接间接和七月诗人有关的。

为攻讦胡风为“主观唯心主义”,是“极大的歪曲”[①]。

1945 年冬天,方然和谢韬想到当年办出版社的愿望,觉得这时候办一个文艺刊物更好。他们找到倪子明(1919—)商量,倪子明也认为办刊物比出版社容易。于是开始了一个综合性文艺刊物的筹备工作。刊物定名为《呼吸》,主编为方然,约请阿垅加盟,并由倪子明所在的联营书店负责总经销。在刊物的筹备过程中,先是谢韬调往重庆《新华日报》,实际工作主要由方然来做,阿垅和两个爱好文艺的学生罗泽浦(罗洛)和林祥治协力操办。到了创刊号付印时,方然也离开成都到重庆广益中学教书。这样,就由阿垅、罗洛等担负起编务工作。重庆的方然继续为《呼吸》写稿约稿,以邮寄的方式尽可能地完成着主编的任务。

《呼吸》创刊号于 1946 年 11 月 1 日出版,发刊词《生命在进行》表述了刊名的立意:“呼吸是人底生存底第一要求,底第一权利。”而呼吸“必须有自由的空气,必须有新鲜的空气!”“至少,我们也要打开这么一扇窗子,打开这么一条缝隙!我们,愿和友人们、读者们共同呼吸!”创刊号首篇即是呼应刊物宗旨的方然的论文《论生存》,其次有舒芜的《更向前》,诗歌有绿原的组诗《雾中的活物》、罗洛的《在悲痛里》、亦门的《珠》、邹荻帆的译诗《芝加哥》等,小说和报告有路翎的《高利贷》、冀汸的《小人小事三相》、化铁的《从罪恶到罪恶》等,另外还有舒芜的评论《什么是“人生战斗”——理解路翎的关键》,阿垅的散文《脚步》等。以上所罗列的作家几乎都曾是《希望》的撰稿人,《呼吸》的同人构成和用稿取向是不言自明的。阿垅既是《呼吸》的编辑,同时又用曾心艮、亦门这些不同的笔名在《呼吸》上发表诗歌、散文和论文,是《呼吸》的主力撰稿人。

---

① 倪子明:《〈胡风杂文集〉的出版及其他》,《我与胡风》,第 355 页。

第2期于1947年1月1日出版，是新年特大号。刊发了方然、阿垅、舒芜、黎紫（倪子明）的论文和杂文，冀汸、罗洛的诗歌和路翎、孔厥等的小说。第3期于1947年3月1日出版，封面印了珂罗惠支的著名石刻《被死所袭击的孩子》，似乎预示了刊物中途夭折的命运。果然，《呼吸》出至第3期就被迫停刊了。终刊号继续载登方然、阿垅的论文，还有田间、曾心艮（阿垅）、绿原和罗洛的诗歌，路翎的小说，杨力（贾植芳）等的随笔和报告。出版第3期时，“正是反动派向解放区大举进犯，在后方加紧镇压进步势力和民主运动之际”[①]。《呼吸》虽然举步维艰支撑着它的生存，但终因缺乏“自由和新鲜的空气”而夭折了。

呼吸社主要同人和一大部分撰稿人是希望社成员，同时《呼吸》也推出了一批新作家，如阿三、牧云、野萤、杨卉等诗人。后来的“胡风集团”成员罗洛，就是在《呼吸》上生长起来的诗人。其他还有杂文随笔作家张一之、孙白、寄南、鲁兰、刘在阳等。特别要提及的有小说家萧萸，他当时是成都中学的教师，《呼吸》每期都有他的作品，小说两篇，散文一篇，是《呼吸》的重要同人之一。

除了共有撰稿人外，《呼吸》同样也是诗歌、小说创作和理论、批评并重，注重杂文、随笔、报告等“突击性的短文”，表现出揭露现实矛盾、注重思想斗争的办刊特色。这些，无疑都是对《希望》杂志特色的继承和发扬。编者在《关于投稿》中声明：“我们要强烈的、新鲜的、特别是真实严肃的东西。凡是中庸主义的、没有凭据的乐观主义的、学院文章、圣徒嘴脸的、才子气的，一律拒绝。”[②]毫不含糊的投稿声明，令人想到了胡风的清楚严格的选稿原则。最关键的，还是《呼吸》整体表露出来的思想倾向和审美理想，和胡风及其群体也是一脉相承的。社团成

---

① 倪子明：《方然和〈呼吸〉》，《新文学史料》1991年第1期。

② 《呼吸》创刊号，1946年11月1日出版。

员在创作和评论上都强调“人生战斗”和“主观战斗”的要求，打击和抵抗一切可能存在的“封建主义”，进行“无情的文化批判”，对文坛存在的“客观主义”和所谓的“革命的浪漫主义”等创作倾向进行批驳辩难。创刊号上方然的两篇评论《死鱼的鳞》和《读〈色情的瘦马〉》，分别把沙汀和臧克家的创作当做两种不良风气的范例进行批评。他们针锋相对的是文坛上的“温和的批评”：“在我们的文坛之上，时时出现两种人的神圣的嘴脸：一为流氓，一为娼妓。对这两种人及其嘴脸，打拱作揖，哈着腰，送出大门之时，顺便谈两句客客气气的‘批评’，这就是他们所称的‘温和的批评’，‘效果多的’！”[①]对此，编者表明《呼吸》的批评态度是：“即使无情得不免偏激呢，好在我们并不要做中庸主义者。”[②]

《呼吸》鲜明的艺术主张和办刊个性，自然引起不少人的非议。编者预料到了这样的反应，很明白地说：“这个刊物弄出来是很难的，自问无愧于人。出来之后，也许不受欢迎，招来冷言冷语，唧唧喳喳者，这当然只有听其自然；只要这东西，无本领摇摇摆摆上了‘坛’，无洋临被当作交际礼品，就是一点老实的安心法了。”[③]更有人说它是“《希望》的成都版”，说希望社和呼吸社成员是“希呼派”。对此，编者曾在《一期小结》中反驳道：“《希望》的光荣，我们并不要均沾，而《呼吸》的罪过，也不要《希望》分担的。”[④]而实际的情况是，人们已经将《呼吸》看做一份由胡风文人群体主办的文艺刊物。在当时紧张的政治空气和文坛激烈的派别斗争中，《呼吸》自然就和《希望》“荣辱与共”了。

《呼吸》的每一期都是专门寄给胡风的，因为与编者和撰稿者的特殊关系，胡风对《呼吸》自然非常关注。办刊期间，也正是胡风与编者

① 《两种神圣嘴脸》，《呼吸》创刊号，1946 年 11 月 1 日出版。

② 《一期小结》，《呼吸》创刊号，1946 年 11 月 1 日出版。

③ 《老实的安心法》，《呼吸》创刊号，1946 年 11 月 1 日出版。

④ 《呼吸》第 3 期，1947 年 3 月 1 日出版。

方然、阿垅信件往来比较密切的时候，所以，胡风对刊物的情况是很了解的。1947 年春天，倪子明调往上海。经重庆时，方然写了介绍信，要倪子明到上海去见胡风。二人见面后谈的主要话题就是《呼吸》。胡风说："寄来的三期都已看过，"他"称赞这个刊物在青年特别是大学生中有了好的影响，至于受到某些人讥评，不值得介意"。同时也指出："也有的文章没有注意掌握分寸，用了些过于偏激的词句，这会增加人们的误解，也无助于文艺界的团结。"胡风举出方然的书评来说明这个问题。这次谈话给倪子明的印象是，胡风并不完全如人们所说的那般"好斗"和"不注意团结"，"大概是胡风那种在理论原则上不调和的严正态度，让某些人感到不习惯吧。"[①]此外，胡风了解和关心《呼吸》，真如对待自己的刊物，他提出的中肯意见和对编者宽解的心态，都使倪子明深为感动。

《呼吸》被迫停刊了，但思想"呼吸"的自由却难以被迫停止。1947 年夏，《呼吸》编者之一罗洛与几位友人在成都秘密编印了另一个文艺刊物《荒鸡小集》。这个刊物，可以视为《呼吸》的继续。

《荒鸡小集》依然以编发胡风同人的作品为主，主要撰稿人有阿垅、绿原、路翎、罗洛等。刊物刊登反映建国前现实斗争，讨论人生与社会问题的文艺作品。同时，学习鲁迅的战斗精神，坚持思想论争和文艺批判的一贯特点。罗洛的一句话很能代表编者的批判姿态："我底意思是，对狗，照例是可以不必说人话的。"[②]罗洛也曾向胡风约稿，胡风寄给他一篇发表过的杂感《冬夜短想》。文章针对当时国民党查封进步报刊，逮捕文化界人士而进行抗议。胡风说："卑微而劳苦的小民的求解放的愿望，不甘于物质的贫苦和精神的屈辱的愿望，不是暴

---

① 倪子明：《〈胡风杂文集〉的出版及其他》，《我与胡风》，第 356 页。

② 罗洛：《文坛以外》，《荒鸡小集》第 4 期，1948 年 3 月出版。

力可以压下,枪炮可以轰毁的。"[①]罗洛认为这是切中时弊之论,就在《荒鸡小集》上发表了。不料这篇文章中胡风关于人的"卑微的情感"和人的"生存"一些议论,却引来《大众文艺丛刊》上荃麟的批判,认为胡风的说法:"和舒芜先生的说法是一致的,也和孙中山先生在批评马克思主义时的观点说'民生'是历史动力是一致的。"[②]对此,胡风在评论集《为了明天》的《校后附记》中予以反驳。胡风想不到"一则小杂文里的几句话","居然被邀请到这样的大场面","要劳驾这么一大把带着高度原则性的科学论断的用语的"[③]。在港论的批判者看来,《荒鸡小集》无疑也是胡风及其"小集团"的又一块阵地了。

《荒鸡小集》前后共出了四期,1948年春天停刊。刊物停刊之际,正是中国社会风云翻卷,经历历史巨变的年代。终刊号的编者语《写在前面》,正鼓荡着这样的时代气息:

> 历史在翻滚着,翻滚着斗争,翻滚着斗争的血。我们坚信:新的国、新的世界,将在这斗争中沐血诞生!
>
> 然而我们却是如此强烈地冰封着,被窒息着,像生活在泥河里,像挣扎在泥河里。我们没有绝望,即使在自信是绝望了的时候,不,我们没有绝望,我们将永不会绝望吧。胜利的虹光鼓舞着我们,钢铁的信念坚定着我们,我们是有力量支持起自己来,不倒翁一样地稳定地在这世界上站立的。
>
> 真实的文艺来自真实的战斗,真实的人生战斗。在生活的斗争中,我们冲锋、跃进、匍伏、前进,我们也受伤、退却、溃败;退却了又前进,溃败了又组织起自己底队伍来。我们没

---

① 胡风:《冬夜短想》,《胡风全集》第3集,第381—382页。

② 荃麟:《论主观问题》,《大众文艺丛刊》第5辑,1948年12月出版。

③ 胡风:《为了明天·校后附记》,《胡风全集》第3卷,第455页。

有放松自己底战斗任务，我们也决不和敌人妥协。因此，我们底文艺就不得不这样地闪烁着血光刀影，沸腾着爱爱仇仇。①

既为新时代的到来而热血沸腾，又在黎明前的暗夜中苦苦挣扎；既围困于文坛各种有形无形力量的纠缠，又不甘被压服而奋力抗争，顽强的挺立着自己的个性姿态。胡风同人们此时的生存境况和思想精神状态，在这段编者语中表露得很清楚。这也造就了他们这一时期“闪烁着血光刀影”和“沸腾着爱爱仇仇”的创作风格。

2.《泥土》

《泥土》1947年出刊于北平，是与成都的《呼吸》、《荒鸡小集》同期存在的一份文艺杂志。胡风的另一位同人好友朱谷怀曾是《泥土》的主要负责人，因此这份北方的小刊物也就与胡风及其“集团”有了千丝万缕的联系。

1942年，就在与胡风合作创办南天出版社的日子里，朱谷怀和他的青年朋友们同时还在温习功课准备考大学。同年，朱谷怀考上了岭南大学外文系，第二年转学到了昆明西南联大。1946年，西南联大复员进北大，于是朱谷怀随学校北上，成为北京大学西语系的一名学生。因为他的文学特长和组织才能，很快被推举为北大学生文艺社负责人。

《泥土》并不是在朱谷怀手中创办的，它最早是北京师范大学一部分青年学生自己集资办的一个小刊物，曾经出过三辑。这三辑《泥土》在精神气质上和成都的《呼吸》、《荒鸡小集》很相像。最有意思的是，

---

① 《荒鸡小集》第4期，1948年3月出版。

第2辑有一篇署名严北岑的短文《呼吸》，文章表现出对“自由呼吸”的渴望，鼓舞人们“勇于呼吸”，其立意、表述和《呼吸》发刊词几乎同出一辙：

现在又是整个的跌入大窒息之中了。自然，呼吸是要异常的困难的。但，要活着的，就必须勇于呼吸，而且也不能不勇于呼吸。

自然，像这样的呼吸，对自己说，不啻为一种大的苦痛了。但要作为一个要活着的，我以为从这里面，定能制造出大的欢乐来的。而这样说也并非是“先苦而后甜”的俗语所云；只觉得要活着，能主宰自己的话，能突破自己的话，会提高自己，加深自己。①

这段话，使我们对特定时期社团成员们于“窒息”中艰难“呼吸”的人生战斗境遇，有了更加痛切的体会和深刻的理解。

出版三辑以后，北师大的学生们觉得自己的力量不够，于是想联合北大的学生力量合作办刊。朱谷怀回忆说：

他们通过河南同乡于承武（原名于烈文）来征求我的意见，因为当时我是北大文艺社的负责人。于承武也是北大文艺社的社员，中文系四年级学生。我们商量以后，便决定从北大文艺社里拉几个社员去帮师大的学生一起合办那个小刊物。我将此事写信给上海的胡风，希望他能介绍些稿子给我们，以充实那小刊物的内容。要我出面请胡风介绍稿子，

① 严北岑：《呼吸》，《泥土》第2辑，1947年5月2日出版。

这也是全体社员的愿望。①

这样,《泥土》从第4辑开始,就由朱谷怀参与主办。因为朱谷怀和胡风及其友人的特殊关系,自然得到了友人们的大力支持,《泥土》在稿件来源上大大扩展了,刊物的篇幅也增大了许多。扩大后的《泥土》,发表了阿垅的诗歌批评,路翎的小说和诗歌,还有冀汸、化铁、罗洛、石怀池等人的诗歌,朱谷怀自己也在这里发表了他一生最主要的诗歌作品。显然,《泥土》不再是那个学生内部自办的小刊物了,由于胡风同人的加盟,扩大了刊物的社会影响。同时,《泥土》也成为希望社成员另一个展示文学才华、发表斗争言论的阵地。

除了从撰稿人可以看出《泥土》和《希望》的紧密关系,此期间发生的围绕《希望》的文坛论争,也使人们将《泥土》看做《希望》的同盟。《泥土》上发表的反击港论的最重要的文章,是路翎署名余林的长文《论文艺创作的几个基本问题》。② 文章开篇写道:"本文系就香港《大众文艺丛刊》第2辑,乔木先生的论文《文艺创作与主观》里的某一些论点,及同一周刊第1辑荃麟先生执笔的《对于当前文艺运动的意见》里面性质相同的论点,提出讨论。"接下来路翎从五个方面入手,对香港批判进行了全面的回答。在一次与乔冠华偶然见面时,乔得知朱谷怀是《泥土》的主编,"便问那篇署名余林的长文是谁写的,是不是胡风?我说不是。他又追问那是谁呢?我说是我们同学自己写的。他不信,说:'你们同学还写不出这样水平的文章。'不知是否因此文对他们有所触动,所以乔冠华竟在一位远道来的生疏客人面前追查起作者的真实姓名来,而且显得很不冷静甚至粗暴。"③可见路翎文章的水平

① 朱谷怀:《往事历历在眼前——记我与胡风的交往》,《我与胡风》,第642页。
② 载《泥土》第6辑,1948年7月20日出版。
③ 朱谷怀:《往事历历在眼前——记我与胡风的交往》,《我与胡风》,第644—645页。

和力度，可以说这是应对香港批判的最有影响的一篇文章。这种反响，也使刊载它的《泥土》更加引人注目。

在1948年秋天杭州聚会时，胡风和友人们也在一起谈论过《泥土》的继续出刊问题。朱谷怀回忆说："冀汸和罗洛继续写些诗去，胡风则要我写篇文章去回答香港作家对路翎小说《饥渴的兵士》的批评。他说这篇小说是我经手发表在《泥土》上的，由我写篇文章回答一下就可以了。他给我提了几个要点，说写好后给方然过过目，就早点寄去。以后我重读了一次那篇小说和香港批评的文章，参照胡风的意见，写了一篇，用孔翔这个笔名，寄给仍在北大的刘文，在《泥土》第7辑上发表了。"①《希望》停刊后，胡风一直用心扶持几个相关的小刊物，《泥土》也是其中之一。

从第4辑开始到第6辑，《泥土》一直由朱谷怀经手编辑。朱谷怀毕业离校后，刊物就交给学友于承武、刘文等人继续编下去，一直持续到建国前停刊。对于《泥土》这份刊物，冀汸作过如下评价："在人民解放战争节节胜利声中，困处于'金城汤池'的敌人后方的《泥土》，讴歌人民力量，鞭挞反动派的倒行逆施，无私无畏，敢于冒险犯难的编辑态度，只能用'风雨如晦，鸡鸣不已'来表达的。"②《泥土》生长在"风雨如晦"特定时代，在应付来自四面八方的威胁和攻击的时候，胡风对刊物的命运也是忧心忡忡。当他看到方然和绿原"聊以快意"的作品时，他给编者阿垅的信中讲到了自己的这种担心，希望刊物既能坚持"庄严"而"聚中"的战斗目标，又能尽量避免文章一味"聊以快意"而带来的伤害。所以，他一开始就提议"《呼吸》要弄小些"，要讲究"战略"。胡风很清楚：

---

① 朱谷怀：《往事历历在眼前——记我与胡风的交往》，《我与胡风》，第644页。

② 冀汸：《回忆朱谷怀》，《新文学史料》1993年第2期。

现在是，无论在哪里，无论是什么东西，只要参有我们朋友的名字在内，人家就决不当作随喜的顽皮看，事实上也确实不是顽皮的意义而已的。什么派，今天，一方面成了一些人极大的威胁，另一方面，成了许多好感者的注意中心。两方面都是神经尖锐的，我们非严肃地尊重战略的要求不可，否则，现在蒙着什么派的那个大的要求就不能取胜的。①

从胡风对《泥土》杂志的关心，可以看出由于政治空气的复杂，胡风对自己的文学团队已经有了自觉的保护意识。

可见，胡风及其友人们与《泥土》的关系确实是特殊的，但相比于其他的小刊物，其关系还是有所不同。其一，《泥土》是北师大和北大爱好文艺的青年学生自己创办的，朱谷怀经手编辑了中间的三辑。《泥土》的前期和后期的编辑工作，朱谷怀并没有参与，胡风和其他友人曾积极提供和推荐稿件，也没有直接编辑这份刊物，加之《泥土》生存于遥远的北平，所以相对较为独立。其二，《泥土》的采稿范围较大，除了胡风同人的作品，更大部分稿件来自学校内外的各路作者。因此，也不像其他胡风同人刊物那样有着统一的办刊宗旨和严格的选稿准则，甚至可以看到与胡风文艺思想截然相反的作品在刊物上出现。所以，不好简单地判定《泥土》就是胡风的同人刊物。《泥土》第4辑曾经发表两篇尖锐批评陈白尘《升官图》的文章，当时就“引起无数的责难”②。因为《泥土》和胡风同人的关系，在1955年的“反胡风”运动中，这两篇文章的作者杜谷仇和灼人被划入“胡风黑帮”之中，遭到惨痛的打击。其实，这两位作者当初与胡风并没有关系，即使在胡风冤案已

---

① 胡风：《致阿垅》(1947年9月9日自上海)，《胡风全集》第9卷，第11－12页。

② 《编后记》，《泥土》第5辑，1948年3月15日出版。

经平反的今天，也仍然可以说他们不属于胡风同人圈子当中的成员。

但这一切都与《泥土》和胡风同人的密切关系不矛盾。胡风对《泥土》的关切是显而易见的，胡风的友人们确实是《泥土》上最重要的作家，而《泥土》确实也是因为胡风及其友人们的支持和加盟而声名大振。如前所说，《希望》之后的胡风再也没有亲自主编过刊物，胡风与其他几个关系更为紧密的小刊物之间，也同样是通过给编者提建议和推荐稿件等间接方式建立联系的。而且，也并不是所有的作品文章都代表了胡风社团的观点。当然，同人们对刊物的操控力度和刊物的个性风格也决定着胡风的关切程度。胡风之所以关注《泥土》，除了因为有他的友人参与外，也因为他喜欢这刊物。《泥土》由大学生创办，而且面向广大无名青年学子，《泥土》上发表"言词激烈"的文艺批评，编者认为"总是要比那些肉麻的说谎的批评要好得多的"。他们激愤于"我们的文坛上的名流前辈，不唯对目下日渐趋于堕落的文艺现象，和真诚的青年对这现象的愤懑情绪视若无睹，反而要费尽力势来压杀这样一个不足道的小刊物和它底同类。"①这种与主流文艺思潮相抗衡的见解和做法，都深得胡风认同，与胡风一贯的办刊思想是相吻合的。因此，胡风关心和扶持《泥土》，也就顺理成章了。

3.《蚂蚁小集》

所谓和胡风关系更为紧密的小刊物，其中之一就是《蚂蚁小集》。冀汸曾回忆："《希望》、《呼吸》被迫停刊以后，大家觉得没法打阵地战也要打游击战，主张弄个不登记也不公开发行的小刊物。"此时，"香港出版的《大众文艺丛刊》正连续发表着批判胡风文艺思想和路翎的作品的大块文章"②。这是一次"集中火力"、"高屋建瓴"、"更大规模、更

---

① 《编后记》，《泥土》第5辑，1948年3月15日出版。

② 冀汸：《诗人，也是战士》，《新文学史料》1991年第2期。

有系统”的批判活动，并且已经“举起了‘小集团’、‘宗派’这根棍子”，“每篇批评文章都是一个调门，都像法官的判决词。”①围拢在胡风周围的年轻人很是不服，但国统区的言论禁锢使他们无法发出自己的声音。因为之前已经有了“非法”的《荒鸡小集》，于是在欧阳庄的全力张罗下，同样搞起了一个《蚂蚁小集》。由此看来，《蚂蚁小集》是为了承接停刊的《希望》，为了声援胡风等人对香港批判的反击而创办的，这就显示了《蚂蚁小集》与希望社成员和胡风友人更为紧密的关系。

创办《蚂蚁小集》最关键的一个人物是欧阳庄(1929—)。正如冀汸所说：“它的(《蚂蚁小集》)问世，并且能够持续到全国解放之后，是与欧阳庄的热情努力分不开的。为了这本小刊物，他和化铁还遭到国民党特务的逮捕和严刑逼供，但他们经受住了生死的考验。”② 这是编辑者付出心血乃至付出生命为代价而坚持下来的一本文艺刊物。

据主编欧阳庄回忆，《蚂蚁小集》的缘起与他的另外一个朋友、年轻的共产党员唐重侃有关，应该说唐重侃是刊物的最早创意者。1945年，欧阳庄与唐重侃以及后来的友人许君鲸相识于苏州的“文心图书馆”，这是中共苏州地下党的外围组织。唐重侃和许君鲸先于欧阳庄了解了胡风和他的《希望》、《七月诗丛》和《七月文丛》。他们在鲁迅逝世十周年纪念会上见到了鲁迅的“大弟子”冯雪峰和胡风，对他们充满敬意，这些都深深地影响了欧阳庄。1947 年，欧阳庄失业后到南京谋生，两位朋友继续写信关心他。唐重侃介绍他在南京的朋友许光泳、严文娟夫妇给欧阳庄，还将自己最喜爱的《希望》全套八册送给欧阳庄。也就在这个时候，欧阳庄通过观看《云雀》并给作者写信，认识了路翎，并介绍路翎和他的两位知己友人见过面。其后，香港批评发生，欧阳庄在路翎家里参加了阿垅、冀汸、化铁等人关于胡风文艺问题和

①② 冀汸：《历史法庭上的证词》，《我与胡风》，第 406 页。

路翎创作的讨论。

国民党加紧制造白色恐怖,唐重侃、许君鲸等人处境危险。唐重侃撤离苏州来到南京,在欧阳庄和友人吴人雄家里隐蔽。“在这期间,他建议我和吴人雄弄一个油印的文艺刊物,做些宣传。许光泳和吴人雄是同事兼好友,也爱好文学,弄弄笔头,都很同意。”因为许光泳和吴人雄在化工厂任职,“收入尚可”,就由他们出资,欧阳庄“出力”,开始筹办刊物。“这个刊物最初定名《旗》,借用许君鲸寄来的一首诗里的用语。许光泳夫妇、吴人雄都觉得太显,一致主张改名。《蚂蚁小集》,取自唐重侃 1947 年 2 月的一篇著名寓言体杂文《新畜生颂》。我们取它最后的第二十节《蚂蚁》:‘蚂蚁是小,然而也是最多最大。’[①]”这位刊物最初的动议人后来去了解放区,曾给刊物投来诗歌一首《我笑着,走过》,用“辛人”为笔名发表在创刊号上。1948 年,这位年轻的共产党人牺牲在他的战斗岗位上,《我笑着,走过》成为他在国统区文坛的绝响。

《蚂蚁小集》1948 年 3 月创刊于南京,初期的编者是欧阳庄、许光泳和吴人雄。第 1 辑以苏州、上海文学青年的习作居多,路翎赶写了《敌与友》,阿垅也给了诗论。原来只想油印,后来改为铅印。第 1 辑印了三百本全部售出,大大增强了编辑者的信心。从第 2 辑开始,得到了胡风友人们更有力的支持,刊物办得正规起来。欧阳庄回忆:“记得在 1948 年元宵节那天,我们约请路翎、冀汸、阿垅、出狱不久的方然等人到许光泳家小叙,请他们支持这个刊物,义务写稿。”“我们办刊,也合他们的心意。”大家有相见恨晚之感。“这样,《蚂蚁小集》一期又一期,生造个‘成都川大华大蚂蚁社’出版地址,先后在南京、上海

---

① 欧阳庄:《〈蚂蚁小集〉·胡风·“苏州一同志”》,《我与胡风》(增补本)(下),第 1019 页。

问世。"①

一直以来，人们都以为《蚂蚁小集》在成都编辑出版，实际是"一种障眼法"，为了"迷惑当局"②。冀汸也曾讲道："这本小刊，编辑、印刷都在南京，为了避免鹰犬们嗅到气味，特在封面（其实没有封面，只在第一页套红印出第一篇文章的标题，角落上加印本期目录）印着'成都出版'。"③到第5辑以后，又转移到上海编辑出版。欧阳庄发表在第6辑上的《我底路》，可视为《蚂蚁小集》"迁沪的预告"。到上海后，刊物主要由欧阳庄和化铁负责，梅志也参加了编辑工作。《蚂蚁小集》前后共出七辑，1949年7月1日出版第7辑"解放号"也是它的终刊号。终刊号由化铁主编，参与编辑的还有罗洛和罗飞，同时公开了出版地址，取消假借的"成都川大华大蚂蚁社"，标明由"上海蚂蚁社编辑委员会"编辑，上海书报联合发行所代售。

《蚂蚁小集》以丛刊的形式出版，每辑另有提名，分别是：第1辑《许多都城震动了》、第2辑《预言》、第3辑《歌唱》、第4辑《中国的肺脏》、第5辑《迎着明天》、第6辑《歌颂中国》、第7辑《中国，你笑吧！》。《蚂蚁小集》也是一本兼顾创作和评论的综合性文艺刊物，创作方面有诗歌、小说和"生活报告"，其中诗歌创作形式多样，有叙事长诗、抒情短诗、讽刺诗、街头诗等，以田间、阿垅（圣门、亦门）、鲁藜、绿原、冀汸、孙钿、化铁、罗洛、罗飞、牛汉等"胡风派"诗人的作品数量最大。影响也最大。红芦也是《蚂蚁小集》上最重要的一位诗人。小说创作上依然是路翎的表现最为出色，几乎每一期都有路翎的作品。除了发表《预言》、《泥土》、《爱民大会》、《屈辱》等小说外，还从第5辑到第6辑

① 欧阳庄：《〈蚂蚁小集〉·胡风·"苏州一同志"》，《我与胡风》增补本（下），第1020页。

② 姜德明：《蚂蚁小集》，《文汇读书周报》2003年4月14日。

③ 冀汸：《历史法庭上的证词》，《我与胡风》，第407页。

连载了路翎署名冰菱的"生活报告"《危楼日记》,同时还有路翎的诗歌和文论出现在《蚂蚁小集》上。在《蚂蚁小集》上发表小说和报告的还有梁丰(欧阳庄)、施穆(阿垅)、凌恒(冀汸)、鲁藜、梅志、石池等。此外,刊物还登载了解放区作家的一些作品,如束为的小说,田间的诗歌等,使得刊物在表现内容上既侧重对国统区黑暗现实的揭露与批判,同时也表达了人们渴盼解放、迎接新时代到来的心声。

胡风对《蚂蚁小集》给予了非常的关注和扶持。由路翎介绍和刊物作引见,欧阳庄在1948年和胡风多次见面。胡风问起刊物的发刊词,以为是出自阿垅之手。欧阳庄据实相告,是自己写了个"前记"代发刊词,胡风颇感意外,欧阳庄却有几分得到肯定的暗喜。胡风也曾在自己出去讲课时让欧阳庄带上《蚂蚁小集》现场推销。更重要的是胡风为刊物提供了不少稿件,让欧阳庄定夺选用。他还提醒欧阳庄不要轻易泄露自己的通信地址,确保安全。这一切,既表现出了一个文坛编辑老战士对上路新手的关心爱护,也显示出胡风与《蚂蚁小集》的非同一般的情感联系。

面对《大众文艺丛刊》的批评,《希望》、《呼吸》、《泥土》、《荒鸡小集》都进行了程度不同的答辩,但集中力量、形成规模的反批评还是由《蚂蚁小集》来承担的。虽然冀汸曾经说:"为数不多的对于香港批评的反批评,也就在这小刊物上登载出来了。"[①]但相较而言,《蚂蚁小集》上的批评活动,还算得上是经过了胡风和友人们的一些策划和商议。杭州聚会时,胡风一再鼓励大家:"刊物(指《蚂蚁小集》)也要坚持出。有一点声音总比没有声音好……"[②]总的来看,发表在《蚂蚁小集》上的论文和批评文章在刊物上占有很大的篇幅,许多文章分量确实很重。

---

①② 冀汸:《历史法庭上的证词》,《我与胡风》,第407页,第409页。

比如胡风的《为了明天——第七论文集〈为了明天〉前记》，冰菱（路翎）的《对于大众化的理解》、《文化斗争与文艺实践》，方然的《论唯心论的方向》（上）、舒芜的《论生活二元论》，怀潮（阿垅）的《略论普及与提高》、《论政治与艺术（一、论人民的自觉性，二、论路翎的小说）》、《略论形式和内容》，鲁芋（绿原）的《蒋纯祖的胜利——〈财主底儿女们〉读后》，嘉木（路翎）的《评茅盾的〈腐蚀〉兼论其创作道路》，木纳（路翎）的《吃人的和被吃的理论》，还有阿垅的系列诗论等等。这些文章虽然不都是针对香港批评发出的对抗性声音，但至少是代表了"胡风派"的思想倾向，表达了他们对文艺的独到见解，并落实在对"胡风派"文艺创作的推崇和对异己者的批判。这一切，均显示出一种合力作战的团队意识。希望社虽然形式上解散了，但通过《蚂蚁小集》等后续刊物与文坛各种力量的抗争，愈发加强了社团成员的凝聚力。相比于《泥土》，《蚂蚁小集》的撰稿人确实是更为集中的，绝大部分是胡风同人。譬如路翎、阿垅、冀汸等主力作家，常常用不同的化名在同一期发表两篇以上的作品，这也是同人刊物的一个显著特色。

写文章多用化名也是出于另一种考虑，即为了掩人耳目。在恶劣的文化环境下，编辑和出版活动不得不处处小心，于是刊物办得异常艰难。第4辑《中国的肺脏》中有这样一段编后感言，令我们体会到编者的艰辛和无奈，同时也感受到他们的勇敢顽强的抗争和坚持精神：

> 说什么似乎是多余的，在我们虽然也有了喘了一口气的微末的欢喜，但在很多有福的人们看起来，这喘气却是可恶。没有解释的必要了罢。在我们，凡是我们爬行、跌踬、冲击过来的地方，我们是也把它叫做路的。我们并且相信，在这路上是充满着我们底弟兄们的，但由于大家都想得到的困难，我们是被剥夺了和大家携手的欢喜。在第三集里，曾经刊出

过代邮呼吁大家通过间接或直接的友人把稿件和意见传递给我们，这自然实际上很难做到，但现在我们仍然不能想出比这更好的办法。——怎么办呢？我们只有仍然希望着，能够得到辗转地接到大家底稿件和意见的欢喜。①

《蚂蚁小集》的生存环境确实是愈来愈恶劣，除了办刊自身遇到的经费、稿件、发行等困难，更严重的还是政治思想上遇到的各种打击和非难。“一支‘小小的游击队’既要对国民党反动派展开正面突击，又要招架来自自家‘主力部队’的‘远射程炮轰’。敌人固然把我们当作敌人（为销售《蚂蚁》，化铁和欧阳庄在上海被国民党宪兵扣押，遭到毒打），自己人看我们也是‘异己者’，陷于‘腹背受敌’的境地。我们痛苦，也恼怒，只好学习鲁迅先生的办法：横着站——顺便在《蚂蚁》上作出必要的回答。”②“由于采取打游击式的发行、销售，很难说有多少人看见过这些文章。”③但《蚂蚁小集》作为一份由胡风同人主要参与的刊物，它的撰稿人的构成，刊载作品的倾向性和对文艺论争的参与，都已经决定了刊物的影响力以及社团成员后来所遭遇的悲剧命运。

1949年7月1日“解放号”出版后，《蚂蚁小集》自动停止编印。在欧阳庄看来，如果不是因为他和化铁被捕入狱，《蚂蚁小集》“将会以新的风貌出现在解放前夕。”因为在1949年3月，欧阳庄和化铁曾与编辑另一刊物《横眉小集》的满涛、樊康几位编辑一起商议，准备将两个刊物合并，“增加新内容，扩大版面”，“我们双方大方向一致，为了迎接

① 《编后》，《蚂蚁小集》第4辑，1948年11月出版。
② 冀汸：《诗人，也是战士》，《新文学史料》1991年第2期。
③ 冀汸：《历史法庭上的证词》，《我与胡风》，第406—407页。

祖国的新生,做一些力所能及的事。”[①]他们明确了各人的分工,打算合并后继续以《蚂蚁小集》为刊名。只可惜两刊合并的计划未及实现,当月欧阳庄和化铁落入“虎狼爪中”。幸得梅志等人委托有关人士全力营救,他们才平安出狱。可以想象,即使被捕事件不发生,解放前后的文化环境也是不允许这样的同人刊物继续存在的。倒是胡风更清楚状况,他曾写信给路翎说:“刊物,暂时不必弄了,也不可能弄罢。如庄兄被要求弄,那是另一回事。”[②]“弄,也暂不要评论。顶好弄些新形势的报导,特别是关于工人的,但要注意政策,不要招到误解的表现法。”[③]

以创办同人刊物来“迎接祖国的新生”,只不过是文人们良好和单纯的愿望罢了。其后《起点》的遭遇已经证明了这一点。

4.《起点》

1948年12月8日,胡风离开上海,转道香港、东北解放区,于1949年3月24日到北平,参加了第一次文代会的筹备和正式会议,8月5日回到上海家中。同年9月8日,在第一次文代会上被选为政协委员的胡风再一次从上海来到北京参加政协会议,亲耳聆听到毛泽东喊出的震天动地的“中国人民从此站起来了!”他热血沸腾,写出了“建国以来第一部歌颂党、歌颂祖国、歌颂领袖的作品”[④]——《时间开始了》。一直到1950年2月12日回到上海。前一段是8个月,后一段是5个月。在胡风这两次逗留北京期间,留在上海的梅志除了照顾孩子、料理家务,还完成了胡风交下的希望出版社的终结工作,另外一件

---

① 欧阳庄:《〈蚂蚁小集〉·胡风·“苏州一同志”》,《我与胡风》增补本(下),第1021—1022页。

② 胡风:《书信·致路翎》(1949年4月26日自北京),《胡风全集》第9卷,第250页。

③ 胡风:《书信·致路翎》(1949年5月19日自北京),《胡风全集》第9卷,第251页。

④ 梅志:《胡风传》,第569页。

重要的事情，就是她参与了新刊物《起点》的创办和编辑工作。

《希望》停刊以后，胡风自己再也没有办过刊物，他的同道好友陆续办了《呼吸》、《泥土》、《荒鸡小集》和《蚂蚁小集》几种小刊物，胡风自己写了为数不多的稿子，更多的是介绍一些其他人的稿子给他们。胡风认真阅读他们寄来的刊物，并适时地提出自己的建议和意见，尽可能地给予支持和帮助。通过这些同道刊物，也算是续接了自己一生钟爱的杂志编辑事业。但在国统区白色恐怖和文化封锁之下，这些艰难创办的刊物也一一被迫停刊。胡风同人们创办的最后一份文艺刊物就是《起点》了。

1949 年秋天，上海的青年诗人罗飞(1925—)、罗洛、化铁，联合梅志，着手创办《起点》，刊名取自绿原在 1945 年写的一首诗歌《终点，又是一个起点》，刊名的寓意很明显，办刊者的用心也在其中了。在创刊号的《写在前面》中，编者满怀激情地宣告：

> 在人民解放战争事业已经获得了基本上的胜利，几千年的封建统治和近百年来的帝国主义侵略已经最后地被击溃，占人类四分之一的中国人民已经站起来了的今天，我们抱着兴奋愉快的心情和读者见面，把我们的小小的刊物叫做“起点”。
>
> “起点”——是新的阶段，新的战斗的开始。①

正如编者罗洛(1927—1998)所说：“解放了，中国又走到一个新的起点，文艺也应该走到一个新的起点。”②在他们看来，这个文艺的新起

---

① 《写在前面》，《起点》第 1 期，1950 年 1 月 20 日出版。

② 罗洛：《琐事杂忆——我所认识的胡风》，《我与胡风》，第 775 页。

点势必就是:继续沿着以鲁迅为旗手的新文学的道路,“向着伟大的现实生活深处突进”[①]。

编辑第1期时,化铁正在上海。他和罗洛一起参与了编辑工作,罗飞“忙着为‘小刊’申请登记”,梅志做“找发行,与发行人谈条件等工作”,“劳心而又劳力”。几经周折,直到1949年年底得到批准登记。[②]

第1期的出版已经到了1950年年初。第1期上刊登了胡风刚刚写就的《小草对阳光这样说》,[③]冀汸的长诗《中国,在一九五〇年》,孙钿的《连续战争中的一支小曲》,丁东的《站出来》,罗洛的《为成都解放而歌》,庄涌的《蒋介石即景》等诗歌作品。路翎发表了小说《荣材婶的篮子》,芦甸发表了报告文学《新郎参军》,阿垅用笔名张瑞怀发表了论文《略论真人真事》。特别要提及的是居于刊物重要位置的《纪念鲁迅先生的话》和《纪念鲁迅先生》。这两篇纪念鲁迅先生的文章出自雪苇和罗洛之手,可以看到这个文学团体对鲁迅精神和新文学方向始终如一的坚守。刊物的压轴文章则是方青的文论《文代会的思想要求》,标示着作家们自觉团结在毛泽东旗帜下,应合时代要求的“归队”愿望和姿态。刊物的撰稿人显然是以胡风团队成员为主,从刊发作品和整体面貌来看,既保持了《七月》、《希望》等刊物的一贯风格个性,同时也紧跟着新中国的前进步伐,表现出强烈的时代精神。

第1期发行以后,化铁离开上海到了南京。第2期由其他几个人继续编辑。因为第1期出刊后就有“叽叽喳喳的口头传闻不断”,并出现“形成文字的报刊责难文章”[④]。也有朋友告诫:“希望你们注意配合

---

① 《写在前面》,《起点》第1期,1950年1月20日出版。

② 罗飞:《五十五年后谈〈起点〉》,《黄河文学》2005年第3期。

③ 作者晚年将《小草对阳光这样说》补编进组诗《时间开始了》中,作为《时间开始了》的第三乐篇《青春曲》中的第一曲。

④ 罗飞:《五十五年后谈〈起点〉》,《黄河文学》2005年第3期。

党的政策”，并具体指出要配合宣传当时正在进行的公债发行。于是编者毫不犹豫地组织了一组诗歌，冀汸、罗洛和罗飞各写一首发表在第2期上，占去刊物整整五个版面。第2期还有路翎的《祖国号列车》等三篇小说和报告，有牛汉、孙钿等的诗歌，重头文章依然是阿垅执笔的论文《略论正面人物与反面人物》。但谁也没有料到，1950年3月1日第2期一出，“更受到特殊重视，且反应速度之快十分惊人”①。3月19日《人民日报》就推出了批判阿垅文艺思想的文章，并扩大到对胡风“小集团”的非难。胡风的《时间开始了》，也不可避免地受到批评。无论《起点》如何努力迎合新的形势新的要求，它的个性气质还是显得另类，它还是难以汇入汹涌浩荡的时代潮流。此后《起点》面临的命运可想而知了。

创办《起点》时胡风正在北京，他并没有直接参与刊物的编辑工作，但因为是友人所办，又与梅志往来通信频繁，胡风对刊物的情况还是相当了解的。在解放以后胡风及其友人们处境微妙的情况下办刊物，胡风的心情也是非常复杂的。一方面，他希望自己的友人们能够“更沉着，更用力”，既办刊物，就“要弄好点才是”②。当他看到第2期上大版面发表的宣传公债的诗歌时，对罗洛调侃说：“你们真有本事，推销公债也能写这许多诗！”③显然，胡风对他们如此配合政策是不满意的，将这种“非诗”的东西搬上刊物，胡风是不会认同的。另一方面，胡风又深知当下刊物的难办，要求服务政治、配合政策还算小问题，更严重的是，他们“小集团”的言论和行为已在被“监控”之中，随时要承受无形的压力和有形的批判，所以胡风此期间对友人的信中说：“并不能把它(《起点》)当作什么阵地，但我们是，咳一声都有人来录音检查

---

① 罗飞：《五十五年后谈〈起点〉》，《黄河文学》2005年第3期。
② 胡风：《致路翎》(1950年1月12日自北京)，《胡风全集》第9卷，第273页。
③ 罗洛：《琐事杂忆——我所认识的胡风》，《我与胡风》，第775页。

的。"[①]《起点》"大书店不卖,文坛攻击,其余可想而知"[②]。1950年2月胡风回到上海时,《起点》已经出了两期,编者们努力想继续出下去,罗飞一面"与当局交涉《起点》事"[③],一面频繁来到胡风这里进行商议。胡风开始积极为刊物筹集稿子。他给路翎写信说:

"小刊"连三联也不卖了。在天津,甚至说是总店(北京)叫他们不要卖。新闻处和文艺处叫罗飞到新华去交涉查问,罗飞去了,他们要查明答复云。我看,不会有结果的。还有书店问题,三期出完非停顿不可罢。我认为,第三期要出得好一点,留一个印象,但现在似乎一篇稿子也没有,希望你们寄几篇来。

小刊,你要赶一篇来,我看,大概只有这一期了。[④]

面对重重困难,努力未果,虽然稿子已经编好了,但胡风和编者们争取的第3期还是"胎死腹中",第1期《起点》创刊,第2期就走到了"终点"。

《起点》虽然创办于建国后,生存时间很短,但也是胡风同人刊物的一个分支,一个不可分割的组成部分,它的编辑者和撰稿者,它的办刊宗旨和艺术倾向,均是《七月》和《希望》等同人刊物的延续。《起点》企图再造这个文学团体在新时代新的声音。但不幸,声音刚刚发出即被阻塞。罗飞在分析《起点》停刊的原因时说:"停刊的原因并不仅仅

---

① 胡风:《致路翎》(1950年1月12日自北京),《胡风全集》第9卷,第273页。

② 胡风:《致舒芜》(1950年3月15日自上海),《胡风全集》第9卷,第539页。

③ 胡风:《日记》(1950年3月5日),《胡风全集》第10卷,第157页。

④ 胡风:《致路翎》(1950年3月9日自上海),《胡风全集》第9卷,第278页,第279页。

在于发行上的被扼杀。这个名副其实的‘小刊’只有三十二页，一个印张，印一千册。在发行上是难不倒我们的。解放前欧阳庄、化铁出过《蚂蚁小集》，我办过《未央诗刊》，按照我们的发行经验，可以收回成本或略有亏损，但维持下去是不成问题的。何况那是在国统区，刊物是非法的，我们都能打开局面销售出去。现在是在我们解放了的土地上，合法的、公开发行的刊物，竟然生存不下去，我们无法理解。”①解放了，国统区压杀进步文艺的阻力已经排除了，但来自内部的一体化思想力量却更加强大，胡风和他的同人友人们渐渐被视为新文化的异己分子，从而成为新的斗争对象。实质问题是，一体化思想是不会允许不同声音存在的。当然，这是当时热心办刊物的青年人无法理解的，因为他们还没有意识到文化环境会严酷到什么程度，而且他们确实不曾感觉到自己到底发出了什么样的不同声音，他们的歌声是属于新时代的，只是他们用了自己的嗓子而已。

倒是胡风给张中晓信中说的更为到位：“《起点》，是几个青年友人弄的，但被封锁不能发行，又遭‘舆论’打击，已寿终了。本来我劝他们不要弄，我懂得大旗们的本性，他们统治文坛梦正旺，看见一株小草都要痛恨。”②

《起点》成为“胡风派”文学社团最后的微弱的尾声。在中国现代文学宣告终结，中国当代文学蓬勃兴起之时，以《七月》为开端的这一文学社团终于徐徐降下了它的帷幕。

---

① 罗飞：《五十五年后谈〈起点〉》，《黄河文学》2005年第3期。

② 胡风：《书信·致张中晓》（1950年7月12日自上海），《胡风全集》第9卷，第653页。

第四章
“胡风集团”

一、胡风的寂寞与挣扎

建国前后，胡风在文化界的处境比较微妙，胡风的心境也颇为复杂，他和论敌之间的关系以及他和同人之间的往来，也呈现出别样的状态。

经过1945年和1947年以来的文艺思想批判，胡风和他的同人们渐渐在文坛被孤立起来。特别是1947年的香港批判，无论其规模还是性质，都被认为是解放后胡风挨批立案的前奏。识得时务的明眼人，包括一些胡风曾经的同道朋友，都自觉地与胡风保持距离。胡风虽然没有意识到更大的批判网正在徐徐张开，但孤独和落寞的感觉还是日甚一日。

在中国历史的重大转折时期，胡风的生活一直是动荡不安的。随着他的脚步跨越新旧时代，辗转大江南北，胡风的心境也愈发陷入了不可名状的矛盾困扰当中。所谓胡风的“消极”情绪，既有以往受批判而不服气的原因，也是这段时间的所见所闻和所思所想积累起来的。

1. 走进东北解放区

1948年12月，上海局势恶化，胡风在党组织安排下转道香港，于1949年初到了东北解放区。在香港滞留的20天，邵荃麟派楼适夷做胡风的思想工作，劝说胡风认错。楼适夷一味劝说，胡风“只是微微地笑，很少答腔”。说服不了胡风，“使命算是失败了”[①]。其后，乔冠华又与胡风进行了正式谈话，胡风还是没有积极配合。显然，香港的文艺领导者想借此机会解决有关胡风文艺思想的论争，统一思想。但胡风仍然坚持自己的观点，认为之前完成的《论现实之主义的路》中已经进行了反批评，自己并没有什么需要改正的错误。在文艺思想上，胡风依然是坚定的、自信的。

进入东北解放区，胡风开始接触解放区的新生活，感受着新时代的新风气，诗人气质的胡风兴奋又激动，将这些新鲜刺激的见闻写进文章当中。他在杂文集《和新人物在一起》的《题记》中写道：

> 虽然地上盖着雪层，空中吹着寒风，但我好像从严冬走进了和煦的春光里面。土地对于我有一种全新的香味，风物对于我有一种全新的彩色，人物对于我有一种全新的气质。我感到我的心里充满了长年以来所期待的，对于祖国的祝福。
>
> ……在这一段旅程中间，像一个古代的巡礼者，所接触的一切都吸引了我，向祖国祝福的心情一直是在充溢的状态里面。当时起了这样一个感觉：在毛泽东思想的领导之下，我们的祖国已经成了满天星、满地花的土地。我感到了身外

① 楼适夷：《记胡风》，《我与胡风》，第8页。

的幸福，也感到了身内的幸福。因为感到了身外的幸福，所以也就得到了身内的幸福的。[①]

幸福的感觉是真实的，同样真实的还有其他难以言清的复杂感受。北上一路走来，胡风和不少当年的同道伙友相见了。他们敞开心扉，促膝长谈，于是，各种传闻，各种苦闷的、疑惑的和不满的诉说，潮水般向胡风涌来。这一阶段的胡风日记中，记录了此期友人重逢后的往来活动，也隐约透露出他们对文艺的个人想法和对自身处境的担忧：

萧军处境不好，对现状多有看不惯，"见面后谈话时似忍不住流泪"。"有人因萧军而对我误解。我不断地成为造谣对象"[②]。

冯白鲁来谈创作上的问题："解放区文艺水平低，直线地反映政策。""在外面成绩好的诗人，到解放区后反而没有成绩。"[③]

吴奚如来闲谈："周扬在鲁艺整风，骂人打人，田间曾被整得很苦。"[④]

雷加来谈创作问题："好人就完全好，坏人就完全坏。不敢写有缺点的人物，犹如不敢用有一段不清白的历史的干部。"[⑤]

和天蓝闲谈："庸俗的理论（东北最厉害）把文艺闷死了"，"许多作者，如果写真情实感，那一定'可观'，所以他们的革命作品是虚伪的。"[⑥]

---

① 胡风：《和新人物在一起·题记》，《胡风全集》第4卷，第267页。
② 胡风：《日记》（1949年1月20日、31日），《胡风全集》第10卷，第7页、第15页。
③ 胡风：《日记》（1949年2月1日），《胡风全集》第10卷，第15页、第16页。
④ 胡风：《日记》（1949年2月8日），《胡风全集》第10卷，第22页。
⑤ 胡风：《日记》（1949年2月14日），《胡风全集》第10卷，第26页。
⑥ 胡风：《日记》（1949年2月25日），《胡风全集》第10卷，第31页。

听到某作家作一歌:“告诉我儿,切记切记,宁卖屁股,不要搞文艺。”①

听到别人对自己的看法:“有原则性,但不易接受别人的意见,不到延安,是因为和周扬的关系。”②

鲁藜、芦甸来谈:“不能把自己局限住了,作家不敢从内心的要求写作,但求无过。”③

与王任叔谈到“香港论争”,认为“对于蒋区反封建斗争的文艺,不能过苛地用马列主义去批评”,他劝胡风“应扩大些,和各方面如民主人士们接触”④。

可想而知,与友人的这些交谈,带给胡风莫名的焦躁和忧虑,为自己,为友人,也为即将揭开新篇章的新中国文艺事业。即便是这样,胡风在离开河北进京之前给周恩来写信汇报自己的感受时依然说:“我走的是满天星满地花的道路。”⑤胡风是带着这种喜忧参半的复杂情绪,一路走到了北平。

2. 坚辞《文艺报》与参加文代会

1949 年 3 月 26 日,胡风抵达北京饭店,与茅盾、周扬、叶圣陶、艾青、冯乃超等更多的文艺界领导和知名人士见面。在筹办文代会的过程中,胡风的“情绪”不但没有消解,反而进一步郁积着。从他的日记中可以看到:

“从欧阳山谈话中所见——‘政治第一,艺术第二’(为政治牺牲艺术)。”“周颖来,闲谈了约二小时——吴晗、田汉对我的攻击。”

① 胡风:《日记》(1949 年 2 月 27 日),《胡风全集》第 10 卷,第 33 页。
② 胡风:《日记》(1949 年 3 月 5 日),《胡风全集》第 10 卷,第 37 页。
③ 胡风:《日记》(1949 年 3 月 9 日),《胡风全集》第 10 卷,第 39 页。
④ 胡风:《日记》(1949 年 3 月 18、19 日),《胡风全集》第 10 卷,第 43 页。
⑤ 梅志:《胡风传》,第 558 页。

周扬的谈话:“要找出共同的语言(工农兵的共同语言和干部的共同语言)。”“从实际出发,无论是洋的、土的,合乎实际要求的都要,否则,任何‘权威’都要打倒。”

冯乃超夫妇来谈天:“乔木说我的态度坏得很。”①

在给友人路翎的信中,胡风表述得更直接:“文艺这领域,笼罩着绝大的苦闷。许多人,等于带上了枷。但健康的愿望普遍存在,小媳妇一样,经常怕挨打地存在着。”②

看得出,胡风对时下的功利主义文艺观念及其对作家的种种束缚抱有质疑的态度,对自己的文艺思想仍然不愿意作自我批评。他感觉到政治权力的压力,但他不屈从,而是由忍耐进而开始抗争。

胡风抗争的第一个举动就是拒绝《文艺报》主编的职位。4 月 17 日,厂民(严辰)、茅盾“来谈《文艺报》事,我坚辞主编责任”。次日“访沙可夫谈辞去《文艺报》编辑事”。4 月 26 日“茅盾来,还是要我不辞《文艺报》编委”。4 月 29 日“茅盾送来《文艺报》第一期稿,我没有看”。次日晨“被茅盾吵醒,又是《文艺报》的编辑问题”③。据梅志回忆:“严辰还为登记手续事找过他两次,他都拒绝了。”④周恩来也曾过问过此事,但胡风还是坚辞不做。

我们所看到的理由有:

胡风觉得任命太突然。4 月 15 日召开的常委扩大会议上茅盾宣布任命。“开会之前没有同志和我谈过,这次会周扬同志又没有出席,但突然由茅盾同志在会上提出的时候,连人事安排都已事先拟好了。

---

① 胡风:《日记》(1949 年 3 月 29、30、31 日),《胡风全集》第 10 卷,第 46、47 页。

② 胡风:《书信·致路翎》(1949 年 5 月 30 日自北京),《胡风全集》第 9 卷,第 252 页。

③ 胡风:《日记》(1949 年 4 月 17、18、26、29、30 日),《胡风全集》第 10 卷,第 54、57、59 页。

④ 梅志:《胡风传》,第 559 页。

由于我的消极情绪，由于这么一个重要的工作却是这样被突然地提了出来，我感到非常惶惑，不敢马上接受。”①

胡风心想：“自己的文艺观点和工作能力根本不能适应新的开创时代，怎么能主持这样一个领导性的理论刊物呢？”②

胡风感觉到周扬的态度不明朗。胡风想：“根据‘左联’时的经验，做起来肯定不会得到周扬的支持，反而会成为‘整’自己的因由，这一想，就更不能接受了。”③

胡风在给田间的信中说：“两个月了，总觉得是在大潮边晃来晃去。所以下了决心辞去了负责编辑《文艺报》这一类不能‘摸底’的工作。”④

这些理由应该都是成立的。胡风始终觉得这样一个重要的任命，应该有负责同志事先专门找他谈话才对。之前结束“旧文协”和筹建“新文协”的工作，胡风也曾以为会与他这个“旧文协”的负责人商量的，但“新文协”却是在胡风从华北赶到北京的前一天就宣布成立了，胡风感觉到这是“文艺上负责同志对我没有信任”。这次出任《文艺报》主编，应该是很信任很器重胡风了，但同样是不打招呼的突如其来的方式。胡风自然是“非常惶惑”，不“摸底”，不知如何应对。胡风显然是非常不适应这种行政命令式的工作程序和方法。

“不信任”不对，“信任”了还是不对。胡风到底想怎么样？表面看起来是胡风这个人比较“难缠”，故意“较劲”，也有人曾经分析说这是胡风为了争“位子”有意“抵制”，闹情绪。⑤ 此时的胡风肯定是有情绪

① 胡风：《关于解放以来的文艺实践情况的报告》，《胡风全集》第 6 卷，第 108－109 页。

② 梅志：《胡风传》，第 559－560 页。

③ 梅志：《胡风传》，第 560 页。

④ 胡风：《书信・致田间》（1949 年 5 月 24 日自北京），《胡风全集》第 9 卷，第 544 页。

⑤ 参见吴永平：《胡风与第一次文代会》，《南方周末》2004 年 7 月 1 日。

的，但仔细分析一下，显然又不只是简单的"闹情绪"。如果是为了争位子，《文艺报》主编的位子应该是很重要了，胡风也是意识到这一点的，所以胡风才会说："这么一个重要的工作却是这样突然地提了出来，我感到了非常惶惑，不敢马上接受。""以我的性格和看法，主持一个领导性的理论刊物是无法做的。""我的社会能力和政治条件是担负不起这个工作的。"[①]等等。看起来恰恰是胡风过于重视这个"位子"，才不敢轻易接受，情绪惶惑的胡风这时候最希望和上级领导或者负责文艺的同志谈一谈。在这个繁忙的时期，他不好直接去找周总理，几次期待能和周扬有所沟通，但一直没有回应。胡风不是真的不想干，而是想清清楚楚明明白白的去干，想在一个得到信任的支持的氛围中去投入工作。也就是胡风所期望的："在政策上给我帮助，在关系上给我支持，研究一下任务和做法。"[②]

胡风想解决的困惑无非还是两个老问题，一个是文艺思想，一个是人事关系。如胡风所说，"包含有理解上和人事关系上的极其强烈的焦躁的矛盾成分。这更使我警惕到自己的处境，更加强了不要在这个革命形势的紧张关头，由我弄出麻烦来，对不起党和这个时代的消极情绪"[③]。这两方面的问题几乎成了这时胡风的心结。只有这个心结打开，思想障碍排除了，胡风才有可能轻装上阵，投入新的工作。所以，胡风"希望周扬同志约我直接谈一谈，看他的态度怎样，希望他把现实情况和政策要求告诉我，把他的意见告诉我，我也预备可能时说一说对于文艺情况的看法，至少也要彼此间对这个工作本身取得某一限度的共同了解"。[④]因为在此之前，胡风文艺思想一直受到严厉的批判，文艺负责人对胡风不接受意见作自我批评一直不满，加之受到"胡

① 胡风：《关于解放以来的文艺实践情况的报告》，《胡风全集》第6卷，第109、110页。
②④ 胡风：《关于解放以来的文艺实践情况的报告》，《胡风全集》第6卷，第109页。
③ 胡风：《关于解放以来的文艺实践情况的报告》，《胡风全集》第6卷，第108页。

风文艺思想影响”的青年人大都被认为是有“问题”的，文艺思想的重大分歧横亘在这里，胡风想说清楚的愿望非常强烈。从东北、华北一路走来，胡风又有了新的感想和看法，他努力了解文艺上全面的实践情况，想检查自己的感受是否有错。在这样的情况下，胡风认为自己“暂时不能写理论批评文字”[①]，也不愿意唐突接任《文艺报》主编这样的职务。作为一个理论家，文艺思想的是非和困扰一天没有解决，胡风就一天不得安宁，沟通和理解成了此时最大的愿望。《文艺报》是一个“领导性的理论刊物”，如果在思想上不能与文艺界领导达成共识，又不能光明正大地表达自己的文艺观点，这个主编确实会很难当。以胡风的个性，还真是会“弄出麻烦”来的。而胡风之所以很在意周扬对此事的态度，另一个无法回避的原因就是人事关系上的困扰，或许是胡风的“不好直接说出来也用不着说出来”的意思很难让人领会。总之，周扬始终不予理睬，使胡风更为警觉。毕竟，他们之间的既往恩怨还存留在各自心中，而当下周扬又是胡风的直接领导，胡风的顾虑并不是多余的。

胡风从来没有这样无所适从过，他的情绪和行为都表明了他的低调和消极。但是拒绝《文艺报》主编这样的位置，却不是一件人们可以忽略的小事，而且面对茅盾的再三说合，胡风一意坚辞，分明让人感觉到胡风的不合作，是内在强硬的一种表现。说到底，胡风不想糊里糊涂地去做这个官，对他来讲，更重要和更紧迫的是为自己的文艺思想和政治立场讨个说法。香港论争以来有关文艺思想的批判，已经带有明显的政治定性的倾向，导致不少同行好友避他而去。胡风“警惕到自己的处境”，他清楚必须在新的工作和生活开始之前解决这个问题，否则，无论暂且坐上什么样的重要“位子”，成见和隐患依然存在，日子

① 胡风：《关于解放以来的文艺实践情况的报告》，《胡风全集》第6卷，第107页。

不会就此太平。但是在这个特殊时期，自己撰写文章不可行，与文艺界负责人的对话沟通又无法落实，于是，辞职《文艺报》就成了胡风澄清文艺问题和人事关系的一个契机。"坚辞"表明了一种"坚守"，是胡风对自己思想立场的坚守，也可以算作是胡风的别一种抗争了。

这次抗争除了让主流文艺界更加认定胡风的"另类"和"不顺从"以外，没有收到其他任何积极成效，胡风的处境不但没有改善，反而愈加恶劣起来。文代会筹备期间，胡风显得更加孤立了，他在"三十万言书"中说："先是，我提了两个作家可以当代表，但被否定了，也没有向我说明。其次，从开会前几天到会议进行中的大半时间内，负责的同志们忽然都避开我，见了一个也不打招呼，面对面了顶多也只是勉强招呼一下而已。有一次宴会，几乎每一个熟悉的负责同志都从我避开脸去。我感到很奇怪。不知道出了什么大问题。"[①]这一定不是胡风"神经过敏"，因为其后发生的情况已经证明了人们为什么躲胡风不及了。

问题果然出在胡风的文艺思想以及相关联的政治立场上，情况正如胡风一直以来所顾虑的一样，而且更严重也来得更迅速。

胡风的再一次抗争是针对国统区文艺报告而发生的。

文代会筹委会安排胡风进入"章程起草及重要文件起草委员会"，并和茅盾、胡绳、杨晦等人一起负责起草国统区文艺报告。在起草委员会召开第一次会议时，冲突就发生了。据秘书康濯回忆："第一次会议上茅盾同志发言中讲过一句，说是可惜邵荃麟、林默涵等同志还在香港而没到北京，不然这个报告的起草当会更顺利一些这样的话。这个话我记得，但却不懂。冯乃超同志向我解释，说因为邵、林等同志在香港批评过胡风，所以胡风一听茅公提到此话，就以为是指如果邵、林

① 胡风：《关于解放以来的文艺实践情况的报告》，《胡风全集》第6卷，第110页。

来了，报告中就能更顺利地批评他胡风了。后来我曾委婉地向茅公转述胡风的意见和顾虑，茅公说他不是那个意思，而主要是说邵、林对国统区桂林和重庆时代的文艺情况还熟悉，并说只要胡风来参加起草小组会，他可以解释说明。”①

香港批判是胡风的心结，提到邵荃麟和林默涵这些批判者，胡风自然会起反弹，深知内情的冯乃超也意识到了这个问题。会后胡风“表示再也不参加小组了”②，从此开始“逃会”。几经劝说，态度始终不变。

实际情况恰如胡风所担心的，6 月 7 日，国统区报告草稿写成，胡风在 6 月 9 日的日记中写道：“看了杨晦等起草的国统区报告草稿(铅印的)，主要的是对于我的诬蔑。”“沙可夫、丁玲来，沙可夫谈起报告，我表明了态度，拒绝了出席会议。”“康濯、冯乃超来，又谈报告问题。”③胡风非常生气，对报告意见很大。康濯表示修改后再拿给胡风看，但直到文代会开幕，胡风再没有看到修改稿。7 月 4 日，茅盾所作的题为《在反动派压迫下斗争和发展的革命文艺》的大会报告，让胡风震惊了。报告第三部分“文艺思想理论的发展”中的第三个问题是“关于文艺中的‘主观’问题，实际上就是关于作家的立场、观点与态度问题”，集中篇幅对“胡风派”的文艺思想进行不点名的批判：

有人以为革命理论的学习是足以使作家“说谎”，以为发扬作家的“主观”才会有艺术的真实表现。他们以为既然是革命作家，天然就有革命的立场，如果本来没有革命的立场，怎样努力去学习和改造都是空的。他们以为，作家过着怎样

①② 康濯：《〈文艺报〉与胡风冤案》，《文艺报》1989 年 11 月 11 日。
③ 胡风：《日记》(1949 年 6 月 9 日)，《胡风全集》第 10 卷，第 76 页。

的生活就可以怎样的"斗争",这样的说法在国民党统治下作家的自由完全被剥夺时,本来不是完全没有理由,但他们因此就抹杀了作家去和人民大众的现实斗争相结合的必要。他们一方面强调了封建统治所造成的人民身上的缺点,以为和人民身上的缺点斗争是作家的基本任务,另一方面又无条件地崇拜个人主义的自发性斗争,以为这种斗争就是健康的原始生命力的表现,他们不把集体主义的自觉的斗争,而把这所谓原始的生命力,看做是历史的原动力。他们想依靠抽象的生命力与个人的自发性的突击来反抗现实,所以,这在实际上正是游离于群众生活以外的小资产阶级的幻想。

因此,关于文艺上的"主观"问题的讨论,继续展开下去,就不得不归结到毛泽东的"文艺讲话"中所提出的关于作家的立场观点态度等问题。[①]

报告谈到国统区创作方面的消极倾向时,也特别指出有些作家着重"描写人物的精神状态","以作家的主观任意解释和说明客观的现实"等,显然是在批评受胡风文艺思想影响的路翎等人的创作。

胡风知道问题不简单了,他曾对当时一同出席会议的朋友们说过:"报告当然不是他(茅盾)个人的意见,而是事先拟定好了的,与香港的论调如出一辙。"[②]当天的日记中胡风也写道:"上午,由茅盾作国统区报告,还是胡绳、黄药眠所搞的那一套。"[③]在"三十万言书中"胡风

---

① 茅盾:《在反动派压迫下斗争和发展的革命文艺》,《文艺运动史料选》第5册,上海教育出版社1979年版,第679—680页。

② 绿原:《试叩命运之门——关于"三十万言"的回忆与思考》,《胡风三十万言书》,湖北人民出版社2003年版,第4页。

③ 胡风:《日记》(1949年7月4日),《胡风全集》第10卷,第85页。

颇为激愤地写道:“我是冷静地看明白了:这个听说是以胡绳同志等为中心所改写的报告,骨子里几乎主要是以所谓胡风文艺思想为对象,而且是把问题的本来内容简单化了甚至歪曲了以后再加以论述的。整个十年来国统区文艺的主要障碍,原来是所谓胡风文艺思想。无论对我或对整个文艺工作说,都是一个太严重了的问题。联系到会议开始以来的情况,我觉得同志们是把我当作了文艺上的罪人,即使不是唯一的也一定是最主要的罪人看待的。”①当时一同参加文代会的胡风友人有阿垅、路翎、绿原、鲁藜等,他们听了茅盾的国统区报告,也表现出“颇不愉快”的情绪。报告“复述了香港批判的观点,似乎原国统区文艺工作一片光明,就只有胡风几个人要不得,这叫有不同看法而无从表达的当事人怎么高兴得起来呢?”绿原回忆说:“大会闭幕后,我们准备束装南归时,胡风的谈话我只记得两点:一,今后要争取‘埋进’生活里去;二,多写作品是唯一出路,但绝不要写理论。这两点本身有什么错,我至今也认识不到;不过,路翎倒是认真这样做了,他后来的悲惨下场又说明了什么呢?”②

依然是针对文艺上的“主观”问题,依然是以毛泽东的延安讲话为参照系,依然是带有浓厚的政治色彩的批评话语。胡风竭力想澄清的文艺思想问题,在新时代伊始继续作为主流文艺的反对面,接受着严厉的批判。无论胡风心中怀有多少说清楚的愿望,无论胡风怎样“消极”地“抵抗”,这一切好像顺水推舟般不可逆转。即使胡风积极地参与国统区报告的起草,也不可能采纳胡风的什么意见。而文代会上报告一经发表,就迅速统一了思想,任凭胡风如何努力也不可能扭转被围困的局面。正如胡风自己所言,后来愈来愈明显,这个报告“造成了

① 胡风:《关于解放以来的文艺实践情况的报告》,《胡风全集》第6卷,第111页。
② 绿原:《胡风和我》,《我与胡风》,第524页。

几年来某些文艺干部中间模模糊糊地把所谓胡风的文艺思想及其‘小集团’当做了一个经常的最主要的攻击对象。”①亲历文代会的绿原后来也反思说：“一切情由共同预示，胡风在建国之初，就比其他国统区作家更早地被‘内定’为批判对象，而阿垅、路翎、胡风等人随即按部就班地受到批判，则完全是文艺界统一思想工作的题中应有之义。”②

胡风的抵触态度与鼓荡着胜利豪情的文代会气氛是极不协调的。他尽可能地压抑着，但在和友人的通信中他则不设防地宣泄自己的不满。彭柏山在文代会期间曾分别给胡风和梅志写信，明显看出他竭力给老朋友降温熄火：

> 你在北平，多看看也是好的，既然觉得编刊物不合适，我想，这也没有什么，绝不会弄到什么“不合作”的大帽子上去的，即使有这种误会，也不是出于领导人的意见，可听，可不听，自己还是学习自己的。
>
> 胡兄从北平来信，对于个人得失，还有不能坦然处之之处，精神上徒多受刺激。其实，“人生有限，事业无穷”，我们能做到那一步，就算那一步，尽到了个人的责任，历史会为老实人说公道话的，因此，也就不必计较了。③

胡风终归是不善于控制自己情绪的人，此后会议上的消极表现还是谁都能感觉到的，大会小会均缄口不语，周扬、丁玲都动员他发言，但他什么都不愿意说。一直到 7 月 24 日召开文协会议时，艾青突然

---

① 胡风：《关于解放以来的文艺实践情况的报告》，《胡风全集》第 6 卷，第 111 页。

② 绿原：《我记得的路翎》，《寻芳草集——绿原散文随笔选集》，第 201 页。

③ 《彭柏山书简》(1949 年 7 月 1 日致胡风，1949 年 7 月 8 日致梅志)，《新文学史料》1989 年第 2 期。

袭击，点名要胡风“自由发言”。胡风很情绪化地说了几句不合时宜的话：“我说不出值得说的话来，浪费了代表们的宝贵时间，就等于谋财害命，所以不敢说什么”①。这种激烈的话自然非常得罪人了。

虽然不愿再说什么，但胡风内心的思索一刻也没有停止。他“在重阅了好几遍国统区文艺报告后，他还是写下了自己的意见交了上去”②。这一努力说明他还抱有希望，希望终究能够得到上级领导的理解和信任。

从《文艺报》任职事件到文代会上种种遭遇，胡风的处境日益艰难，情绪也日益复杂。对于第一次文代会这一具有重大历史转折意义的会议，胡风的评价却并不高。他说：“在文代会期间和以后，一般都是不满意的。情形很混乱。这不满意当然有各种各样的动机，但这个普遍不满却是有着客观上的基本原因的。但我却遭受到了一种比那以前更严重的情况。”③这里除了胡风自己的原因外，显然还有有关文艺方针政策和思想理论以及创作倾向等等方面的忧虑。从进解放区以来接触到的作家们的创作状况，了解到他们的困惑，到文代会上聆听会议报告，胡风一直在紧张地思考着现实的文艺问题。敏感到问题的存在并为文艺事业焦虑的人应该不止胡风一个，但大部分听任潮流的裹卷，不会发出不识时务的反对之声，能和胡风推心置腹倾诉苦衷的大都是胡风的同道好友。今天看来，他们至少代表了一部分文艺工作者对现时文艺方针政策的不同看法，可以让我们从中反思那一时代文艺工作的偏颇。

至于胡风自己，虽然还是怀抱希望，但也知道情况是“更严重”了。他在 7 月 18 日文代会闭幕那一天用调侃的口吻给老朋友朱企霞的信

---

① 梅志：《胡风传》，第 564 页。

② 梅志：《胡风传》，第 563 页。

③ 胡风：《关于解放以来的文艺实践情况的报告》，《胡风全集》第 6 卷，第 110 页。

中写道：

> 我，一直只是一个"同路人"，也许你并不了解。为什么如此？那说起来话长，总之，在中国，做一点文化的特别是文艺上的斗争，是并不那么容易的，有些事非自己滴着血负担不可。但现在，我是愉快、幸福了，觉得放下了这点负担也不会成为损失。我想以后不弄过去那一套了，学习着写写散文之类，直接从生活汲取一些，也算是一点对于人民的工作。到底能做多少，能否做好，那就不管了。困难的是，恐怕别人不准我这样"开小差"。[①]

文代会期间，阿垅、路翎、绿原、鲁藜几个凑在一起，他们或者和胡风讨论时局，或者去游览北京名胜，是一次非常亲近的同道交游。绿原回忆说，他曾在文代会上见到著名诗人田间，"因为前天由胡风介绍过，我便上前跟他打招呼，他仿佛不认识我，支吾着说了一句：'今后好好学习吧。'路翎听了，颇不以为然，向胡风转述时，一针见血道：'由此可知，这两拨人今后不可能在一个起跑线上。'胡风笑着说，'不至于吧。'所谓'两拨人'，就是正在大会上被说成'会师'的解放区作家和'国统区'作家。"[②]其实就在文代会召开的两个月前，田间曾写给胡风一封恳切的长信，除了探讨新的历史时期的文艺路线和创作思想等问题外，信中说道：

> 读来示，看样子你是不愿意久住北方的，但我深望你能

---

① 胡风：《书信·致朱企霞》(1949年7月18日自北京)，《胡风全集》第9卷，第696页。

② 绿原：《我记得的路翎》，《寻芳草集——绿原散文随笔选集》，第200页。

较久的住下去,和党的领导机关相距近些,可以免去不必要的隔膜(世界上有的隔膜是由广义的隔膜造成的)。这对于我的民族的理论家,我的引路人——风兄来说,我有此希望和要求。我也常想:作家站在大地方固然好;站的地方小,也不能说不好。我这几年的生活虽在小地方,但我们却似乎进了"另一世界"。这当然不是因为有了一个官(欧阳山兄和我开玩笑的话)。而是因为有了一个改造充实自己的机会。按我半生生活说,上海的生活是我的第一良机,能到临汾和延安是我的第二良机,下乡工作是我的第三良机。如此半生,良机三有,今后的路,大概不会恰恰有一个恶运以终局。虽然,我也不愿把理想寄托于良机,而要以良机测验自己。

这封信上,我仍然说"语不尽意",余意再告。祝你和郭沫若先生,茅盾先生,周扬先生等人民文艺的思想战线领导团结起来,有原则的团结起来。①

田间的这封信寓意丰富却也思路清楚。一方是新中国文艺的大方向大趋势,一方是感怀在心的自己文学事业的"引路人"和提携者,田间想兼而得之。田间希望胡风能与文艺界的领导解除隔膜,和他们"有原则的团结起来",表现了田间为大局、为胡风也为自己的良好用心。田间的想法其实也代表了一部分同人好友的愿望。当胡风越来越为主流文坛所孤立的时候,他的同人们是很担心很焦虑的,不只是田间,鲁煤和徐放也曾劝说胡风要与周扬好好合作:"有意见可以开诚布公地、诚诚恳恳地提,但是不要拂袖而去,更不要回上海去当什么'布衣'……"如此等等。正如他们后来认识到的:"这些只不过是我们

① 《田间致胡风的信》(1949年5月6日),《新文学史料》1995年第3期。

在长期的思想困惑和精神痛苦中的想入非非而已，一些诚恳但却幼稚的想入非非。”①

更有意味的是，田间此时已经意识到自己当初的“北上”，形式上是脱离了胡风同人圈子而进入了“另一个世界”，他说这是他人生中的另一“良机”。这一“良机”会让自己今后的路“不会恰恰有一个厄运以终局”。田间不可能在这个时候就预言到1955年的“厄运”，但事后读田间的信却不免惊叹，田间为自己人生选择庆幸的时候万没想到更大的“庆幸”还在六年之后。田间在写信的时候对形势的估计还是比较乐观的，但到了两个月后的文代会上，大概更明显地感觉到了“胡风派”受排挤的处境，这时候会自觉不自觉地调整自己与“胡风派”的关系，更坚定地维护自己“另一世界”或“另一拨人”的形象。于是，才有了和绿原见面时的回避态度。从这个意思来看，路翎的判断确实是一针见血，而胡风还停留在“引路人”和“提携者”的旧关系中，以为友人们“不至于”就此要和自己撇清。其实，在这一特殊历史时期，更能观清局面的往往是胡风外围的同人，或者说类似田间这样已经属于“另一拨人”，但又和胡风旧交深厚的同人，他们面临着选择。二者不可兼得的时候，必然要有所舍弃。所以，胡风及其同人处于层层叠叠而又变化莫测的人际关系当中，一切尴尬和微妙情状的发生就不奇怪了。

8月5日，胡风回到了离开8个月的上海的家。他给妻子梅志谈到了几个月来发生的事情，谈到自己的困惑，“希望能听听她的意见，不知怎地，现在他能依靠的似乎只有这个小家庭的成员了！”②足见胡风的寂寞和无助。“更大的问题是将来怎么办？”“不能干文艺工作”还能干什么？想来想去还是回到原来的思路，放下“负担”，“不弄过去那

① 鲁煤：《徐放其人其诗的悲壮历程》，《新文学史料》1999年第1—2期。

② 梅志：《胡风传》，第564—565页。

一套了”，深入生活当中，写点东西，做好作家的本职工作就可以了。

早在进入解放区之前转道香港的时候，面对无法解决的香港批判，胡风就曾对老朋友冯乃超说：“今后我要采取‘三不主义’：不写理论文章，不当编辑，不担负文艺团体的职位。他以为他之所以惹出问题全是由这三者引起的。”[①]其后的推辞《文艺报》主编和文代会上的“消极”表现，大约也出于这样的考虑。但胡风之所以是胡风，就是他不甘于寂寞，他不会轻易放弃自己半生以来在文艺事业上的努力，尽管不得已之中他一次又一次说服自己退隐下来，但都事与愿违，一直居于矛盾的中心。不但正如他自己说的，别人不会准许他这样“开小差”，而且以他热情和执拗的个性，也终究不会允许自己放弃自己应该坚守的位置。

3. 在“开始”的时间里

容不得胡风调整好自己的心态，更大的情感冲撞和更激烈的思想交锋接踵而至。

1949 年 9 月 8 日，胡风再次匆匆赴京参加第一届全国政协会议，紧接着，他参加了开国大典，亲耳听到了毛泽东的庄严宣告：“中国人民从此站起来了！”亲眼目睹五星红旗冉冉升起，“一种宏大的幸福感把我的心情提升了起来”。诗人的激情被鼓荡起来，胡风暂且放下心中的诸多不快，投入到长篇政治抒情诗《时间开始了》的创作当中。这是胡风情绪最为昂奋的一段时间。他在日记中写道：“两个月来，心里面的一股音乐，发出了最强音。达到了甜蜜的高峰。肖邦啊，肖邦啊，我向你顶礼！格拉齐亚啊，你永生在我心中。”[②]在给友人的信中，胡风写道：“写的时候，整个历史，整个宇宙都汇成了一个奔腾的海（《欢乐

---

① 梅志：《胡风传》，第 550 页。

② 胡风：《日记》（1949 年 11 月 17 日），《胡风全集》第 10 卷，第 124 页。

颂》)、奔腾的大河(《光荣赞》、《安魂曲》)、阳光灿烂的海(《欢乐颂》)在我心里响着。有时候甚至感到了呼吸窒息似地燃烧。"[1]由于诗情燃烧不能自持,以致引发一场热病。两个多月,胡风一气呵成四个乐章,三千八百行,歌颂了伟大的新时代,表达了诗人炽烈的政治热情,成为开国后最早的颇富影响的政治抒情诗。

绿原曾撰文写道:"胡风深刻感到茅盾的报告是他在新社会将继续接受批判的一个先兆,但它将会如何发生和发展,却是他无从逆料的,更不论1955年的突变了。至于他的朋友们,尤其是我,当时听了茅盾的报告虽说不愉快,但沉醉在胜利的辉煌、解放的幸福、革命的伟大等抽象情绪里,对自己日后的遭遇也没有作过任何考虑,事实上一切都很新鲜而又陌生,要考虑也是很难的。"[2]

虽然胡风有不好的预感,但此时却和他的朋友们、和全国人民共同沉浸在红旗漫卷、欢呼胜利的气氛中,沉浸在极大的忘我的政治热情里。"他怀着对中国共产党和社会主义祖国的纯真的情愫,抒写了一曲曲充满感激和幸福的赞歌,获得了他的人和诗的真正的青春"[3]。同时也表现出诗人与时代精神的同向性和一致性。胡风从来以为自己大半生追随革命事业,追随共产党,对毛泽东也是一直心怀崇敬,《时间开始了》是他发自内心的歌唱,表达了他对革命真诚的信念和对祖国和领袖衷心的热爱。或许胡风的诗歌创作还包含着另一种努力,那就是在自己的文艺思想再一次面临"有计划的批判"的时候,在一切"理论上"的和"态度上"的抗争都无法"为自己作有效的辩护"的时候,诗歌创作或许是他证明自己的一种努力。胡风"用夸张的热情歌颂毛

---

① 胡风:《书信·致牛汉》(1951年7月16日自北京),《胡风全集》第9卷,第440页。

② 绿原:《试叩命运之门——关于"三十万言"的回忆与思考》,《胡风三十万言书》,第4页。

③ 绿原、牛汉:《〈胡风诗全编〉编余对谈录》,《文学评论》1992年第1期。

泽东，歌颂共产党领导下的革命实践，就是为了证明自己理论与时代的同一性”①。此期间，胡风在家书中对亲人就表达了自己努力的决心，并带着殉道者的悲壮情怀：

> 我懂得我的心一向是为的祖国为的人民，是为的人类解放的神圣的事业，其余一切，怎样能压倒我呢？我相信自己拿出去的是真诚，对革命有益的真诚，因此当然希望成功地工作，但旗子是在别人手上，别人用旗子来压我打我，我除了用真诚工作以外，还能有什么别的办法呢？但我相信我是会胜利的，虽然也许还要经过困难的过程，虽然也许那不会是用我自己的名字得到的。②

绿原曾经评价说：“当时歌颂人民共和国的诗篇实在不少，但从眼界的高度、内涵的深度、感情的浓度、表现的力度等几方面进行综合衡量，能同《时间开始了》相当的作品又未必是很多的。”③同时，《时间开始了》也带上当时颂歌创作的普遍问题，即过分的夸张，情感宣泄的无节制，对领袖的狂热崇拜等等不良倾向。即便是这样，胡风痛苦悲壮的努力依然没有使他的处境得到有效的改观，第一乐章《欢乐颂》发表后虽然一度引起不小的反响，但关注的热度瞬间就降落下来，人们还是不能真正理解胡风的“衷心”和“苦心”。

《欢乐颂》于 11 月 20 日在《人民日报》发表后，下来篇章的发表就不大顺利了。12 月 15 日的胡风日记里写道：“和胡乔木通电话。他不

---

① 陈思和主编：《中国当代文学史教程》，复旦大学出版社 1999 年版，第 23—24 页。
② 晓风辑注：《胡风家书选》，《新文学史料》2007 年第 1 期。
③ 绿原、牛汉：《〈胡风诗全编〉编余对谈录》，《文学评论》1992 年第 1 期。

赞成《光荣赞》里面的'理论'见解，当然不能在《人民日报》上发表了。"[①]胡风"只好设法在低一级的《天津日报》和《光明日报》上发表。后来更是有人提出了一些无事生非的批评，影响了他的创作热情。因此，整篇长诗还没有写完就搁下了"[②]。

在创作的激情中再一次挫伤胡风的，是 11 月 27 日与胡乔木的谈话。

据胡风"三十万言书"中回忆，那是因为经常与他来往的朋友们对当时文艺现状的不满和对胡风处境的关心，鼓励胡风要求和周恩来谈一谈。中央当时也是提倡"知无不言，言无不尽"的态度的。"被这种热情所推动，也被我当时的创作热情所推动"[③]，胡风再次萌发了要向上级领导说清楚的念头，愈是被新中国的诞生所激动，胡风想要融入这个新时代的愿望就更强烈，想被领导和文艺界认同理解的心情也就更迫切，于是胡风写信给周恩来要求见面。

工作繁忙的周恩来安排胡乔木和胡风见面。胡风回忆道：

> 胡乔木同志和我谈话：(一)说我对于党的事业是做过真诚强烈的追求的；(二)说我对世界对历史的看法和共产党不同，而且这还不是"庸众"的意见；(三)他劝我，脱离了共产党就是脱离了群众，应该和整个共产党做朋友，应该多看看共产党里面的坏人……他的话给了我很大的鼓励，也使我感到了出乎意外的迷惑。

胡风迷惑的是自己从某个"小角度出发"的对问题的看法，具体问

① 胡风：《日记》(1949 年 12 月 15 日)，《胡风全集》第 10 卷，第 132 页。
② 晓风：《我的父亲胡风》，春风文艺出版社 2001 年版，第 52 页。
③ 胡风：《关于解放以来的文艺实践情况的报告》，《胡风全集》第 6 卷，第 114 页。

题上可能会有错误，但“怎么会和党不同呢？”“我大半生追随了党的事业，怎么还会有一个把党和我一个个人平列起来的‘和整个共产党做朋友’的问题呢？”即便迷惑，胡风还是把自己的真实看法告诉了胡乔木：“我耽心文艺上会出现一个灰色时期。这也是我想和周总理谈的主要意思。胡乔木同志当时断然否认了。”①

双方的沟通和理解显然没有达成，胡风愈发感觉到组织和领导还是不信任他。辗转思索当中，胡风以为胡乔木所说的“脱离共产党就是脱离群众”这个“高度的原则性”也许是解决问题的关键，加之也有亲近的朋友奉劝他向组织靠拢，于是胡风立即写信给胡乔木，表达了希望能够解决组织问题的心情。再次见面时，胡乔木只说入党问题可以考虑，但并不“奉劝”他这样做。事情不了了之，入党的请求也终无结果。

也正是这次谈话后不久，胡风在电话里听到了胡乔木就《光荣赞》的反对意见，也知道诗作不能继续在《人民日报》发表了。对此，胡风已经不觉得奇怪了。

1949 年的岁末，胡风远离家人，身心疲惫。因为被诗歌创作占去了主要心思和热情，因为还期盼着能与周总理谈话，胡风看起来“依然情绪不动”②，但内心思虑的波涛不断地翻卷着。他不知道，即将走进的 50 年代，对他来讲是一个什么样的不平常的年头。

4. 拉开批判“小集团”的序幕：

1950 年 1 月，胡乔木再一次与胡风谈话。胡风回忆道：“（一）他说我不该把别人都看做异端；（二）党对于一些同志并不是论功行赏，而是因为他们都战斗了过来，现在也都在战斗着”。胡风感到意外，在他

---

① 胡风：《关于解放以来的文艺实践情况的报告》，《胡风全集》第 6 卷，第 114 页。

② 胡风：《日记》（1949 年 12 月 13 日），《胡风全集》第 10 卷，第 131 页。

看来,“实际情况又恰恰相反,从香港批评,特别是从文代会以后,只有我和所谓‘小集团’是被看做整个文艺战线上的‘异端’的。”同时胡乔木提出三个工作要胡风考虑:“人民文学出版社总编辑,《文艺报》负责,中央文学研究所教书,要我决定一个,并用书面答复”。胡风感到失望,他一直期望着能够“全面研究一下文艺工作的情况”,然后再解决个人工作问题。因为“不先研究一下总的实践情况,具体工作是难于计划的,工作愈重要就愈无法做”①。

看得出,胡风还是坚持想要说清楚自己的文艺思想问题,同时想就文艺现状说出自己的担心和看法,否则,什么工作都无法承担。以胡风的性情,“无论条件怎样,工作做上了就不愿意敷衍了事的”,如果不能和文艺界领导在思想上达成共识,一味按照胡风自己的思想和原则行事,工作肯定会出问题。胡风是过于执拗了,但胡风的顾虑不是没有道理。1954 年,《文艺报》主编冯雪峰因“压制新生力量”受到《人民日报》的“质问”,一直检讨到 1957 年被划为右派。在对冯雪峰进行大批判的前夕,胡风曾带着侥幸的口吻说:“要是我就了那个位置,会比冯雪峰垮得还快还惨。”②与其说胡风有先见之明,倒不如说他有自知之明罢了。

可想而知,胡风虽然在给胡乔木的信中“申明了愿意服从分配”,但流露的真实想法还是“消极”的。于是圈子里传开说给了胡风三个工作,胡风都拒绝了。一直到 10 月份胡风参加土改结束从四川回到北京,胡乔木又一次和胡风谈话,直接问他是“要工作还是要做作家”,要胡风立刻回答。当时谈话的气氛很僵。胡风说:“我想提出解释,他就用愤怒的态度打断了我。这迫不及待的提法和态度,使我的期待受

---

① 胡风:《关于解放以来的文艺实践情况的报告》,《胡风全集》第 6 卷,第 117 页。

② 绿原:《试叩命运之门——关于“三十万言”的回忆与思考》,《胡风三十万言书》,第 17 页。

到了打击，因而冲动地产生了反驳情绪。”[①]几次关于胡风工作问题的谈话终无结果，胡风固执己见与不合作姿态已是人所共知了。

胡风的工作位置无法落实，周总理也抽不出时间与他谈话，他的诗歌作品的发表也是困难重重，胡风只好暂且回到上海家中，想过一段清静悠闲的读书生活。但情形正如胡风自己所料，别人不允许他“开小差”，他不可能再有清静悠闲的日子，各种直接的或间接的文艺思想批判接踵而至，催逼着胡风再次迎向论敌，投入新一轮的思想保卫战。

建国后新一轮的批判依然以胡风文艺思想为靶心，感觉走的是外围包抄的路线，胡风的几个亲密伙伴逐次受到批评界的“关注”，无形中造成了一种“团伙”效应。

首先是阿垅发表在《文艺学习》第1期和《起点》第2期上的两篇文章遭到批判。1950年3月12日《人民日报》发表陈涌的文章《论文艺与政治的关系——评阿垅的〈论倾向性〉》。紧接着1950年3月19日《人民日报》发表史笃（蒋天佐）的文章《反对歪曲和伪造马列主义——评阿垅的〈略论正面人物与反面人物〉》。陈涌认为阿垅“对文艺与政治的关系作了不正确的错误的解释”，虽然援引了毛泽东的论断，“但对毛泽东同志的原意却做了鲁莽的歪曲”，“实质上，却也同时反对艺术为政治服务的”。“它以反对为艺术而艺术始，以反对艺术积极地为政治服务终”。说到底是“抵抗马克思列宁主义的关于文艺的党性的思想”[②]。

史笃则指出阿垅在引用马克思原文时有错误和遗漏，指责阿垅的文章是马列主义的“伪造物”，“堆满了马列主义词句，而实际上是完全

---

① 胡风：《关于解放以来的文艺实践情况的报告》，《胡风全集》第6卷，第118页。

② 陈涌：《论文艺与政治的关系——评阿垅的〈论倾向性〉》，《人民日报》1950年3月12日。

违反马列主义的文艺思想的”,“是对马列主义的最大的歪曲和玷污”。①

如此上纲上线的批判,使信奉马列主义思想的阿垅陷入迷惘与痛苦之中。他诚恳地接受指责,认真地进行“检查”,对于引文的“失误”,他在自我批评中很严重地写道:“我应该负担全部责任。因为,从我自己看,这已经不是一个思想问题或者理论问题,而是一个不可饶恕和不可解释的政治问题了!”并表示“错误在我,请多批评,给我帮助,真诚地!”②

尽管阿垅迫于压力大包大揽地承认“错误”,而《人民日报》发表检讨时的编者按也认为,阿垅的“这种勇于承认错误的精神是很好的,值得欢迎的”。但 1950 年《文艺报》第 2 卷第 8 期上发表署名陈淼的文章《我们需要深刻具体的检讨》,认为阿垅的检讨是“不能令人满意的自我批评的一例”,并批评《人民日报》编者按没有“进一步指出他的检讨不够全面,不够深刻的地方”。对此,阿垅和朋友感到,一味包揽错误反而会使误解加重,于是阿垅重新撰文对问题进行深入细致的分析论证,实际是一篇严肃的反批评文章。③ 但投向《人民日报》和《文艺报》后,均得不到发表,致使问题的真相一直没有得以澄清,乃至到新时期胡风集团平反以后,人们仍然以为阿垅当时确实犯了引文的错误。

在批评界批判阿垅的同时,周扬曾在文化部大礼堂向全京津文艺干部做报告,“其中特别提到陈亦门同志当时发表的两篇文章,态度激

---

① 史笃:《反对歪曲和伪造马列主义——评阿垅的〈略论正面人物与反面人物〉》,《人民日报》1950 年 3 月 19 日。

② 《阿垅先生的自我批评》,《文艺报》第 2 卷第 3 期,1950 年 4 月 25 日出版。

③ 胡风在 1950 年 6 月 5 日自上海致张中晓的信中说:“阿垅,人家用政治问题杀他,所以那样地躺了下来装死。听说又写了文章,提出了反批评,但不知能够发表出来否?”《胡风全集》第 9 卷,第 653 页。

愤得很，把这当作小资产阶级作家‘小集团’的抬头。危害性等于社会民主党。”他还说：“他们小集团中间也有为革命牺牲了的东平，为革命牺牲是值得尊重的，但当做作家看，那死了并没有什么可惜。”①胡风是间接听到周扬这番话的。他敏感到，这是建国后“第一次公开指名所谓胡风‘小集团’的”。这一指名意味着什么，胡风心中很明白。周扬的讲话至少说明文艺界领导注意到了阿垅，批判阿垅就不是偶然的文艺思想论争。胡风明白，“项庄舞剑，意在沛公”。从阿垅这里开刀，其大目标仍在自己这里。联系之前的经历，胡风已经不感到奇怪，但是周扬拉出已经为国捐躯的丘东平进行攻击，却令胡风震惊和伤心。

国统区文艺报告是解放后批胡风及其小集团的引子，批阿垅是又一次铺垫。也就是在这个时候，胡风“看到了海燕书店出版的何其芳的论文集《关于现实主义》。何其芳在 1949 年 7 月写的序言中，用注的形式点出了胡风文艺思想是‘小资产阶级的文艺理论’。胡风实在忍无可忍，就在刚编好的论文集《为了明天》的后记中，也用注的形式写下了长篇的反批评，对包括国统区文艺报告中对他文艺理论的种种批评不留情面地作了辩驳”②。

何其芳的《序言》一开始就重点提出抗战期间国统区文艺界“大量存在着小资产阶级思想”，指出：“有这种理论倾向的先生们认为现实主义就是他们心目中的那种所谓主观战斗精神和那种主观战斗精神接触的所谓客观现实的结合，并且特别强调那种主观战斗精神的决定作用，因此除了他们自己互相欣赏的一些作品而外，其他进步文艺作品就被分为两类，一类是他们认为缺乏客观现实内容的，被叫做‘主观公式主义’，一类是他们认为缺乏主观战斗精神的，被叫做‘客观主

---

① 胡风：《关于解放以来的文艺实践情况的报告》，《胡风全集》第 6 卷，第 115 页。

② 梅志：《胡风传》，第 576 页。何其芳《关于现实主义》序言的完成时间是 1949 年 11 月 8 日。

义'。"何其芳在文章里面所点到的"这些先生们",除了首当其冲的胡风,还有余林(路翎)、舒芜、吕荧、方然等人,认为他们"对于这种理论倾向的坚持就实质上成为一种对于毛泽东的文艺方向的抗拒了。"①文章还旧事重提,指出"这种抗拒的公开化是从1945年年底发表在重庆《新华日报》副刊上的王戎先生的两篇文章开始的"②,而王戎在当时也是受胡风理论倾向影响的。

何文将胡风们的文艺思想从"小资产阶级的文艺理论"上升到"与毛泽东的文艺方向""实质上"相"抗拒",与毛泽东《讲话》的方针和号召"根本上相违反"。问题的定性是非常严重的。另一方面,从时间上追溯到1945年的重庆论争和1947年的香港论争,何其芳认为胡风们"还不曾表现出一种批判自己的态度","却夸张一些片面的道理或者抓住某些批评的缺点来为自己辩护"③。他认为这种理论倾向始终没有扭转过来,于是"希望这些先生们能够严肃地考虑这个问题,使自己今后的工作能够更有效地服务于新中国的人民"④。言外之意,继续进行新一轮批判是很有必要的。

胡风的《为了明天》编后记写于1950年4月13日。看得出胡风是被激怒了,他的反批评言辞激烈,并辅以尖刻的讽刺。但无论如何,还是敌不过何其芳"上纲上线"所达到的力度。这本《为了明天》一直拖到8月才由作家书屋出版。这期间,大概是有人曾劝胡风抽掉这份对抗气味很重的编后记,但胡风坚持"不打算抽出",他给冀汸的信中说:"围攻早已发动,我这就是前哨战。所说的,我觉得不是'枝节',似

---

① 何其芳:《〈关于现实主义〉的序》,《胡风文艺思想批判论文汇集》(二集),作家出版社1955年版,第27页。

② 何其芳:《〈关于现实主义〉的序》,《胡风文艺思想批判论文汇集》(二集),第28页。

③ 何其芳:《〈关于现实主义〉的序》,《胡风文艺思想批判论文汇集》(二集),第31页。

④ 何其芳:《〈关于现实主义〉的序》,《胡风文艺思想批判论文汇集》(二集),第32页。

乎可以算作前提上的问题。他们围，我想，把一切箭头吸引到我一个人身上看看。”“即使党现在认为我是闹对立，但将来会知道谁是损害了党的文学事业的。”[①]胡风冷静而坚决地做出了全面迎战的姿态。从时间上看，这应该是建国以后关于胡风文艺思想的第一个回合的论战。

几乎同时，一系列的批判长诗《时间开始了》的文章开始出现，有《大众诗歌》第6期上黄药眠发表的《评〈时间开始了〉》，《文艺报》第2卷第4期上何其芳发表的《话说新诗》，1950年5月《光明日报》上的集体批评《评〈安魂曲〉》等，就连一些曾经盛赞《时间开始了》的作家理论家，也即刻改变了看法，发表了反对意见，以至于新华书店开始限制发行诗歌集，已经出版的集子竟然当做废纸处理了。

接着，胡风友人们的创作纷纷受到批判，从事理论和教学等其他工作的同人们也遭遇了种种为难。

路翎就像是胡风的影子，只要是批判胡风的文艺思想，次次都会牵扯到其理论思想的实践者路翎。路翎解放后的创作面临重重障碍，是在一步一艰险中进行的，他此时创作的作品几乎部部遭到批判。1950年，兼任中国青年剧院院长的廖承志将路翎调到剧院搞戏剧创作，路翎很快写出了《英雄母亲》、《祖国在前进》两个剧本。尽管剧本积极反映新生活、歌颂新时代，但都未得到通过而不能上演。解放后路翎最早受到批评的小说是《朱桂花的故事》，紧接着是剧本被批。但是路翎还是“不停歇地写作，当剧院刚刚否弃了他的一个剧本，他又交出了第二个。当人们正忙着打印、传阅、提意见、组织讨论时，他已埋头在第三个剧本中了”[②]。友人绿原在怀念路翎的文章中描述道：

---

① 胡风：《书信·致冀汸》(1950年6月25日自上海，7月6日自上海)，《胡风全集》第9卷，第126、127页。

② 杜高：《一个受难者的灵魂》，张业松主编《路翎印象》，第101页。

他参加工作后那几年。可以说,几乎时时刻刻在受批判;在他的笔下,不论是小说还是剧本,写成一篇又是一篇,主观上仿佛是没有定额的;可叹的是越写得多,越受批判;同时反过来,越受批判,他越要写,也越能写:这就形成了一个怪圈,仿佛有一只看不见的手在不断拉扯路翎浪费他的才华和光阴。上了年纪的读者恐怕还记得,在建国初期一段时间内,路翎批判这个"怪圈"对于中国文艺界,曾经是令很多人莫名其妙的"风景线"之一。①

面对这种"近乎劳而无功的写作",路翎的妻子余明英感到心痛和悲哀。她曾想方设法企图让路翎从写作中摆脱出来,"可是有谁能拗得过路翎呢?路翎生来就是为写作的,不写作让他干什么呢?""写吧,写吧,写,就是你的命!"②妻子只能这样认可了。

路翎顽强而勤奋的创作,并没有给他的剧作带来命运的改观。在几乎所有的作品都受到否决和压制的情况下,"路翎只好提出要求,打起背包,亲自投身到朝鲜战地去了"③。回国后,着手开始创作长篇小说《朝鲜的战争与和平》,同时又写出一系列表现志愿军战斗生活的短篇小说《初雪》、《洼地上的"战役"》、《战士的心》和《你的永远忠实的同志》。这些作品曾经获得读者广泛好评,但不久就遭到权威评论家的否定和批判。后来路翎的作品到了无处发表的地步,他只能搁笔不写了。但他并不能接受这种汹涌而来的粗暴批评。1954年年底,路翎写出四万字的反批评长文《为什么会有这样的批评?》,文章在次年的《文

① 绿原:《我记得的路翎》,《寻芳草集——绿原散文随笔选集》,第202页。
② 朱珩青:《路翎传》,大象出版社2003年版,第174页。
③ 胡风:《我读路翎的剧本》,《胡风全集》第7卷,第194页。

艺报》上连载发表。[①] 这已经是反胡风运动即将爆发的非常时期了，路翎的反批评声音“无可避免地要被一片鼓噪所淹没。”[②]

阿垅自从两篇文章引来批判后，埋头修改和增补过去写的诗论，80 万字的三卷本《诗与现实》好不容易出版，却在人为的阻碍下积压在书库，得不到正常发行；吕荧在山东大学任教，被学生指责为“宣传资产阶级”文艺观，不得不离开大学讲台；冀汸的两部长篇小说《走夜路的人们》和《这里没有冬天》，出版时困难重重，出版后很快也遭到批判；甚至侯唯动，因为与胡风的特殊关系（在文代会上曾去看望他的老师胡风），竟然影响到了入党的问题；还有之前提到的抗日烈士丘东平，也因为生前远周扬而近胡风，他的作品没有被收进文化部编选的《新文学选集》内。这些作家们的遭遇或许也还有其他方面的原因，但属于胡风的同类显然是一个更重要的指标。正如绿原所言，一律带有“度量衡错位”的性质[③]。胡风感慨道：“想不到我的情况使死者都受到了拖累，”情况真是“严重到了我无法理解的程度”。[④]

胡风“小集团”这一说法在 20 世纪 40 年代中期以来的文艺界开始传播。因为胡风办《七月》和《希望》，形成了一个相对集中的文人团队，即使关系密切，也应该属于正常的私人友谊。但是由于胡风文艺思想的另类特性，总处于被主流文艺阵营压制和批判的境地，于是造成一种显眼的小团体势力。这种小团体的出现，往往是被大团体排斥和孤立的结果。“胡风派”的被孤立，在《希望》时期就已经开始了，持

---

① 好评与批评的代表性文章分别是：巴人《读〈初雪〉》（《文艺报》1954 年第 2 号）和侯金镜《评路翎的三篇小说》（《文艺报》1954 年第 12 号）。路翎的反批评文章《为什么会有这样的批评?》发表于 1955 年《文艺报》1－4 号。

② 冀汸：《哀路翎》，《无题之什》，时代文艺出版社 1999 年版，第 127 页。

③ 绿原：《试叩命运之门——关于“三十万言”的回忆与思考》，《胡风三十万言书》，第 18 页。

④ 胡风：《关于解放以来的文艺实践情况的报告》，《胡风全集》第 6 卷，第 116 页。

续到建国以后。一些游走于主流阵营和"胡风派"之间的胡风的老朋友们,渐渐远离了胡风,使得"小集团"更为集中和明显。文代会期间,胡风感觉到周围关系的变化。他说:"丁玲同志有两次谈到我的情况时说:毛主席说,看人有时候要看几十年。我知道她是安慰我的。冯雪峰同志有一次说道:周总理审阅代表名单的时候,是把我的名字划在'左'一类的,劝我放心。"[①]老朋友的宽慰让胡风很辛酸,到这个时候,他们实际上也是看上面的态度而调节着与胡风的距离,这也代表着当时很大一部分人的心态。在那个政治立场决定一切的年代,胡风愈来愈陷入孤立的境地也是必然的。

因为孤立,所以建国以来胡风的人际交往几乎就限于"小集团"范围了。从东北走来,沿路见到的朋友中,真正向胡风倾吐苦衷的是萧军、吴奚如、冯白鲁、天蓝、鲁藜、芦甸这些人;文代会期间,私下对文艺政策和现状发泄不满的是路翎、阿垅、绿原、吕荧、鲁藜、徐放、鲁煤、侯唯动、李亚群这些人;创作《时间开始了》的时候,赞赏诗人胡风,为胡风的诗作所激动,与胡风共同探讨诗艺的还是徐放、鲁藜、芦甸、鲁煤、李亚群、侯唯动、绿原、牛汉、阿垅这些人。创作中,"每写成一些章节,就给青年诗人鲁煤、徐放、于行前等人朗诵,征求他们的意见"[②]。这一时期他与友人的通信,都充满了创作的激情,胡风与他的友人共同"燃烧"着,共同体验着艺术创造带来的"最大的痛苦和快乐!"[③]当胡风听到批评的声音时,也是友人及时给予支持和鼓励。彭柏山曾在信中说:"《时间开始了》第一章,我在《人民日报》文艺副刊上读到。这种经过严寒的冬天而呼吸到的奔放的春情,应该是可贵的。至于各人的看法如何,不必计较。因为历史是由多方面写成的。在总的方向下,实

① 胡风:《关于解放以来的文艺实践情况的报告》,《胡风全集》第 6 卷,第 113 页。

② 梅志:《胡风传》,第 569 页。

③ 胡风:《书信·致牛汉》(1949 年 1 月 16 日自北京),《胡风全集》第 9 卷,第 440 页。

际的路，也是多条的。希望你鼓起勇气完成它，作为这个时代的纪念。”[①]所以说，是同人们的集体的热忱铸就了这首不同凡响的政治抒情诗。

包括长诗的发表，也可以说是友人们共同努力的结果。《欢乐颂》发表以后，第二乐章《光荣赞》不能在《人民日报》继续发表了，先是在《人民日报》工作的李亚群和徐放竭力争取，不愿放弃，争取不得，后来送到武汉的《大公报》，而《大公报》副刊的主编正是崇敬胡风的诗人曾卓。“在天津的诗人鲁藜告诉他，《天津日报》可以发表诗，他即将《光荣赞》寄给了方纪，很快就在《天津日报》发表了。《安魂曲》则由彭燕郊拿去在《光明日报》上发表了”[②]。长诗的发表虽然遇到了阻力，但是在友人们的倾力帮助下，陆续得以和读者见面。

胡风的友人们此时也关心着胡风的工作问题。任华东局宣传部文化处长的雪苇曾考虑让胡风来华东文联工作，彭柏山此时先后担任军政治部主任和上海市委宣传部长等要职，一直操心着给胡风安排合适的工作。彭柏山还在信中奉劝胡风：“对于文坛，实在是离得愈远愈好。”“我的意见：如有地方去参加土改，即下乡。如此不行，等我军中修整，我准备正式向上呈报，邀请你来我军中做教育工作。如此再不行，我劝你翻译古典文学，或作教授。暂守沉默。不知以为如何？”[③]虽然因为种种原因，朋友的努力最终未有结果，但胡风“寂寞的心境”却感受到了知心知意的温暖。

彭柏山不但竭力帮助胡风解决工作问题，同时也是胡风此时能够倾诉内心苦闷的挚友。从他给胡风的信中可以看出，彭柏山很是清楚胡风的处境，也理解胡风的苦衷，他的劝解总是非常到位：

---

① 《彭柏山书简》(1949 年 12 月 4 日致胡风)，《新文学史料》1989 年第 2 期。

② 梅志：《胡风传》，第 571 页。

③ 《彭柏山书简》(1950 年 8 月 7 日致胡风)，《新文学史料》1989 年第 2 期。

至于周总理可能约你谈话，那很好。最近我遇到陈毅市长，他本人要找你谈的。所谓政治上的信任，我以为你是不必要去考虑的。有些人以"政治"作为敲门砖，正如鲁迅所说的，有些人以"文学"作为敲门砖，是一样的。历史会说明这一类问题。作为战斗员的我们，尽心力而为之，则得矣。

"坚持真理，服从组织"，这是我在斗争中作为最高的法则，终于经过曲折看到真理。我以为，文艺战线，应不例外。不管人家待你如何。自己万不可以外人看自己。如能留在那里工作，只有工作下去，再说。不知你以为如何？[1]

友人的通信中，更多地表达了他们对胡风思想人格的坚定信念，以及精神上的理解和支持。牛汉来信说：

今年春天徐放来过一趟沈阳，你的情况他谈了许多，最后他用低沉的语调告诉我"胡先生生活不好，心里苦得很……"。我心里痛苦万分。但我还是相信，即使你再痛苦些，你对祖国与人民的爱还是忠心耿耿的，你是一个百炼成钢的人。你还是真正能够感到祖国和人民的热爱的人。

历史会认识你，爱你，保卫你的。

……我是老早就希望你有一个适合的工作，真诚的工作，将更使你深入到祖国的内部，祖国将更容易与真实的认识你。也许有许多人还是不希望你参加一个工作，盼望你一直痛苦的"流落"。

---

① 《彭柏山书简》(1951 年 11 月 28 日致胡风)，《新文学史料》1989 年第 2 期。

把力量使出来吧!①

1951年12月3日,百忙之中的周恩来终于约见胡风了。胡风对这次谈话充满了期待,但谈话进行了五个小时,却并没有达成很好的沟通,没有解决胡风内心的问题。周恩来着重指出胡风“应该和同时代人合作”,指出党内人士对胡风的文艺理论有意见,要他找“大家谈”,应该诚恳地“说服人”。② 胡风依然谈自己对文艺实际情况的“耽心”。针对文艺理论问题,提出问题不在自己而在党的文艺领导等。在一种领导批评和下属自我辩护的谈话氛围中,很少相互间的理解和认同。

据亲历者黎辛回忆,1934年周恩来在延安向文化界作报告时,已经提出“胡风的文艺思想有错误”。他说:“胡风在《新华日报》转载毛泽东主席《在延安座谈会上的讲话》后,有些不同意见。胡风主张主观战斗精神与到处都有生活,不赞成文艺家深入生活与工农兵相结合、改造思想的原则,在胡风主编的《七月》杂志上发表作品的有些‘七月派’作家也有类似的看法。”周恩来同时也强调:“胡风在上海与鲁迅的关系密切,在政治上是进步的,反对国民党的反动与倒退行为,是与我们合作的。”③从与胡风的谈话中可以感觉到,周恩来对胡风的这两个看法并没有改变,但胡风并不清楚这些,一味坚持自己的思想。加之解放以来胡风的种种“不合作”表现,周恩来也一定有所耳闻,所以胡风期待已久的这次谈话,对于处境艰难的胡风来讲,并没有什么实际的意义。

---

① 牛汉:《致胡风信》(1951年5月10日),《梦游人说诗》,华文出版社2001年版,第117—118页。

② 胡风:《简述收获》,《胡风全集》第6卷,第654—655页。

③ 黎辛:《关于“胡风反革命集团”案件》,《新文学史料》2001年第2期。

胡风本想对"懂文艺"的周恩来说出自己的心里话，但时过境迁，心情复杂的胡风面对周恩来有了"顾忌"，他"自己也感觉言不达意，好像做错了事"[①]。"等于没有珍视这一个机会。"胡风还不甘心，他又一次写信要求和胡乔木见面，希望能有所挽回，不料"等了一个多月没有回信，在怀仁堂碰见的时候，他说不愿意谈空话浪费时间。"[②]言外之意是，胡风已经浪费了总理的时间。这一下，胡风是完全失望了。

从1949年春天进入北平，到1951年底和周恩来面晤长谈，胡风怀抱一个"说清楚"的愿望，边写作边等待时机找中央领导谈话。他一而再再而三地想要与组织和领导达成一种思想上、人事关系上的理解与疏通，胡风顽强的乃至固执的努力最终未果。随着时间的推移和处境的日趋艰难，胡风对问题也逐渐有了冷静和深入的反思。他曾在信中给友人说："在我说来，一些事情，固然有着文坛传统来的因素，但已经不仅是一个文人相轻的性质，那已经转化为不同一些的东西了。像我们面谈时你所指出的，我自己也有责任，一种性格上的东西太影响做法了。我自己是知道的，但历史的姻缘太深，现在已经不仅是我的做法所能为力的。"[③]胡风毕竟又预见不了政治形势的风云突变，正如友人绿原所说："他经历了香港批判，又听了茅盾的报告，心情当然是不平静的。但说他当时就认识到，自己作为一个非解决不可的'问题'人物，如果得不到'解决'，势必会有1955年的下场。我也不相信——相反，毋宁说，他时刻期待按照一个无伤大雅的折中方案解决自己的问题，虽然他同其他大多数人一样，当时未必懂得在思想改造运动中，

① 梅志：《胡风传》，第597页。

② 胡风：《关于解放以来的文艺实践情况的报告》，《胡风全集》第6卷，第119页。

③ 胡风：《书信·致吕振羽》(1950年4月20日自上海)，《胡风全集》第9卷，第358页。

'解决'问题的实际意义就是全部、彻底、干净地否定自己。"①

曾经声名远扬的一个文学群体,在建国后广大的文坛上几乎无有立足之地了。胡风在一次给牛汉的信中调侃道:"昨天写了一则小文,寄了出去。刚才梅志说:如果万一发表了,人家会说,咦,胡风还活着在呀!你看。情形暂时就是如此。"②胡风不会想到,其实"全部、彻底、干净地否定自己"也并不会万事大吉。所谓"解决问题",结局便不言而喻了。

二、舒芜"倒戈"与学界公案

1952年3月,整风运动③领导机构出版的《文艺报通讯员内部通报》上,出现了批评路翎在整风中公开宣传胡风文艺理论的通讯,不久又刊载了两封题名为《对胡风文艺理论的一些意见》的来信。同时,《文艺报》编印了《胡风文艺思想研究资料》的小册子,供读者研究和发表意见。册子扉页上写道:"为了研究胡风的文艺思想,我们从胡风的许多论文中,摘录了他关于几个比较重要的问题的见解,同时,也摘录了一些批评胡风文艺思想的意见。"④对胡风文艺思想的公开批判已初露端倪。

胡风在上海看到这些,"觉得问题不好处理"。他将《内部通讯》拿给彭柏山看。彭柏山颇感不安。此时周扬过往上海,彭柏山亲自陪同到胡风家里叙谈,意在让双方缓和紧张关系,但胡风听到的仍然是周

---

① 绿原:《胡风和我》,《我与胡风》,第524页。

② 胡风:《书信·致牛汉》《1952年2月28日自上海》,《胡风全集》第9卷,第448页。

③ 1951年9月24日至11日,中宣部召开文艺工作会议,决定在文艺干部中进行整风,学习毛泽东《讲话》,澄清文艺界的各种错误思想,统一认识。

④ 转引自晓风:《我的父亲胡风》,春风文艺出版社2001年版,第61页。

扬的批评和指责。彭柏山感觉"这样下去不好",又建议胡风给毛泽东和周恩来写信汇报思想,并趁纪念延安讲话发表十周年之际,"写一篇关于《在延安文艺座谈会上的讲话》的文章,表示一下态度,借此把问题了结一下"①。

为了解除胡风的危难,老朋友彭柏山可谓煞费苦心。但胡风既接受不了周扬的批评,也不觉得自己对《讲话》的理解有什么不妥,而且就他所知,"当时从事理论批评工作的同志冯雪峰、邵荃麟、以群同志等,就没有写过文章"②,为什么自己一定要表这个态?但是胡风最终还是听从了朋友的忠告,重读《讲话》,写下了题为《学习,为了实践》的文章。这时候胡风的文章是很难自由发表的,只好由彭柏山带往北京让周扬审阅。

当胡风写完表态文章,还在斟酌修改之际。1952 年 5 月 25 日,武汉《长江日报》发表了舒芜的《从头学习〈在延安文艺座谈会上的讲话〉》,后由 6 月 8 日的《人民日报》加按语转载。舒芜的文章深刻地进行了自我批评,全然否定自己《论主观》中的思想观点,并点出路翎、吕荧等同人一并批评。而胡乔木则为《人民日报》撰写了这样的按语:

> 本文原载于 5 月 25 日的《长江日报》。作者这里所提到他的论文《论主观》,于 1945 年发表在重庆的一个文艺刊物《希望》上。这个刊物是以胡风为首的一个文艺上的小集团办的。他们在文艺创作上,片面地夸大"主观精神"的作用,追求所谓"生命力的扩张",而实际上否认了革命实践和思想改造的意义。这是一种实质上属于资产阶级、小资产阶级的

---

① 胡风:《关于解放以来的文艺实践情况的报告》,《胡风全集》第 6 卷,第 122－123 页。

② 胡风:《关于解放以来的文艺实践情况的报告》,《胡风全集》第 6 卷,第 123 页。

个人主义的文艺思想。舒芜的《论主观》就是鼓吹这种文艺思想的论文之一。下面发表的这篇文章表现舒芜对于他过去的错误观点已提出了批评。这是值得欢迎的。

这应该是第一次在公开的文件中提出:“以胡风为首的一个文艺上的小集团”,而判定他们的文艺思想是“一种实质上等于资产阶级、小资产阶级的个人主义的文艺思想”,也是首次将胡风等人的文艺思想与社团活动提到政治问题的高度。

胡风的表态文章当然和舒芜的无法相比,周扬看后认为胡风没有做自我批评,不宜发表,写信要胡风到北京来讨论文艺思想问题。1952年7月17日,胡风奉命北上。上火车之前,胡风又看到《文艺报》1952年第13号发表的两篇“读者中来”,要求公开批判胡风的文艺思想。胡风期望这次赴京能够有一个“平心静气”的气氛,摊开来讨论文艺问题。他在6月13日给周扬的信中说:“这关系到十多年的历史情况、政治斗争情况和一般思想情况,不是简单的话,也不是一两篇文章说得清的。如果不讨论,又不明确一下,像文艺报的做法和这次‘编者按’的提法,在领导上,像定案又像悬案,在我自己,也不知道怎样才好。”①

不等胡风赴京“讨论”,批判声势的来临已经显得有些“迫不及待”。如果建国以来对胡风同人们的陆续批判属于外围包抄或旁敲侧击的话,舒芜的文章引出胡乔木“定调”性的按语,则开始一个新的批判阶段。正如冀汸所言:“是舒芜走出来结束了这种‘旁敲侧击’,揭开了面对面批判胡风文艺思想的帷幕。”②

① 转引自晓风:《我的父亲胡风》,第66页。
② 冀汸:《哀路翎》,《无题之什》,第212页。

1. 建国前后的舒芜：

解放前夕的舒芜在南宁师范学院任教授。据他回忆，“因为《论主观》受到批评，加上个人生活上的烦恼，写作心态是不太好的。到1948年香港《大众文艺丛刊》那个《关于论主观问题》的特辑出来以后，这种心态更是明显了。”这种内心矛盾的形成和胡风、绿原等同人一样，是特定时代与特殊遭遇碰撞使然。绿原曾说自己一方面对茅盾的国统区报告不满，一方面又沉醉在胜利的辉煌和解放的幸福的情绪里。舒芜也是一样，“一方面，政治上欢心鼓舞，很兴奋，学院的风潮轰轰烈烈，大家都在迎接解放，犹如大旱渴盼云雨，内心坚信解放必将到来，相信‘黎明前的黑暗’终究过去。另一方面，一想到文化，想到文化上将会是一个什么样的局面，就乐观不起来了”[①]。胡风在给舒芜的信中说：“从现象看来，他们倒群趋‘政治’，而我们倒是沾沾于文化、思想领域的。”[②]这恰恰切中了舒芜“内心的矛盾”，也是“胡风派”在建国前后处境尴尬和内心困惑的症结所在。

解放后，南宁师范学院奉令迁往桂林，舒芜以进步教授的身份留在南宁，任南宁高中校长，还兼任广西省人大代表、广西省文联研究部长、南宁市人大代表、市人民政府委员、市文联副主席、市中苏友协会会长、市保卫和平委员会副会长，等等。除了教书写文章，很大部分时间和精力用于参政议政。在南宁，舒芜参与了知识分子改造方面的工作。之前的舒芜一直在文化界处于受批判、被改造的地位，现在却被安排在“改造者”而非改造对象的地位，而他自己也清楚，有关他和胡风文艺思想问题的论争还没有结束。胡风在信中曾说：他们“尽力想逼我去‘谈谈’，谋得一个有利的休战。”“但由于我们处境的不利，就应

① 《舒芜口述自传》，中国社会科学出版社2002年版，第200页。

② 胡风：《书信·致舒芜》(1948年10月26日自上海)，《胡风全集》第9卷，第533页。

特别谨慎，不能轻敌的。”[①]此种局面使舒芜“内心的矛盾”加剧，他迫切地想解决这个矛盾，了结这桩理论公案，“放下包袱”，轻装走向新生活。

我们知道，胡风了结旧事的愿望也很迫切，但胡风要“战胜”，不愿“认输”而“休战”。况且，胡风从来就执拗地认为政治信仰和学术观点是两回事情，他由衷地拥护新社会新政权，饱含政治豪情地歌颂党和领袖，但同时也坚守自己的思想文化立场不动摇。舒芜的思路则有所不同。解放以后，当政治信念树立和强化起来，“先前的思想文化上的困惑暂时退居第二位”。他在分析自己时说：“解放前我的矛盾是：解放后一切都好，只是不知文艺界的情形如何？解放后我被当作一个思想政治工作的干部来使用，当作知识分子改造工作中的‘改造者’来使用，同时又被赋以‘社会政治活动家’的身份，而不是被摆在‘待改造的文艺界’的地位。这样，我很快就以兴奋的心情学会了新的思维方式，即以政治标准为一切的最高标准的思维方式。”[②]这一思维方式决定了舒芜思想变化的方向和进度，也决定了舒芜解放后所走的道路。

但“内心的矛盾”并不是瞬间就能解决。舒芜说：“我毕竟不能忘怀文化思想方面的事情，想出版《生活唯物论》，还想将《论主观》等系列文章编成一集题为《走向今天》，也想出版，并且也不安心长期留在南宁那样一个边远城市，长期忙于社会政治活动和行政工作，想到京津沪汉等大城市，静下来专做研究、写作、编辑方面的工作。”[③]他将这些想法写信告诉胡风，胡风在复信中说道：

大文坛，实在乱得很，几乎非装死不可。港派还不放手，

---

① 胡风：《书信·致舒芜》(1948 年 10 月 26 日自上海)，《胡风全集》第 9 卷，第 533 页。
②③ 舒芜：《〈回归“五四”〉后序》，《新文学史料》1997 年第 2 期。

上海新华(港派主持)不卖《挂剑集》,北京在讨伐阿垅,何理论家在打你和我,可想而知。你那里书店要出书,我把《走向今天》寄还你。可能时,印一印,如何?因为,《论主观》,是一个大公案,何等,港派咬定你是为了反对“整风”的反主观主义而写的,我发表了它也是罪大不赦。现在的读者又看不到你的原文。我想,印出来,平心静气地附一篇文章,加以注释,引起曲解的加以解答,不足的地方加以自我批判。这公案迟早要公诸讨论的,不如早点印出来(京沪绝对无可能印),虽然印出来不见得能达于广大读者中间,但总可以使有关方面、关心的人们见到,可作参照。我又想,印出来还可以给你现在的工作关系的对思想问题有兴趣的干部们看看。过去,这些问题苦于不能见天日,我想,只有见了天日,才能见问题的真相,也可以突进一步。当然,要有头绪,也许是几年以后的事,但尽可能把材料提出来,却是应尽的责任。好在,现在,现在可以用明白的话把那含义加以解释,不像过去提笔时那么艰难了。你觉得如何?如能印,我想写一小文附在后面,解释我在编后记说那几句话的心情和用意。他们一直故意把那几句话曲解了又曲解。①

舒芜在《〈回归“五四”〉后序》长文中引了胡风这封信,认为胡风的意思“概括起来就是一句话:要学习毛泽东思想来解决《论主观》一大公案的问题,这同我自己想的正相符合”②。

仔细体会胡风的这封信,可以看出,胡风的想法和舒芜的想法至

---

① 胡风:《书信·致舒芜》(1950年3月29日自上海),《胡风全集》第9卷,第540—541页。

② 舒芜:《〈回归“五四”〉后序》,《新文学史料》1997年第2期。

少不是完全符合。胡风不反对舒芜“暴露思想实际来改造思想”，但并不是全盘否定自己以简单迎合时代的要求。胡风希望印出《论主观》原文，在一个新的环境中，“平心静气”地进行讨论，对文章的思想含义进行“注释”，对以往的曲解加以“解答”，当然，“不足的地方加以自我批判”。批判“不足的地方”不等于全盘否定，该坚持的思想观点还是要坚持。面对文坛的讨伐，胡风以为最重要的是要辨清那些带有政治意味的“曲解”，还思想问题的“真相”。这样的讨论，才和胡风解放以来一贯的思想态度相符合，也和当年发表《论主观》的初衷相符合。如果像舒芜理解的那样，胡风劝他作彻底的自我批判，那么胡风自己之前之后的顽强抗争又是为何而来？有一点倒是很明确，胡风的信让舒芜更加“明确了自己的处境”，警醒自己“身上还背着《论主观》一大公案，迟早要公诸讨论”，这就加重了舒芜的紧迫感。他意识到，“处于政治上工作上被信任被需要被理解的地位，这是比什么都重要的”，“最好自己早点提出来，运用毛泽东思想来解决”。[①]

胡风自信自己在政治上没有问题，而专注于思想论争，舒芜则敏锐地认识到思想问题就是政治问题，通过思想的自我批判，要达到政治上的“被信任被需要被理解”，这就是舒芜和胡风的不同。一旦意识到问题的重要性和紧迫性，舒芜想要争取主动的意愿就自然产生了。

1950 年 10 月，舒芜作为广西的代表，到北京参加全国中苏友协工作会议，见到了胡风、路翎。这是他们 1947 年在上海分别之后，也是解放以后的第一次见面。这期间，他们与鲁藜、欧阳庄、鲁煤等也有相聚。老朋友重逢于新时代，自然是非常兴奋，但由于思想立场的变化，舒芜对友人们的感觉已不同于以往。他自己表露说：“但兴奋之中，对于路翎他们还保持着知识分子某些自由思想、自由生活的习惯作风，

① 舒芜：《〈回归“五四”〉后序》，《新文学史料》1997 年第 2 期。

我已经觉得看不惯。所谓某人约谈、思考应付，记得好像是青年艺术剧院院长廖承志要约路翎谈他写的一个剧本问题。路翎与胡风谈论如何应付，语中杂以调侃嘲笑，我觉得这不像一个已经当家作主、干自己的工作的革命文艺干部应有的态度。我禁不住在日记上记下这些，可见我已经相当'政治化'，已经开始从一个'政治领导'的角度来看知识分子。"[①]舒芜将自己在南宁所作的关于"学习方法与思想方法"问题的总结报告给路翎看。这是一篇在自我改造的心情下，检讨过去个人主义的文章，体现了舒芜思想改造的收获。但路翎看了却不赞成。他说："照你这么说，一切个人读书，写作，思考，都成了'个人主义'了!"[②]舒芜对路翎的"思想未能进步"感到惋惜。他与胡风也谈了思想改造的问题，胡风对舒芜"急于要用政治标准来重铸自己"的做法也颇不以为然。看得出，朋友间的思想分歧已经显露出来了。

此次赴京的见闻和感受的确触动了舒芜。返回南宁途经武汉和绿原、曾卓相晤时，舒芜告诉他们："胡风在北京很寂寞。"出于对胡风处境的关心，绿原和曾卓也把在武汉听到的一些关于胡风的流言蜚语告诉他，"后来他把这些闲话写信告诉了路翎。这封信颇能反映他作出重大决定之前的黯然心情"。舒芜陷入了抉择的矛盾当中。一年以后，在中南文代会上绿原再次见到舒芜，"很快发现彼此距离很大了"。舒芜"已想通了许多问题"，而绿原"仍然陷在想不通的泥沼里"，一见面就为罗曼·罗兰辩了一场。绿原回忆道：

> 我仍像过去一样认为，罗兰是一位为人生而艺术的大作家；他则一反常态，断然宣称：罗兰基本上是资产阶级个人主义的颂扬者。结果自然是相持不下，不欢而散。正如他临别

---

①② 舒芜：《〈回归"五四"〉后序》，《新文学史料》1997年第2期。

时赠我一诗所云,“相逢先一辩,不是为罗兰……”那么,是为了谁呢?不言而喻,是为了胡风,只是这时谁都不愿意提出他来。①

在1952年2月3日绿原从武汉发给胡风的私信中还有这样一段对舒芜的议论:

开文代大会,他和我一见就争辩起来。他的意见大体是:1.发觉自己过去是“自发论”;2.懊悔过去的工作没有政治领导;3.建议我必须勇敢打破“偶像”(!?)……当时辩得颇不愉快,只好用麻将来结束。记得他最后赠我诗句,“惆怅恋朱栏”,“还须眼界宽”。这些琐事,都不必谈;我至今也不愿怀疑他在自我改造中的诚恳。但这些对历史的看法,却令人吃惊!如果不是其他,那种教条主义也是够可怕的。②

转变中的舒芜在1951年年底就开始酝酿起草自我批判的文章。此时诗人鲁煤到南宁参加土改,舒芜将草稿给他看,二人有过两次交谈。鲁煤写信给友人徐放说了自己的困惑:“我严重感到,这个变化是太大的了,这里边,当然,有好的、积极的成分;但是,把过去百分之百的否定了,认为过去全错了,这合乎正确逻辑吗?”“但我现在还弄不清,虽然我感情上有一大部分接受不了他的新理论。”③鲁煤托徐放将此信转给胡风。胡风给鲁煤的回信中说:“他是想用别人的血洗自己的手了,”话虽说得尖刻,胡风还是以为舒芜不过写写而已。他通过鲁

① 绿原:《胡风和我》,《我与胡风》,第530—532页。

② 转引自绿原:《胡风和我》,《我与胡风》,第532—533页。

③ 鲁煤:《致徐放》(1951年12月23日自南宁),转引自《胡风全集》第9卷,第175页。

煤想给舒芜一点忠告:"(一)不要脱离实际,不要脱离历史。(二)不要牵到文艺创作,不要牵到别人。因为,他对文艺创作不懂,他并未帮助别人(只别人帮助他)。他要坦白,只坦白他自己好了。"[①]胡风还是寄希望于这位曾经的门徒,不至于将形势推演到更严重的地步。

但是,舒芜的思想转变完成之后,很快付诸行动来证实自己的转变。以那篇自我批判的文章为前身,就有了《从头学习〈在延安文艺座谈会上的讲话〉》的发表。

2.舒芜的"反戈"与批判运动的发端

《从头学习〈在延安文艺座谈会上的讲话〉》开头一段写道:

> 据说今天还有人在高等学校讲授"文艺学"的时候,在讲义的最后一章,才把《在延安文艺座谈会上的讲话》当作文艺学中一件极其偶然极其例外的现象,轻描淡写的讲它几句。受了这种错误影响的某些学生,也是至今还把《在延安文艺座谈会上的讲话》当作一篇仅供写作时随便翻翻的"参考文件"。这篇伟大的文件的发表已经十年,十年来中国人民文艺胜利的道路,充分证明了它在文艺理论和文艺实践上伟大的指导意义。可是,上述的现象居然还会发生,实在是令人感到惊异的。

这个在高等学校讲授文艺学的就是吕荧。在对《论主观》进行了一番自我批判以后,文章结尾处又点出路翎:

① 胡风:《书信·致鲁煤》(1952年1月7日自北京),《胡风全集》第9卷,第176—177页。

所以说“我们”，是因为还有几个人，曾经具有相同的思想。路翎就是一个。《人民日报》五月十二日的《文化简讯》中说：“在路翎笔下的‘工人阶级’的‘品质特征’是：浓厚的个人主义和无政府主义思想，流氓和无赖的作风；工人阶级的‘精神状态’竟是歇斯底里，精神病患者。”这是完全确实的。我和他，曾经在一起鼓吹这种‘精神状态’有好多年。十年来，他写了不少的“工人”和“农民”，实际上都是这么一类的歇斯底里亚的典型；至于他的笔下的那些“革命知识分子”，更是恰如上面所说的那种虚矫、浮夸、疯狂、偏激的形象。他一向自以为很能“认识人民”；我在解放以前好多年中，也一直对他这种“才能”非常崇拜，并为他进行理论上的注释和呼应。只是在实际工作当中，受到教训，才逐渐看清我们先前那样的鼓吹，实在是从多么可耻的个人主义立场出发。①

除了吕荧和路翎，这“其他几个人”当中，自然也少不了胡风。《从头学习〈在延安文艺座谈会上的讲话〉》的发表，是舒芜开始诀别过去的自己和自己所属的胡风文人团体的一个标记。两个多月后，舒芜又在《文艺报》1952 年第 18 号上发表了《致路翎的公开信》。这两篇文章的内在联系，《文艺报》的编者按说得很清楚：

《人民日报》曾于 6 月 8 日刊载了《长江日报》上舒芜《从头学习〈在延安文艺座谈会上的讲话〉》一文。在这篇文章中，舒芜检讨了他于 1945 年发表在《希望》上的《论主观》一文的错误观点。这种观点表现在文艺创作上，是片面地夸大

① 舒芜：《从头学习〈在延安文艺座谈会上的讲话〉》，《人民日报》1952 年 6 月 8 日。

"主观精神"的作用,追求所谓"生命力的扩张",而实际上否认了革命实践和思想改造的必要。《希望》这个刊物是以胡风为首的一个文艺上的小集团所办的;舒芜自己所指出的错误,其实是这个小集团所共同的。舒芜曾在检讨中说:当时还有几个人,都曾经有同样错误的思想,并指出路翎就是其中的一个。

对于路翎的一些作品和对于这个小集团的错误思想,在报纸刊物上曾先后进行过一些批评。这里发表的舒芜的《致路翎的公开信》,进一步分析了他自己和路翎及其所属的小集团一些根本性质的错误思想。这种错误表现在:以小资产阶级的个人主义的"斗争"当作革命道路,而否认工人阶级的领导;片面地、过分地强调"主观作用",实际上这"主观"却是小资产阶级的主观,其实就是强调小资产阶级的作用,企图以小资产阶级的面貌来改造世界。这种错误,使他们在文艺活动上形成一个小集团,在基本路线上是和党所领导的无产阶级的文艺路线——毛泽东文艺方向背道而驰的。

比较舒芜前后两篇文章的内容和两个按语,可以看出批判论调正在升级。有意味的是,舒芜在《从头学习〈在延安文艺座谈会上的讲话〉》的思想批判,是由胡乔木直接上升到"否认革命实践和思想改造的意义"、"属于资产阶级、小资产阶级的个人主义的文艺思想"这样严重的政治问题的高度。舒芜大概感到自己的步子迈得还不够大,于是在《致路翎的公开信》中自己直接升级,开篇"毫不犹豫"地断言:"我们过去在文艺上所走的道路","那是根本错误的,是与毛泽东文艺路线背道而驰的。"因此表示,"今天我们不可逃避的责任是:一定要把它摆到群众面前来,彻底地清算它。"舒芜自己的上纲上线使得编者一时难以再创新高，只好在按语中重复舒芜的判断——和“毛泽东文艺方向背道而驰”。在那个时代，难道还有比这更严重的错误？还有比这更致命的判词？

这让我们想到了何其芳在《〈关于现实主义〉的序》中相类似的判词——“对于这种理论倾向的坚持，就实质上成为一种对于毛泽东的文艺方向的抗拒了。”而这一次在影响广泛的《人民日报》和《文艺报》上，由胡风阵营内的同人反戈一击，其不同凡响的效果和不可估量的推动力，加速了事件发展的进度。同时，舒芜文章中还发出了让群众“彻底清算”的呼吁。于是，这个以胡风为首的“资产阶级文艺集团”，就不得不面临一场公开的大批判了。果然，《致路翎的公开信》发表几天后，《人民日报通讯》第28期便向全国通讯员发出了“积极参加文艺界对胡风文艺思想的批判的号召”。

胡风于1952年7月19日到达北京，参加“胡风文艺思想讨论会”。开会之前，与周扬有两次简短的谈话。胡风回忆说，周扬的“态度很严厉”，主要思想有几点：

(一)我反对了党员的意见，但党是代表群众的，党内人的意见总要对些。又说社会民主党最危险，这是1950年3月他向干部做的报告中已经提出过的。(二)舒芜是进步了(他说不是投机取巧)，舒芜说的“几个人”，实际上是指我。(三)我说的话九十九句对，但如果有一句在致命的地方错了，那就全部皆推翻了。(四)他觉得过去的事不必谈，但还是有几个人受我的影响，所以，要舒芜和受我影响的青年来出席，也要茅盾来出席，大会小会轮流地开。(五)要我主动地检讨，少说或不说优点，只说缺点。(六)要打掉我的架子。

……我已是罪人的身份,什么都不能说了。①

与周扬的谈话让怀揣"讨论"愿望的胡风明白了的问题的性质和严重程度,也知道这次讨论会终将没有结果,或者说已经有了预定的结果,文艺思想讨论本身已经没有实际意义。但有意思的是,周扬、何其芳、林默涵、胡绳等人对问题心知肚明,却依然采取回避的态度。他们向胡风传达周恩来的指示:"说不要先存一个谁对谁错的定见,平心静气地好好地谈",要胡风自己在会上说话,说也许是别人误解了胡风。这似乎还是可以把"过去彼此的意见加以分析研究的意思"。倒是老友冯雪峰来得更为直接,他"接触了一些有关实际的问题,有的提得很严重。"②胡风从周围的气氛和大家的态度中,感觉到再无"平心静气讨论"的可能。胡风当然是不服气的,在他看来,现有的提法"有的与事实不符,有的是人事问题,已无法挽救",但明智的做法只能是"专门检查自己的错误,不做任何申辩,尽可能快些做一个初步的结束。"③无论如何,胡风真的是想从这场旷日持久的思想和人事纠纷中解脱出来。

这次讨论会,以文联主席团的名义在 9 月 6 日、11 月 26 日、12 月 11 日、12 月 16 日进行了四次,持续三个月时间。会议的中心人物是周扬、何其芳、林默涵、胡绳、邵荃麟、冯雪峰、阳翰笙、艾青、田间等,路翎和舒芜也被中宣部点名来"参加帮助胡风检查文艺思想的座谈会"。④

胡风除了作些简单说明之外,基本上是被动地听取意见和受批判。胡风陆续写了几篇报告上交,主要有《关于我的错误态度的检

①② 胡风:《关于解放以来的文艺实践情况的报告》,《胡风全集》第 6 卷,第 125 页。
③ 胡风:《关于解放以来的文艺实践情况的报告》,《胡风全集》第 6 卷,第 125、126 页。
④ 《舒芜口述自传》,第 235、237 页。

查》、《关于舒芜和〈论主观〉的报告》、《关于〈希望〉的简单报告》、《一段时间，几点回忆》。在12月16日最后一次会议上，周扬总结说，胡风“在文艺理论上是反党的‘路线’；说政治态度上无问题，但问题不决定于政治态度，而是决定于文艺理论”。周扬要胡风在文艺路线上“脱裤子”，并说最终的结论要由胡风自己做。胡风立即表态：“经过这一次，同志们坦白地说出了对我的意见，我感到愉快，但当然还要继续检查，作出结论，在工作上认识并改正错误，请同志们相信我。”①

胡风急于解脱，想“安心”，但事情非他所愿，文艺界领导对胡风的检讨并不满意。中共中央宣传部于1953年2月15日交周恩来和党中央的《关于批判胡风文艺思想经过情况的报告》中写道：“……胡风仅仅就他和党的不正常关系作了一些反省，而对于自己文艺思想上的原则错误，始终没有什么检讨。相反地，是极力辩解，仍然企图把自己说成是一贯正确，不过态度比以前好了一些，口头上表示愿意考虑接受大家的意见”。下一步的计划是：“为了清除胡风和胡风类似的这些思想的影响，决定由林默涵和何其芳两同志写文章进行公开的批评。”②同时，在北京连续组织文艺干部们开会学习，传阅有关胡风的“材料”。讨论中，有人说胡风是思想问题，有人说是唯心论，有人甚至判定为托派。这些讨论活动，在北京党内打下了批判的群众基础。

虽然周扬声称要胡风自己做结论，但一切迹象表明，批判运动还在一步步向前推进。如胡风自己所言：“实际上他们却在进行紧张的准备，准备一个对于我的全国性的公开斗争，由文艺思想推进成一个政治问题。”③

1953年1月30日的《文艺报》第2期上发表了林默涵的文章《胡

---

① 胡风：《关于解放以来的文艺实践情况的报告》，《胡风全集》第6卷，第132页。
② 转引自晓风：《我的父亲胡风》，第71页。
③ 胡风：《关于解放以来的文艺实践情况的报告》，《胡风全集》第6卷，第133页。

风的反马克思主义文艺思想》,次日《人民日报》转载。紧接着,2月15日的《文艺报》第3期上又发表了何其芳的文章《现实主义的路,还是反现实主义的路?》。这两篇文章全盘否定了胡风的文艺理论,并做出了一系列的带有政治性的结论。两位撰写者的领导身份和文章发表的档次,表明了党的文艺理论权威正在设法取得“舆论一律”,这就把胡风的文艺思想“推到了绝路上”,“反马克思主义”、“反现实主义”和“宗派主义”三顶大帽子已经稳稳地戴在了胡风的头上。

1953年3月5日,周恩来在中宣部提交的报告中作了如下批示:“对胡风的态度和方针政策,已告中宣部应该坚持下去,继续对他的思想作风和作品进行严正而深刻的公开批判。但仍给以工作,并督促其往前线、或工厂与农村中去求锻炼和体验,以观后效。”①从这一批示可以看出,这次对胡风文艺思想的公开批判,因为严重的政治定性而不会就此打住,林、何的文章只是批判高潮的序曲。胡风正是意识到了这一点,即使对这样的批判心中不服,但也没有轻易地进行反驳。他知道此时任何急躁的态度都会带来危害性的后果。另一方面他又想:“如果我曾引起了像林默涵、何其芳同志所肯定的有害的影响,现在他们下了这样严重的批评,那些影响就解消了,剩下的就只有我个人的责任问题而已了。”②胡风虽然存有危机感,但也估量不到事态会有何种更严重的发展。他甚至想,林、何的文章发表之后,自己暂且低调忍耐,问题是不是就应该告一段落了?

带着这种难以言状的复杂心情,胡风开始安排调往北京的工作和生活。他接受了《人民日报》编委的职位,1953年8月2日,胡风举家迁居到了北京。

---

① 转引自王靖:《“胡风反革命集团”案始末》,《文史精华》1996年第6期。

② 胡风:《关于解放以来的文艺实践情况的报告》,《胡风全集》第6卷,第136页。

3."三十万言书"与批评《文艺报》

在批判风暴渐渐袭来的这段日子里，胡风门庭冷落，与他接触来往的，依然只是当年的友人们。定居北京后，常见面的有路翎、绿原、牛汉、徐放、谢韬、鲁煤和天津的阿垅、鲁藜、芦甸等人。不能相见时，主要通过书信保持联络，探讨文艺问题，交换对文艺现状的看法。解放后胡风公开的发言愈来愈谨慎，甚至小心翼翼，但和友人的通信却少有顾忌，书信交流更为真实地反映着胡风和友人们的思想情绪和心理状态。不曾料到这些书信却成为其后治罪的新的和最重要的证据。除了以上罗列的几位，还有欧阳庄、冀汸、化铁、方然、刘雪苇、张中晓、贾植芳、耿庸、罗洛等，他们此期间与胡风以及相互间的频繁通信，均被诬为"有组织有计划"的"出谋划策"和"猖狂进攻"。

舒芜抛出批判文章的反戈举动，令所谓"小集团"的成员们大为震惊和气愤。阿垅致信路翎说：

他变来变去，一是他自己的事，二是渺小的事，三则也不是不可思议的事；但被他拖入阿鼻地狱，则是过去所想不到的事。

真有些辛辣的感情，苍茫的感触，真理在哪里？刚才还想去信发泄一下。他要毛虫变蝴蝶，他过去不是由毛虫变了蝴蝶么，——指给他看。但除了骂人，我恐怕不会说别的。①

芦甸给胡风信中说：

① 李辉：《胡风集团冤案始末》，湖北人民出版社 2003 年版，第 102 页。

不必为那个卑劣的灵魂伤脑筋，考虑就今后的做法要紧。"按"是一个暗杀政策，因为无力打阵地战。这是他们的得意杰作。我以为，应当再向上面表示态度，要求公开讨论，要求面谈。如果上面也肯定那个判词，那，就是"历史"问题了。过去吃亏在不摸底，对于一切情况的估计不够，做法还是太善良了。……说老实话，我因为太气愤，说得语无伦次，望你慎重考虑一下。[1]

被舒芜公开点名的路翎，无法容忍舒芜的"嫁祸于人"，给胡风的信中写道：

这无耻之徒把自己脸上涂了一些黑，然后明枪暗箭地一起出来了。

但我看，他想拿这一点东西来作为他的进身之阶，也是未必有效的。[2]

路翎与胡风商量道：

那无耻之徒，可能陆续会来的。本想写封信去揭一揭他的底，但一想又似无此必要。你看如何？当然，要揭的话，就决不能使得他抓住做本钱，要使他知道一点羞耻！[3]

胡风更是被这位当年的得意门生的背叛行为所激怒，他干脆以

① 李辉：《胡风集团冤案始末》，湖北人民出版社 2003 年版，第 102—103 页。
② 晓风编：《胡风路翎文学书简》(1952 年 6 月 2 日路翎致胡风)，第 312 页。
③ 晓风编：《胡风路翎文学书简》(1952 年 6 月 3 日路翎致胡风)，第 314 页。

“无耻”代称舒芜，致信路翎建议他揭穿舒芜，予以反击：

对那些无耻之徒，去揭一揭，也不能收杀势的实效罢？你考虑。尤其无耻的是，什么A、B、C，什么其他几个人，这等于卖人肉。看那个报上是否转载或摘录，就可以窥见上面的心情的。如果连这都利用，那真是兽道了。[①]

但关于无耻，一定要你发言罢。当然揭露他。而且，那文章，并非当作肯定意见，而是作为讨论的（你当时听到如此），而且，当时没有人完全同意他。揭露他想当教授，刘邓大军时不参加。事后大家对他不满；解放后劝他在南宁，他却老想出来，向上爬；来北京时满口冷嘲，大家厌恶他……关于小集团：不知道。向来个人投稿。不用者甚多。从未开过会。[②]

舒芜所带来的被动甚至危急的局面，令胡风和友人们愤慨而不安，大家觉得不能就这样默默忍受、坐以待毙，还是应该寻求适合的途径进行反击。第一回合的公开批判以后，胡风的思考更为周纳和深入。他认为文艺界的领导对他已经抱有成见，一般性反批评文章不足以扭转局势，而眼见朋友们在工作上、创作上以及发表出版上遇到诸多不公平对待，他不能不为他们伸冤叫屈，为他们争取应得的写作条件。而最根本的是，在胡风看来，“林默涵、何其芳同志的批评所代表的理论实质，正是几年以来在文艺实践中起了严重的危害作用的一种

① 胡风：《书信·致路翎》（1952年6月9日自上海），《胡风全集》第9卷，第338－339页。

② 胡风：《书信·致路翎》（1952年6月13日自上海），《胡风全集》第9卷，第341－342页。

力量，它危害了党对于文艺的期待，它抵消了党对于文艺发展所提供的巨大的政治保证，我不能回避这个问题。”而且，“从一年多以来的情况看，林默涵、何其芳同志当然还相信他们的理论是正确的，问题只是等待我表示同意。一年多以来我还没有表示同意他们的批评，那在他们看来，这就是抗拒，阻碍了他们的批评所要达到的绝对的威信。被这样的热情燃烧着的他们，一定更加确信我是‘反对派’，在他们的‘我就是党’的观念上是愈想愈觉得是不可容忍的”①。在这种情况下，“胡风应当上书中央，坦白陈述自己与文艺领导的分歧，以及自己对于文艺工作的看法，期待中央出面解决问题：这是大多数青年朋友们的共同认识，也符合胡风本人在典型环境中产生的典型心愿”②。

当胡风和他的战友们一致认为，已经到了非由中央出面制止宗派打击、解决文艺问题的时候，也有几位老朋友从自身的人生经验出发，给胡风提出了慎重行事的忠告。熊子民劝他：“世道不同了，要学会顺潮流而生，不能像过去那样犟了。”③彭柏山说：“人家当家，要错也错下去，发现了以后再来改，不要别人插嘴的。所以有人说你杞人忧天。”贾植芳也不止一次对胡风说：“我说老胡，我们和鲁迅不同，鲁迅懂得中国的历史，我们却不懂。”他劝胡风不如静下来写写鲁迅回忆录或者搞点翻译。④ 这些肺腑之言良苦忠告胡风能听得进去，但并不足以劝住胡风。以胡风的性格，不会专注于理解友人忠告的深意，而是又一次鼓起了出击的风帆。正当此时，党的七届四中全会召开，会议发表公报，提倡要开展党内正确的批评和自我批评，反对对批评者进行压制和报复。胡风从自己的角度理解了公报精神，更加坚定了上书党中

① 胡风：《关于解放以来的文艺实践情况的报告》，《胡风全集》第 6 卷，第 152 页。
② 绿原：《胡风和我》，《我与胡风》，第 538 页。
③ 梅志：《胡风传》，第 626 页。
④ 李辉：《胡风集团冤案始末》，湖北人民出版社 2003 年版，第 118 页。

央的决心和信心。

这期间，胡风和友人们在见面或书信往来中，也讨论用什么样的方式上书中央，是多人联名还是以个人名义比较妥当。对此，友人芦甸曾信告胡风：

> 六月二十六日来信收到了。很高兴，居然有了敢于“挺身而出”的人们！但在做法上，我建议不要联名，因为这样容易被加上罪名，即组织“小集团”的罪名……因此，最好是各人写各人的，各人对自己所提的问题负责，这样就不会互相牵扯，陷于被动。(1955年6月29日自天津)①

因为从批判阿垅开始已经公开所谓“小集团”的说法，为了避嫌，胡风最后决定以个人的名义上书。

在写“三十万言书”的准备过程中，北京和全国各地的一些朋友也曾为胡风积极地搜集素材、提供参考材料。从这一时期的友人往来信件中可以看出，谢韬、张中晓、欧阳庄、化铁、罗洛等人，都做了不少的具体工作，更多人则给予了精神上的支持和鼓励。

经过一段时间的思想和资料的准备，胡风从1954年3月开始着手撰写《关于解放以来的文艺实践情况的报告》。在文章谈什么和怎么谈的问题上，胡风和朋友们反复交换意见。大家一致认为：“林默涵、何其芳的批评所反映的理论混乱，不能不谈；舒芜的‘起义’所包含的捏造和诬陷，不能不谈；个人几十年来与周扬等人交往中所体验的越来越严重的宗派主义，不能不谈；当前文艺领导工作中的种种失误

---

① 《关于胡风反革命集团的第三批材料》，《人民日报》1955年6月10日。

及其危害，也不能不谈。"[①]胡风写着，写出的章节交给几个朋友看，倾听他们的意见，然后加以修改和补充。全稿写完以后，胡风继续与朋友们交换意见。在写作过程中经常去胡风家里讨论，看过原稿的，有路翎、阿垅、谢韬、芦甸、绿原、徐放、牛汉等人，南京的欧阳庄到北京出差时，也看了胡风写出的部分稿件，并提出了很尖锐的意见。这种见面有时会扩大为家庭式的聚会谈天，夫人们当然是身边最有力的支持者，但同时又对前景充满了担忧。胡风非常慎重地对待这次写作，特别是其中最重要的理论问题部分，"它虽然针对林默涵、何其芳的两篇批评文章而发，实际上是要澄清香港批判以来文艺领导干部对胡风文艺思想的误解，辩护他认为在新时代仍然应当坚持的一些根本观点，进而指出文艺界领导近年来在理论和实践上的各种失误"。为了这部分的稳妥和坚实，胡风反复听取和采纳了友人们的意见。绿原回忆说："他仿佛预感到日后可能发生进一步简单化的曲解，曾经就林、何文章的批判重点，多次和朋友们一起进行过模拟式答辩。"[②]这份报告，倾注了胡风和友人们的很多心血，也是这段艰难时日他们相互支持和砥砺的见证。曾经的"胡风专案"办公室审讯员也回忆："公安部查明，为了这个'向党进攻'的三十万言书，胡风集团的主要'骨干分子'都积极参加了。其中有北京的绿原、谢韬，天津的阿垅、芦甸，南京的欧阳庄等，他们都秘密地参加了起草，并将其提纲分别寄给没有来京的其他'骨干分子'征求意见。"[③]所以，"三十万言书"的准备和完成过程，是胡风和友人们建国后往来联系最频繁密集的一段时间，这也是胡风文

---

① 绿原：《试叩命运之门——关于"三十万言"的回忆与思考》，《新文学史料》2002 年第 4 期。

② 绿原：《胡风和我》，《我与胡风》，第 539 页。

③ 王文正口述、沈国凡采写：《我所亲历的胡风案》，中共党史出版社 2007 年版，第 31 页。

人团体建国后的第一次，也是最后一次的“集体”活动。

路翎在他的回忆中记下了胡风当时表明自己赤心与决心的一段话：

> 我和你路翎，和阿垅、绿原、牛汉、徐放、谢韬、严望、冀汸、芦甸等结伴而行，我们也有小心也有莽撞。我现在很感慨，像做最后的奋斗似的。但结果驳回来，说你反党，如何呢？我们走到困难的境地了，终于不能顾忌什么了。为了文艺事业的今天和明天，我们的冲击会有所牺牲。唉，中国啊，你生我养我，我要尽我的心和真知作这一奋斗了！我要奋斗，和我多年的愿望一起，冲出去，哪怕前面是监牢。①

从3月到7月，在同人们的共同努力下，经过反复修改斟酌的报告终于完成，全文共计28万字，通常称为“三十万言书”。7月22日，胡风将报告面呈中央文教委员会副主席习仲勋，请他转呈毛泽东、刘少奇和周恩来。随报告附有一信，胡风在信中说明了自己上书的动机。

习仲勋很亲切地接待了胡风，并说：“要相信中央。你相信中央，是完全正确的。”②大家听到这个消息都很乐观，“胡风更是感到了轻松，总算放下了这老纠缠着他的理论问题，不对这些问题说出自己的看法，他是无法参加文艺方面的具体工作的。现在将自己的观点向党说清了，不论接受与否，都能轻装上阵，从事自己一直想做的事了”③。

---

① 路翎：《一起共患难的友人和导师——我与胡风》，《我与胡风》，第496页。

② 绿原：《试叩命运之门——关于“三十万言”的回忆与思考》，《新文学史料》2002年第4期。

③ 梅志：《胡风传》，第630页。

“三十万言书”终于送到了毛泽东的手上，但胡风并没有得到期待已久的回音，而此时文坛发生的另外两场并非针对胡风的批判运动，却转折性地引发了对胡风的全国性的大批判。

1954年10月16日，毛泽东就《红楼梦》研究问题写信给中共中央政治局，批评文艺界的“大人物”阻拦生气勃勃的“小人物”，由此掀起一场反对“胡适派资产阶级唯心论的斗争”。10月28日，《人民日报》发表经毛泽东审阅的署名袁水拍的文章《质问〈文艺报〉编者》，指责《文艺报》在《红楼梦》研究问题上对待青年学者的错误态度：“不是怎样千方百计地吸引新的力量来壮大、更新自己的队伍，反而是横躺在路上，挡住新生力量的前进。”这样，从10月31日至12月8日，中国文联和作协主席团连续召开扩大联席会议，就《红楼梦》研究中的胡适派唯心论的倾向和《文艺报》在这个问题上的错误进行讨论。胡风参加了历次的会议讨论。他非常振奋，自然而然地联想到，一定是自己交上去的报告起了作用，引起了中央对文艺问题的关注，现在缺口已经打开，文艺将有一个新的转机。他兴奋地给友人写信，传达自己对形势的估计：

这里情况已经在大动荡中，第一，作协党组连日开会，大概是由先生们自己检查，提出汇报，中央再来最后考虑问题，这里一定有许多好看的东西。今天甚至听说二十多万字的东西要出版了，如果真是这样，大概是上面已经决定了要彻底考虑考虑。

第二，今天报上发表了袁诗人攻击《文艺报》的文章，这是一个很不平凡的现象，可以认为一则牺牲《文艺报》，想把主要责任推到《文艺报》身上，二则有些人(像袁诗人之类)赶快站住，要趁早抓住攻打铜墙铁壁的旗帜。第三，文联会上

> 的重要发言也要公开发表了；这在上面也许为了推动斗争的发展，在先生们也许是要借此造成一个改良的局势。①

胡风原本不想在联席会上发言，他觉得自己的想法已经写在“三十万言书”中汇报给中央了。另外，他也想回避批评《文艺报》主编冯雪峰。但周扬、乔冠华、陈家康等人都竭力鼓动他发言。更有友人对他说：“你不发言，将来要受中央责备的，你自己提了意见，现在中央打开了缺口，你不去斗争，未必要中央替你斗争么？这话触动了胡风，他不能再沉默了。”②

11月7日和11日的两次会议上，胡风满怀自信地作了长篇发言。他总结出《文艺报》有四项错误：一是向资产阶级思想投降；二是对小人物采取压制态度；三是在《文艺报》的批评中庸俗社会学是主要的理论武器；四是追求形式主义。他认为“《文艺报》现在所犯的错误是有历史根源和思想根源的”。胡风的发言从批评《文艺报》出发，力陈自己的年轻友人们几年以来的所受到的歧视和围攻，向他的论敌们发出了有力的反击：“看轻小人物、排斥小人物、打击小人物，看轻、排斥以至打击新生力量，保持着高高在上的贵族老爷式的态度。”当谈到朋友阿垅的遭遇时，胡风无法控制自己的激愤情绪，他说：“这个小人物，已经到了非完全被闷死不可的地步。”③路翎也在会上作了题为《为什么会有这样的批评？》的发言，以自己近年创作遭到的连续性指责和批判，证明文艺上的“庸俗社会学”势力对新生力量的压制。路翎的发言情绪激烈，措辞尖锐。他认为：“批评家们是以政治上的结论的方法来代替了创作问题的讨论”，“批评的态度是十分横暴的”，“充满了‘左’

---

① 胡风致张中晓（1954年10月22日），转引自李辉：《胡风集团冤案始末》，第147页。
② 梅志：《胡风传》，第633页。
③ 《对〈文艺报〉的批评》（胡风的发言），《文艺报》1954年第22号。

的激情"，是教条主义的"曲解"和"诬蔑"，"已经发展到了狂暴的捏造罪名的程度"，这种批评是"宗派和军阀"统治。[①] 其后路翎将这一发言扩展为四万多字的长文发表在《文艺报》上。

贾植芳在回忆录中说："从上书三十万言书到联席会上的精彩发言，是胡风近年来战斗力最昂扬的时刻。自解放以来，他不断受到批判，而且这批判的压力来自他所信仰、并视为自己生命的党中央。他一直克制着自己的冲动，想反击又投鼠忌器，现在他终于忍不住了，多年积压在心底的话，像火山一样在联席会上爆发，无论是理论的强大力度，还是战斗情感的饱满，都是他生命中最辉煌的闪现。"[②]

胡风和路翎的这次合力反击庸俗社会学批评，已经越出批评《文艺报》的议题本身，他们的发言很快被认定是借批评《文艺报》之机发泄私愤，干扰了斗争的大方向。胡风但非没有因此改善自己和友人们的处境，反而引火烧身，直接招致了灾难的来临。"据说，本来，毛泽东并没有看到胡风的'三十万言书'，胡风的两次发言在《文艺报》上全文刊登后，引起了毛泽东的注意，这才调来了'三十万言书'看。于是，形势急转直下。从第五次会议开始，已不再是批判胡适唯心主义思想、解决《文艺报》的问题，而完全是针对胡风他们了。胡风、路翎已无力回天。（后来，文艺界人士形象地把这一转折称作为'战线南移'；从这一壶（胡）到那一壶（胡）。）"[③]

对胡风和路翎的发言，先是郭沫若、茅盾等人进行了不点名批判。11 月 17 日袁水拍的发言集中反击胡风的批判。紧接着 12 月 8 日召

---

① 路翎：《为什么会有这样的批评？》，《文艺报》1955 年 1－4 号。

② 贾植芳：《狱里狱外——一个"胡风分子"的人生档案》，香港天地图书有限公司 2001 年版，第 85 页。

③ 晓风：《我的父亲胡风》，第 83－84 页。康濯在《〈文艺报〉与胡风冤案》中回忆道："听周扬同志谈到，胡风的两次发言引起了毛主席的注意，他还具体了解了此事，并由此而注意到了"三十万言书"，已经开始在看胡风的上书了。"

开的最后一次联席会上，周扬作了著名的总结性报告《我们必须战斗》。报告前两部分是前一阶段运动的总结，第三部分则以“胡风先生的观点和我们的观点之间的分歧”为题，开启一场新的批判运动。周扬详尽地罗列了40年代以来与胡风文艺思想的五大分歧，旗帜鲜明地指出：

> 胡风先生假批评《文艺报》和批评庸俗社会学之名而把关于文学的许多真正马克思主义的观点一律称之为庸俗社会学而加以否定。
>
> 表面看来，在反对对资产阶级思想的投降主义的问题上，在反对对新生力量的压制态度的问题上，胡风先生是和我们一致的，而且特别地慷慨激昂，但是谁要看看这个外表的背后，谁就可以看到，胡风先生的计划却是借此解除马克思主义的武装。

周扬在报告的最后发出号召：

> 为着保卫和发展马克思主义，为着保卫和发展社会主义现实主义，为着发展科学事业和文学艺术事业，为着经过社会主义革命将我国建设成为一个伟大的社会主义国家，我们必须战斗。①

周扬在严厉批判胡风的同时，还坚定地表示：“我现在仍然认为，四年前我们对阿垅的批评即使还有缺点，在基本上却是必要的和正确

---

① 周扬：《我们必须战斗》，《人民日报》1954年12月10日。

的。”“我认为，对路翎的这类作品中的倾向给予严正的批评是必要的和正确的。”这样，胡风和友人们的最后反击被代表着强大的政治力量的周扬彻底打了回来。

批评《文艺报》是胡风事件大规模发生的一个契机。1954年12月10日的《人民日报》和1954年23、24合刊的《文艺报》都全文发表了周扬的战斗檄文。形势愈来愈凶险，胡风和他的友人们陷入紧张不安的情绪中。路翎回忆当时他们谈话时激动的情景：

> “想不到这样了，想不到这情形，一个巴掌打回来了。但是也有想到的。现在怎么办呢？我们是为着我们认定的真理奋斗的。”胡风沉痛地说。
>
> 有一次，胡风带着眼泪与哭声说，“我爱党与国家，他们这样说我，我真怀疑自己是错了。你说，你说我们没错吧！”
>
> “我的理论是多年积累的，一寸一寸地思考的。要我动摇，除非一寸一寸地磔。我还要奋斗，我还要想办法。”他在客厅里说着，带着一种啸吼。“我是激昂地在我的路上行进，而遇着失败了。我们失败了。”[①]他说。

在周扬发出“战斗”号召的同时，胡风的“三十万言书”已经由中央批转到了中国作协主席团，文联和作协正在准备开展对胡风的大批判。压力之下，胡风和友人们商量，考虑作一个检讨：

> 胡风说：“它并不停止。一阵飓风一直在吹下去。我伤心，梅志伤心，我对不起家人。怎么办呢？写一个自我批判，

---

① 路翎：《一起共患难的友人和导师——我与胡风》，《我与胡风》，第497页。

如同流行的做法，检讨一下，混过去吧。阿垅也同意这样做。朋友们由于环境不方便，不大可能来了。也会因我而牵连很多人的。"①

1955年1月11日，胡风写出一篇《我的自我批判》，19日呈交中央。期间得知"三十万言书"即将公开发表，1月13日胡风又写了一份《我的声明》，声明内容是：

这次批判资产阶级思想运动开展后，我受到了很大的教育，现在正在检查这个"材料"（按：即《意见书》）里面的错误，在这个材料公开发行时，我首先声明两点：

一、这个"材料"里面所表现的对党对文学事业的态度，我已初步认识到是错误的，有害的。

二、这个材料里面对今天的文艺运动所得出来的判断是带有很大的主观成分的。其中有些具体提到的情况和例证，当时没有很好地调查研究，后来发现有不切合实际之处，但现在"材料"已印好，来不及修正。

以上一切，我当负我应负的责任，希望同志们加以批判。②

1月14日晚，胡风向周扬提出，将这份《声明》印在"三十万言书"的卷首。周扬次日向中央请示，毛泽东当日批示：

① 路翎：《一起共患难的友人和导师——我与胡风》，《我与胡风》，第498页。
② 转引自林默涵：《胡风事件的前前后后》，《新文学史料》1989年第3期。

(一)这样的声明不能登载;(二)应对胡风的资产阶级唯心论,反党反人民的文艺思想进行彻底的批判,不要让他逃到“小资产阶级观点”里躲藏起来。[①]

1月26日,中共中央在批转中宣部21日提交的《关于开展批判胡风思想的报告》时指出:

胡风的文艺思想,是资产阶级唯心论的错误思想,他披着“马克思主义”的外衣,在长时期内进行反党反人民的斗争,对一部分作家和读者发生欺骗作用,因此必须加以彻底批判。各级党委必须重视这一思想斗争,把它作为工人阶级与资产阶级之间的一个重要斗争来看待。把它作为在党内党外宣传唯物论反对唯心论的一项重要工作来看待。[②]

胡风的《自我批判》被否定,《声明》也被回绝,三十万言书和林默涵、何其芳的批判文章一起印成专册,随《文艺报》1955年1、2期合刊发行。专册首页上印有经过毛泽东修改和增补过的中国作协主席团的简短前言。从这期《文艺报》上明显看出,批胡适的文章在逐渐减少,批判火力集中转移到胡风身上。而令人费解的是,路翎的反批评长文《为什么会有这样的批评?》也在1955年年初的《文艺报》上分四期连载。按常规考虑,在当时的形势下,路翎的反批评文章是不可能正常发表的。显然,“这篇长文的发表,不是为了发扬民主,提倡反批评,而是为了剥夺作者的发言权(接着他因此而锒铛入狱)”。[③] 也就是

①② 转引自林默涵:《胡风事件的前前后后》,《新文学史料》1989年第3期。
③ 绿原:《我记得的路翎》,《寻芳草集——绿原散文随笔选集》,第204页。

说，路翎文章的发表，计划性地为其后的批判运动提供了一份有力的证据。紧接着的1955年2月5日和7日，中国作协主席团召开扩大会议，决定展开对胡风资产阶级唯心主义文艺思想的批判。2月11日新华社报道了这次会议，2月12日《人民日报》头版发表了会议消息，一场全国性的批判运动轰轰烈烈地开展起来了。

《人民日报》和《文艺报》为首要阵地，全国各地各大报刊纷纷刊登批判胡风的文章，几乎文艺界所有知名人士都以笔为枪加入到这场批判运动中来，胡风的友人如王元化、彭柏山、绿原、曾卓、彭燕郊、鲁藜、天蓝等等，也陆续主动或被迫地参与批判和表态划清界限。据粗略统计，从1955年1月至5月12日，共有446篇各类批判文章发表，堪称建国以来规模最大的一场文艺批判运动。

4. 私信发布与批判的升级

1955年4月1日的《人民日报》和1955年第7期的《文艺报》，刊载了中国文联主席郭沫若的文章《反社会主义的胡风纲领》，这是一篇纲领性的批判文章，从题目就可以看出作者抬高了批判调子，明显将文艺批判转向了政治批判。文章说：

> 胡风《对文艺问题的意见》洋洋十几万言，全面地攻击了革命文艺事业和它的领导工作，表现了对马克思主义的积极深刻的仇恨，可以说是胡风小集团的一个纲领性的总结。在我国文艺界以至整个文化界，我看再也找不出第二个像胡风那样顽强地坚持错误的文坛野心家了。他巧妙地披着马克思主义外衣来反对马克思主义，披着现实主义外衣来反对现实主义。
>
> ……胡风思想的危害性在于他假冒做马克思主义者。

但无疑的，还有一个更大的危害性，那就是胡风所提出的问题虽则属于文艺范围，而实质上却不单独限于文艺一个领域，是带有普遍意义的政治性的问题。掌握共产主义世界观，深入工农兵群众，为工农兵服务，改造思想等等，难道只是文艺界的事吗？谁不知道，这些是中国人民，特别是一切真心愿意为人民服务的知识分子，在各项革命工作中都要碰到的关键性问题。到现在为止，我们还没有看到过一个完整的反党、反人民、反对社会主义建设和社会主义改造的资产阶级政治纲领，也许胡风的堂而皇之的文艺纲领就是它的一个影子吧？

郭沫若最后强调：

从胡风的思想实际和他所采取的行动实际看来，他所散播的思想毒素是不亚于胡适的。他所提出的纲领是有一般意义的、思想的和行动的纲领。反对学习马克思主义，反对和人民群众结合，实际上就是反对全中国知识分子走社会主义革命的道路。这是违反全中国人民意志的事。必须彻底批判胡风思想的原因，我以为就在这里。

郭沫若文章中“反党、反人民、反对社会主义”的提法，透露出胡风批判升级的动向。但在批判文章连篇累牍涌出报端刊头的时候，郭沫若的重量级文章也倒没有引起人们的惊觉。真正使运动升级、使胡风及其分子们的命运面临巨大转折的，是舒芜交信而引发的《关于胡风反党集团的一些材料》的发表。

舒芜自从发表了两篇极富影响的“倒戈”文章之后，于 1953 年 5

月从南宁调到北京，在人民文学出版社的古典文学编辑室工作。胡风也是稍晚于舒芜三个月从上海搬家到北京。虽然同住北京，但由于思想情绪的尖锐对立，舒芜与胡风及其他友人极少来往。在周扬发出战斗号召后的批胡热潮中，舒芜先后又写了两篇批判文章，一篇是发表在 1955 年 2 月 16 日《中国青年》上的《反马克思主义的胡风文艺思想》，另一篇是发表在 1955 年 4 月 13 日天津版《大公报》上的《胡风文艺思想反党反人民的实质》。第二篇的发表时间稍后于郭沫若的《反社会主义的胡风纲领》，其中"反党反人民"的断语，与郭沫若的批判论调如出一辙。舒芜在批胡运动中的积极态度，使他成为各大报纸的重点关注对象，私信成为《材料》出笼，正是因《人民日报》向舒芜约稿而引发的。

据亲历者——《人民日报》编辑叶遥回忆，大约在 1955 年 3 月下旬或 4 月上旬，报社文艺组负责人林淡秋和袁水拍派叶遥去组织有关批判胡风宗派主义的文章，拟下的约稿对象是绿原、路翎和舒芜。绿原推辞了写稿，"情绪不好"的路翎其实没有见到编辑，而舒芜的爱人陈沅芷与叶遥是同学，彼此相熟，见面和约稿都很顺利。舒芜表示他想根据胡风的信件写胡风的宗派主义，并同意叶遥借去信件。叶遥回忆道：

> 记得这批信，林淡秋、袁水拍和我看后是吃惊的，尽管有些内容不知指何人何事，但讥讽、谩骂的话大体上是能看懂的。当时认为胡风同志和他的朋友们确确实实存在着严重的宗派主义。仅此而已，没有别的议论和看法。
>
> 舒芜同志很快写出《关于胡风的宗派主义》一文，我看后认为可以，袁水拍和林淡秋同志看后也认为可以。袁水拍同志对我说，能否向舒芜同志再借一下胡风的原信，以便核对

原文。我说可以。我到舒芜家再借胡风的原信，告诉他我们需要核对原文。这时，舒芜已将这批信装订成册了。我拿回后交袁水拍同志。以后袁水拍将舒芜的文章和胡风给舒芜的信送中宣部林默涵同志审阅。

又过了一些天，袁水拍同志告诉我，请舒芜同志到中宣部找林默涵同志谈他的文章，我通知了舒芜同志。林默涵同志找舒芜同志怎样谈的，文章怎样修改的，当时我不知道。[①]

叶遥的回忆与舒芜的访谈录[②]对交信这一过程的叙述基本上是一致的。但林默涵的问答录和康濯的回忆文章却在说法上有所不同。林默涵说：

大约在 1955 年 4 月的某一天，舒芜来到中南海中宣部办公室找我。他交给我一本装订好的胡风给他的信件，说其中有许多情况，可以看看。当时我认为私人信件没有什么好看的，就一直放在书架上，没有重视。隔了一段时间，我偶然拿起来翻了翻，发现其中有许多按语……

由于我与胡风有所接触，信中的有些暗语能够看懂，但还有很多看不懂，于是我把舒芜找来请他把信中人们不易看懂的地方作些注释，把信按内容分类，整理得较为醒目一些。舒芜同意并且很快整理出来了，一两天后就交给了我，他整理得很清楚。我看后把它交给了周扬。周扬看后，同我商量

---

① 叶遥：《我所记得的有关胡风冤案“第一批材料”及其他》，《文艺报》1997 年 11 月 29 日。

② 舒芜答问、奚纯整理：《第一批胡风材料发表前后》，《新文学史料》1990 年第 1 期。

是否可以公开发表一下，我表示赞成。①

康濯说：

大概在同年的二三月，《人民日报》的一位女编辑去约舒芜同志写批判胡风的文章。这位编辑同舒芜的夫人是同学，因此相互间也就容易谈得深一点，而舒芜也就这样交给了这位女编辑一批胡风过去给他的私人信件。《人民日报》文艺部的同志看了这批信件都大吃一惊，认为这些信太重要了，就和舒芜商量如何处理。舒芜便拿了这批信件亲自交给了林默涵同志。默涵、周扬和文艺界的领导同志看了以后，感到信件确实很重要，但有一些隐语和暗号不容易看懂，于是又由默涵交给舒芜，请他分类编辑和注释。舒芜这批材料编写好以后，默涵又交给了我们，我们同样大吃一惊，但也认为材料很好。于是经过商量，决定将舒芜的材料和胡风的《我的自我批判》同时在《文艺报》5月份的第9期发表。中宣部并决定《文艺报》发表这两篇文章后，由《人民日报》立即转载。②

以上资料所显示的分歧主要集中在舒芜交信环节上，是由舒芜主动交给林默涵呢？还是女编辑叶遥借来信件，由袁水拍转交林默涵？从中可以区别看出舒芜"主动"或"被动"的交信姿态。而梅志回忆中所讲的一段故事又分明证实了舒芜的主动性：

① 林默涵述、黄英华整理：《胡风事件的前前后后》，《新文学史料》1989年第3期。
② 康濯：《〈文艺报〉与胡风冤案》，《文艺报》1989年11月4日。

> 1954年夏天的一个晚上，聂绀弩和何剑熏曾带着舒芜来胡风家。出于对舒芜所作所为的愤慨，胡风大声呵斥：“老聂，我这家里可不是随便什么人可以来的！”弄得聂很尴尬地带舒芜离去了。过了几天，聂绀弩夫人周颖来胡风家，告诉胡风和梅志，事后舒芜曾悻悻地说：“他别厉害，我手里还有他的信呢！”聂绀弩吓了一跳，连忙劝解，试图让舒芜打消此念。周颖来告知这情况是要让胡风提高警惕，胡风和梅志随后找出舒芜的来信，借以回忆给舒芜信的内容，但实在想不出信中有什么问题。[①]

这里说明舒芜利用这些信件是存心已久，并不是运动中的即兴动作。但舒芜对此又别有解释。据他回忆：

> 那是1954年夏天，何剑熏先生从重庆到北京来开什么会，到人民文学出版社来看聂绀弩先生。中午，聂请何到地安门马凯食堂吃饭，邀我同去。本来谁也没有说要去看胡风先生。餐毕出来，坐进了车子，聂忽然说：“胡风家就在这附近。”何说：“好，我们看他去。”聂立刻通知了司机，顷刻就把车开到了胡风先生家门外。我们进去，在客厅坐定，胡风先生从里面出来，先与何握手，问知何在京还有几天住，说：“我们改日再谈。”便转身又向内室走去，一面说：“老聂，你怎么不通知一声，什么人都往我这里带？”临要走出客厅门时，又回头大声说：“我这里，不是混帐东西可以来的！”聂笑劝道：

① 晓风、晓谷、晓山整理辑注：《胡风致舒芜书信选》，《新文学史料》1998年第1期。梅志回忆详见《胡风传》，第630－631页。

“何必呢！何必呢！”何说：“胡风这太不对了。我们走。”那天下午，聂又邀何与我同到北海公园喝茶，大家谈到中午的事。我说，不懂胡风先生为什么发这么大火。聂说：“他最生气的是，你自己检讨就检讨，不该拉上他。他当年发表《论主观》，是为了批判的。”我第一次闻此说，大出意外，才说：“他怎么可以这样说呢？我手里有他的信，拿出来可以证明事实完全相反。”聂还是劝笑道：“何必呢！何必呢！”我说过也就完了。①

舒芜解释自己当初想到拿信出来，只是为证明胡风当年是支持他的《论主观》的，并非简单地供批判用，而此事与一年以后的引用信件以及摘编《材料》没有关系。总之，各种说法都使得交信事件愈加复杂起来。

无论动机或初衷如何，无论主动或者被动，交出私人信件本身使批判运动朝着危险的方向急速演化。据舒芜回忆，林默涵看过信件后约舒芜见面，说道：“你的文章和胡风的信，都看了。你的文章可以不必发了，现在大家不是要看舒芜怎么说，而是要看胡风怎么说了。”他让舒芜把信件按内容分成四类：“一，胡风十多年来怎样一贯反对和抵制我们党对文艺运动的领导；二，胡风十多年来怎样一贯反对和抵制我们党所领导的由党和非党进步作家所组成的革命文艺队伍；三，胡风十多年来为了反对我们党对文艺运动的领导，为了反对我们党所领导的革命文学队伍，怎样进行了一系列的宗派活动；四，胡风十多年来在文艺界所进行的这一切反党的宗派活动，究竟是以怎样一种思想，怎样一种世界观作基础的。”林默涵又说：“现在胡风的问题，已不仅仅

① 舒芜：《〈回归“五四”〉后序的附记又附记》，《新文学史料》1998 年第 3 期。

是一般的宗派主义的问题了，当然不是说胡风是反革命，但是，是对党、对党所领导的革命文艺运动，对党的文艺政策，对党的文艺界的领导人的态度问题了。”①

舒芜领会了领导的精神意图，很快将信件进行分类整理和必要的注释。《材料》的开端有一个宏观的定性式的按语，每一分类的结尾处都写了一段概括性的说明，全文最后则进行了总结性的评论。《材料》按语这样开头：

胡风文艺思想是在“马克思主义”外衣掩盖之下的彻头彻尾的资产阶级唯心论和资产阶级个人主义的文艺思想。多年来胡风在文艺界所进行的活动，是从个人野心出发的宗派主义小集团的活动，是反对和抵制党对于文艺运动的共产主义思想的领导、反对和抵制中国共产党所领导的革命文学队伍、为他的反马克思主义的文艺思想和反党文艺小集团争夺领导地位的活动。

全文的结尾这样评论：

整理胡风给我的信中这许多材料之后，不禁触目惊心。这些材料，现在摆在面前，反党反马克思主义的气息，卑鄙的个人野心的气味，是这样地强烈。可是当时，却把这些信当作经常指导自己整个生活、工组和思想的宝贵文献，从来没有看出什么不对的地方。这就是一个镜子，可以照见自己当

① 舒芜答问、奚纯整理：《第一批胡风材料发表前后》，《新文学史料》1990年第1期。舒芜所言林默涵授意的这四类内容标题，在林默涵自己的回忆文章《胡风事件的前前后后》中，并没有说明。

时思想的面貌是何等的丑恶。[①]

舒芜把整理注释后的信件材料交给了《文艺报》，主编康濯加了按语，附上胡风修改到第三稿的《我的自我批判》一文，准备一并发表。按照康濯的计划，“我们的打算是发了舒芜材料和胡风检讨以后，再搞一两期发几篇对胡风检讨意见的文章，然后结束这场胡风文艺思想的批判。这个意见并已得到周扬同志同意”[②]。但其后形势的巨变却是所有当事人都始料未及的。林默涵回忆说：

《文艺报》排出样子后，送给周扬和我看，我们都觉得按语还可以，准备退给康濯发表。周扬同志忽然想到，这个材料比较重要，发表前似应送给毛主席看看才好。我认为对。周扬就于5月9日把胡风写的一篇《自我批判》和舒芜提供的材料清样一同送给毛主席，并给主席写了一封信：

“主席：

胡风的自我检讨和舒芜的揭露材料拟在下期（即本月十五日出版的）一同登载，胡风文前加了一个编者按语，兹送上清样，请您审阅。同期《文艺报》还有一篇许广平驳斥胡风的文章，附告。”

5月11日，毛主席在周扬的信上批示：

“周扬同志：按语不好，改写一个，请你和陆定一同志看看可否用？如以为可用，请另抄付印，原稿退还给我为盼！

可登《人民日报》，然后在《文艺报》上转载。按语要用较

① 舒芜：《关于胡风反党集团的一些材料》，《人民日报》1955年5月13日。

② 康濯：《〈文艺报〉与胡风冤案》，《文艺报》1989年11月4日。

大型的字。

如不同意，可偕陆定一于今晚十一时以后，或明日下午，来我处一商。”①

1955年5月13日，《人民日报》全文刊登了胡风的检讨和舒芜的材料。舒芜文章的标题《关于胡风小集团的一些材料》被改为《关于胡风反党集团的一些材料》，毛泽东重写的编者按说道：

从舒芜文章所揭露的材料，读者可以看出，胡风和他所领导的反党反人民的文艺集团是怎样老早就敌对、仇视和痛恨中国共产党的和非党的进步作家。……检讨要像舒芜那样的检讨，假检讨是不行的。路翎应当得到胡风更多的密信，我们希望他交出来。一切和胡风混在一起而得有密信的人也应当交出来，交出比保存或销毁更好些。胡风应当做剥去假面的工作，而不是骗人的检讨。剥去假面，揭露真相，帮助党彻底弄清胡风及其反党集团的全部情况，从此做个真正的人，是胡风及胡风派每一个人的唯一出路。

胡风在5月13日清晨看到《人民日报》时惊呆了，赫然在上的《材料》和加在自己检讨前面的“编者按”，不啻是两颗重型炸弹，令胡风无法招架。惊魂未定中他发现《人民日报》错登了他的检讨文章，不是最后改定的第三稿，而是第二稿加第三稿的附记，这是胡风此时唯一能说得起话的地方，他很快打电话给周恩来，周恩来问到周扬，周扬又问到康濯、袁水拍，发现是《人民日报》排错了。一时间大家很为这个错

---

① 林默涵述、黄英华整理：《胡风事件的前前后后》，《新文学史料》1989年第3期。

误而惊慌，直到周扬通报了毛泽东，毛泽东说："什么二稿三稿，胡风都成反革命了，就以《人民日报》的稿样为准，要《文艺报》按《人民日报》的重排。"[①]众人这才释然。

毛泽东并不是随便说说，他的话预示着胡风"反党集团"即刻就要上升到"反革命集团"。令人料想不到的是，三天后的5月16日晚，公安人员来到胡风家里，搜查之后拘捕了胡风。凌晨时，梅志也被带走了。

三、文坛宿怨与政治清算

从周扬给《文艺报》、《人民日报》负责人转达毛泽东指示的情况看，毛泽东针对第一批材料，已经决定将其重新定性为"胡风反革命集团"。周扬转达说："主席讲，胡风是要逮捕的，不过他是人大代表，必须经过人大常委会批准以后才能逮捕，这件事已经同少奇同志和总理商量了，还得要几天才能办妥。""因此，主席认为：这几天还要派人去看看胡风，稳定他一下。"[②]于是，周扬派康濯和严文井去了一趟胡风家。之后胡风很快被拘捕，而全国人大常委会举行会议取消胡风人大代表资格，并正式做出逮捕胡风的决定，是在拘捕胡风两天以后，也就是1955年5月18日。对此梅志曾说："在当时，这拘捕是否违反宪法，是完全无所谓的。"[③]

曾经参加审查胡风案的王康回忆，他在中央宣传部长陆定一处"得知'胡风反革命集团'这一案件，是毛主席亲自决定，并指示进行逮捕审查的，并得知公安部人员当时还在胡风家中搜查，已经搜出大批

①② 康濯：《〈文艺报〉与胡风冤案》，《文艺报》1989年11月4日。

③ 梅志：《历史的真实》，《新文学史料》1990年第1期。

‘密信’”①。关于这些“密信”，林默涵回忆说：“在拘捕胡风时，又从胡风家里搜出了一些同胡风接近的人们给胡风的许多信件，这些信件中也有许多按语，公安部门看不懂，他们要求中宣部派几个比较了解胡风情况的人来整理这些信件。参加整理信件的有我、何其芳、刘白羽、张光年、郭小川、袁水拍和中宣部文艺处的一些同志。我们又整理出了第二批、第三批材料，在摘录、整理这些材料时，我们反复核对了原信，以免弄错了信的原意。”

“5 月 24 日，《人民日报》公布了《关于胡风反党集团的第二批材料》。这批材料主要是从胡风写给他朋友的信中摘录下来的。这批材料开头、中间和结尾的按语都是经毛主席修改的，有的是毛主席亲自加的。”②第二天，全国文联主席团和中国作协主席团联席扩大会议召开，做出如下决议：

> 根据《人民日报》发表的揭露胡风反党、反人民、反革命集团的材料和其他方面的材料，已经证明胡风和胡风集团长期以来打着革命招牌进行了反对中国共产党、反对中国人民、反对革命的阴谋活动，对党和非党的进步作家进行了各种污蔑和诽谤，以种种阴险毒辣手段破坏党所领导的文艺运动及整个革命事业。正如《人民日报》的编者按语所指出的，如果我们不提高警惕，“他们就要用他们的‘集束手榴弹’给我们的革命事业以严重的损害。”胡风的罪恶活动已引起全国人民的愤慨。我们不能容许伪装拥护革命而实际反对革命的暗藏分子胡风继续混在文艺队伍里。为此一致决议：

① 王康：《我参加审查胡风案的经历》，《百年潮》1999 年第 12 期。
② 林默涵述、黄英华整理：《胡风事件的前前后后》，《新文学史料》1989 年第 3 期。

一、根据“中国作家协会章程”第四条，开除胡风的中国作家协会会籍，并撤销其所担任的中国作家协会的理事，和《人民文学》的编委职务。

二、撤销胡风所担任的中国文联的全国委员会委员的职务。

三、向全国人民代表大会常务委员会建议：依据宪法第三十八条的规定撤销胡风全国人民代表大会代表的资格。

四、向最高人民检察院建议：对胡风的反革命罪行进行必要的处理。

五、我们警告中国作家协会及中国文联其他几个协会会员中的胡风集团分子，他们必须站出来揭露胡风，批判自己，重新做人。今后是否保留他们的会籍，将根据他们的实际行动来加以考虑。①

这样，胡风就被他的战友他的同行们彻底驱逐出了文艺队伍。

紧跟着，《关于胡风反革命集团的第三批材料》于6月10日的《人民日报》公布。因为毛泽东在第一批材料的按语中指出：“一切和胡风混在一起而得有密信的人也应当交出来，交出比保存或销毁更好些。”胡风看到事态的严重性，为了保护朋友，他“打电话给在京的朋友们，要他们赶快交信，决不能犹豫甚至舍不得，这‘密’字实在太可怕了！”②于是，路翎、阿垅、绿原等人也被迫交出了他们和胡风以及他们相互之间的往来信件。第三批材料就是从这些信件中摘录和整理出来的。

毛泽东非常重视第三批材料，认为这些“密信”已经足以给胡风反

① 《中国文学艺术界联合会主席团、中国作家协会主席团联席扩大会议决议》(1955年5月25日通过)，《文艺报》1955年第11号。

② 梅志：《胡风传》，第641页。

革命集团定性了，于是，第一、二批材料用的"胡风反党集团"的名称，在第三批材料中赫然改为"胡风反革命集团"。林默涵回忆："第三批材料的编者按语全是毛主席写的。但在张中晓给胡风的一封攻击《在延安文艺座谈会上的讲话》的信后却没有按语，这是不合适的。我和周扬认为，这可能是主席不愿意提到涉及他本人的事，便由我们两人共同起草了一段按语加上去。"①毛泽东在按语中断定："胡风和胡风集团中的许多骨干分子很早以来就是帝国主义和蒋介石国民党的忠实走狗，他们和帝国主义国民党特务机关有密切关系，长期伪装革命，潜藏在进步人士内部，干着反革命勾当。"主编邓拓起草的《人民日报》社论《必须从胡风事件吸取教训》，也经毛泽东大力删改后同第三批材料一同发表。社论发出了清查和粉碎暗藏的反革命分子的号召：

> 今天本报发表了关于胡风反革命集团的第三批材料，进一步证明胡风和他的一伙是同帝国主义和蒋介石匪帮密切联系的一群反革命分子。这一严重事件，应当引起全国人民的警惕，并从这个事件吸取教训。
>
> 现在，胡风集团的假面已被完全揭穿了。胡风分子到底是一些什么人，现在也大体有了眉目。可以说，帝国主义国民党特务分子，反动军官，托洛茨基分子，革命叛徒，自首变节分子，就是这个集团的基本骨干。
>
> ……
>
> 我们必须彻底粉碎胡风集团，把这批反革命分子从人民队伍中清除出去。同时，我们也要把类似胡风集团的一切暗藏在我们队伍中的反革命分子坚决地彻底地清除出去！我

---

① 林默涵述、黄英华整理：《胡风事件的前前后后》，《新文学史料》1989年第3期。

们不能同老虎睡在一起，不能把反革命分子认作好人。

……

必须注意清查出一切暗藏的反革命分子，必须坚决地有分别地对于清查出来的这些分子给以适当的处理。这是整个革命队伍一切成员的任务，这是一切爱国者必须注意的大事情。

6月15日，《人民日报》将三批材料汇编成册，由毛泽东亲自作序，在全国发行，当时就印了7 629 000册，以配合这场全国范围内的肃清反革命分子的运动。这样，从文艺思想起始的对于胡风集团的批判，就真正演化成为对敌斗争的政治运动了。

在胡风深陷囹圄的时候，对“分子们”的政治清算和拘捕行动也在全国各地紧锣密鼓地进行着。

在北京秘密拘捕的还有路翎、绿原、牛汉、徐放、谢韬、雪苇、鲁煤、杜谷、李嘉陵[①]等。

在上海，拘捕了被认为是“胡风分子”最集中的一个“据点”——新文艺出版社的张中晓、耿庸、罗洛、王元化、梅林、何满子，社长兼总编刘雪苇在北京开会期间被捕。还有彭柏山、贾植芳、尚丁、王戎、李正廉、顾征南、许史华、罗飞、张禹、满涛等也在上海被捕。彭柏山时任中共上海市委宣传部部长，是被拘捕的“胡风分子”中级别最高的干部。

在天津，拘捕了胡风社团的重要人物阿垅和鲁藜。解放后鲁藜担任了天津市文学工作者协会主席，由此天津被认为是上海之外胡风集团的又一个“据点”而受到严格清查，芦甸和林希也先后落入牢狱。

还有浙江的冀汸、方然、孙钿；江苏的化铁、欧阳庄；湖北的曾卓、

① 李嘉陵是芦甸的妻子，当时在北京中宣部工作。

郑思、伍禾；湖南的彭燕郊；广东的朱谷怀；辽宁的晋驼、侯唯动；陕西的胡征等，都先后被推上囚车。

这些被捕的人当中，一部分是当年《七月》、《希望》以及相关小刊物的作者，还有一些仅仅是好友或者相熟的关系，或者是核心成员的家属和朋友，其中有些人与胡风未曾谋面仅有过信件往来，有些甚至与胡风完全没有联系，只是和"胡风分子"们有些直接或间接的交往，或者其他各种各样的原因而受到牵连。据公安部、最高人民检察院、最高人民法院党组 1980 年 7 月 21 日的《关于"胡风反革命集团"案件的复查报告》指出："在全国清查'胡风反革命集团'的斗争中，共触及 2100 百人，逮捕 92 人，隔离 62 人，停职反省 73 人。到 1956 年底，绝大部分人都作为受胡风思想影响予以解脱，正式定为'胡风反革命集团'分子的 78 人(内有党员 32 人)，其中划为'骨干分子'的 23 人。"实际情况有所不同的是，在"文革"中又有人陆续被划进了"骨干分子"，所以"骨干分子"也就不限于 23 人了。

"骨干分子"们此后经历了"狱里狱外"的严酷人生。另有一批所谓"胡风集团一般分子"以及受"胡风案"牵连而曾经被捕侦讯、隔离审查者，也因此改变了他们人生道路的轨迹，不少人的悲惨遭遇也并不亚于"骨干分子"。所有这些"胡风分子"当中，于新时期平反之前就已经屈死狱中或含冤自尽，或属于其他"非正常死亡"的，有阿垅、彭柏山、方然、吕荧、郑思和、芦甸、俞鸿模、伍禾、许君鲸、许史华、张中晓、冯大海、黄若海等。在运动中受株连而造成严重身心创伤者更是难计其数，譬如随丈夫一同成为"胡风分子"的妻子们就可以列出一个不短的名单：胡风妻梅志、芦甸妻李嘉陵、绿原妻罗惠、贾植芳妻任敏、彭柏山妻朱微明、耿庸妻王皓、谢韬妻芦玉等。正如康濯所言："当时整个反胡风的斗争来势迅猛，打击面还是很大的，几乎所有同胡风有过一些接触的同志，至少都在内部受了批判、作了检查。关系比较多的绝大部分都曾被捕、被拘留或被停职反省。”①

在运动进入政治清算的阶段时，胡风及其友人们虽然坚持着自己的思想立场和道德良知，但要发出抗争的声音却是愈来愈难，到被捕受审失去自由时，已经基本没有发言权了。但即便如此，抗争的呼声也还不是完全被灭绝。回溯一下，1954 年 11 月批评《文艺报》会议上胡风和路翎的长篇发言，可看做这个文人团体最后的最有力度的一次公开反击。“路翎的这篇长文在当时的文艺界产生了相当大的轰动效应，只因此前此后还没有过被批评的作家，敢像路翎这样公开发表反批评”②。1955 年 3 月，《文艺报》向胡风的友人约写批判胡风文艺思想的文章，被绿原和路翎低调拒绝，这也是他们力所能及的一种反抗。1955 年 5 月“胡风分子”们陆续被捕或被隔离，“肃清胡风反革命集团”的政治运动在全国展开，在“舆论一律”的声讨中，“唯一的例外是，一次会上被认为同胡风很接近的吕荧居然上台发言，说‘胡风同志不是政治问题’，替胡风讲好话，当然很快就被大家哄下台去了”③。这说的是 5 月 25 日，中国文联主席团和中国作协主席团召开的联席扩大会议上，吕荧发出的抗辩之声。“他的发言刚刚开始，就被暴力所中断。但是，他的这一呼声却成为 1955 年的最强音，成为反胡风运动中人们可以听到的唯一清醒的‘人’的呼声”④。吕荧的这一壮举注定了其后命运的不幸，虽然当时只定为“胡风集团里面的人”，隔离审查一年后予以解除，但他的身体和神经系统遭到严重摧残，“文革”中又备受凌辱，含冤去世。

敢于冒天下之大不韪的除了吕荧更有阿垅。1965 年 6 月 23 日，

---

① 康濯：《〈文艺报〉与胡风冤案》，《文艺报》1989 年 11 月 4 日。
② 绿原：《我记得的路翎》，《寻芳草集——绿原散文随笔选集》，第 204 页。
③ 康濯：《〈文艺报〉与胡风冤案》，《文艺报》1989 年 11 月 4 日。
④ 叶德浴：《难忘的 1955》，2005 年 2 月脱稿于南天书屋，第 194 页。

狱中的阿垅以陈亦门署名写下令人震惊的申诉材料：

……从根本上说，"胡风反革命集团"案件全然是人为的、虚构的、捏造的！（重点是原有的，下同）

所发布的"材料"不仅实质上是不真实的，而且还恰好混淆、颠倒了是非黑白，真是骇人听闻的。"材料"本身的选择、组织和利用，材料发表的方式，编者所做的按语，以及制造出来的整个气氛，等等，都说明了，足够的说明了"案件"是人为的。现在，我坦率地指出：这样的做法，是为了造成假象，造成错觉；也就是说：一方面歪曲对方，迫害对方，另一方面则欺骗和愚弄全党群众，和全国人民！！

因此，我认为，这个"案件"，肯定是一个错误。

……①

写下这个申诉材料的两年以后，阿垅瘐死狱中，这篇短文成为阿垅的绝笔。在"文革"发生前夕写下这样的文字，实属空谷足音。

阿垅断然表明，"胡风反革命集团"案"显然是政治迫害，政治欺骗！别的解释是不可能的"。而在法律程序上，案件本身也有明显的漏洞和牵强之处。当时签署逮捕令的是公安部部长罗瑞卿。据林默涵回忆："记得罗瑞卿曾经告诉我，毛主席曾多次催促，胡风一案应迅速判决，不能老是这样关着。可是此案一直拖到 1965 年才作出判决。胡风被判 14 年有期徒刑，剥夺政治权利 6 年，监外执行。然而半年多后，'文革'动乱开始，胡风又被收监，并改判为无期徒刑，直至 1978 年

① 阿垅：《可以被压碎，决不被压服》，《新文学史料》2001 年第 2 期。

5月，粉碎‘四人帮’两年后才被释放。”[①]胡风案件的迟迟不能判决，与胡风分子们被判定的罪名不能成立有关。也就是说，经过一番调查研究，公安部早就查清了所谓胡风“和国民党许多特务头子有联系”，所谓“美蒋特务”的绿原，所谓“国民党反动军官”的阿垅，等等，均属子虚乌有。但是，法律上的不能结案却不能推翻当时政治上的判定，尽管拖了十年有余，还是维持了钦定的结论，使这桩共和国第一政治冤案最终得以铸成。

因为是政治冤案，所以政治的作用大于民意也大于法律，胡风案件的发生是如此，结束之时也因积重难返的政治影响，导致案件的平反工作进行得艰难而漫长。

1979年1月14日，经历25年铁窗生涯的胡风走出了监狱，重获自由。

1980年9月18日，中共中央发出[80]76号文件，批转公安部、最高人民检察院、最高人民法院党组《关于“胡风反革命集团”案件的复查报告》。通知指出：“‘胡风反革命集团’一案，是在当时的历史条件下，混淆了两类不同性质的矛盾，将有错误言论、宗派活动的一些同志定为反革命分子、反革命集团的一件错案。中央决定，予以平反。凡定为胡风反革命分子的，一律改正，恢复名誉。”

这份迟到的平反文件，保留了不少不实之词，令胡风和他的家属非常失望。但在左倾遗毒没有肃清的当时，平反文件留下那么多的“尾巴”也是不足为奇的。当时的胡风更多考虑的不是自己，而是亟待平反的友人们和一大批受株连者。为此，倔强的胡风让了一步。

就第一份平反文件的遗留问题，胡风写了一份申诉材料。1985年6月8日胡风去世的当天上午，中宣部副部长郁文到胡风病房，口头传

① 林默涵述、黄英华整理：《胡风事件的前前后后》，《新文学史料》1989年第3期。

达了"中发 1980 年 76 号文件"的补充通知，同意撤销胡风申诉的几个"政治历史问题"，但生命处于弥留之际的胡风却听不到这一消息了。胡风逝世后的 11 月 30 日，这份撤销胡风"历史问题"的"85 公二字第 50 号"文件才正式下达，这是胡风问题的第二次平反。

经过对胡风文艺思想和文学活动中遗留问题的进一步复查，1988 年 6 月胡风逝世三周年的时候，中宣部下达了新的平反文件《中央办公厅关于为胡风同志进一步平反的补充通知》（中发 1988 年 6 号文件），将 1980 年的平反文件中有关胡风文艺思想等方面的不实之词和错误论断予以撤销。

撤销一："胡风把党向作家提倡共产主义世界观、提倡到工农兵生活中去、提倡思想改造、提倡民族形式、提倡写革命斗争的重要题材等正确的指导思想，说成是插在作家和读者头上的五把刀子。"

撤销二："胡风等少数同志的结合带有小集团性质，进行过抵制党对文艺工作的领导、损害革命文艺界团结的宗派活动。"

撤销三："胡风的文艺思想和主张有许多是错误的，是小资产阶级个人主义和唯心主义世界观的表现。"

1988 年 7 月 22 日，《人民日报》正式宣布了中共中央再次给胡风冤案平反的消息。

至此，"历时八年三次平反，冤案终于有了'说法'"①。

至此，这桩起始于 20 世纪 30 年代的文坛恩怨纠葛，由于以政治的方式被清算，而最终也必须从政治的途径上加以解除。这是现当代中国特殊的社会文化背景所决定的。

---

① 晓风：《历时八年三次平反，冤案终于有了"说法"》，《中国社会导刊》2002 年 10 月号。关于三次平反的过程见此文。

四、文学社团到“胡风集团”

“胡风专案”办公室审讯员王文正法官回忆道:“在清查胡风集团的这一段时间里,全国上下竟搞成了一个声势浩大的群众运动,可是对此中央却未发过一个有关的正式文件,对这件事情给以一定的政策界限。”[①]清查工作的内部政策是在秘密情况下口头传达的,王文正法官保留下来的记录中有如下内容:

> 1. 与胡风有直接密切的关系,与胡风思想一致,积极写作,一贯宣扬胡风思想,为胡风出谋划策。或某地方的小头目(应作为骨干分子)。
>
> 2. 凡与胡风骨干分子密切,拥护胡风主张,参加活动但与胡风无直接关系与胡风出谋划策(应作为一般的胡风分子)。
>
> 3. 与胡风集团分子没有直接关系或者有若干联系并不密切。但其思想上,观点上与这些人是一致的甚至说谎和发牢骚,但没有谩骂、污蔑我们党的写作(应作为受影响分子)。[②]

在案件清查过程中,定性“胡风反革命集团”中“骨干分子”的主要依据是“与胡风有直接密切的关系”,这其中有曾经的胡风同人和社团成员,更主要的是因为相互间的通信构成所谓的“罪状”,还有因为莫须有的“历史问题”而获罪。社团同人中的阿垅、路翎、绿原、冀汸、牛

① 王文正口述、沈国凡采写:《我所亲历的胡风案》,第266页。
② 王文正口述、沈国凡采写:《我所亲历的胡风案》,第268页。

汉、化铁、贾植芳、耿庸、鲁藜、梅志、芦甸、欧阳庄、朱谷怀等,是数罪并罚,是毫无疑问的"骨干分子"。杜谷、孙钿、胡征等曾是胡风社团的得力作家,但在建国后与胡风联系很少,孙钿在1948年以后再没有见到胡风,杜谷也没有和胡风通过信,他们被打成"骨干分子"基本上还是缘于旧关系和文艺思想的影响。还有一些"骨干分子"如张中晓、王元化、谢韬、李离、严望等人,既没有在胡风编辑的刊物上发表作品,也没有直接参与社团刊物的编辑写作活动,他们与胡风或者有过通信往来,或者曾出版过胡风的著作,或者由朋友介绍认识了胡风,应该不属于胡风文学社团的成员,却也成为"集团"的"骨干"成员。其中张中晓(1930—1966)是毛泽东"钦定"的案犯,他被捕时年仅25岁,因为太年轻,不会像其他胡风分子那样因"历史问题"而问罪。他是解放以后才和胡风认识的,他的所有罪证都来自他和胡风的通信,因信件中透露出"反《讲话》"的严重政治问题而被判定为胡风集团中最重要、最反动的"骨干分子"。

明显看得出这个内部政策本身不严密,根本无法避免清查的扩大化。诸如何满子、王戎、胡天风、林希、曹明等"一般分子",他们与胡风并不相识,更谈不上交往,但他们与胡风的友人相识或关系密切,从而间接受害。至于更多的"受影响分子",则完全是捕风捉影,因各种关系牵连而落入陷阱。"胡风案件"清查中表现出的无视法律和人权,罗织罪名时的主观和随意,都达到惊人的程度。

所以,所谓"胡风集团"与七月社、希望社等相关文学社团有密切甚至直接的关系,但具有政治性质的胡风集团却并不等同于文学社团。二者的联系在于"社团"和"集团"共有的首领人物胡风以及其他核心人物。单从人员组成上讲,二者基本共处一个同心圆,但政治运动中株连人数如此众多,却早已越出社团自身范围,与胡风保持个人投稿关系、朋友关系以及各种直接和间接关系的诸多非社团人员,都因胡风事件而蒙冤受难。可见,复杂的社团关系和人际关系,都被巨大的政治斗争的力量所牵引着,判定所谓的“反革命集团”,判定某人是否属于“集团”,其根本依据是政治立场,所有的人际关系都被改写为政治关系,所有的文艺问题也都归于政治问题加以解决。有了政治这一核心要素,众多的“骨干分子”、“一般分子”和“受影响分子”,都可以简单粗暴地“欲加之罪”了。

另一方面,也因为政治的分野,从社团角度看属于七月社或希望社的作家艺术家,也有免遭胡风事件牵连者。“如果从艺术性格本身来说,艾青、田间、邹荻帆、天蓝等著名诗人,虽然都没有被牵连到胡风冤案中来,却更能够代表‘七月诗派’的一个发展阶段,这是有历史感的现代评论家和文学史家们不至于不同意的”①。另一个现象是,同是胡风社团的重要成员或者与胡风关系密切者,在1955年的胡风案件清查中所受陷害和被处理的严重程度,也各有不同,其原因也是复杂和多方面的。从一个文学社团到遍及全国震动海内外的政治事件,经历了漫长而复杂的演变过程,其中包含了主观和客观,历史和现实,必然与偶然等多种因素。总起来讲,七月社、希望社与胡风集团,一个是学术性概念,一个却是政治性概念,这是二者根本性和实质性的区别。

胡风事件的发生与胡风在文艺思想上与周扬等人的分歧有渊源关系。胡风的文艺思想由来已久,他与以周扬为代表的现实主义的分歧也由来已久。周扬与胡风都是20世纪30年代成名、影响很大的左翼文艺理论家。他们运用马克思主义原理,汲取外来文艺的现实主义精神,联系中国新文艺实际,身体力行地阐扬、践行现实主义原则,形成了同中有异的两种现实主义文艺观。他们的文艺思想虽有共同之处,但在不少关键问题上却是歧义纷呈。早在30年代上海的“左联”

① 绿原:《磨杵琐忆》,《新文学史料》2000年第1期。

时期起，就沿着不同的路径发展，经由1945年间的重庆论争和解放前夕的香港论争，最终归于相异的走向，如胡风所言结成了难以解开的“死结”。这种矛盾愈演愈烈，使得双方相互之间不仅失去基本信任，而且彼此存有很大的疑心与戒心。在长达30余年的论争中，胡风没有退让，坚持自己的理论主张，这无疑是其后问题转向和恶化的一个重要原因。

以周扬为代表，何其芳、林默涵、邵荃麟等一系列理论家加盟而合力构成胡风文学阵营的对立面。胡风理论本身的异质性决定了他与毛泽东对文艺的功利化和一体化要求是相疏离的，而他的反对者对《讲话》的阐释是顺应和强化了这一功利化和一体化的要求，他们当然更符合毛泽东的当下本意。在大一统一体化的时代，胡风是越来越不合时宜。所以，胡风和周扬等人的分歧，意味着他与毛泽东时代主流文学的对立，这就使得解放以后胡风问题的“清算”式解决成为必然。

20世纪30年代以来的文坛宿怨和文艺思想的分歧，到50年代的政治清算，有一个逐渐演变恶化的过程，即使是处理胡风问题的一些核心领导人或者具体操办者，也曾对从“小集团”到“反党集团”到“反革命集团”的迅速“连升三级”始料未及。但事件演变当中有一个贯穿始终的不变因素，就是文学混淆于政治、从属于政治的不良倾向。从20世纪中国文学的发生来看，文学从来不是单纯的文学问题，到左翼时期更为明显，文学思想理论本身受着政治立场政治观念的规范，胡风自己也深陷这一理论语境中不能自拔。胡风和左联成员之间的人际关系，从一开始就不是单纯的文人之间的恩怨纠葛，这种恩怨纠葛本身也是带有政治色彩的，只不过在不同的阶段，政治干预的强烈和严重程度不等而已。解放前的文艺问题的争论，相对还在学术的范围内或者还有学术空间存在。建国以后，政治力量的控制越来越严酷，以致完全转化为政治运动。屡次文艺论争左倾错误的积累，逐步酿成不可逆转的政治狂潮。这一教训是沉痛的和令我们永远反思的。

胡风的文艺思想与当时的左倾文艺思想之间有着深刻的分歧，胡风的对立面居于文坛领导地位，胡风及其“分子们”处于弱势而难相抗衡，这些是运动发起的必然原因。同时，还有一个发生的契机不可忽略，即在1954年11月对俞平伯《红楼梦研究》批判的尾声中，胡风就《文艺报》关于《红楼梦研究》问题上的错误所作的两次发言，引火烧身，成为建国后文艺运动中新的对立面。胡风对庸俗社会学的批评确实醉翁之意不在酒，其锋芒直指建国后的文艺界和文艺领导者。胡风以清醒的头脑和绝大的勇气指出新中国文艺发展缓慢的根本性原因，在当时的政治思潮中是罕闻的不和谐音，由此引出周扬1954年12月的长篇发言《我们必须战斗》中关于“胡风先生的观点和我们的观点之间的分歧”。周扬的《我们必须战斗》是经过毛泽东审定的带有号召性质的发言。周扬虽然继续了有关现实主义理论方面的论争，但明显侧重于政治批判。显然，“胡风先生的观点和我们的观点之间的分歧”中的“我们”已不仅仅是周扬个人或以他为代表的学术体系，而是强大的政治力量。并且，周扬在发言中联系到舒芜、阿垅、路翎的文艺思想，同样采取高屋建瓴的姿态，给予政治上的纲线性划定。胡风及其文学社团已经成为新中国文坛上豁然树起的批判靶子了。1955年初，“三十万言书”的公开发表和胡风给舒芜的私信公布于世，使问题急转直下，胡风及与他接近的人的问题先由宗派主义上升为反党集团，后又上升为反革命集团，不仅在全国上下展开猛烈的批判，而且从胡风到所有与他有直接或间接联系的人一概遭到最严厉的打击，于是造成震惊中外的“胡风反革命集团”案。

在胡风看来，忠诚于自己选择的政治信仰与坚持自己独特的文艺思想并不矛盾，与葆有独立的人格个性也不矛盾。所以，他曾心悦诚服地遵从周恩来的领导，竭力建立解放区与国统区之间的精神桥梁，在《七月》、《希望》上刊发大批解放区作家的作品，但同时又坚守适合自己的工作空间，两次拒绝去延安革命根据地；他既认同毛泽东《讲话》文艺思想，同时坚守自己的文艺思想体系，并认为国统区与解放区环境不同，文艺方针和政策也应有所区别。甚至到建国后，胡风的文艺思想与趋向左倾的主流文艺思想已经格格不入，胡风依然没有识时务而转向，而是认定自己是在文艺的范围内进行有益的探索。当政治与文艺的关系被混淆，文艺上的独抒己见被认为是政治上的另立门户时，悲剧的产生就在所难免。所以，虽然"艾青、田间对于'七月诗派'的形成起了很大的影响，甚至可以说起到了奠基的作用"[①]，但他们先后到了晋察冀和延安革命根据地，调整了文学观念，创作上有了新的开拓，人生道路随之也有了很大的改变。包括贺敬之在内的部分七月社诗人作家在内，由于自身的转向和自觉融入时代主流，逐渐拉开了与七月社的距离，也就幸运地避开了"胡风反革命集团"这一巨大的政治陷阱。可见，作为一个文学社团的七月社、希望社和胡风集团之间，本没有必然的因果联系，胡风等社团成员坚持独立的文艺思想，是一个方面的原因，而实质上是，一旦将文艺思想的分歧等同于政治思想的分歧，文学社团等同于胡风集团也就不为奇怪了。

① 牛汉：《梦游人说诗》，华文出版社2001年版，第125页。

附录一

参考文献

1.《鲁迅全集》,人民文学出版社 1991 年版。

2.《胡风全集》,湖北人民出版社 1999 年版。

3. 胡风:《胡风三十万言书》,湖北人民出版社 2003 年版。

4. 晓风选编:《胡风家书》,复旦大学出版社 2007 年版。

5. 陈思和、张业松编:《思想的尊严——胡风百年诞辰学术讨论会文集》,宁夏人民出版社 2008 年版。

6. 周作人:《中国新文学的源流》,华东师范大学出版社 1995 年版。

7. 林毓生等:《五四:多元的反思》,香港三联书店有限公司 1989 年版。

8. 林毓生:《中国传统的创造性转换》,三联书店 1988 年版。

9. 陈万雄:《五四新文化的源流》,三联书店 1997 年版。

10. 李何林编著:《近二十年中国文艺思潮论》(1917—1937),陕西人民出版社 1981 年版。

11.《中国现代文学史参考资料——文学运动史料选》,上海教育出版社 1979 年版。

12.《左联回忆录》(上下),中国社会科学出版社 1982 年版。

13.《左联论文集》,百家出版社 1991 年版。

14.《两个口号论争资料选编》(上下),人民文学出版社 1982 年版。

15.《三十年代左翼文艺资料选编》,四川人民出版社 1980 年版。

16.《鲁迅先生纪念集》,上海书店复印 1979 年版。(鲁迅先生纪念委员会 1937 年初版复印)

17.《鲁迅诞辰百年纪念集》,湖南人民出版社 1981 年版。

18. 许寿裳:《我所认识的鲁迅》,人民文学出版社 1978 年版。

19.《徐懋庸回忆录》,人民文学出版社 1982 年版。

20. 夏衍:《懒寻旧梦录》,三联书店 1985 年版。

21. 茅盾:《我走过的道路》(上中下),人民文学出版社 1984、1988 年版。

22. 陈早春、万家骥:《冯雪峰评传》,重庆出版社 1993 年版。

23.《雪峰文集》(1—4 卷),人民文学出版社 1981—1985 年版。

24.《周扬文集》(1—5 卷),人民文学出版社 1984—1994 年版。

25.《许广平文集》(1—3 卷),江苏文艺出版社 1998 年版。

26. 艾晓明:《中国左翼文学思潮探源》,湖南文艺出版社 1991 年版。

27. 林伟民:《中国左翼文学思潮》,华东师范大学出版社 2005 年版。

28. 刘小清:《红色狂飚——左联实录》,人民文学出版社 2004 年版。

29. 张大明:《不灭的火种——左联文学论》,四川文艺出版社 1992 年版。

30. 王宏志:《鲁迅与"左联"》,新星出版社 2006 年版。

31. 徐庆全:《周扬与冯雪峰》,湖北人民出版社 2005 年版。

32. 黄乔生:《鲁迅与胡风》,河北人民出版社 2003 年版。

33. 林贤治:《人间鲁迅》,花城出版社 1998 年版。

34. 梅志:《胡风传》,北京十月文艺出版社 1998 年版。

35. 梅志:《往事如烟——胡风沉冤录》,河南人民出版社 1997 年版。

36. 戴光中:《胡风传》,宁夏人民出版社 1994 年版。

37. 万家骥、赵金钟:《胡风评传》,重庆出版社 2001 年版。

38. 晓风主编:《我与胡风——胡风事件三十七人回忆》,宁夏人民出版社 1993 年版。

39. 晓风主编:《我与胡风》增补本(上下),宁夏人民出版社 2003 年版。

40. 晓风等:《我的父亲胡风》,春风文艺出版社 2001 年版。

41. 晓风编:《胡风路翎文学书简》,安徽文艺出版社 1994 年版。

42.《关于胡风反革命集团的材料》,人民出版社 1955 年版。

43.《胡风文艺思想批判论文汇集》(1—6 集),作家出版社 1955 年版。

44. 绿原:《苜蓿与葡萄》,华东师范大学出版社 1998 年版。

45. 绿原:《寻芳草集——绿原散文随笔选集》,中央编译出版社 2005 年版。

46. 何满子:《鸠栖集》,华东师范大学出版社 1998 年版。

47. 耿庸:《文学:理想和遗憾》,上海辞书出版社 2004 年版。

48. 舒芜:《回归五四》,辽宁教育出版社 1999 年版。

49. 舒芜、徐福芦:《舒芜口述自传》,中国社会科学出版社 2002 年版。

50. 牛汉:《梦游人说诗》,华文出版社 2001 年版。

51. 牛汉:《萤火集》,中国华侨出版社 1994 年版。

52. 冀汸:《无题之什》,时代文艺出版社 1999 年版。

53. 贾植芳:《狱里狱外——一个胡风分子的人生档案》,香港天地图书有限公司 2001 年版。

54. 林祥主编:《世纪老人的话——贾植芳卷》,辽宁教育出版社 2003 年版。

55. 张中晓遗稿、路莘整理:《无梦楼随笔》,上海远东出版社 2004 年版。

56. 李辉:《胡风集团冤案始末》,人民文学出版社 1989 年版。

57. 李辉:《风雨中的雕像》,山东画报出版社 1997 年版。

58. 李辉编著:《摇荡的秋千——是是非非说周扬》,海天出版社 1998 年版。

59. 王蒙、袁鹰编:《忆周扬》,内蒙古人民出版社 1998 年版。

60. 万同林:《殉道者——胡风及其同仁们》,山东画报出版社 1998 年版。

61. 胡平、晓山编:《名人与冤案——中国文坛档案实录》,群众出版社 1998 年版。

62. 路莘:《受难者的妻子们》,花城出版社 1990 年版。

63. 路莘:《三十万言 30 年》(1955—1985"胡风案"侧记),宁夏人民出版社 2007 年版。

64. 王文正口述、沈国凡采写:《我所亲历的胡风案》,中共党史出版社 2007 年版。

65. 黎之:《文坛风云录》,河南人民出版社 1998 年版。

66. 于风政:《改造——1949－1957 年的知识分子》,河南人民出版社 2001 年版。

67. 陈徒手:《人有病,天知否——1949 年后中国文坛纪实》,人民文学出版社 2000 年版。

68. 涂光群:《五十年文坛亲历记》(上下),辽宁教育出版社 2005

年版。

69. 傅国涌:《1949 年:中国知识分子的私人记录》,长江文艺出版社 2005 年版。

70. 季羡林主编:《枝蔓丛丛的回忆》,北京十月文艺出版社 2001 年版。

71. 王式俭主编:《七月文粹》,中国文联出版社 2004 年版。

72. 黄成勇:《幸会幸会久仰久仰》,山东画报出版社 2005 年版。

73. 贾植芳主编:《中国现代文学社团流派》(上、下),江苏教育出版社 1989 年版。

74. 陈安湖主编:《中国现代文学社团流派史》,华中师范大学出版社 1997 年版。

75. 朱德发:《二十世纪中国文学流派论纲》,山东教育出版社 1992 年版。

76. 严家炎:《世纪的足音》,作家出版社 1996 年版。

77. 严家炎:《中国现代小说流派史》,人民文学出版社 1989 年版。

78. 施建伟:《中国现代文学流派论》,陕西人民出版社 1986 年版。

79. 杨洪承:《文学社团文化形态论》,安徽文艺出版社 1998 年版。

80. 朱寿桐:《中国现代社团文学史》,人民文学出版社 2004 年版。

81. 陈思和、张业松主编:《待续惊天动地诗——复旦大学师生论七月派作家》,安徽教育出版社 2008 年版。

82. 刘扬烈:《诗神炼狱白色花——七月诗派论稿》,北京师范学院出版社 1991 年版。

83. 李怡:《七月派作家评传》,重庆出版社 2000 年版。

84. 叶德浴:《七月派:新文学的骄傲》,中国文联出版社 2001 年版。

85. 叶德浴:《难忘的 1955》,南天书屋藏版,2005 年。

86. 周燕芬:《执守·反拨·超越——七月派史论》,中华书局 2003 年版。

87. 蓝海:《中国抗战文艺史》,山东文艺出版社 1984 年版。

88. 文天行:《国统区抗战文学运动史稿》,四川教育出版社 1988 年版。

89. 文天行编:《国统区抗战文艺运动大事记》,四川省社会科学院出版社 1985 年版。

90. 朱珩青:《路翎》,中国华侨出版社 1997 年版。

91. 朱珩青:《路翎:未完成的天才》,山东文艺出版社 1997 年版。

92. 刘挺生:《一个神秘的文学天才——路翎》,华中师范大学出版社 1997 年版。

93. 张业松编:《路翎印象》,学林出版社 1997 年版。

94. 张业松编:《路翎批评文集》,珠海出版社 1998 年版。

95. 张环等编:《路翎研究资料》,北京十月文艺出版社,1993 年版。

96. 张如法编:《绿原研究资料》,河南大学出版社 1991 年版。

97. 王玉树编:《鲁藜研究文粹》,天津社会科学院出版社 1990 年版。

98. 蒋安全编:《徐放论》,春风文艺出版社 1998 年版。

99. 张维舟:《芦甸评传》,中国戏剧出版社 2003 年版。

100. 陈思和:《中国新文学整体观》,上海文艺出版社 1989 年版。

101. 陈思和:《人格的发展——巴金传》,上海人民出版社 1992 年版。

102. 陈思和主编:《中国当代文学史教程》,复旦大学出版社 1999 年版。

103. 王晓明主编:《二十世纪中国文学史论》(1—3 卷),东方出版中心 1997 年版。

104. 温儒敏:《新文学现实主义的流变》,北京大学出版社 1988 年版。

105. 温儒敏:《中国现代文学批评史》,北京大学出版社 1993 年版。

106. 钱理群:《精神的炼狱——中国现代文学从"五四"到抗战的历程》,广西教育出版社 1996 年版。

107. 钱理群:《1948:天地玄黄》,山东教育出版社 1998 年版。

108. 洪子诚:《问题与方法》,三联书店 2002 年版。

109. 黄曼君主编:《中国近百年文学理论批评史》,湖北教育出版社 1996 年版。

110. 赵俊贤主编:《中国当代文学发展综史》(上下),文化艺术出版社 1994 年版。

111. 刘书磊:《1942:走向民间》,山东教育出版社 1998 年版。

112. 夏志清:《中国现代小说史》(刘绍铭编译),台北传记文学出版社 1979 年版。

113. 李欧梵:《现代性的追求》,三联书店 2000 年版。

114. 陈纪滢:《三十年代作家记》,台北成文出版社 1980 年版。

115. 翟志成:《中共文艺政策研究论文集》,台北时报文化出版事业有限公司 1983 年版。

附录二

相关期刊和丛书目录

一、《七月》目录(共35期)

周刊目录

第1期　1937年9月11日出版

敬礼(诗)——中苏互不侵犯条约　高　荒
这里,生命也在呼吸　曹　白
记孙殿英(抗日英雄特写)　端木蕻良
天空的点缀　萧　红
一九三七年八月十四日　萧　军
逃出北平——流亡线上“四等亡国奴”的命运　刘白羽
跃动着青年血液的太原　老　沙
火的笑(诗)　艾　青
血誓(诗)　胡　风
被枷锁着的中国怒吼了(木刻)　李　桦

我们决不是孤独的	胡愈之
掘尽汉奸的根	丽　尼
启事(一)	
启事(二)	七月社

第 2 期　1937 年 9 月 18 日出版

血,从九·一八流到了今天	
苏州一炸弹	柏　山
失眠之夜	萧　红
在死神底黑影下面	曹　白
伸出我们真诚的手臂(诗)	萧　军
给怯懦者们(诗)	胡　风
给我们枪呵!(漫画)	陈烟桥
保卫我们的城池(木刻)	野　夫
"不是战胜,即是死亡"	田　军
"泥足"已在脆裂了	冯仲足
机械的招引	端木蕻良

第 3 期　1937 年 9 月 25 日出版

炮火下的第二次国际作家大会	焕　甫
王研石(公敢)君	萧　军
记一二·九(救亡运动特写)	端木蕻良
在明天……	曹　白
"我的枪……"	胡兰畦
一·二八的两战士	柏　山
打日本(儿歌)	周海婴

古意新伤（诗） 红 粮
窗边 萧 红
忆矢崎弹 胡 风
旗手 李 桦
启事 七月社

半月刊、月刊目录
第1集 第1期 1937年10月16日出版

愿和读者一同成长（代致辞） 七月社
这里，生命也在呼吸 曹 白
苏州一炸弹 柏 山
在明天 曹 白
记孙殿英 端木蕻良
王研石（公敢）君 萧 军
用羞耻换取生命 黄慕缙
逃出北平 刘白羽
步行传信记 陈舒风
日本掉头 路 野
失眠之夜（散文） 萧 红
天空的点缀（散文） 萧 红
江边（诗） 邹荻帆
敬礼（诗） 胡 风
炮火下的第二次国际作家大会（国际文坛报告） 焕 甫
忆矢崎弹（国际文坛报告） 胡 风
全民一致的力量（木刻） 沃 查
最后关头（木刻） 许 生

“不是战胜，就是死亡”（短评） 田　军

鲁迅先生逝世周年纪念特辑

鲁迅先生在休息的时候（照片）
敌人炮火下的墓地（照相）
鲁迅先生的一生（木刻） 惊　百
人与鲁迅 绀　弩
“活的依旧在斗争” 柏　山
周年祭 萧　军
在东京 萧　红
哀鲁迅先生一年 端木蕻良
即使尸骨被炸成了灰烬 胡　风

第 1 集　第 2 期　1937 年 11 月 1 日出版

受难的人们 曹　白
　　一、在死神底黑影下面
　　二、“活魂灵”的夺取
记一二·九（救亡运动特写） 端木蕻良
游吕菊芬（汉奸特写） 绀　弩
一·二八的两战士 柏　山
“我的枪……” 胡兰畦
上海三日记（散文） 萧　军
火线外（二章）（散文） 萧　红
　　一、窗边
　　二、小生命和战士
我们不能逃走（诗） 苏金伞

血誓(诗) 胡　风
暴风雨的一天(小说) 东　平
走向战斗着的黄土层上(陕北通讯) 骆　方
十月十日在延安(陕北通讯) 孙　陵
记鲁迅先生周年祭 罗衣寒
事实教育(随感) 李　立
“奴隶”之争在今天(随感) 惕　生

战　讯

从上海寄到武汉 曹　白
从广州寄到武汉 欧阳山
从杭州寄到武汉 艾　青
骆驼(木刻) 李　桦
饿死也不被汉奸收买(木刻) 沃　查

第 1 集　第 3 期　1937 年 11 月 16 日出版

寄在战争中成长的文艺火枪手们 端木蕻良
叶挺印象记(抗日英雄特写) 东　平
吴履逊和季子夫人 东　平
烽烟杂记 曹　白
我是那样接近敌人的 草　明
战争抒情小诗(诗) 田　间
　　棕红的土地
　　这年代
　　回忆着北方
　　自由,向我们来了

他起来了(诗) 艾 青
给怯懦者们(诗) 胡 风
反正(剧本) 冼 群
第三代(第三部)(长篇连载) 萧 军
洛阳桥(上海通讯) 辛 人
从捕杀网里脱出(北平通讯) 姚 烽
野火(木刻) 张 慧

第1集　第4期　1937年12月1日出版

"清血"工作 田 军
八一三抗战的特质 端木蕻良
河上别 王春江
一条铁路底完成 萧 红
弱者的强处(散文) 辛 人
一九三七年七月底海(散文) 田 间
归来啊,北平!(诗) 蓬麦哲
第三代(长篇连载) 萧 军
他们战斗了以后:
　　一、临死之前(京沪线) 冉洮曲
　　二、在冷雨下面(开封) 萧 雨
　　三、第五区重伤室(安庆) 曼 倩
　　四、不给吃的(武汉) 吴 健
　　五、在伤兵医院(武汉) 于方简
　　六、护工的一日(武汉) 史 筠
中国人与中国人之间(旅行通讯) 欧阳凡海
沙喉咙的故事(皖北通讯) 唐其罗

杜妹的罪行(安庆通讯)　力　群
送别记(汉口通讯)　心　一
待赈(封面素描)　任　达
曙光(木刻)　野　夫
游击队员(木刻)　李　桦

第 1 集　第 5 期　1937 年 12 月 16 日出版

论战争期的一个战斗的文艺形式　胡　风
　　一、新形势下的新形式
　　二、由平铺直叙到提要钩玄
文学的宽度，深度和强度　端木蕻良
记一个朋友底谈话　耳　耶
一九二九年底愚昧　萧　红
重逢(剧本)　丁　玲
一个义勇队员的前史(小说)　柏　山
第三代(长篇连载三续)　萧　军
雨雪中行进(行军通讯)　黄　明
关于八路军的种种(行军通讯)　西　圣
西行(旅行通讯)　艾　青
我们怎样生活的？(延安印刷工人集团通讯)　沈镇衍等
奇闻二章(随感)　劲　草
从山西寄到武汉(战讯)　奚　如
关于《反正》二件
　　一、对于《反正》的辩证　杨士博
　　二、作者的申明　冼　群
被枷锁着的中国怒吼了！(封面木刻)　李　桦

出征(木刻) 力 群

第1集 第6期 1938年1月1日出版

谈公式化 辛 人
续论战争期的一个战斗的文艺形式 胡 风
三、情绪的饱满不等于狂叫
四、要歌颂也要批判
五、集体的史诗
第七连(阵地特写) 东 平
失掉南京得到无穷(地方特写) 耳 耶
忆杭州(地方特写) 艾 青
某城防空纪事(地方特写) 陶 雄
给战斗者(诗) 田 间
第三代(长篇连载五续) 萧 军
纪伤兵(旅行通讯) 宋之的
铁门外与铁门内(上海通讯) 狄 耕
污暴的行进(上海通讯) 孙 钿
遭难者底葬礼(广州通讯) 草 明
由戴名世想起(随感) 位 武
两种教育底结果(随感) 萧 军
从上海寄到武汉(战讯) 曹 白
迎击(封面浮雕) 艾 青
敌机去后(木刻) 力 群

第2集 第1期(总第7期) 1938年1月16日出版

抗战以来的文艺活动动态和展望(座谈会记录)

参加人:艾青　东平　聂绀弩　田间　胡风　冯乃超　端木蕻良　萧红　适夷　王淑明

谈话要点:

一、抗战后的文艺动态印象记

二、关于新形式的产生问题

三、作家与生活问题

四、今后文艺工作方向的估计

田梨先生　史　萍

我们在那里打了败仗　东　平

母亲们(散文)　耳　耶

雪落在中国的土地上(诗)　艾　青

人和狗(童话)　梅　林

严玉邦(小说)　黄　既

同蒲某站(山西通讯)　林　间

《大地的女儿》与《动乱时代》(读书记)　萧　红

在抗日革命高潮中为什么没有伟大的作品产生?(讨论)　东　平

起来,不愿做奴隶的人们!(封面木刻)　力　群

游击队(木刻)　沃　查

第2集　第2期(总第8期)　1938年2月1日出版

论我们时代底歌颂　田　间

杨可中　曹　白

夜底洪流　奚　如

当南京被虐杀的时候　汝　尚

流亡之前(散文)　王天基

失去了健康的悲哀(散文) 俞 棘

他们等待我去复仇(散文) 萧 军

“他们全开到前线去了”(速写) 力 群

大王与小鬼(小说) 陶 雄

轰炸下的长江路(旅行通讯) 逸 明

在江边(浙江通讯) 葛 琴

晋西人民是怎样动员起来的?(山西通讯) 奚 如

战 讯

从临汾寄到武汉 丁 玲

从上海寄到武汉 路 丁

从上海寄到武汉 柏 山

从武汉寄到武汉 张 庚

译文特载:

高尔基从加普里岛写来的信 (P·马克西莫夫辑) 克 夫

关于“在抗日民族革命高潮中为什么没有伟大的作品产生”(讨论) 周 行

送别(封面木刻) 李 桦

逃难(木刻) 野 夫

第2集 第3期(总第9期) 1938年2月16日出版

送北征(诗) 鹿地亘

颂香港(诗) 鹿地亘

关于鹿地亘 胡 风

关于小说朗读 欧阳凡海

关于诗歌朗读:实验和批判

一、 雪 韦

二、 沙可夫
三、 柯仲平
我认识了这样的敌人 东　平
寄给古城里的姐姐(散文) 张　藤
夜行列车(诗) 倪受乾
一个转变(小说) 言　武
最前线某站(前线通讯) 奚定怀
光荣牌(山西通讯) 刘白羽

战　讯

从广州寄到武汉 鹿地亘
从太湖寄到武汉 力　群
从成都寄到武汉 周　文
殉国战士底呼声:中华青年儿女们起来!(封面漫画) 任　达
逃不出掌握(漫画) 钟　灵

第 2 集　第 4 期(总第 10 期)　1938 年 3 月 1 日出版

毛泽东论鲁迅 大　漠
关于创作的二三理解 胡　风
忆郑桂林 里　火
魔掌下的两战士 汝　尚
北方(诗) 艾　青
晚会(诗) 田　间
斗争就有胜利(诗) 侯唯动
一家人(剧本) 增　援
船上(旅行通讯) 萧　英

一支游击队的发生(河北战区通讯) 柳 林
鸟视晋西北(山西战区通讯) 李 林
一个缝工的欢喜(延安通讯) 欧阳凡海
初春偶笔(随感) 曹 白
译文特载:
最近的革命文学问题 [美]W. Phillips等作 何 封译
并不是节外生枝(讨论) 东 平
战士(封面木刻) 江 烽
卖报童子(木刻) 王寄舟

第2集 第5期(总第11期) 1938年3月16日出版

向全国文艺界抗日民族统一战线的目标前进
"用笔来发动民众捍卫祖国" 陈绍禹
祝中华全国文艺界抗敌协会 博 古
感想和希望 奚 如
为"扫除病根"而斗争 辛 人
由量到质的集中 魏孟克
使人哭泣(日本文坛报告) 鹿地亘
西崑的故事(小说) 池田幸子
记忆(旅日生活回忆) 贾植芳
从牢狱到病房(旅日生活回忆) 张十方
咳嗽(阵地特写) S. M.
运输员(速写) 奚 如
重版《铁流》记 曹靖华
差船(旅行通讯) 吴组缃
第一颗炸弹(福州通讯) 俞 棘

三月十二日在成都(成都通讯) 周　文
从贵溪寄到武汉(战讯) 尹　庚
向着伟大的作品进行(讨论) 倪　平
反战细胞(封面木刻) 沃　查
汇合(木刻) 野　夫

第 2 集　第 6 期(总第 12 期)　1938 年 4 月 1 日出版

张培梅 力　群
延安的虱子 绀　弩
听见了呀!(诗) 鹿地亘
给鹿地亘(诗) 邹荻帆
给 V. M.(诗) 田　间
乞丐(诗) 艾　青
香烟的故事(童话) 梅　志
突击(三幕剧)　塞　克　端木蕻良　萧　红　绀　弩
“稀烂路“上的生灵(定西通讯) 苏　民
茶馆听训记(鄂西通讯) 谢挺宇
神经病的女人(武汉通讯) 辛　人
血肉二章(随感) S. M.
做买卖(随感) 萧　军
兵士像(封面木刻) 马　达
游击(木刻) 王天基

第 3 集　第 1 期(总第 13 期)　1938 年 5 月 1 日出版

五月的歌(诗) 袁　勃
宣传・文学・旧形式的利用(座谈会记录)

出席者:胡　风　绀　弩　吴组缃　欧阳凡海　鹿地亘
艾　青　奚　如　池田幸子

关于公式化的二三问题	辛　人
北方诗草(诗)	艾　青
驴子	
补衣妇	
风陵渡	
儿童节(诗)	田　间
春之歌(诗)	林　稍
金底故事(散文)	一　文
0404 号机(小说)	陶　雄
一个连长底战斗遭遇(小说)	东　平
迎鹿地夫妇底出现(通讯)	曹　白
覆曹白(通讯)	池田幸子
在王老婆山上(行军通讯)	冯　夷
木厂夜话(鄂西通讯)	邹荻帆
我们十四个(延安通讯)	天　蓝
旗手(封面木刻)	李　桦
边城夜月(木刻)	张　慧

第 3 集　第 2 期(总第 14 期)　1938 年 5 月 16 日出版

颂徐州(诗)	庄　涌
艺术与行动:论列宁	罗曼·罗兰
从黑暗的海里来	曹　白
向太阳(诗)	艾　青
迎着初夏(诗)	孙　钿

一个连长的战斗遭遇　东　平
银地上(小说)　黄　既
三等射手(速写)　S. M.
无题(随笔)　萧　红
燃烧(随笔)　端木蕻良
春在嘉山(前线通讯)　羽　田
寂寞的故乡(鄂西通讯)　绀　弩
　　一、遗念
　　二、师尊
　　三、疤
两个剧本的读后感(杂感)　欧阳凡海
太原西郊的碉堡(杂感)　力　群
阵行(封面木刻)　罗清桢
何处是家?(木刻)　江　烽

第 3 集　第 3 期(总第 15 期)　1938 年 6 月 1 日出版

闸北打了起来(上)　S. M.
向敌人的腹背进军　东　平
现时文艺活动与《七月》(座谈会记录)
　　参加人:胡　风　端木蕻良　鹿地亘　冯乃超　适　夷
　　　　　　奚　如　辛　人　萧　红　宋之的　艾　青
谈话要点
　　一、"不肯让位"的精神
　　二、组织者和作家态度底形成
　　三、一个历史转换期的速写
　　四、同人杂志一席辩

五、东平断片

六、其他

给十四万八千六百七十九(诗)　庄　涌

“拉着了中国华盛顿底耳朵”　奚　如

寄民族革命大学同学　端木蕻良

序《呈在大风沙里奔走的岗卫们》　丁　玲

从“我爱”说起　凡　海

微山湖　力　群

伪装三日(鲁西前线通讯)　苏　民

夜攻旧关(晋东前线通讯)　尹　休

为争取“文学的技术武装”而奋斗(讨论)　徐中玉

战马与战旗(封面木刻)　赖少其

这也是战士的生活(木刻)　力　群

第 3 集　第 4 期(总第 16 期)　1938 年 6 月 16 日出版

纪念高尔基逝世两周年

高尔基的殉道与我们　胡　风

今天我们应该向高尔基学习什么?　徐中玉

高尔基画像(墨画)　任　达

抗战后的中国文艺运动及其现状　欧阳凡海

闸北打了起来(下)　S. M.

我写《闸北打了起来》　S. M.

我们在前进(诗)　孙　钿

我在“五·九”(散文)　曹　白

蚊丛杂草(文化时评)　辛　人

玛德里在笑着(玛德里通讯) L.休士
重庆到成都(四川通讯) 宋之的
堪察加上的昆明(昆明通讯) 李 乔

战 讯

从成都寄到武汉 周 文
从广丰寄到武汉 尹 庚
怎样才能读懂新诗?(文艺答问) 问:田 奇 答:艾 青
鲁迅全集发刊缘起(特载) 鲁迅先生纪念委员会

第3集 第5期(总第17期) 1938年7月1日出版

纪念七月七日

在七月七日(致辞) 七月社
祝中原大战(诗) 庄 涌
回想七七一周年,同时谈到现在的问题 欧阳凡海
舟车一年 徐 盈
从再建苏联文学的介绍工作说起 辛 人
圣地卢沟桥(封面木刻) 马 达
我怎样退出南京的?(南京溃败时的一断片) 倪受乾
四个鸡蛋(徐州突围时的一断片) 王西彦
文学杂论 鹿地亘
一、“黑面包”和“糖果”
二、关于大众底“可能性”
三、艺术形式底形成问题
四、关于文化发展底不平衡

诗论掇拾　艾　青
喘息(散文)　曹　白
贺绿芸君的脱险(散文)　柏　山
人皮(诗)　艾　青
血战宣店子(前线通讯)　羽　田
古栈道上(陕川旅行通讯)　甘　棠
动员菩萨(湖南通讯)　晨　归
某保长(湖南通讯)　张永桢

第3集　第6期(总第18期)　1938年7月16日出版

反法西斯主义斗争中的革命文学
——在莫斯科作家局反法西斯大会上的演说
G.季米特洛夫
在雨中走着(散文)　S.M.
到前线去(散文)　丁　玲
并不是梦(散文)　凡　海
G.F.木刻工作者(诗)　天　蓝
家(一幕悲剧)　贾植芳
胜利的游击队(哑剧)　尹　庚
某看护底遭遇(小说)　柏　山
北中国的炬火(小说)　倪　平
豫西行(旅行通讯)　碧　茵
欺骗(鄂东通讯)　郭易光
致读者　胡　风
延安追悼阵亡将士大会场(封面木刻)　固　林

第4集　第1期(总第19期)　1939年7月出版

愿再和读者一同成长　七月社
民族革命战争与文艺　胡　风
毛泽东断片　白　危
当重庆在血火中的时候：
　　血染的两天　秋　江
　　五四之夜　老　舍
　　从仇恨生长出来的　宋之的
在敌后穿行(游击生活报告)　曹　白
　　一、潜行草
　　二、富曼河的黄昏
夹谷(人物特写)　萧　军
警卫团生活小景(军中生活特写)　丁　玲
同蒲路——敌人的死亡线(诗)　庄　涌
失去了的两个苹果(诗)　绿川英子
骆驼(诗)　艾　青
“荣誉战士”(诗)　田　间
某城风景(速写)　青　苗
李陵(小说)　姚　苡
悼黄浪萍君　贾植芳
南泉默写(杂文)　欧阳山
拉住说(杂文)　宋之的

战　讯

从中条山寄到重庆　贾植芳

从××河寄到重庆　曹　白
战斗的号召(封面素描)　陈依范
播种人(木刻)　沃　查
这一期·明信片·《第七连》小引(胡风)·追启·编完小记·

第4集　第2期(总第20期)　1939年8月出版

从攻击到防御(战役报告)　S. M.
半个十月(游击生活报告)　曹　白
M. 高尔基——作品与人
　时钟　M. 高尔基作　王春江译
　塞马加是怎样被捉去的　M. 高尔基作　杨芳洁译
　列宁与高尔基　Y. 加奈次基作　胡　风译
　对于人的爱　鹿地亘
　M. 高尔基像(封面木刻)　卢鸿基
诗论掇拾　艾　青
G. F. 木刻工作者第二章(诗)　天　蓝
给筑路的农夫(诗)　庄　涌
我爱那一幅旗(诗)　辛　克
叉路(小说)　柏　山
总站之夜(剧本)　陶　雄
到安塞去看病(陕北通讯)　黄　既
开荒(陕北通讯)　朱　声
"子曰"与"牙牙夫斯基"(散文)　孟丝萑
这一期·排印前小记·七月社明信片·补记·"文协"征文通告

第4集　第3期(总第21期)　1939年10月出版

战斗的江南季节(诗集)　彭燕郊
　　一、冬日
　　二、雪夜
　　三、夜歌
　　四、怀厦门
新作家二人小说集
　　开荒篇　周而复
　　鳜鱼梗子　甘　棠
从攻击到防御(战役报告)　S. M.
论戏剧与观众及其他　K. 达斯尼斯拉夫斯基作　川　麟译
关于剧本创作(讨论)　刘念渠
基希及其报告文学　T. 巴克作　张元松译
战地随笔三题
　　距离　贾植芳
　　巨像　绀　弩
　　三个鸡蛋　林　果
我是初来的(诗)　钟　瑄
我们还会见到(诗)　孙　钿
二十五个中的一个(行军通讯)　王朝闻

战　讯

流转中寄到重庆　曹　白
从延安寄到重庆　周而复

纪念鲁迅先生逝世三周年

鲁迅先生像(封面墨画) 李可染
鲁迅及其杂文(墨画) 魏猛克
“他举起了投枪”(木刻) 卢鸿基
思想的雏茎 欧阳凡海
鲁迅先生与一八艺社 力 扬
木刻工作者的纪念 力 群
断章 胡 风
排印前小记·这一期

第4集 第4期(总第22期) 1939年12月出版

延河散歌(诗集) 鲁 藜
1.星 2.神话 3.山 4.延河 5.城 6.野花
7.丽玲 8.夜会 9.组织部 10.歌
从南到北的巡礼(诗集) S.M.
1.小兵 2.哨 3.题照 4.答蝶之赠
散文三题:
晚会 柏 山
苦孩子 王 元
离庄即景 曹 白
基希及其报告文学 T.巴 克作 张元松译
巢(中篇小说) 欧阳凡海
马泊头(短篇小说) 青 苗
夜摸常胜军(战地通讯) 吴伯萧
农民会长(陕北通讯) 孔 厥

死者的血渍(杂文) 萧 军

无题(诗) 天 蓝

讨 论

关于《华威先生》出国及创作方向问题(文艺时评) 周 行

抢做通俗代表的论客(美术时评) 卢鸿基

争取奴隶的解放(封面木刻) 庄 言

排印前小记·这一期·明信片

第5集 第1期(总第23期) 1940年1月出版

今天,我们底中心问题是什么? 胡 风

一、首先,要从逻辑公式的平面上跨过

二、从创作里面追求创作与生活

三、生活·感觉·艺术的思维

四、"抒情的放逐"

游击生活报告:

嘉寄尘先生和他的周围 贾植芳

访南江义勇军第×路 曹 白

高尔基论社会主义的现实主义 A.拉佛勒斯基作 周 行译

在盐场上 M.高尔基作 苏 民译

小说三篇:

汉夷之间 徐 盈

倮倮先生 黄桦霈

夜戏 绀 弩

跃动的夜(诗) 冀 汸

重庆舞台与重庆观众(演剧时评) 黄舞莺

在黄昏里走着(西安通讯) S. M.
农民(封面木刻) 庄 言
争取奴隶的解放(木刻) 庄 言
校完小记·明信片·高尔基语录·征求

第5集 第2期(总第24期) 1940年3月出版

母亲(诗) 雷 蒙
街头诗小集(九首)
　　肃清雇农意识 田 间
　　慰劳品 田 间
　　群众都在红缨枪旁边歌唱 田 间
　　报名 史 螺
　　在抗战的路上 史 轮
　　来吧! 芸
　　夏收 丹 辉
　　胜利的消息 方 冰
　　你们 方 冰
新作家二人小说集:
　　"保险" 高 咏
　　伪警 郁 天
法国文学的革命传统 J. 卡梭作 张元松译
瓦尔米 罗曼·罗兰作 杨芳洁译
战地报告三篇:
　　第一枪 平 羽
　　长子风景线 宋之的
　　王凌冈的小战斗 东 平

鲁迅先生与新兴木刻运动　江　丰
从能动的画说起(美术时评)　卢鸿基
关于诗与田间底诗(文艺时评)　杨云琏　胡　风
速写三篇:
　　一〇六号桥(工程建设速写)　木　枫
　　在大炮厂里(工厂生活速写)　荆有麟
　　野店之夜(乡村生活速写)　朱　凝
邓正死了(诗)　方　然
托儿所里的保姆与儿童(封面木刻)　铁　耕
打场(木刻)　古　元
校完小记(胡风)·关于《七月丛书》

第5集　第3期(总第25期)　1940年5月出版

新作家五人小说集:
　　“要塞”退出以后　路　翎
　　猺山里　胡明树
　　肉搏　何剑熏
　　国文教员　萧　英
　　“最后一课”　扬　波
我的路(敌后生活报告)　曹　白
斜交遭遇战(战役报告)　S. M.

诗

浮桥　艾　青
雪与村庄　邹荻帆
阳光的踪迹(散文)　绀　弩

人物记三篇：
　　记吴承仕先生　　欧阳凡海
　　聋诗人　　洪　流
　　难民船中的旅伴　　王　元
客店（独幕宣传剧）　　黄　既
友谊（封面墨画）　　李可染
军民合作（木刻）　　夏　风
《为祖国而歌》题记（胡风）·校完小记（胡风）·七月明信片

第5集　第4期（总第26期）　1940年10月出版

小说三篇：
　　边疆动脉　　木　枫
　　独眼马　　张　潮
　　雪地　　周而复
哀巴黎（诗）　　艾　青
鲁迅的幼年期　　欧阳凡海
史话二题：
　　巨人底悲哀　　S. M.
　　《纪钱牧斋遗事》　　孔　嘉
乌与白（寓言小说）　　欧阳山
游击战（游击生活报告）　　沙　汀
人物记二题：
　　一个题材　　柳　青
　　杜春　　殷　参
“烧掉旧的，盖新的……”　　田　间
沙地吟（诗集）　　A. S.

1. 沙地的牧民

2. 新年

3. 他受伤了

关于塑造汪逆夫妇跪像的通信(美术时评) 卢鸿基

西班牙(诗) 徐 明

收获(封面木刻) 张漾兮

榆渑东望(木刻) 陈执中

校完小记·明信片

第6集 第1、2期(总第27、28期) 1940年12月出版

叙述与描写 G.卢卡契作 吕 荧译

小说专辑

县长家庭 丁 玲

她们一群 雷 加

站年汉 若 望

小灵魂 孟 引

鲁迅思想认识的断片 雪 苇 汶 重

论马耶可夫斯基 V.卡坦阳作 张原松译

诗专辑

旗底歌(诗集) 孙 钿

多一些(街头诗集) 田 间

岁寒草(诗集) 彭燕郊

公路 艾 青

女人之子 又 然

给 S. C. 杨云琏
去吧（速写） 胡 考
心谏（速写） 青 苗
报告三篇：
五十九个殉难者（敌后通讯） 郑 康
六天间的游击报人（敌后通讯） 牢 寒
学习在我们自己的工厂里（工厂通讯） 刘亚洛
粗暴起来（散文） S. M.
被囚的民族战士（封面墨画） 王朝闻
明信片·校完小记·（胡风）

第 6 集 第 3 期（总第 29 期） 1941 年 4 月出版

A. 克拉甫兼珂 ［苏］S. 拉苏莫斯卡耶作 卢鸿基译

小说

家 路 翎
金刚及其他 钟 夜
绿林 青 苗
人的花朵（艾青、田间合论） 吕 荧

诗

自己的催眠 艾 漠
冬天 白 莎
月季花 冀 汸
柯勒律治与华资华斯 ［英］J. 佛里曼作 宗 玮译
真——关于战争文学 S. M.

无题(封面木刻) [苏]A. 克拉甫兼珂
校完小记

第6集 第4期(总第30期) 1941年6月出版

冬夜 曹 白

诗专辑

种子 罗 冈
滚车的人 鲁 莎
行进 孙 钿
跃进(诗集) 艾 漠
1. 走出了南方
2. 在西北的路上
3. 夜
4. 马车
风雪草(诗集) 彭燕郊
1. 冒着茫茫的雪呵
2. 透明的日子
3. 稻草铺
江岸 艾 烽
普式庚论草稿 M. 高尔基作 吕 荧译
棘源草 胡 风

小 说

何绍德被捕了 路 翎
草原上的故事 鲁 莎

屈辱者和他的挚爱的人生　雷　加
偶遇　谢　狱
麦收　杨　禾
我对于写作的学习　柏　山

第六集总目录

第7集　第1、2期(总第31、32期)　1941年9月出版

春天——大地的诱惑(诗)　彭燕郊
萨尔蒂可夫小说集　曹葆华译
1. 诡谲的鲤鱼
2. 自我牺牲的兔子

诗专辑

春在北方(诗集)　鲁　藜
绿色春天(诗集)　山　莓
小叙事诗集　田　间
小歌　鲁　莎
旷野　冀　汸
泥土的梦　杜　谷
鲁迅的艺术方法　吕　荧

小说专辑

入伍　丁　玲
祖父底职业　路　翎
教育家　萧　英
岳王镇没有好风景　黄　既

黑色子孙之一　路　翎
我的自白　[苏]马耶可夫斯基作　原　松译

二、《希望》目录(共8期)

第1集　第1期　1945年1月出版

置身在为民主的斗争里面　胡　风
箭头指向——　阿　垅

小　说

罗大斗底一生　路　翎
山村小事　马　琴
一个坦白人的自述　骆宾基
我乡　贾植芳
郝二虎　孔　厥
第二代(诗集)　鲁　藜
星的歌·时间·夜歌·河流·野火的歌·第二代·
早·散步去了·春天的童话·友情·牧童的歌·
海·雪·泥土
寒冷(诗集)　冀　汸
回来·寒冷·罪人不在这里·誓·有翅膀的·
我不哭泣·七月底轨迹·圣徒们·宁静的夜里
听见了他们的文化(短诗)　化　铁
无题(短诗)　绿　原

读罗兰《悲多汶传》(长诗) 人仆
骆驼与星(长诗) 朱健
论主观 舒芜

杂　文

“能为中国用” 林慕沃
“夷狄之进于中国者” 葛挽
耶苏闻道记 姚箕隐
宰相怎样“代表平民”的 但公说
我佩服“曾文正公” 宗珪父
“迷途之羔羊”返矣! 姚箕隐
“国家育才之至意” 竺夷之
“真”与“雅” 白君勺
不暇自笑的丑角 赵元申
“嗜痂”与“制痂” 孙堪
“无捧而无不捧” 徐舞
哲学与哲学家 许无

书　评

《欧根·奥尼金》与《当代英雄》 冰菱
《何为》与《克罗采长曲》 冰菱
两层雾罩下的黑尔格 舒芜
麦哲伦通过海峡(R. A. Locderor 作彩色版画仿刻) 余所亚
《麦哲伦通过海峡》题解 胡风
“骄”与“馁” 牟尼
小启

编后记　胡　风

第1集　第2期　1945年5月出版

给希望　G.基茨作　怀　译
暴雷雨岸然轰轰而至　化　铁
真实——苏联艺术的基础　V.吉尔波丁作　雨　林译
文艺的任务不仅在说明　莫洛索夫作　于　怀译
论苏联文学中的民族形式问题　A.顾尔希坦作　戈宝权译
破坏(诗集)　绿　原
　　破坏·虚伪的春天·游记·坚决·给化铁
　　给我底女人的嘱咐
论民主(时事诗集)　邹荻帆
　　论民主·给一个报纸编辑·彼得罗夫将军和孩子
　　德国俘虏·围攻希特勒
哈喽,胡子!(长诗)　公　木
海路历程(长诗)　胡　风
论诗四题　阿　垅
　　节奏片论
　　排列片论
　　小诗片论
　　灵感片论
论中庸　舒　芜
在光明以外(小说集)　贾植芳
剩余价值论
有"希望"的人们(小说集)　路　翎
　　感情教育

可怜的父亲
秋夜
瞎子
王老太婆和她底小猪
新奇的娱乐

杂　文

无常　牟　尼
略谈祀灶　牟　尼
“国字”的奥妙　桂未晚
王莽的训导方法　孙子野
读溥仪“逊位诏书”书后　龙亮之
设想与事实　龙亮之
国之本在家　魏仲奇
意志自由的苦笑　荒　陵
静候解答　但公说
非“政治”的民意　竺夷之
沉默成功了什么　耿　庸
“致身”法钩沉　姚箕隐
“祖国”与“情郎”　龙亮之
文学的强奸　东　山
读史笔记三题　舒　芜
明太祖高皇帝的“革命”
效“儒效”
从“游龙戏凤”说到“妾不如偷”
评《一个人的烦恼》　石怀池

谈"色情文学" 冰 菱

法西斯国家的言论自由(木刻) [苏]B. S. 摩尔

编后记 胡 风

第1集 第3期 1945年8月出版

牢狱篇(诗集) 牧 青

火的想望·大地·我愿越过墙去

小 说

两个流浪汉 路 翎

悲歌 漠 青

机场上 刘北汜

思想建设与思想斗争的途径 舒 芜

内容的了解与形式的了解

——评杨晦:《曹禺论》(《青年文艺》第六期) 吕 荧

白衣女(诗集) 胡 征

石像·白衣女·清明节·挂灯的人·钟声

打水的

夜行曲(诗集) 鲁 藜

夜行曲·同志的枪·收获·迎接冬天

低云季(诗集) 朱 健

早晨·我开始写诗·问讯·雾·沉默·不知道

祭天(政治诗) 魏本仁

给诅咒者(长诗) 方 信

给天真的乐观主义者们(长诗) 绿 原

杂　文

引经据典　许　无
关于"立像与胸像"的两件事　石亦生
"公民"的捷径与歧路　吴　民
"拥护"古谊考　孙子野
"法于自然"　宗珪父
中国法西斯蒂党　孙无害
"你们以为那熏鱼的味道怎样?"　耿　庸
"民信"在哪里?　闵波斯
对话　方　然
不变　方　然
气死不告状　荒　陵
李勇和他底地雷阵(报告)　邵子南

书　评

评《人生对话》(余家菊原著)　舒　芜
理想主义的破灭与新生　钟　雨
市侩主义底路线　未　民
失业(木刻)　[苏]D. S. 摩尔
紧急启事　本　社
编后记　胡　风

第 1 集　第 4 期　1945 年 12 月出版

终点,又是一个起点(诗)　绿　原
风雪的晚上(诗)　鲁　藜

生命(诗) 冀汸
胜利小景(小说集) 路翎
中国胜利之夜
翻译家
英雄与美人
旅途
我们今天需要政治内容,不是技巧 阿垅
释"战斗要求" 方然

杂文

青面圣人 郑建夫
今天的"狂人"和"莎乐美" 孙子野
史学的奥窍 但公说
译音 丁易
好名二术 丁易
我的怀乡 舒芜

书评

纪德底姿态 冰菱
《淘金记》 冰菱
乡镇散记 路翎
写于不安的城 胡风
内战的灾难(木刻) 珐牙西 失名
编后记 胡风

第2集 第1期(总号第5期) 1946年5月4日出版

织工队(封面) Kaethe Kollwitz

思想者（封里） Auguste Rodin

上海是一个海 胡　风

个人·历史与人民 舒　芜

反对邱吉尔（政治诗） 邹荻帆

人生与诗 阿　垅

内容一论

风格片论

形象片论

效果片论

王兴发夫妇（小说） 路　翎

私盐贩（小说） 演　汉

名匠陆明（小说） 平　旦

我们是愉快的（诗集） 孙　钿

望远镜·我的月光曲·我们是愉快的

真实的生命（诗集） 鲁　藜

真实的生命·生命在呼喊·草·素描

在星下面（诗集） 卫寄宇

星·兵·意志·希望·同志·敌人

掘墓者 贾植芳

舞龙者 冰　菱

杂　文

乾隆皇帝圣虑发微 郑达夫

学生与政治 宗珪父

“政治杂感”杂感 竺夷之

忘悼 郭　畹

寒候鸟(民间小故事) 胡 田
张天师的同学和水鬼(湖北民间传说) 梅 志
关于珂勒惠支(一) Romain Rolland
关于珂勒惠支(二) Ferdinand Avenarius
遗嘱(断片) Auguste Rodin
从重庆寄来·从川北寄来
编后记 胡 风

第 2 集 第 2 期(总号第 6 期) 1946 年 6 月 16 日出版

三等列车(封面) H. Daumier
凑热闹的人们(封里) H. Daumier
在疯狂的时代里面 胡 风

小 说

回家 萧 军
胆怯的人 扬 波
王炳全底道路 路 翎
凤仙花 孔 厥
关于思想与思想的人 舒 芜
论文的风格
过程与结论

杂 文

理性与革命与统一 竺夷之
邓肯女士与中国 郑达夫
太平景象 方 然

关于“发抖” 一 筒
尊理性 宗珪父
沉闷期的断想 贾植芳

诗

悲愤的人们 绿 原
冬夜 鲁 藜
喜悦 牧 青
表·在一九四六年的恐怖中·默悼几个捕火者底死·
爱花·喜悦
春天 扬 令
繁华的夜·这里有春天·万人大会
给德米特瑞·萧斯答柯维奇 [美]卡尔,桑德堡作 绿 原译

散 文

忆李邦梁 郭 畹
地狱中的塑像 唐 湜
评《蜗牛在荆棘上》(路翎原著) 冯亦代
论无耻主义(断片) 高尔基
关于 H. 杜美埃 所 亚
编后记 胡 风
更正 编 者
致读者(封底) 编 者
从鄂北寄来 D.
从重庆寄来 A.
从渝郊寄来 H.

从川南寄来　S.
从南京寄来　L.

第2集　第3期(总号第7期)　1946年7月出版

野火(封面)　李桦
东平照相(封里)
东平笔迹(封里)
碑(诗)　朱谷怀
一束信　东平
东平小论　石怀池
忆东平　胡风
一封信　蒋弼
蒋弼一斑　胡风
给石怀池　冀汸
论"实事求是"　舒芜
释"过程"　方然
我的师傅(小说)　胡田
挂黑牌的人家(小说)　刘黑枷
咦,美国!(诗)　绿原

杂　文

"王气"的寒流　张禹
雨夜谈龙　白君勺
关于几个女人的是是非非　郑达夫
谈"妇言"　孙子野
"两全"以外　张禹

“刺激”与“和平”	方　然
略谈明思宗	张　禹
从重庆到南京	冰　菱
我憎恶	冰　菱
我的聪明	舒　芜
关于李桦	高　荒
编后记	胡　风
东平作品目录	
《第七连》小引	胡　风
《东平短篇小说集》题记	胡　风

第2集　第4期(总号第8期)　1946年10月18日出版

鲁迅先生和他底若干对手(封面)	孟　克
鲁迅先生照相(封里)	
关于鲁迅精神的二三基点	胡　风
鲁迅的中国与鲁迅的道路	舒　芜
给胡风的六封信	鲁　迅
知识分子与法国的复生	R. 盖诺德作　宗纬、芦蕻译
伊里亚·列宾及其作品	K. Chukovsky作　何家槐译
秩序(长诗)	郑　思
复仇的哲学(长诗)	绿　原
平原集(小说集)	路　翎
平原	
易学富和他底牛	
张刘氏敬香记	
人民化	家

论生存　方　然

小　说

理想主义者　贾植芳
黄河边上　言半默
结合　晋　驼
党史话　释　来

杂　文

“看”戏之类　方　然
说到“民主”　耿　庸
“女作家”　白君勺
请愿日记　方　然
国(诗)　牧　明
给 C. T.(诗)　邹荻帆
无花果(诗)　冀　汸
宝贵(诗)　圣　门
由于你,新中国在成长(鲁迅先生颂歌)　胡风词　戈曲
编后记　胡　风

三、《诗垦地》目录(1 至 6 辑)

第 1 辑　《黎明的林子》

母亲　曾　卓

回去，回到黄河　方　然
投给武汉　邹荻帆
雾季　绿　原
黎明的林子　姚　奔
再生的日子　S. M.
西部　杜　谷
迎新谷　邹绿芷
向日葵　史　放
蔡雷泰里　A. 托尔斯泰作　赵蔚青译
滚开　蔡雷泰里作　赵蔚青译

第 2 辑　《枷锁与剑》　反法西斯特辑

人质　冀　汸
末日　师　穆
向红色的行列放歌　桑　汀
在莫斯科前线　伍　禾
战火燃烧在苏联　邹荻帆
宣誓　[苏]斯维特洛夫作　铁弦译
诗的道路(论文)　椰　南
三角　S. M.
打马渡襄河　吕　剑
短歌　云　天
枷锁　李满红
生命的歌颂　白　岩
星　杨　芸

散文诗辑

寂寞外	曾　卓
施舍	施　旸
白云书简	邹荻帆
红	方　然
小土屋	白　堤
我们	姚　奔
波特莱尔诗二章	马宗融译
请不要再诱惑我	[英]C. D. 路易士作　马耳译
短剑	乔治亚蔡雷泰里作　李葳译
海达古洛夫及其诗	W. 穆古耶夫作周　行译

第 3 辑　《春的跃动》

平原手记(诗集)	陈　辉
牧羊人(诗集)	俞　波
梅花及其他	李　山
写在一九四一年的一个春晨	邹绿芷
春天就要来了	云　天
春天的歌(诗集)	邹荻帆
驼队之歌	李　雷
睡眠	苏金伞
给两个人	桑　汀
秋天的召唤	方　然
梦	白　岩
我的抒情	枫　林

高窗　赵蔚青译
眼睛　胡　拓
莫说斗争不中用　柳园译
渡　冀汸
别　冰
明天也不一定晴　新　苗
催眠　绿　原
江上　杨　芸
短笛　丁　然
黎明的雾　李满红
冲锋　师　穆
送C君　化　铁
手　吕　剑
别　姚　奔
曼殊斐尔诗二章　李嘉译
土地　王　黎
雨雾里的市镇　令狐简青
云雾中的来往　靳　以
罪恶　施　旸

第4辑　《高原流响》

长　诗

乞丐窟　曾　卓
积雪期　野　曼
星　厂　民

滚滚的沱江呀　左琴岚
青的谷　绿　原
小御河　葛　珍
江边·图景　桑　汀
季候风　冀　汸
希望的窗子　力　扬
高原的音息　谷　风
当春天来的时候　杜　谷
现代英诗抄　邹绿芷译

政治诗

赖伐尔登台　S. M.
法兰西　白　岩

论　文

两岐之间　柳　南

散　章

骊歌　云　天
爱　侯唯动
安慰　方　然
四月　孙　滨
新叶　左琴岚
夜是很深了　齐　明
无声的　姚　奔
给哥哥的信　邹荻帆

斗争　C. D. 路易士

第5辑　《滚珠集》

一个诗人的历程
——田间诗集《给战斗者》后记　胡　风
入情入理与实情实理　徐　迟
态度——首先要求诗人的　袁水拍
今天，我们需要政治内容不是技巧　思　猛
诗散论　蒙　寒
今天的长诗——一点读诗的感想　冀　汸
小行星　S. M.
童年　徐　迟
我愿意给一个小孩子洗脚　徐　迟
滚珠集　冯振乾
蓝天寄情曲　姚　奔
桥　M. H. 黑德逊作　有笛译
窗前集　袁水拍
一个人　苏金伞
乡村的道路　邹绿芷
眷念　张　凡
时光，吉卜西老人　[英]P. 赫得逊作　蔚　青译
新月　左琴岚
穗　冀　汸
一朵野花　冀　汸
小城之冬　曾　卓
行列　曾　卓

给 B.L. 邹荻帆
颤抖的钢铁 绿　原
云雀 师　穆
金铃子 师　穆
教师 因　陈
我哪里寂寞 因　陈
读央偶感 冯振乾

第 6 辑　《白色花》

今天和未来
胡风，诗垦地社
编后记
人物特写
熟睡的兵 曾　卓
晚祷 方　然
山坡 葛　珍
神女 任　健
牛儿 芦　甸
英雄的葬仪
新时期 邹荻帆
英雄的诗篇没有写完 冀　汸
雅歌 应光采
创世主 应光采
春满江南 杨　伊
时事诗小辑
自由神 祥　麟

十一月的流　史　放

风俗

炊烟　杜　谷

林中牧歌　杜　谷

锣鼓　张　芒

乡村酒店　白　堤

有了声音　陈于子

-　圣　门

忏悔　绿　原

心境　姚　奔

长春藤　许　伽

问题　张　凡

四、《诗垦地》副刊目录(共25期)

第1期　1942年2月2日

惊蛰　绿　原

呈给诗人　杨　禾

赶场　邹绿芷

第2期　1942年2月19日

小巷　白　堤

旷野　蔡月牧

他死在高原的路上 白 莎

第3期 1942年3月3日

笑 藜 野
图景 桑 汀
沙漠底黎明 俞 波
告诉我春天快要来了 麦 波
它驮负着蓝天在歌唱——献给C 胡 垢

第4期 1942年3月21日

春雷 彭燕郊
猪·鸡两章 冯 先
假如 白 莎
家 白 莎
都到青纱帐里去吧 徐 明
街在轻缓的呼吸着 左琴岚

第5期 1942年3月31日

赠人两章 (1)青春(2)断弦的琴 曾 卓
笑 冀 汸
我写春天 姚 奔
春天的衣裳 藜 野

第6期 1942年4月16日

生命的执著 桑 汀
血 日 照

生活 张　凡

短章——

1.花开了　2.不是为着开花　3.但愿天晴

4.贝壳　5.铜锣 邹荻帆

标本小集 绿　原

第7期　1942年5月2日

莺 亚　鸥

优美的河流 左琴岚

别 齐　明

我的诺言 冀　汸

第8期　1942年5月19日

冬晚 方　仑

母亲 高家贺

星 高云真

冬天在中国 陈文达

第9期　1942年6月2日

海燕 李满江

江边 齐　明

离 藜　野

悼亡友 谏如流

蓉城小草 葛　珍

第10期　1942年6月20日

希望的窗子　我的竖琴两章 力　扬

夜和太阳　野　曼

第 11 期　1942 年 7 月 18 日

疯妇　曾　卓
窗橱　张　芒
我爱　张　芒
冬夜　公　木
给黎　冉涨曲
草地月光曲　师　穆

第 12 期　1942 年 11 月 3 日

夜的花朵　谷　风
树　郭　风
问妈妈　胡　来

第 13 期　1942 年 11 月 17 日

鸟之歌　惠特曼作　周敏译
重逢　方　然
行前怀北方　艾　药
月下望见大雪山　史　伍

第 14 期　1942 年 12 月 8 日

惠特曼诗两章　(一)我愿听美国在歌唱着
(二)死之谷钱　新哲译
爱之愁　W. B. 叶茨作　张尚之译
荷锄的人　[美]E. 马克罕姆作　姚奔译

——写于看过米勒的世界名画后

爱　[英]R. 洛克作　邹荻帆译

第 15 期　1943 年 1 月 9 日

爱　史　伍

路(诗集)　乜　丰

散歌四题　(一)睡眠(二)病榻上(三)囚(四)瓶花　冯振乾

第 16 期　1943 年 1 月 23 日

别前　曾　卓

给 C. T.　绿　原

纪念册——写给 C. T. 的　邹荻帆

好风的歌　姚　奔

不要惦记我们　张　凡

忆恋　史　放

我想起(外一章——寒冷)　冀　汸

第 17 期　1943 年 2 月 2 日

以对生活的热爱,对好的明天的追求和我们的诗,纪念着我们的失去的伙伴

悼满红　本社同人

悼满红　白　榆

满红遗诗　(一)信念(二)一个流浪人的死

第 18 期　1943 年 2 月 23 日

小窗　左琴岚

烽火成长曲　牧　云
我的祖国　白　岩
燃烧　冯　先
心境　熊文黛
感触　艾　药
找求——　(一)江流(二)找求　虚　江

第19期　1943年3月9日

向批评家们伸出手来　力　扬
读了《跃动的夜》　铁　马

第20期　1943年3月27日

给一个受伤的女战士　姚　奔
召唤春天　(一)灯之诉(二)火焰的燃料　张　凡

第21期　1943年4月3日

边地的歌人——给林岚　乜　丰
卖唱者　舒　焚
生活的花朵(诗集)　谷　风

第22期　1943年4月10日

惠特曼诗钞　路阳译
——监狱里的歌唱者
圣诞节的感想　绿　原
春晨　冀　汸

第 23 期　1943 年 4 月 24 日

赠	白　莎
信	卫斯莫
离去的夜　a. 床 b. 三人 c. 窗	枫　林
顿河，露西亚的流泪	白　榆

第 24 期　1943 年 5 月 9 日

初恋的夜	愬　凡
侍病	东　湖
荒村的孩子	牧　云
早安啊	孙跃冬
秋天	跃　冬
河伯	左琴岚
为甚么	W. S. 兰敦作　胡　曲译

第 25 期　1943 年 5 月 29 日

花朵飞了？春天	杨柳青
我的花朵	（名字不现）
不开花的果树	杨柳青
有翅膀的	冀　汸
短歌	施　朔
春的信使　（一）春雷（二）春雨（三）春风	陈　汶

五、《呼吸》目录(1 至 3 期)

创刊号　1946 年 11 月 1 日出版

自画像(珂勒惠支)

生命在进行

论生存　方　然

更向前　舒　芜

　说"方向"

　辞"理想"

　逃"集体"

　斥说教者

诗　集

雾中的活物　绿　原

　我们是怎样活着·动物园·雾

象征的成都市刺杀　曾心艮

在悲痛里　岁　洛

珠　亦　门

五指开会歌　阿　三

"必胜信念"歌　阿　三

队伍从街上走过(小说)　方　梦

高利贷(小说)　路　翎

小人小事三相(小说)　冀　汸

噜哧鬼
大衣
请客
从罪恶到罪恶(记行) 化 铁
芝加哥(C. 桑德堡) 邹荻帆
诗底定义(初型)试拟 C. 桑德堡作 方青译

作品与人

死鱼的鳞
——读《困兽记》两遍之后的若干印象 穆海青
读《色情的瘦马》 秋 隐
什么是"人生战斗"
——理解路翎的关键 舒 芜
我举笔(散文) 萧 荚
脚步(散文) 阿 垅

杂 文

胜利史补遗一则 因 蓀
恨的哲学 庐 隶
死的说教 张一之
论态度之重要 孙 白
诗与八卦 房 南
一期小结 编 者

第 2 期新年特大号 1947 年 1 月 1 日出版

街头暗杀(封面) H. 遮勒

论改造 黎 紫
文化风貌录 方 然
上海纪事(长诗) 冀 汸
女孩子和男孩子(小说) 路 翎
黔桂路上的传奇(小说) 方 迅
技巧否定论 阿 垅
　　技巧一论(关于诗底“形象化”)
　　技巧续论(关于诗底“音乐性”)
感觉与作家 朱 霞

诗

冬青集(诗集) 冀 汸
　　雪天·两极·暗夜底冻结·进化论·写在一九四六年十一月十五日释“还政于民”·无题
两极(诗集) 牧 云
　　两极·北极星
沉默的诗(诗集) 野 萤
　　声音与狗·思想·历史的方向
　　星·磨炼·工作·告诉
奔生(诗集) 杨 卉
　　庄稼汉不得活·翻身的一天·活吞我不下·
　　拼下你死我活
人格二重奏(诗集) 罗 洛
　　给梦游病者·给“革命”市侩
父子俩(小说) 孔 厥
病(小说) 邵子南

七十二荒（小说） 萧 萸
颂圣法略说 舒 芜

作品与人

艺术的力 常 枫
　灵魂的沐浴
　主教的画像
马凡陀的山歌 吉 父
评《狂欢之夜》（徐迟原著） 霞 巴
为了豆腐（通讯） 何 野
冰桶生活（随笔） 寄 南
淡淡的烟雾中（随笔） 鲁 兰

杂 文

诛鬼 九 首
“正气”之类 刘在阳
神通与通神 刘在阳
略谈诗的来源及其枯竭 林禾子
天下为“公” 龚不韦
一种史料 舒 芜
一期小结 编 者
“成都文化”·巴结与巴结不上·关于《呼吸》·
　美化·自由得多！
“英雄”的年代！·真正的发疯

第 3 期　1947 年 3 月 1 日出版

被死所袭击的孩子（封面） 珂勒惠支

鼠(叙事长诗) 田 间
轭(长诗) 绿 原
略论"吵架"与"求爱" 阿 垅
"主观"与真实 方 然
蠢猪(小说) 路 翎

诗

请看两青年双簧搭档演出 曾心艮
青年党党费问题 曾心艮
理想在开花 田 林
血杯 向 洋
誓 向 黎
所谓"孤独" 罗 洛
雨的世界 方 野
七月半(小说) 萧 荑
命运(小说) 向 一
在寒冷的上海(随笔) 杨 力
愤怒了的农民(报告) 弥 坚
一期小结·战斗!纯洁!

六、《泥土》目录(1至7辑)

第1辑 1947年4月15日出版

诗 歌

角落(诗辑) 刘 珈

小儿语　陈伯吹鸡——革命的号手　海　涛
夜村　履　冰
短简　严　炎
小诗　严　蕻
从“母爱”谈起　李　蕤
援古三论　丁　易

小　说

河　白　矣
“砍柴”　慧　子
讯问　柴霍夫作　任明译
王凤喜　蕾　青
红枣上市的时节　雷　涛
替孩子们向中国作家请命——论“救救孩子”　萧　垠

散文

泥土醒来了　石　岩
昏暗里　明　天
手　姬　蓬
夜读随笔　雁　棣
皇冠的故事　东方风
“王贵与李香香”(新书评介)　未　明

第 2 辑　1947 年 5 月 20 日出版

五四文艺节纪念特辑(以收到先后为序)
朱自清　冶秋　荒芜　刘铁华

青苗　马彦祥　扬帆　丁易

诗　歌

鞭子 芭　林
无根草 刘　珈
复仇篇 严　炎
四月天 小　今
论五四精神 舒　芜
画符斋杂记 青　苗

小　说

筑城 蕾　青
斗争 ［美］瑞查德作　荒芜译
真月花 慧　里
暗夜的火花（散文集） 姬　蓬

杂　文

“皮球”与“作家” 勃　弋
不同的两个梦 藜五·七
垮的日子 萧　垠
呼吸 严北岑
战斗纯洁 G
“禄在其中矣” 石　岩
螳臂挡车 于文来
投桃报李 白　矣
编后记

第3辑　1947年7月25日出版

诗　歌

人、鬼、兽	戈　扬
给一个人	马　兰
冯玉祥，我向你致敬	刘　珈
无花果	叶北岑
声音	篁　里
歌	严　炎
假若这是真的	方　风
送别	小　今
挺立着！	石　坚
闻一多二三事	吴　晗
什么是"人生战斗"——理解路翎的关键	舒　芜
读《人生赋》散记	姬　蓬
逆流里底文艺	勃　弋
两日记	北　遥
盛世文章(通讯)	

第4辑　1947年9月17日出版

诗人一论	阿　垅

诗

致约翰·克利斯朵夫	冀　汸
城市的呼喊(诗集)	化　铁

工作(小诗小集) 朱谷怀
遭遇篇 刘 珈
祝福,写给牧青 严 炎
钢底祈祷 卡尔·桑德堡 雷霆译
文艺骗子沈从文和他的集团 初 犊
从"飞碟"说到姚雪垠底歇斯的里 阿 垅
路边的谈话(小说) 路 翎
凤仙花 路 翎
希望(杂文集) 舒 芜
虫鱼书(杂文) 贾
堕落的戏,堕落的人 杜古仇
一个色情的彩棚 灼 人
"马凡陀的山歌" 吉 父
大的目标一致 叶北岑
向远方 石 岩
求友与寻仇 舒 芜
碉堡 傅 钺
编后记

第5辑 1948年3月15日出版

论温情 舒 芜
形式主义片论 阿 垅

诗

明天(诗集) 李致远
啊、英雄、船长、风信旗! 周 筠

给V君 灼 花
这里 吕 村
我是谁? 卡尔·桑德堡 雷霆译
逃生者 蓝 方
恨迟姐 袁 铎
历史的巨犁(诗) 马 丁
致中国(长诗) 路 翎
我思念(长诗) 石 池
释"捧" 白 藻
笑的权利 傅 钺
我在队伍里 傅 钺
杨友龙、妓女、"自由分子" 苏 起
还是老调子 贾 鲂
编后记

第6辑 1948年7月20日出版

惠特曼诗钞 雷霆译
论文艺创作底几个基本问题 余 林
对目前文艺现象的一些看法 胡 笳
"旗"片论 阿 垅
夏天(长诗) 孙 钿
饥渴的兵士 路 翎
一个套管的问题 孔 翔
伙伴 钟 直

诗

我知道风底方向(诗集) 罗 洛

散诗小集　田　文
给醉酒的人　周　筠
彩色的生活　牛　汉
向生活凝视　舒　芜
空谈及其他　孔　翔
罗曼·罗兰:一个诚实的博采主义者　WernerIlbery

第 7 辑　1948 年 11 月 1 日出版

论“飘飘然”　舒　芜
内容别论　阿　垅
码头上(小说)　路　翎
法律　费　菲
寂寞　孟　修

诗

我近来　孙　钿
活在这地带(诗集)　冀　汸
爱和歌(诗集)　牛　汉
悼与献　林　岗
死者,我记得你们　杨　元
惠特曼诗钞　雷霆译
在歌声里　孔　坚
中元节感言　徐　舞
再论求友与寻仇　舒　芜
白眼书　许　无
论谦卑　贾　鲂

关于《饥渴的兵士》　孔　翔
论小资产阶级怀　潮
八月底呈现(诗)　劭　劼

七、《蚂蚁小集》目录(1至6辑)

第1辑《许多都城震动了》 1948年3月出版

前记
敌与友　未　明
诗论二则　阿　垅
　　形式片论
　　形象再论
罪状(长诗)　冀　汸

诗

我爱星　左　弦
我笑着,走过　阿　辛
许多都城震动了　尼格拉索夫作　屠岸译
献　屏　帆
乖乖,上海!　化　铁
恶魔向我走来　尤　结
关于《忆江南》答李昌庆先生　吉　父
从《马丁·伊登》看个人主义　苗　山

第 2 辑《预言》 1948 年 5 月出版

进攻去的那晚(诗) 孙 钿
十月之歌(诗) 圣 门
对于大众化的理解 冰 菱
诗论二则 阿 垅
　　自由主义片论
　　赏鉴片论
论单纯 方 白
预言(小说) 路 翎
人民和土地(小说) 文 凯

诗

站在这小小的山岗上,我望着 罗 洛
纪念三月十七日 戈 行
奴隶之歌 凌 恒
旅行(长诗) 何 地
不能忘记的(诗集) 苦 水
“祥和之气”及其价钱 高 丘
略谈“过瘾” 埃 恩
绅士底勇敢 盂 伯
曼陀罗花 奔 牛
纸花 哲 挚
前记

第 3 辑《歌唱》 1948 年 8 月出版

论唯心论底方向(上) 方 然

歌唱罢(长诗)　孙　钿
悲怆乐章(诗集)　鲁　藜
老婆嘴退租(小说)　束　为
跟嫂嫂学习(小说)　少　波
泥土(小说)　路　翎

诗

将军和文化人　红　芦
写在一个大的城市里　罗　洛
在楼上　石　池
凯撒　绿　原
略论普及与提高　怀　潮
心理和地理的妙用　敬　缔
五四晚会散记　俞　坚

第 4 辑《中国的肺脏》 1948 年 11 月出版

中国的肺脏啊(长诗)　红　芦
生长(小说)　胡　田
信号(小说)　崔　璇
祖父(小说)　少　波
爱民大会(小说)　路　翎

诗

渔村小诗　孙　钿
柏树(节录)　田　间
悲愤的歌　冀　汸

在牢狱底门槛上　田　文
荒野底力量　绿　原
论艺术与政治　怀　潮
　　(一)论人民底自觉性
　　(二)论路翎的小说
蒋纯祖底胜利
　　——《财主底儿女们》读后　鲁　芋
断想　野　萤
斋公们底素菜　方　青
乡民代表喂饱了我们　周　芷
希望　梁　丰
五龙河上的风波　石　连
白毛女片断　阿　垅
编后

第 5 辑《迎着明天》 1948 年 12 月 31 日出版

迎着明天(长诗)　冀　汸

生活报告

危楼日记　冰　菱
冒烟的人们　范　康
花园洋房　梁　丰
"逃难"的人们　凌　恒
青骡子　野　萤
一条罪恶的绳　少　波
评茅盾底《腐蚀》兼论其创作道路　嘉　木

为了明天　胡　风
——第七论文集《为了明天》前记

诗

我们欢呼　罗　飞
为什么离开敌人　罗　飞
一九四八年最后的一月　化　铁
呼唤胜利　牛　汉
报纸　红　芦
论生活二元论　舒　芜
编后

第6辑《歌颂中国》 1949年3月20日出版

一九四九年的中国歌颂(长诗)　绿　原
解放(长诗)　化　铁

诗

复活　牛　汉
新寓言　绿　原
喜悦　许　桦
屈辱(小说)　路　翎
哄鬼(小说)　鲁　藜
文化斗争与文艺实践　冰　菱
略论形式和内容　怀　潮

生活报告

危楼日记(续)　冰　菱

我底路	梁 丰
战争与和平	施 穆
余生的威风	凌 恒
红薯饭	梅 志
从江那边的来信	石 池
编后	

第7辑 解放号《中国,你笑吧!》 1949年7月1日出版

中国,你笑吧!(长诗)	冀 汸

街头诗

贴在上海的	初 平 罗 飞 黎 果
贴在杭州的	冀 汸 亦 门
泡沫(小说)	路 翎
笔筒(小说)	司马蓝火
七老也变了(小说)	白 危

诗

贫农与酒	田 间
好冷呀	孙 钿
吃人的和被吃的理论	木 纳

报 告

五月九日至五月二十六	埃 恩
上海·杭州	施 穆
陶醉	凌 恒

危楼日记(续) 冰　菱
编后

八、《起点》目录(1至2期)

第1集　第1期　1950年1月20日出版

写在前面
中国,在一九五〇年(长诗) 冀　汸
纪念鲁迅的话 雪　苇
纪念鲁迅先生 罗　洛

诗

小草对阳光这样说 胡　风
连续战斗中的一支小曲 孙　钿
站出来! 丁　东
为成都解放而歌 罗　洛
荣材婶的篮子(小说) 路　翎
王真和周大明(小说) 凌　恒
新郎参军(报告) 芦　甸

论　文

略论真人真事 张怀瑞
文代大会底思想要求 方　青
关于诗稿 朱　儒

一个巨大的声音:消灭战争!(诗) 辛　吉
蒋介石即景(诗) 庄　涌
史大林,人类底太阳(诗) 直　波
编后小记·来稿简约

第1集　第2期　1950年3月1日出版

祖国号列车 路　翎
劳动模范朱学海 林　羽
一百单八将 何　苦
张大娘 牛　汉
青年团 梁　丰
我底进行曲 孙　钿
突围 丁　予
略论正面人物与反面人物 张怀瑞
折实公债诗帖 冀　汸
购买公债 罗　飞
敬礼 罗　洛
补白、来稿简约

九、《七月诗丛》《七月文丛》和《七月新丛》

1. 1938年上海,海燕书店,胡风编辑

《七月诗丛》:
《向太阳》 艾　青
《为祖国而歌》 胡　风

《突围令》 庄　涌

《七月文丛》:

《第七连》 丘东平

《闸北七十三天》 S. M.

《0404 号机》 陶　雄

《呼吸》 曹　白

《侧面》 萧　军

《爱与憎》 鹿地亘

2. 1941—1946 桂林、重庆,南天出版、上海生活书店、上海新新出版社、重庆希望社、泥土社,胡风编辑

《七月诗丛》第 1 辑:(1947 年上海再版)

《我是初来的》(合集) 胡风选编

《向太阳》 艾　青

《给战斗者》 田　间

《为祖国而歌》 胡　风

《醒来的时候》 鲁　藜

《预言》 天　蓝

《北方》 艾　青

《跃动的夜》 冀　汸

《意志的赌徒》 邹荻帆

《无弦琴》 亦　门

《旗》 孙　钿

《童话》 绿　原

《泥土的梦》(未出版)　杜　谷

《七月文丛》:

《东平短篇小说集》　丘东平

《呼吸》　曹　白

《饥饿的郭素娥》　路　翎

《青春的祝福》　路　翎

《蜗牛在荆棘上》　路　翎

《财主底儿女们》(上)　路　翎

《追求者》　孔　厥

《生活唯物论》　舒　芜

《人的花朵》　吕　荧

《棘源草》　胡　风

《民族战争与文艺性格》　胡　风

《民族形式讨论集》　胡风选辑

(《民族形式讨论集》1940年由华中图书公司出版,也属于《七月文丛》的一本。)

3.1946—建国前上海,海燕书店、希望社,胡风编辑

《七月文丛》:

诗集:

《又是一个起点》　绿　原

《她也要杀人》　田　间

《锻炼》　鲁　藜

《突围令》　庄　涌

文集：

《第一击》 阿　垅

《求爱》 路　翎

《人生赋》 贾植芳

《结合》 晋　驼

《受苦人》 孔　厥

《论民族形式问题》 胡　风

《逆流的日子》 胡　风

《挂剑集》 舒　芜

《小面人求仙记》 梅　志

《叶甫盖尼·奥涅金》 吕荧译

《财主底儿女们》(下) 路　翎

《七月新丛》：

《饥饿的郭素娥》 路　翎

《剑的路向》 胡　风

《第七连》 东　平

《青春的祝福》 路　翎

《财主底儿女们》(上下) 路　翎

4.1951 年上海，泥土社，胡风编辑

《七月诗丛》第 2 辑：

《集合》 绿　原

《彩色的生活》 牛　汉

《有翅膀的》 冀汸

《暴雷雨岸然轰轰而至》 化铁

《望远镜》 孙钿

《并没有冬天》 贺敬之

《戎冠秀》 田间

《星的歌》 鲁藜

(《星的歌》因移入诗丛第 3 辑而未出,而第三辑始终未出版,1952 年由上海新文艺出版社出版。)

附录三

胡风相关社团编年大事记

1933 年

6 月 15 日，胡风与聂绀弩、周颖等十多个留学生因组织“新兴文化研究会”和宣传抗日等罪名被驱逐回国，当日抵达黄浦江上海码头。吴奚如代表左联去码头迎接，认识了胡风。此后，二人形成了战友的情谊。

7 月，周扬陪同鲁迅与胡风见面，相谈甚欢。

8 月，由周扬通知，胡风担任左联宣传部长。茅盾辞去左联书记后，胡风接任左联行政书记。

1934 年

秋末，穆木天被捕释放以后向左联报告，说胡风是南京派来的内奸，胡风愤而辞去左联工作。因身份暴露，也丢掉了中山文化教育馆《时事类编》杂志的翻译职位，开始了专以稿酬为生的作家生活。

胡风离开左联领导位置后，更加深了与鲁迅的友谊和工作关系，并和左联盟员周文、宋乐天、彭柏山、刘雪苇、欧阳山、草明、聂绀弩、吴奚如等往来更为频繁，逐渐成为同道伙友。

1935 年

年初，由鲁迅介绍，胡风认识了青年作家萧军、萧红，引为知己。

胡风编印了地下丛刊《木屑文丛》,只出了一期。鲁迅曾帮忙发售,显示出鲁迅对胡风办刊的影响以及胡风的编辑兴趣。

1936年

年初,在鲁迅的创意和全力支持下,胡风编辑《海燕》,鲁迅亲自题写了刊名,并将办刊的独到见解和经验传授给胡风。《海燕》刊登鲁迅的小说、杂文及聂绀弩、萧军、吴奚如等人的作品,受到欢迎。只出了两期即被禁止,但已显示出胡风的办刊思想和办刊能力,并有同道朋友积极撰稿支持。

4、5月间,冯雪峰被党中央派回上海,开展抗日民族统一战线工作。经鲁迅、冯雪峰同意,胡风执笔撰写《人民大众向文学要求什么?》,提出了"民族革命战争的大众文学"的口号,发表在《文学丛报》第3期,引发"两个口号"的论争。

10月19日,鲁迅逝世。胡风为治丧委员会成员,与巴金、黄源、张天翼、欧阳山、萧军、曹白、聂绀弩、鹿地亘等追随鲁迅的青年学子们一同参加了全部治丧工作。

胡风参加日译《大鲁迅全集》的工作,为鹿地亘等日本友人做中文解释和校正工作,其后又为鹿地亘口译、解释《鲁迅杂文集》。合作中,与鹿地亘建立了长久的友谊。

1937年

春季,按冯雪峰的指示,主持编辑纪念鲁迅的《工作与学习丛刊》四期:《二三事》、《原野》、《收获》、《黎明》。刊登鲁迅遗作和景宋、许寿裳、茅盾等以及文学新人艾青、曹白、端木蕻良、贾植芳等的作品。曾为启用新人新作而与其他编辑者发生分歧,促发胡风个人办刊的想法。

《丛刊》停刊后,胡风参加了《鲁迅先生纪念集》的编辑工作,与萧军在编辑方针上又发生争执,更坚定了胡风自己办刊的决心。

7月7日，卢沟桥事变发生。

8月13日，上海抗战打响。胡风创作了《为祖国而歌》、《同志》、《血誓》、《敬礼》和《给怯懦者们》系列抗日爱国诗歌。

8月21日，胡风见到出狱归来的老朋友彭柏山。一同联络聂绀弩、周文、王尧山等故交。与经常走动的左联战友曹白、艾青、张天翼、端木蕻良等筹备《七月》。

9月11日，《七月》周刊在烽火中的上海问世，出了三期。

9月25日，《七月》周刊停刊，胡风撤离上海去武汉。

10月16日，《七月》改为半月刊在汉口出版，友人熊子民负责出版发行。

1938年

1月，《七月》自第7期起，改由上海杂志公司出版，张鸿飞负责发行。

1月16日，《七月》同人召开了第一次座谈会，议题为“抗战以来的文艺活动动态和展望”，参加者有艾青、东平、聂绀弩、田间、胡风、冯乃超、萧红、端木蕻良、楼适夷、王淑明，萧军因病没有出席。

4月24日，胡风主持召开《七月》同人第二次座谈会，讨论“关于旧形式的利用”问题，参加者有艾青、聂绀弩、欧阳凡海、吴组缃、吴奚如、鹿地亘、池田幸子。

5月29日，胡风组织第三次《七月》同人座谈会，题为“现时文艺活动与《七月》”，参加者有艾青、端木蕻良、鹿地亘、冯乃超、楼适夷、吴奚如、辛人、萧红、宋之的。

三次会议增强了同人间的感情，凝聚了同人的力量，大家充分肯定了《七月》的历史和现实意义，一致认为应该把这份珍贵的刊物维持下去。

6月，胡风认识青年出版家俞鸿模，开始“七月丛书”的策划出版。编辑出版《七月诗丛》和《七月文丛》，有胡风的《为祖国而歌》，艾青的《向太阳》和庄涌的《突围令》，丘东平的《第七连》，S. M 的《闸北七十三天》，陶雄的《0404 号机》，曹白的《呼吸》，萧军的《侧面》。《七月丛书》的编辑出版是七月社工作的重要组成部分。

7 月，阿垅来到武汉，与胡风相识。

7 月 16 日，《七月》出至第 3 集第 18 期后，与书店合同期满，就此停刊。

9 月 28 日，胡风撤离武汉到达重庆，随后参加关于民族形式问题和文艺大众化的讨论。

1939 年

7 月 1 日，经过胡风数月奔波努力，《七月》在重庆复刊，改为月刊，出版第 4 集第 1 期，由华中图书公司出版。同时着手《七月》大众版的筹备工作，最终未果。

1940 年

2 月 27 日，胡风在重庆第一次见到路翎，从此开始他们长达近半个世纪的亦师亦友的友谊。

5 月，路翎在《七月》第 3 集第 3 期发表小说《"要塞"退出以后》，第一次署名路翎。路翎开始写《财主底儿女们》。

10 月 13 日，胡风写成《论民族形式问题》，参加民族形式问题的论争。

1941 年

年初，皖南事变爆发。路翎将《财主底儿女们》初稿带给胡风。

5 月 7 日，胡风离开重庆赴香港。赴港之前，将存留稿件交给聂绀弩、路翎和阿垅等友人，期望他们能将《七月》继续编下去。

6 月 5 日，胡风抵达香港。筹备《七月》香港版，因战事的影响和经费的困难，最终无果。想继续出版《七月文丛》和《七月诗丛》，因困难太多，只出了《呼吸》一本。

7 月，丘东平牺牲于抗日战场。

9 月，《七月》编到第 7 集 1、2 期后停刊。

10 月，邹荻帆、姚奔主编的《诗垦地》发刊。邹荻帆主持《诗垦地》发刊座谈会，与会同人有阿垅、冀汸、绿原、曾卓、冯白鲁等。

12 月，太平洋战争爆发，《财主底儿女们》原稿在战火中丢失。

1942 年

1 月，胡风离开沦陷的香港。

3 月 6 日，胡风到达桂林。见到聂绀弩、彭燕郊、骆宾基、伍禾等新知故交。由彭燕郊介绍认识了朱谷怀、米军等文学青年，商议成立了南天出版社。

胡风在桂林逗留的一年间，与南天出版社合作陆续出版了《七月诗丛》和《七月文丛》多种，成为《七月》停刊后社团文学活动的继续。

夏，路翎由舒芜介绍到国民党中央政治学校图书馆当助理员，与舒芜同住。路翎重写《财主底儿女们》，二人经常讨论问题，促进彼此的创作和研究。

8 月，平原诗社成立，主要负责人芦甸、蔡月牧、杜谷、方然等，出版刊物《平原诗刊》。

1943 年

3 月，胡风离开桂林再返重庆。在重庆，胡风继续编辑丛书，托人带回桂林的南天出版社出版。同时，开始阅读和帮助路翎修改长篇小说《财主底儿女们》。

胡风在重庆见到冯雪峰。胡风、路翎、阿垅、何剑熏、庄涌、化铁、卢鸿基等同道好友聚合重庆，开始筹划新刊物。

年底，《诗垦地》出至第6辑后停刊。

1944年

春，桂林失陷，南天出版社也迁往重庆。胡风重印旧作，编辑新作。

2月，路翎的《财主底儿女们》上部由胡风办理送审手续，并作为文丛之一开始排印。

4月，路翎写完《财主底儿女们》下部，全书计79万字。

年底，周恩来代付三万元保证金，新刊物《希望》得以登记出版。

1945年

1月，《希望》第1期出版。创刊号发表舒芜的《论主观》和胡风的《置身在为民主的斗争里面》，掀起轩然大波，引发了重庆时期的批评。

《希望》在重庆共出4期，合为第1集。

夏，《平原诗刊》出了两期诗刊，另在综合性刊物《新新新闻旬刊》上出了4期《平原诗页》后，平原诗社自动解散。

8月，抗战胜利。南天出版社因经济的压力而宣布结束。

11月，路翎长篇小说《财主底儿女们》上卷由南天出版社出版。

1946年

1月25日，中共中央南方局文委在重庆市组织召开会议，批评《论主观》。

2月初，重庆召开第二次批判《论主观》的会议，由南方局书记周恩来召集和主持。

2月25日，胡风举家回到阔别八年的上海。开始着手编辑上海版《希望》。

文化人战后陆续返回上海。贾植芳、冀汸、芦甸辗转来到上海与胡风见面，胡风、阿垅、路翎、舒芜等同人则相互有频繁的书信来往。作为希望社的核心撰稿人，他们共同编辑和出版了《希望》第2集共4期。

10月，《希望》停刊。

《希望》停刊后，胡风转而成立希望出版社，筹集资金，开始独立从事出版工作。希望出版社出版和再版了七月社和希望社作家的一批诗集文集，并出版了《财主底儿女们》下卷。

11月1日，由方然、谢韬、倪子明策划主编的《呼吸》创刊号在成都出版。

1947年

3月1日，《呼吸》出至第3期被迫停刊。

4月15日，北京师范大学青年学生集资创办的小刊物《泥土》出版。

6月21日，胡风在南京参加路翎剧本《云雀》的演出活动。

夏，罗洛、阿垅在成都主编编印非法文艺刊物《荒鸡小集》。

9月17日，《泥土》从第4辑开始，由朱谷怀参与主办，密切了刊物与胡风同人的关系。

1948年

1月，《胡风文集》由上海春明书店出版。

春节，路翎长篇《财主底儿女们》由希望出版社出版（上部为再版），有胡风所写的《序》及作者所写的《题记》。

3月1日，共产党主办的《大众文艺丛刊》在香港出版，开始香港时期对《论主观》和胡风文艺思想的批判。

3月，《荒鸡小集》出4期后停刊。欧阳庄、许光泳和吴人雄等主编的《蚂蚁小集》创刊于南京。

9月，为答复香港的批判，胡风写成《论现实主义的路》，期间，路翎、化铁、阿垅、冀汸、孙钿、贾植芳、罗洛等友人给予胡风的写作以极大的关注，提出意见和建议，支持和鼓励胡风，友人们往来频繁，同人关系更加紧密。

10月2日，在杭州的冀汸、罗洛、朱谷怀邀请胡风夫妇、路翎夫妇、贾植芳夫妇一同前往西湖游览。

11月1日，《泥土》出至第7辑后停刊。

12月9日，解放战争引起上海局势恶化，胡风离沪前往香港。在香港，邵荃麟派楼适夷做胡风的思想工作，劝说胡风认错，未说服。

1949年

年初，胡风《论现实主义的路》由希望出版社出版。

1月6日，胡风从香港北上赴东北解放区。沿路见到萧军、冯白鲁、吴奚如、天蓝、鲁藜、芦甸等友人，谈对文坛的看法和对自身处境的忧虑。

3月26日，胡风到北平，参加文代会筹委会的工作。与文艺界领导、知名人士和在京的友人见面。

4月15日，茅盾主持召开文协筹委会会议，任命胡风、茅盾、严辰为《文艺报》编委，胡风坚辞。其后拒绝参加国统区文艺报告的起草。

7月1日，《蚂蚁小集》第7辑"解放号"出版后，自动停止编印。

7月2日，第一次文代会开幕，胡风为主席团成员，被选为文联全国委员。阿垅、路翎、绿原、鲁藜等也参加第一次文代会。在京期间，他们凑在一起，游览名胜，亲近地交游。

8月4日，胡风回到上海，参加上海文代会的筹备工作。

9月8日，胡风再次赴北京，参加第一届全国政协会议，被选为全国政协委员。

10月1日，胡风参加开国大典。其后开始创作长诗《时间开始了!》

11月20日，胡风长诗《时间开始了!》第一乐章《欢乐颂》在《人民日报》发表。

11月27日，周恩来安排胡乔木与胡风见面，未能达成沟通，胡风入党的请求也无结果。

1950年

1月，胡风长诗《时间开始了！》第一乐章《欢乐颂》和第二乐章《光荣赞》由海燕书店出版。

年初，经胡风推荐，路翎到中国青年艺术剧院工作，任创作组组长。

胡乔木再一次与胡风谈话，胡风坚持自己的文艺思想，工作位置依然没有落实。

1月20日，罗飞、罗洛、化铁和梅志联手创办的《起点》创刊号在上海出版。

2月12日，胡风从北京回到上海。

3月1日，《起点》出版第2期后停刊。

3月，胡风长诗《时间开始了！》第四乐章《安魂曲》和第五乐章《又一个欢乐颂》由天下图书出版公司出版。

阿垅发表在《文艺学习》第1期和《起点》第2期上的两篇文章遭到批判。

周扬在文化部大礼堂向全京津文艺干部做报告，第一次公开提到胡风"小集团"。

胡风和友人们的创作开始受到批判，处境日趋艰难。胡风被孤立于文坛主流阵营之外，人际交往几乎限于"小集团"范围了。

1951年

路翎的剧本《人民万岁》、《祖国在前进》受到批评。

12月3日，周恩来约见胡风。胡风对此次谈话充满期待，但谈话进行了五个小时，依然没有达成很好的沟通，没有解决胡风内心的问题。

胡风写信要求和胡乔木见面，被拒绝。

1952 年

3 月，《文艺报通讯员内部通报》出现了批评路翎在整风中宣传胡风文艺理论的通讯，不久又刊载出《对胡风文艺理论的一些意见》的读者来信，对胡风文艺思想的公开批判初露端倪。

胡风听从彭柏山的劝告，重读《讲话》，写下了《学习，为了实践》的表态文章，交与周扬审阅。

5 月 25 日，武汉《长江日报》发表了舒芜的《从头学习〈在延安文艺座谈会上的讲话〉》。

6 月 8 日，《人民日报》加按语转载舒芜的《从头学习〈在延安文艺座谈会上的讲话〉》。编者按第一次以公开的文件形式指出，存在着“以胡风为首的一个文艺上的小集团”。

7 月，《文艺报》第 13 号发表两篇“读者中来”，要求公开批判胡风的文艺思想。

7 月 19 日，应周扬写信约请，胡风到北京参加“胡风文艺思想讨论会”。会议的中心人物是周扬、何其芳、林默涵、胡绳、邵荃麟、冯雪峰、阳翰笙、艾青、田间等，路翎和舒芜也被中宣部点名来参加会议。

9 月，舒芜在《文艺报》第 18 号上发表了《致路翎的公开信》。编者按中说：“他们在文艺活动上形成 个小集团，在基木路线上是和党所领导的无产阶级的文艺路线——毛泽东文艺方向背道而驰的。”

“胡风文艺思想讨论会”，以文联主席团的名义在 9 月 6 日、11 月 26 日、12 月 11 日、12 月 16 日进行了四次，持续三个月的时间。胡风写了《一段时间，几点回忆》等思想汇报上交。

1953 年

1 月 30 日,《文艺报》第 2 期上发表了林默涵的文章《胡风的反马克思主义文艺思想》,次日《人民日报》转载。

2 月 15 日,《文艺报》第 3 期上发表了何其芳的文章《现实主义的路,还是反现实主义的路?》。同日,中宣部《关于批判胡风文艺思想经过情况的报告》上呈周恩来和党中央。

3 月 5 日,周恩来在中宣部提交的报告中作了批示,“告中宣部应该坚持下去,继续对他的思想作风和作品进行严正而深刻的公开批判”。

4 月,舒芜调往北京,在人民文学出版社古典文学编辑部任编辑。

6 月 19 日,胡风回到上海。

7 月底,结束希望社的工作。

路翎开始创作长篇小说《朝鲜的战争与和平》。

8 月 2 日,胡风接受了《人民日报》编委的职位,举家迁居到了北京。

到京后,胡风与路翎、绿原、牛汉、徐放、谢韬、芦甸、鲁煤和天津的阿垅、鲁藜等友人往来密切,探讨文艺问题,交换对文艺现状的看法。

1954 年

1 月,路翎《初雪》发表于《人民文学》第 1 期。

3 月,路翎《洼地上的“战役”》发表于《人民文学》第 3 期。

路翎的小说受到读者欢迎,但很快出现了有组织的批判,路翎其后的一些作品的发表和上演受到阻碍。

3 月,胡风开始着手撰写《关于解放以来的文艺实践情况的报告》,并得友人们的支持和帮助。

7 月 22 日,胡风将完成的《关于解放以来的文艺实践情况的报告》面呈中央文教委员会副主席习仲勋,请他转呈毛泽东等领导人,并随信说明了自己上书的动机。

10月31日至12月8日，中国文联和作协主席团连续召开扩大联席会议，就《红楼梦》研究中的胡适派唯心论的倾向和《文艺报》在这个问题上的错误进行讨论。胡风、路翎参加了会议讨论。

11月7日，胡风在"对《文艺报》的批评"第三次会议上作了长篇发言。

11月11日，胡风在第四次会议上作了补充发言。胡风发言刊载《文艺报》当年第22号。路翎也作了题为《为什么会有这样的批评?》的发言。

12月8日，周扬在最后一次联席会上作了总结性报告《我们必须战斗》。

12月10日，《人民日报》和23、24期合刊的《文艺报》全文发表了周扬的《我们必须战斗》，开启新的批判运动。

1955年

1月19日，胡风写了《我的自我批判》呈交中央。

1月30日，胡风三十万言《意见书》和林默涵、何其芳的批判文章一起印成专册，随《文艺报》1955年1、2期合刊发行。同期开始发表路翎的《为什么会有这样的批评?》，连载于《文艺报》1至4期。

2月5日和7日，中国作协主席团召开扩大会议，决定展开对胡风资产阶级唯心主义文艺思想的批判。

2月11日，新华社报道会议消息。

2月12日，《人民日报》头版发表会议消息。

一场全国性的批判运动轰轰烈烈地开展起来了。

4月1日，《人民日报》刊载中国文联主席郭沫若的文章《反社会主义的胡风纲领》，同年第7期《文艺报》也全文刊载。

5月13日，《人民日报》发表署名舒芜、加了编者按的《关于胡风反党集团的一些材料》，并附胡风的《我的自我批判》。第一批材料由胡风给舒芜的私信整理而成。

胡风看到第一批材料的按语后，为了保护朋友，打电话给在京的朋友们，要他们赶快交信。路翎、阿垅、绿原等人也被迫交出了他们和胡风以及他们相互之间的往来信件。

5 月 16 日，胡风被捕受审，夫人梅志次日被捕。胡风从此失去自由，隔离审查三个月后，被关押在秦城监狱。

5 月至 6 月，对“胡风分子”的政治清算和拘捕行动也在全国各地紧锣密鼓地进行着：

在北京的有路翎、绿原、牛汉、徐放、谢韬、雪苇、鲁煤、杜谷、李嘉陵……

在上海的有彭柏山、王元化、贾植芳、任敏、张中晓、耿庸、王戎、罗洛、何满子、李正廉、顾征南、许史华、罗飞、张禹、梅林、满涛……

在天津的有阿垅、芦甸、鲁藜、林希……

还有浙江的冀汸、方然、孙钿；江苏的化铁、欧阳庄；湖北的曾卓、郑思、伍禾；湖南的彭燕郊；广东的朱谷怀；辽宁的晋驼、侯唯动；陕西的胡征等，都先后被推上囚车。

5 月 24 日，《人民日报》公布了《关于胡风反党集团的第二批材料》。第二批材料主要从胡风写给他朋友的信中摘录而成。

6 月 10 日，《人民日报》公布了《关于胡风反革命集团的第三批材料》。第三批材料从胡风友人们的来往信件摘录整理而成。

6 月 15 日，《人民日报》将三批材料汇编成册，由毛泽东亲自作序，在全国发行。肃反运动全面展开。

1965 年

11 月 26 日，胡风被北京市高级人民法院宣判有期徒刑 14 年，剥夺政治权利 6 年。

12 月 30 日，胡风被批准监外执行，出狱回家。

1966 年

1 月，胡风和家人被安排到四川成都安家落户，劳动改造。

1967 年

3 月 17 日，阿垅在服刑期间，因患骨髓炎病逝于天津。

1970 年

1 月初，胡风 14 年刑期已满，但在文化大革命中又被加判无期徒刑，在四川再次入监。

1979 年

1 月 14 日，经历 25 年铁窗生涯的胡风走出了监狱，重获自由。

1980 年

9 月 18 日，中共中央发出[80]76 号文件，批转《关于“胡风反革命集团”案件的复查报告》，在政治上为“胡风反革命集团”平了反，路翎等“胡风分子”陆续恢复身份和工资。

1981 年

8 月，人民文学出版社出版 20 人合集《白色花》。

1985 年

6 月 8 日，胡风逝世。当天中宣部口头传达了“中发 1980 年 76 号文件”的补充通知，同意撤销胡风申诉的几个“政治历史问题”。11 月 30 日，这份“85 公二字第 50 号”文件正式下达。这是胡风问题的第二次平反。

1988 年

6 月，胡风逝世三周年。中宣部下达新的平反文件《中央办公厅关于为胡风同志进一步平反的补充通知》(中发 1988 年 6 号文件)，将 1980 年的平反文件中有关胡风文艺思想等方面的不实之词和错误论断予以撤销。

7 月 22 日，《人民日报》正式宣布了中共中央再次给胡风冤案平反的消息。历时八年三次平反，冤案终结。

后记

2003年9月，我进入复旦大学中国语言文学博士后流动站，师从陈思和先生，开始七月社、希望社及相关现代文学社团的课题研究，两年后的2005年10月，提交研究报告进行答辩，以全优的鉴定通过博士后出站评审。这本成型的著作，就是在博士后研究报告的基础上充实修订而成的。

这个研究课题是陈老师选定的，陈老师也是考虑到我的博士论文做的是七月派研究，已经有了一定的积累和基础，做起来可能比较顺手。但即便是这样，进站后很长一段时间我都处于茫然无措的状态，面对胡风及其文人群体，如何重新打鼓另行开张，心里委实没数。于是在继续搜集和爬梳资料的同时，不断求教于陈老师，参加陈老师主持的"中国现代文学社团史"课题组的讨论会，逐渐领会和理解了这一社团研究的新思路，在陈老师指导下初步建立起一个研究框架，而后反复修改提纲，研磨史料，进入写作阶段。

正如陈老师在研究书系第一辑总序中所言，社团和流派研究"其实两者所反映的文人群体面貌并不一样。前者研究的是社团的兴衰聚散，重点在人事；后者研究的是创作风格的流变，重点在创作"。我的博士论文《执守·反拨·超越——七月派史论》(中华书局2003年版)就是一部流派研究，其重点就在胡风的文艺理论和七月派诗歌小说创作风格方面，虽也涉及了人事活动，但是作为作家创作外在环境而存在的。新的课题中，人事关系是出发点，围绕同人刊物的创办和胡风这一社团核心人物，沿着这一文人群体在20世纪30年代到80年代人事关系及人生遭遇的线索，梳理出从左联到七月社和希望社以及相关的小社团直至“胡风集团”的历史生成过程，探索其发生、演变直至消隐的深层原因，总结出现代文学社团生长变化的生态规律和经验教训。这种文学社团是一种自然文化生态下的文人团体，与后来为政治所划定的“胡风集团”是有区别的，但也有联系，前者逐渐演变、转化而落成后者。这种对一个文人团体的生成、演化、变异过程的史实性梳理的写法，之前应该是没有的，这也是本课题的一个创新点。

所谓人事关系，有外部关系和内部关系，外部关系从左联开始考察，纵横交错，比较复杂，其中牵扯到左联阵营的矛盾以及与政治力量的抗衡。胡风追求并试图保持一种具有文人独立人格和文学存在形态的文人集团，但实际上从来真正成为纯粹的文人集团，外在的压制和自觉的依附，都使这种追求不可能实现。社团内部关系一般来说比较简单，基本上是作者和胡风的投稿关系，个别关系比较复杂，比如胡风与路翎、胡风与舒芜的关系，影响到了这个社团的命运。这种伴随着文学生涯的人与人、人与群体、人与文学、人与政治的关系史，也是文学社团研究的一种新思路。

这种历史生成法式的考察和尽可能呈现历史原初语境的研究期望，使得本课题对占有和梳理史料有着非同一般的要求。这种以依靠实证，联系地动态地考察问题，重视历史事件中的偶然性因素，关注细节，呈现事实的模糊性和微妙性的著述思想，将有可能写出更为真实和更为有趣的社团发展史。不敢说自己的著述达到这个期望，但却始终以此为奋斗目标。虽然做了很大的努力，但在资料的占有特别是第一手资料的搜集上依然有很大的缺憾，随着现代文学史料工作的进一步展开，随着史料的进一步公开、发现和发掘，这一课题将不断地补充、完善和深化。所以，从某种程度上说，我现在所呈现的，仅仅是这项课题进行过程中的阶段性成果，要尽可能地趋近于理想的研究目标，还有待于外部环境的再度宽松，研究思想的再度解放和不止一代学人的艰苦努力。

在完成和修改书稿的过程中，不期传来社团老人辞世的消息，梅志先生、胡征先生、贾植芳先生、彭燕郊先生、耿庸先生、绿原先生、何满子先生……大概还有我不知道的其他追随胡风的世纪老人相继离开了这个世界，伴随这个社团生死动荡的那段沉重历史也与我们渐行渐远，此时再回头碰触老人们的如烟往事，心情难免为感伤痛楚甚至灰败虚空所笼罩。但是人生的信念和坚持的力量也常常来自于他们，记得梅志对胡风临终时的承诺："我会为你说清的。"说清历史，也是我们后辈人不可推卸的责任和使命，而艰难时世中前辈们葆有的伟大精神和人道情怀，则会更长久地感动和激励着我们，成为我们永远的精神资源。

感谢陈思和先生的悉心指导。跟随陈老师做学问，我第一次全面涉足史料研究，不只是总体思想方法，包括一些关节点的处理乃至细部考量，都从老师那里得到启发。以往有限的文学研究侧重在史论方面，这一次重在人事关系研究和史料实证的尝试，等于有了另一条腿的支撑，也可以说打开了学术研究的又一扇窗。感谢复旦大学博士后中文站的各位专家和评审委员，他们是章培恒先生、黄霖先生、朱立元先生、周斌先生、吴金华先生、陈正宏先生、龚群虎先生，感谢他们在评审和答辩中，对我的出站报告给予肯定并提出指导意见。也难忘快人快语而又热心周到的流动站秘书李玉珍老师，难忘与吴敏和庄森等同门博士后的快乐交流，对他们的关心帮助深表感激。复旦大学的博士后学习和研究这段经历，将使我受益终生，感恩永久。

感谢西北大学和文学院诸位领导、同事、我的老师、友人、我的学生和家人，没有大家长久以来的支持关爱和理解包容，这样半生求学和辛苦作文，我大概不会坚持下来。脑海里经常回放那些看似平常却令我感动不已的镜头：因为儿子幼小、家务缠身无法完成学业时，婆婆是二话不说从老家赶来，她承担起我所有的家事，支持我学习和进步，她是世界上最好的婆婆;儿子上小学时我出门攻读博士,站台上他学孙悟空耳后拔毛,然后亲一下手心,冲着车窗将手心里变出的无数爱心向我吹过来。这个好玩的站台告别儿子早就忘掉了,而我每每想起总是不争气地湿了眼睛;还有我的先生,一个文弱书生无奈中被推下商海,但永远以为学问价最高,看着他屈倦在床头认真阅读我那些枯燥无趣的文字时,心想只要还拥有这一个读者,我就会坚持写下去。女人坚守自己家庭外的工作岗位有更多的不易——我知道我真的很幸运。

从 1999 年读博士至今,我在"胡风及其社团流派"这个研究领域已经沉浸了将近十年时间,这本社团史与之前出版的流派史恰好成为姊妹篇,这是最令我欣慰的。如此综合性的社团流派研究可能会告一段落,但局部和个案研究仍然会继续进行。让我惴惴不安的是我的综合研究还很不完善,或者说它本身就是一门冒险的和遗憾的学问。尤其是本书的史料征引和辨析,好像永无止境,文中的各种疏漏和谬误也总是难免,在交稿的最后一分钟前还在发现和订正问题,但愿以后能辟出时间继续弥补缺憾进而提高著述质量。错讹失当之处,恳望方家批评指正。最后,武汉出版社李杏华女士为该书出版付出了大量劳动,一本著述得以面世,也包含着编辑和出版人的心血,在此深表感谢。

2010 年 11 月 2 日西北大学陶韵居